教育部第五批人文社会科学重点研究基地
《都市文化研究的基本理论问题与框架体系研究》结项成果
（批准号：06JJDZH002）

都市文化研究的基本理论问题与框架体系研究

刘士林　主编

作者（按姓氏笔画为序）

王洪岳　严　明　李正爱　李　平　杨　矗
张兴龙　张　黔　陈正勇　洛　秦　耿　波
贾　明　钱文亮　高小康　曹海峰　巢乃鹏
程相占　曾　军

都市文化原理

刘士林 主编

中国出版集团 東方出版中心

目 录

第三编 都市文化的生产与消费

第四编　都市文学与艺术

第五编　社会的都市化

导言　都市文化学的理论框架与现实意义

一、都市文化学：一门世界性的前沿学科

都市文化学是在以“国际化大都市”与“世界级城市群”为中心的都市化(Metropolitanization)进程①中，通过人文学科(其核心是中国文学)与社会科学(其核心是城市社会学)的交叉建构、理论研究与实践需要的紧密结合而形成的一门世界性的前沿学科。

在经济全球化的背景下，依托于规模巨大的人口与空间、先进的生产能力及富可敌国的经济总量、发达的现代交通网络与信息服务系统而形成的都市社会正在成为当代人生存与发展的重要背景。与此同时，在大都市社会中逐渐形成并不断扩散的新型思维方式、生活方式与价值观念，不仅直接冲垮了中小城市、城镇与乡村固有的传统社会结构与精神文化生态，同时也在全球范围内对当代文化的生产、传播与消费产生着举足轻重的影响。这是都市文化研究与批评在世界范围内得以发生并不断升温的现实背景。但另一方面，由于当代人文社会科学的学科架构过于专业化与精细化，以及主要是以现代理性精神系统为其价值理念等特点，使它们很难从容应对以多元性与异质性为主要特征的都市社会，并完成对以消费性与欲望性为主要内涵的都市文化的阐释与批判任务，这是都市文化研究在当下得以产生并受到广泛关注的学理契机。尽管都市社会与文化呈现出内容庞杂、层面众多、矛盾复杂等主要特征，不仅很难解释清楚，甚至不容易找到一个逻辑起点。但正如社会学家所说，都市社会“表现出很多变数，但并

---

① “Megalopolis”在20世纪80年代传播到中国，在国内有多种名称，如“都市群”、“都市圈”、“大都市圈”、“大都市带”、“大都市连绵区”等。基于以下三方面的考虑，一是与国家“十一五规划”中“城市群”的提法保持一致；二是与大城市群中的中型城市的空间、人口与经济规模等相对称；三是照顾到汉语的表达习惯，避免与国际化大都市的语词重复，故本书采用“城市群”的概念。同时，对过去相关研究中的各种称谓也一律改作“城市群”。

不是混乱不堪，毫无逻辑可言；相反，它们‘互为关联组成一个有机整体’”。① 对于都市文化也是如此，尽管它表面混乱得无以复加，没有任何规律与结构可寻，但本质上却是当代都市社会生活与都市人文精神生态的反映、折射与表现，并在深层以都市社会为中心相互联结为一个有机整体。由此可知，都市文化本身不是一个不可理喻、无法研究的对象，关键在于如何科学地认识这个对象的基本结构框架，并从现实需要出发确定一个用来规范与引导中国都市文化研究与实践的价值理念。进一步说，对于都市文化学的研究对象与范围，最重要的是如何确定都市文化学的基本结构要素及其相互之间的结构关系，而对于都市文化学的价值问题，最关键的则是如何获得一个具有合法性与普适性的理论基础。

二、都市文化学的基本要素及其结构关系

在学科框架的层面上，都市文化学的基本结构要素主要有五个：

一是“都市”。这是都市文化作为一种特殊文化形态必须依托的“物质条件”或“社会基础”。没有不同于人类其他聚落形态的“都市”空间，就不可能生产出“都市文化”模式。“都市”的“历史还原”与“逻辑给予”，是使“都市”范畴获得自身规定性的必要手段。从前一方面看，“都市”是人类城市历史发展的高级空间形态，对其原始发生、历史源流、在不同民族—区域的表现形态及自身特殊发展与演变规律的研究，可以帮助我们在历史语境中理解与把握什么是真正的都市。从后一方面看，都市化(Metropolitanization)进程代表着城市化(Urbanization)进程的最高逻辑环节。城市化是人口、资源等从农村地区向城市社会的聚集，在空间结构上可分为农村城镇化、城镇中小城市化、中小城市特大城市化(都市化)三种基本模式。都市化是以“国际化大都市”与“世界级都市群”为中心的城市化进程，借助优越的地理环境、雄厚的经济实力、完善的服务体系，这一进程迅速打破了人口流动平缓、流量均衡的传统城市化模式，使原本分散在乡村、城镇、中小城市，以及不同地区与国家的人力资本、经济资本与文化资本等迅速地实现了向少数国际化大都市、国家首位城市或区域中心城市集中。都市化进程既是城市化进程最高的逻辑环节，也是当代城市化进程的最新特点。由此可知，当代“都市”是人类城市历史发展的高级空间形态与当代城市化进程的最高逻辑环节高度统一的结果。

二是“都市文化”。与当代的都市化进程密切相关，都市文化模式形成于当代都市社会这一特殊的人类生活空间，直接表现为一种与乡村、城镇、中小城市

① [加拿大]简·雅各布斯著，金衡山译：《美国大城市的死与生》，译林出版社 2005 年版，第 485 页。

完全不同的文化模式。在其最高环节上，都市文化即当代国际化大都市特有的文化模式，在其内部含摄着前此各阶段人类文化的精华与要素，都市文化既是人类文化发展的高级精神形态，也是当代精神生产与消费的中心。对都市、都市文化从历史与逻辑、传统与当代等角度进行分析与梳理，是都市文化学学科建构最重要的逻辑起点。

三是“都市文化生产与消费模式”。这是都市文化在当代世界中的典范形态与集中表现。由于社会形态与发展阶段的原因，传统的精神生产与文化消费既自觉地屈从于政治意识形态要求，也受控于一个时代实际上的经济生产水平。但随着消费社会在都市化进程中的培育与发展，特别是在文化产业、创意经济等典型都市经济生产方式的带动下，都市文化的生产与消费已成为更高级更先进的生产力要素，并在一定的程度上超越了政治与经济的限制，具有了越来越多的“自律性”或“自在自为”的存在特点。

四是“都市文学艺术”。这是都市文化生产与消费过程最直接、最重要的感性表现形态。与传统的文学艺术相比，都市文学艺术在审美经验、审美趣味、生产技术、消费模式、价值判断、艺术理想等方面表现出非常多的新特点。对都市社会中全新的文学样式、艺术类型、审美思潮等进行解读与阐释，既可以帮助当代人更好地理解他们的生活现实与内心世界，也可以为人们如何摆脱都市社会异化提供一种重要的人文精神资源。需要特别提示的是，由于传统文艺学美学理论主要是农业文明和工业社会的产物，其固有的概念、范畴、方法与理论体系已无法胜任解释与批判当代都市文学艺术理论的任务。在这个意义上，都市文化研究本身也是飞速变革与发展的当代现实需要的直接产物。对当代都市文学艺术经验的关注与研究，同时也有助于推动传统美学、文艺理论等人文学术的学科更新与升级。

五是“都市社会”。如果说生产与消费模式研究属于都市文化学的“内部研究”，那么“都市社会”则属于“外部研究”。两者既相互联系，又有很大区别，后者是理论解释、批判现实的自然延展。都市化进程在全球范围内的展开与深化，使城市与乡村的命运逐渐掌握于“国际化大都市”与“世界级城市群”之手，都市文化及都市人的生活方式也直接或间接地影响到每一个人的存在。在这个意义上，都市文化学必须越出大众文化、审美文化、美学、文艺理论等范式，对在都市化进程中出现的各种都市社会问题，如城市危机、都市精神生态、公共文化、都市群落等予以高度的关注，这可以使都市文化研究实现其固有的现实价值。

以上五个方面，构成了都市文化学基本的学科框架，也是我们在本书中所要探索与解决的基本理论问题。

三、在中国，为什么要研究都市文化

对于脱胎于农业文明传统、有着巨大非城市人口压力的中国，其城市化之路一直走得十分曲折与艰难。有关统计显示，1949 年新中国成立时，其城市化率只有 10.6%，而当时世界城市化率的平均值为 29%。此后由于种种原因，新中国的城市化进展缓慢，直到 2000 年才达到 36.09%，2004 年的最新统计则超过了 40%。面对这样的“城市化”国情，一般的人们往往会说：都市文化研究太超前了吧，更有甚者则视之为“奢侈的学术与思想”。

对于其是其非，我想可通过三方面来解释。首先，按照城市化的一般规律，城市化率在超过 30%以后，一个地区或国家的城市化就已驶上了快行线。这正是新世纪以来，城市化进程在中国一浪高过一浪的原因。目前，中国城市化率的平均年增长率为 1.5%，据预测今后 15 年也不会低于 1%。按照这个速度，2020 年中国城市化率将达到或超过 50%，在这些数字背后，既意味着有大约两亿农村人口转移到城市，也意味着在居住、交通、医疗、教育等方面超负荷运转的中国各大城市将更加不堪重负。对这个进程产生的大量“城市问题”乃至于“城市危机”，当然需要给予高度重视。其次，在经济全球化的当代世界，不仅一般的乡镇、中小城市的生存与发展越来越依赖于中心城市，一些国家的经济命脉也开始取决于顶级的“国际化大都市”与“世界级城市群”。也就是说，席卷全球的都市化进程，是不允许有任何国家或地区“遗世而独立”的，这是我们除了关注中国国情，同时更要“冷眼向洋看世界”的根源。再次是都市文化对人类自身的影响越来越大。与传统的城市文化主要附属于其民族—国家的现实需要有很大不同，在当代，都市文化不仅以较大的“自律性”参与到新政治秩序的建构，也不仅是新经济生产方式的先锋与城市综合竞争力的代表，同时，作为一种影响无所不在的精神生产与消费模式，都市文化还直接决定着人类自身在当代社会的再生产。

由此可知，以大都市为中心的城市化进程作为当今人类最重要的现实生存背景，既是每一个当代民族都无法回避的严峻挑战，同时也是他们特别想抓住的重大机遇。对于中华民族来说，由于城市化的起点低、人口基数大、区域经济社会发展不平衡以及当今国际环境十分复杂等原因，其在都市化的道路上就更加任务繁重、问题众多、道路曲折，因而特别需要有一种系统的、先进的都市文化理论做指导，以便使这个进程可以理性、有序与和谐地进行。特别需要强调的是，“都市化”决不局限在有限的都市空间内，它的出现已经使人类在整体上被“都市化”了。在当代，一个人可能并不直接生活在大都市中，也可以对城市生活方式持激烈的批判与否定态度，但无论其在现实中的衣食住行，还是更高层的文化消费与精神享受,都是不可能与大都市绝缘的。那些激烈反对城市文明的学术与思想,基本上都不是当代理性的产物。而都市文化研究的主旨,即在于为当代人提供一种理性的方法、观念、理论与解释框架,用来整理人们在都市空间中混乱的内在生命体验与杂乱的外在社会经验,帮助他们在生命主体与都市社会之间建立真实的社会关系与现实联系,以及在真实的生活世界中去探索实现生命自由与本质力量的道路。

第一编　都　市

第一章　什么是都市

当我们面对纷繁复杂的人类文化现象时，不可能不注意到都市文化。某种程度上可以说，都市文化是人类文化创造与精华的集中体现和最高代表，当代都市文化已成为人类文化生产和传播的主导方面。学习和研究都市文化，具有十分重要的现实意义。

要理解都市文化，前提是理解都市。什么是都市呢？简单说来，都市是人类城市历史发展的高级空间形态，也是当代城市化进程的最高逻辑环节。从城市发展史的视角看，在人类长达数千年、甚至近万年的城市史上，都市一直作为人类城市历史发展的高级空间形态而存在着。如中国汉赋家写到的“两都”、“京都”、“蜀都”等古代城市，斯宾格勒讲到的“在每一文化中”存在的“首邑城市”类型①。西方学者刘易斯·芒福德曾将城市历史划分为五个阶段：生态城市(Ecopolif)、城市(Polis)、大城市(Metropolis)、特大城市(Megalopolis)与“暴君城”(Tyrannopolis)。② 由于芒福德的生态城市实际上就是农村，而“暴君城”则是特大城市社会与生态环境进一步恶化的结果，特别是在1960年代以后，城市的发展主要表现为以城市群为主体的发展模式，因而我们把人类城市的历史归纳为四个基本形态：城镇(town)、城市(city)、大都市(Metropolis)和城市群(Megalopolis)。在城市化浪潮波及全球且愈演愈烈的今天，区域性中心城市、特别是国际化大都市与世界级城市群，对不同区域乃至整个世界的经济社会与文化发展具有举足轻重的影响。但在当代以“国际化大都市”与“世界级城市群”为中心的都市化(Metropolitanization)进程中，由于“大都市”与“城市群”这两个概念在现实中已经一体化，即当代的一个大都市一定是以城市群的形态出现，而一个城市群同样也必然包含着一个作为中心的大都市，因而在当代意义上大都市和城市群合为一种城市发展形态。

简言之，都市是人类城市历史发展的高级空间形态与当代城市化进程的最高逻辑环节的统一。这是一个比较抽象的界说，要解释这一界说，必须首先要说

① ［德］斯宾格勒著，陈晓林译：《西方的没落》，黑龙江教育出版社1988年版，第353页。

② 参看康少邦等编译：《城市社会学》，浙江人民出版社1986年版，第217—219页。

明城市是什么，一般城市与都市的区别又是什么？

一、发现一座城市的生长历程

城市在整个人类发展历史上有着重大意义。20 世纪最杰出的考古学家之一 V. 戈登·蔡尔德，在《人类创造自身》(1936 年)一书中，曾提出影响深远的"三次革命"说，从宏观上概括了人类历史发展史上的三次根本性转折：新石器革命(Neolithic Revolution)、城市革命(Urban Revolution)和工业革命(Industrial Revolution)。通过发生于公元前 8000—7000 年之间的第一次革命，人类从旧石器时代以游牧和狩猎—采集为主体的生产和生活方式，转变为定居耕种的农业生产、生活方式。通过第二次革命，也就是城市革命，规模微小的、以宗亲血缘为基础的、没有文字的农业村庄，转变为规模较大、社会关系复杂的城市中心，出现了生产和贸易的等级系统，人类"文明"开始正式登台。蔡尔德认为，这一革命发生在公元前 4000—3000 年的美索不达米亚(在今天伊拉克境内)，那里的苏美尔居民发展出最早的文明。也就是说，最早的城市距今已有 6 000 年左右的历史了。①

西方学术界一直认为，人类文明的历史和城市的历史有着密切关系，文明是随着最早的城市的出现而首次发展出来的。文明(Civilization)来自拉丁文 Civis(指一个城市的一个居民)和 Civatas(指一个人所居住的社会)。因此，"文明"一词含有"城市化"和"城市的形成"的意思。②

城市对人类文明如此重要，但在什么是城市上却一直没有定论。同时，尽管我们天天与城市打交道，但要对城市进行界定也殊非易事。为了便于理解抽象的城市概念，我们可以从具体的城市经验开始。让我们结合一部世界名著对一座世界名城的经典描写，来发现和阐释一座城市的生长历程。这部小说是法国著名作家维克多·雨果的《巴黎圣母院》，它初版于 1831 年。在小说第三卷第二章《巴黎鸟瞰》中，作者对巴黎进行了长达近 20 页的描述。小说中特别强调，它所进行的描述是从巴黎圣母院教堂的钟塔顶上俯瞰巴黎的全景：

> 众所周知，巴黎出生在那个如今叫做旧城区的形状像摇篮的小岛上。小岛的堤岸就是它最初的城墙，塞纳河就是它最初的城壕。巴黎一连好几

---

① Richard T. LeGates and Frederic Stout, eds. *The City Reader*. New York: Routledge, 1996. p20. V. 戈登·蔡尔德(Vere Gordon Childe, 1892—1957)，澳大利亚考古学家。历任英国爱丁堡大学考古学教授，伦敦大学考古学院主任。当然，有些考古学家认为城市出现更早，大约在 10 000 年以前。

② [美] 威廉·A. 哈维兰著，王铭铭等译：《当代人类学》，上海人民出版社 1987 年版，第 213 页。

个世纪都保持着小岛的形状。它有两座桥，一座在北边，一座在南边，两个桥头堡同时当做它的城门和碉堡。大沙特雷门在右岸，小沙特雷门在左岸。而且自从最初一个王朝以来，巴黎就发觉自己给局限在那个狭隘的岛上转身不得，于是它跨过了塞纳河。那时就开始在大小沙特雷门之外，在塞纳河两岸的郊野，修建了最初的一圈城墙和几个城楼。那道古城墙的遗迹在过去几个世纪里都还存在，如今只剩下一点同它有关的记忆和这里那里残存的一点痕迹了，例如波代门，或者叫它波多瓦耶门或巴戈达门。成堆的房舍逐渐从城里扩展到城外，把那道城墙挤倒了，吞没了。菲立浦·奥古斯特给了它一个新的范围，他把巴黎约束在一大圈高大坚固的碉堡形成的链条之中。在100多年里，房舍又逐渐稠密起来，它们的水平线像蓄水池的水一样从地面逐渐上升，它们开始升高，盖了一层又一层，一座房子高过另一座房子，它们像压缩的液体一般膨胀起来，一座房屋总要高出邻近的许多房屋才能得到一点空气。街道则越来越显得凹进去，越来越窄，整个广场都被房屋占据而且消失了。于是那些房屋终于像一群逃犯似地跳出了菲立浦·奥古斯都的城墙，快活地、纷乱错杂地伸展到原野上。它们在那里自得其乐，在郊野里随便开辟了一些花园。打从1367年起，这座城市已经扩展了许多，又需要一道新的城墙了，尤其是塞纳河右岸。查理五世修建了那道城墙。但是像巴黎这样一座城市，总是无止境地在那里扩展，只有这样的城市才能成为一个国家的首都。它们是一些水库，一个国家所有的地理的、政治的、伦理的、智慧的河流，一个民族所有的当然潮流，都导源于此；它们可以说是些文化的矿井，也可以说是些文化的沟渠，一个国家的商业、工业、智慧和人口，这也是这个国家的生命、活力和灵魂，都不断地从一个世纪到另一个世纪在那里汇集和过滤。于是查里五世的城墙也遭到菲立浦·奥古斯特的城墙同样的命运。它从15世纪末叶就倒塌了，毁坏了，而城郊的区域也就扩展得更远。在16世纪，它好像更是逐渐退缩不见，仿佛深深陷进了古老的旧城区里面，而一座新城市在它的外面形成而且逐渐繁荣起来。这样，从15世纪开始，为了把我们留在那儿，巴黎就已经摧毁了它的三道城墙，这些城墙，可以那么说，是从背教者朱利安时代的大小沙特雷门发展而来的。这座大城市接连胀破了它的四道城墙，像一个小孩子大起来撑破了去年的衣服一样。在路易十一时代，还可以在某些地方，在房屋的大海中，看到古城墙上倾圮的城楼，好像是突出在一片汪洋里的几个小山头，好像是沉陷在新巴黎下面的古巴黎群岛。

从那时起，我们很不幸看到巴黎又有过很大的改变，但它只是越过了一道城墙，就是路易十五修建的那道城墙，那道布满了泥污的可怜的城墙，它的情况是和修建它的那位国王和描绘它的那位诗人相符的：环绕巴黎的城墙使巴黎悄声埋怨。

在15世纪，巴黎分成了十分清楚而又各自独立的三个区域，每个区域各有自己的面貌，自己的姿态，自己的特点，自己的风俗，自己的优点和自己的历史。这三个区域就是旧城区、大学区和市民区。旧城区占据着整个小岛，是三个区里面最古老、最小的一个，假若打个比方，它就像是其余两个区域的母亲，它夹在它们当中，就像一个小老太婆夹在两个美丽、高大的女儿当中。大学区占据着整个塞纳河左岸，从杜尔内尔塔一直到内斯尔塔。杜尔内尔塔正是如今巴黎的酒市所在地，内斯尔塔正是如今造币厂所在地。它的城墙占据着朱利安修建过浴池的那片乡野，圣热纳维埃夫山冈被围在城墙里面。这道弯弯曲曲的城墙最高的处所是巴巴尔门，就是靠近如今的先贤祠的地方。三个区域中最大的一个是市民区，它占据整个右岸。它的码头尽管有好几处中断，但仍沿着塞纳河伸展，从比里塔到木塔，这就是说从现在的丰收谷仓到现在的杜伊勒里宫一带。塞纳河将道都城墙割断的四个处所——左岸的杜尔内尔塔和内斯尔塔，右岸的比里塔和木塔，统称"巴黎四塔"。市民区比大学区更加深入郊野，市民区的城墙(查理五世修建的)的最高处，是圣德尼门和圣马尔丹门，它们的位置至今尚未改变。

如我们刚才所说，巴黎这三个区域，都各自成为一座城市，但都是一座由于过分特殊而不可能完整的城市，它们每一座不依靠其余两座就无法存在。但它们三区各有完全不同的外表，旧城区里有很多教堂，市民区里有很多宫殿，大学区里有很多学院。不算老巴黎那些次要的特征，只按照总的情况和乱七八糟的分区裁判管辖权来讲，我们一般可以说小岛是归主教管的，右岸是归商会会长管的，左岸是归大学校长管的。巴黎总督——他是代表王室而不是代表地方——则总辖全市。旧城区里有圣母院，市民区里就有罗浮宫和总督府，大学区里就有索邦神学院。市民区里有菜市场，旧城区里就有大医院，大学区里就有教士广场。大学生们在左岸他们的教士广场上犯了罪，却要到小岛上的司法宫去受审，到右岸的隼山去受刑，除非校长认为在这一点上大学应比国王有权而愿意出面干涉，因为让学生给绞死在自己的区域里也算是一桩特权呢。

(顺便指出，这类特权的绝大部分以及更重要的特权的行使，都被国王们附会成了暴动和叛乱。国王不等到人民造反是不肯开恩的，这是一个亘古不变的规律。有一个古代文献提到忠诚时讲得很明白："对于帝王的忠诚，虽然多次为叛乱中所破坏，仍然使市民们得到了很多权利。")

在15世纪，塞纳河有五个小岛深入到巴黎的城墙里面：卢维耶岛，从前有许多大树而现在只剩些丛林;母牛岛和圣母岛,很荒芜,都是主教的领地(17世纪人们把两岛合并为一,重新修建,如今称为圣路易岛);最后是旧城区所在的岛以及它顶端的渡牛岛,这个岛后来沉没在新桥底下的泥泞中了。旧城区当时有五座桥:三座在右岸,即石头的圣母桥和欧项热桥,木头的风磨桥;两座在左岸,即石头的小桥和木头的圣米歇尔桥。五座桥上都布满了房屋。大学区有菲立浦·奥古斯特修建的六道城门:从杜尔内尔塔开始,它们依次是圣维尔克多门,波代门,巴巴尔门,圣雅克门,圣米歇尔门,圣日耳曼门。市民区有查理五世修建的六道城门:从比里塔开始,它们是圣安东尼门,庙门,圣马尔丹门,圣德尼门,蒙马尔特门,圣奥诺雷门。这些城门都坚固美观,单凭力气是不能损坏它们分毫的。由塞纳河提供水源的一条又宽又深的城壕,冬天的潮水流进去变成奔腾的溪流,浸湿巴黎所有的城墙的墙基。晚间人们把城门关上,塞纳河就被城市两头的粗大铁链拦住,巴黎便静悄悄地睡去。

对这三个区域作一次鸟瞰时,城区、大学区和市民区都各把一堆纠缠不清的街巷送进眼中。第一眼就可以看出这三个部分是合成一个整体的。马上你就看见两条平行的毫无毁损和中断的长街横贯这三个区域,从这头到那头,从南端到北端,差不多成为两条直线垂直于塞纳河。人们不断从一个区向另一个区的城墙拥去、挤去,使三个区域连起来成了一片。第一条街从圣雅克门通到圣马尔丹门,它在大学区的一段叫圣雅克街,在城区那一段叫犹太街,在市民区那一段叫圣马尔丹街。它已经在小桥和圣母桥的名字下两次跨过了塞纳河。第二条街在塞纳河左岸的一段叫竖琴街,在岛上那一段叫制桶场街,在右岸的一段叫圣德尼街。塞纳河的一边是圣米歇尔桥,别一边是欧项热桥,可以从大学区的圣米歇尔门直达市民区的圣德尼门。可是,虽然有这许多名字,它们仍然不过是两条长街,但它们是为首的两条街,主要的两条街,是巴黎的两条大动脉。这座城市其余的街道,都是从它们引出或是向它们汇集的。

除了这两条贯通巴黎并且占据它全境的主要街道之外,市民区和大学区还各有它们特殊的街道,它们与塞纳河平行,横过那两条大动脉似的街道时形成直角。所以在市民区,你可以从圣安东尼门笔直地走到圣奥诺雷门,在大学区,你可以从圣维克多门笔直地走到圣日耳曼门。这两条大路,和那最大的两条街形成十字形,形成一个架子,巴黎的市街用各种可能的方式连接和交叉在它上面成为一个迷宫般的巴黎市街网。我们透过这张难解的网仔细观看,就可以看见两堆禾苗一般密集的街道,一堆在大学区,一堆在市民区,从那些桥直达那些城门。

这种平面几何图形，有的至今依然存在。

……

我们还是回头来说说15世纪的巴黎吧。

当时它不仅是一座美丽的城市，而且是一座结构匀称的城市，一个中世纪建筑学与历史学的产物，一部石头的编年史。它是一座仅仅由罗曼式和哥特式两层建筑构成的城市，罗曼层早就在哥特层下面消失了，只有朱利安浴池还从残存的中世纪厚厚的地层里显露出来。至于克尔特层，人们就连在掘井的时候也找不出它的遗迹了。

……

现代的巴黎并没有任何一致的外貌，它是综合几个世纪的样式，而最美的样式已经消失了。这个首都只是增添了一些房屋，而且是怎样的房屋！在巴黎，盛行一时的样式每隔十五年就要有一次变化。它那些建筑物上的有历史意义的标志，往往自行消失。有纪念意义的建筑愈来愈少，人们似乎看着它们逐渐被侵吞，终于淹没在那些房屋之中。我们的祖先有过一个石头的巴黎，而我们的子孙将会有一个石灰的巴黎了。

……

假若你想得到一个古代巴黎的印象，那是现代巴黎不能给予你的，那就请在一个盛大节日的早晨，当太阳从复活节或者从圣灵降临节升起的时候，攀登到一个可以俯瞰这首都全景的高处，去倾听晨钟齐鸣吧。去看看天空一角的颜色——那是阳光照射成的，去听听成千座教堂一下子颤动起来，起先是一阵叮当声从一座教堂响到另一座教堂，好像音乐家们宣告演奏就要开始一样。突然之间，你看吧(因为耳朵有时好像也有视觉呢)，看看同时从钟楼里升起一根根声音的圆柱，一片片和声的云烟。最初，每只钟的振动笔直地、简单地升起来，也可以这么说，它不和其他钟的振动相混，一直升到早晨灿烂的天空里。随后它们逐渐愈来愈搅在一起，混在一起，成为一个壮丽的大合奏。现在只有一大片响亮的颤音不断地从无数的钟里升起，在城市上空飘浮，波动，跳跃，回旋，并且把它那震耳欲聋的颤音扩散到远远的天边去。但这和声的海洋并不是一片混乱，它既深沉又辽阔，而且又不失其明朗性。你可以看见成群的音符从每只钟里蜿蜒而出，跟随着这木铃和巨钟的时而尖厉时而低沉地和鸣，你可以看见各种八度音程从一座钟楼跳到另一座钟楼，你可以看见他们飞快地、轻捷地、响亮地从银钟里出来，落到木钟里就变得嘶哑而破碎。在它们之中，你会特别赞赏圣厄斯达谢教堂的七口钟的忽起忽落的变化多端的音阶，你看见从每个方面跑来了清亮而急剧的音符，作了三四个光辉的转折，又像光一样消逝了。那边是圣马尔丹寺院尖锐而薄弱的歌声，这边是巴士底狱的悲惨而枯竭的调子，另一边是罗浮宫大钟塔的歌唱性男低音。王宫的御钟不断向各大方向抛掷它那华丽的颤音，圣母院钟塔上沉重的钟声均匀地落在它上面，使它像一块铁砧在铁锤下闪出了火花。你时时还听见来自圣日耳曼·代·勃雷大寺院的钟乐三重奏的各种声调，这一雄壮的乐声逐渐散开，让路给突然升起的圣母颂——它像一顶用星星缀成的冠冕一般凸现出来。在下面，在这个大合奏的最深处，你可以模糊地分辨出教堂内部的歌声从拱顶的颤动着的洞孔里传出来，这实在是一部值得一听的歌剧。一般来说，巴黎在白天发出的种种声音，是这座城市在讲话；夜晚的声音，是这座城市在叹息；而刚才提到的那些声音，则是这座城市在歌唱。把你的耳朵朝向这些钟的合奏吧，听听那50万人的絮语，那河水的永恒的呜咽，那风的无休止的叹息，那天边山岭上四座森林的像管风琴那样遥远而低沉的四重奏。听听那最中心的排钟吧，它那最尖细和最沙哑的声音怎样融化成为一种中等的响度。你说，世界上还有什么能比这种声音和铃声的汇合，比这个音乐的大熔炉，比这支在300法尺高的云端里同时吹响的石笛，比这座像乐队似的大城市，比这像暴风雨在咆哮似的大合奏更为壮丽、更为辉煌、更为灿烂的呢？①

在这部小说里，雨果以他擅长诗歌和戏剧的文笔，把巴黎这个世界城市描绘成一个不断生长、会“讲话”会“叹息”会“歌唱”的生物，极其生动形象地展现了巴黎数百年间的生长历史，让我们深切地感受到：城市绝非是没有生命的物质堆集，而是不断进行着新陈代谢的生命有机体。18世纪以来，巴黎以更加迅猛的速度发展着。时至今日，以巴黎为中心的欧洲西北部城市群，已成为当今最重要的世界五大城市群之一。

二、城市的功能与定义

我们已经初步感受到城市与人类的密切关系了。随着城市在20世纪的迅猛发展，这种关系在当代正在变得更加紧密。大约在50多年前，一位美国的城市社会学家曾这样写道：“当今美国的大多数人都与城市结下了不解之缘，生于斯、长于斯、终于斯。城市支配着人们的工作、娱乐、居住、社交以及所有日常生活，人们相互交往的方式也反映着以城市为背景的文化特征。……城市的规范与社会结构，对于人们将成为什么样的人，以及他们如何看待这个世界，都发生

① [法]维克多·雨果著，陈敬容译：《巴黎圣母院》，人民文学出版社1982年版，第104—123页。

着重大的影响。”①时至今日，中国已有接近一半的人口生活在城市中，正因为如此，我们迫切地需要理解城市的本质或定义。

城市的定义已出现了许多种，这里择要介绍两种。西方《简明不列颠百科全书》的定义是：“一个相对永久性的、高度组织起来的人口集中的地方，比城镇和村庄规模更大，也更重要。”②而中国学者编写的《中外城市知识辞典》的定义则是：“区别于乡村的一种相对永久性的大型聚落。是以非农业活动为主体，人口、经济、政治、文化高度集中的社会物质系统。”③这两个定义都注意到了城市与乡村的对立，以及城市人口的高度集中。第二个定义的“非农业”一词，让我们联想到中国明显的城乡差别，提醒人们注意中西国情的不同。尽管它们对城市的理解各有千秋，但在我们看来，它们并未能完全揭示出城市的本质。

城市并非自然生成的，而是人类为了满足一定的需要所创造的。西方有一句名言说：“上帝创造世界，人类创造城市。”正是着眼于城市的这一特性，所以有学者提出：“城市是人类为满足自身生存和发展需要而创造的人工环境。”④这个定义尽管揭示了城市的人造本质，但在很大程度上还显得抽象、含混。各种反证是随意可以找出的，如皇家园林、贵族庄园甚至农家小园，同样可以满足这个定义的基本要求。但众所周知，它们却不是城市。所以，仅从人工创造的角度，也不足以揭示城市的本质。

在对城市进行界定的过程中，历史意识、比较意识是非常重要的。从时间上说，人类创造城市的历史已有数千年；从空间分布上看，城市存在于各个大洲、各种不同的文化地域。世界各大文明发源地的城市形式各不相同。中国商代古城是以城墙为外在特征的封闭城市，埃及古城则是以宫殿、庙宇、圣祠构成仪典中心的开放城市。与这两种城市形态相比，欧洲古代文明发源地的雅典城邦，则是以一个城市为依托的独立国家，这在中国历史上却从来没有出现过。在中美洲古代印第安人所创造的玛雅文明的全盛期(约公元 250—900)，各地较大规模的城市和居民点数以百计，也都是据地自立的城邦小国。由此可见，历史上的城市，其情形比我们已有的定义要复杂得多。

人类创造城市的目的或意图是各种各样的，社会生活中最重要的因素，诸如政治、经济、军事、宗教、文化等，都可能是人们建造一个城市的动因。同时，作为城市生活主体的城市人口，其数量和特性也是变化不定。又由于城市必须建立在一定的自然空间中，所以地理学也是我们界定城市必须加以关注的。由此可

---

① 康少邦等编译：《城市社会学》，浙江人民出版社 1986 年版，第 1 页。

② 《简明不列颠百科全书》第 2 卷，中国大百科全书出版社 1985 年版，第 272 页。

③ 刘国光主编：《中国城市知识辞典》，中国城市出版社 1991 年版。

④ 纪晓岚：《论城市本质》，中国社会科学出版社 2002 年版，第 13 页。

知，在考察城市的起源、思考城市的本质、给城市下定义的时候，主要涉及政治、经济、军事、宗教、文化、人口、地理七种要素。这七种要素中的某几种往往综合在一起，共同促成了一座城市的产生、发展或衰落。如果从中西比较角度看，西方城市的宗教因素更突出一些，而中国城市的政治因素更重要一些；如果从古今对比的角度来说，传统城市的主要发展动力是政治、军事和文化，而现代城市的主要发展动力则是经济。

在上述七个要素中，非农业的、异质性人口稠密聚集是城市的基本特点之一。由于人口是最容易量化的要素，因而经常被用来作为界说城市的参照。比如，联合国为了进行国际性的对比调查，建议所有国家的人口普查和官方统计，把集中居住人口达 2 万人以上的地方称为城市。但迄今为止，各国沿用的统计标准仍差别较大，从不足 1 000 人到 2 万人以上不等。美国采用的数字是 2 500 人，还有一些国家不用人口数量作为标准①。在某种意义上，以人口数量为标准之所以有问题，是因为古今人口数量以及城市与非城市人口数量比例的巨大差异。试想，1000 年以前，人口总数的规模根本无法与今天相比。当时由 5 000 人组成的一个聚居地，就会极其引人注目，是一个规模不小的城市；但在今天，相对于 70 多亿的世界人口总数，5 000 人已经变得微不足道。因此，美国著名城市理论家芒福德明确提出："我们与人口统计学家们的意见相反，确定城市的因素是艺术、文化和政治目的，而不是居民数目。"②

据西方学者考证，在埃及古代的象形文字中，城市被表述为一个圆形或椭圆形的圆圈，中间是一个十字，表示交叉的道路，而圆圈则代表围墙或壕沟。③ 这种说法可以从中国古代文献中得到印证。如《吕氏春秋》说："筑城以卫君，造郭以卫民。"《墨子·七患》也说："城者，所以自守也。"这表明，军事防御是城市的重要功能之一。古代历史上大量遗存的城墙，可以说是最好的证明。但随着军事技术的现代发展，城墙的防御功能几乎丧失殆尽。特别是随着现代化浪潮的汹涌展开，城市发展的主导力量不再是军事、政治或宗教，而是强大的资本逻辑。世界范围内迅猛的城市化，特别是现代工业城市大规模地兴起，正是资本逻辑四处扩张、蔓延的结果。在这一时代背景上，出现了美国芝加哥城市社会学派代表人物 R. E. 帕克的城市界说。1916 年，帕克发表了被称为"划时代之作"的论

---

① 参见北京市社会科学研究所城市研究室选编，宋俊岭等译：《国外城市科学文选》，贵州人民出版社 1984 年版，第 1 页。

② [美] 刘易斯·芒福德著，宋俊岭、倪文彦译：《城市发展史——起源、演变和前景》，中国建筑工业出版社 2005 年版，第 132 页。

③ [美] 刘易斯·芒福德著，宋俊岭、倪文彦译：《城市发展史——起源、演变和前景》，中国建筑工业出版社 2005 年版，第 86 页。

文——《城市：对于开展城市环境中人类行为研究的几点意见》。帕克指出，城市并不是许多个人的集合体，也不是各种社会设施的聚合体或各类民政机构的简单汇集，“城市，它是一种心理状态，是各种礼俗和传统构成的整体。换言之，城市绝非简单的物质现象，绝非简单的人工构筑物。城市已同其居民的各种重要活动密切地联系在一起，它是自然的产物，而尤其是人类属性的产物”。① 他在文章中郑重地倡导，必须加强城市研究，深入研究它的具体组织，它的各种职业和它的文化。他还特别地提出，城市是根植于它的居民的风俗习惯之中的，因此，城市既有物质的组织形式，又有道德的组织形式，这两种形式以其特有的方式互相作用，互相影响，互相调节。

从文化角度研究城市最著名的学者，当属美国著名城市理论家刘易斯·芒福德。在研究人类城市发展演化过程和规律时，刘易斯·芒福德特别重视城市与人类文化的内在关系。他提出，人类最早的礼仪性汇聚地点，表明人类有了区别于动物的精神性，这是城市发展的最初胚胎。人类驯化野生动植物、驯化人类自身，与人类对于自然地形的驯化改造是同时并进的客观过程，而人类改造大地则是后来形成城市的一个重要组成部分。芒福德非常重视城市的文化功能。他将城市形象地比喻为“容器、传播者和流传者”，并把“文化贮存，文化传播和交流，文化创造和发展”称为“城市的三项最基本功能”。② 城市与文化创造关系如此密切，以至于有西方学者说：城市和文明只是同一事物的两个不同侧面。③

综上所述，考虑到城市在人类文明和文化发展史的重要作用，着眼于城市与人类文化的密切联系、特别是城市的文化功能，我们可以给城市下一个侧重于功能的定义：城市是人类在一定地理区域中，以雄厚的经济力量为基础而建造的、非农业异质性人口高度密集的文化生产、贮存和传播中心。

三、当代城市的典型形态——都市

都市是人类城市历史发展的高级空间形态，是当代城市化进程的最高逻辑环节。也就是说，都市是当代城市的典型形态。如何理解这种典型形态呢？这必须联系起三个相关的概念：工业化（industrialization）、城市化（urbanization）

---

① ［美］R. E. 帕克等著，宋俊岭等译：《城市社会学——芝加哥学派城市研究文集》，华夏出版社 1987 年版，第 1 页。

② 参看［美］刘易斯·芒福德著，宋俊岭、倪文彦译：《城市发展史——起源、演变和前景》，中国建筑工业出版社 2005 年版，第 104—105 页，第 295 页。

③ “文明”与“文化”都是歧义丛生的概念。我们认为：文明有时是文化的同义词，有时则特指文化中的正面价值。文化的定义将在下文详论。

与现代化(modernization)。

人类文明的早期阶段是以农业为主的文明形态。那时,地球上绝大部分地区是绿色的农田、森林或牧场。城市不仅数量非常有限,而且规模也很小,就像零星的岛屿点缀在绿色的海洋之中。那时,也存在都市与一般城市的区别。比如,“都城”、“帝都”或“京都”,特指作为国家政治中心的首都,它在一个国家的政治、文化以及宗教诸方面具有中枢作用,是一般城市无法相比的。但是,古代的“都城”与我们探讨的“都市”仍有本质的区别。我们所说的“都市”,主要是指在V. 戈登·蔡尔德所说的第三次革命——“工业革命”之后出现的现代城市。18世纪60年代工业革命在英国发生后,伴随着工业化、城市化进程而出现的大城市、特大城市甚至城市群,其社会背景是与传统农业文明有着本质差异的现代化进程。以我们提出的城市定义为基础,结合100余年来工业化、现代化对城市发展的影响,可以分析出当代都市的基本内涵和主要特征。

第一,从地理区域上看,城市作为人造空间环境,必然占据一定的地理位置。地理位置及其自然条件是城市兴衰的决定性因素之一。古代有许多城市建造在河流旁边,除了考虑城市用水之外,水运便利也是重要原因。现代城市对于地理位置的依赖并未减轻,国际上的大都市,比如纽约、洛杉矶、上海等,基本上都在运输便利的沿海或沿河地区。如果说古代的都城是一个国家领土的中心,那么,在世界呈现多元化格局的今天,能够被称为中心城市的则是国际化大都市。这些为数并不很多的国际化大都市,又被称为“世界城市”、“全球城市”或“国际大都会”。在它们那里,传统意义上的地理区域性尽管依然存在,但真正意义上的世界都市无一不是超越区域边界的,其“地方性”大大淡化并为“世界性”所替代。随着全球化进程的进一步发展,在现代高科技手段诸如卫星通信、互联网的强大支持下,“无地方性”的国际化大都市之间的差别,已远远小于它们与国内一般城市之间的差别。20世纪后半期,一些国际化大都市由现代工业经济逐渐过渡到后现代的网络经济,并以此为经济基础逐渐发展出新的城市形态。对这一巨变曾有多种理论进行描述。戈特曼在1950年称之为“城市群”,这是地理空间功能互补概念;约翰·弗里德曼在1980年代把它称为“世界城市”,这是指向经济全球化的网络空间概念。在这两种理论基础之上,詹妮斯·帕尔曼提出了“巨型城市”(mega-city)概念,其定义的特点不在于人口规模,而在其独特功能。所谓巨型城市,是全球经济焦点,集中了全球性生产管理上层功能,是城市群体的核心,是连接该群体所在区域与全国经济和全球网络的接口,是文化科学创新的中心,以及推动社会发展的引擎。1990年代这个概念被联合国开发计划署UNDP接受,并在其官方文件中正式使用。中国正在发育之中的巨型城市,是以环渤海城市群为腹地的北京,以珠三角城市群为腹地的香港,以及以长三角城市群为腹地的上海。从地理空间发展到复合空间，是当代在理解都市时产生的一个质的飞跃。

第二，从经济力量上看，城市是人类为了一定目的而建造的。古代城市建设的主要目的一般是政治、宗教和军事，比如中国的西安、北京，西方的罗马，中东的耶路撒冷等。经济目的在古代并非无足轻重，但相比与政治、宗教与军事意义则明显不占要津。但对于当代城市发展来说，经济目的则往往超过其他原因而成为主导动力。正是在强大的经济力量支配下，一些传统的历史名城走向衰落，如中国的洛阳、开封，其在当代舞台上远远无法与东南沿海的开放城市如广州、深圳相提并论；欧洲的罗马也远远不如纽约那样倍受注目，因为后者是全世界的金融中枢神经。在城市化已成为推进区域经济增长的火车头，并产生着最重要的经济利益的当下，大都市必然要成为某一个国家乃至全球化时代的经济中心，如日本东京的 GDP 占日本全国的 18.6%，伦敦的 GDP 占英国全国的 17%。即使在中国，其 2050 年的发展规划，也是要使城市在国民经济中的比重达到 95%以上。因此，像上海这样经济最繁荣的大都市，在全国的经济发展中肯定是举足轻重的。

第三，城市是人口高度密集的区域，都市更加如此。例如，世界上最早、也最具典型性的城市群是美国东北部北起波士顿、南到华盛顿的大城市群（英语中称为 BosWash），它拥有统计人口 4 400 万，占美国总人口的 16%；但该区域的面积却仅占全国的 1.5%。日本经济在第二次世界大战后迅速崛起，全国经济的增长点是在太平洋沿岸的东京、横滨及神户地区的经济圈。其中，东京圈包括东京都 23 个区及横滨市及千叶市，在面积不到全国 1/7 的土地上，集聚了占全国 49%左右的人口。从全世界范围内来看，都市人口所占的人口比重在不断增大。需要注意的是，都市人群的性质完全不同于农业人口。在一个村落中，村民们从事着大体一致的耕作营生，有着基本一致的生活方式、风俗习惯、思维方式乃至宗教信仰，并且基本上安土重迁，没有太多的流动。但在大城市中，人们并不直接从事生活资料的生产，而是依赖从城外输入生活资料而生存。更加重要的是，城市居民有着精细的社会分工，从事着截然不同的社会工作，不同行业之间具有完全不同的知识谱系，所谓"隔行如隔山"。再加上快速的流动性，城市居民的生活方式和心理状态，与农村居民差异巨大。德国社会学家西美尔在 1903 年曾发表《都市与精神生活》一文，旨在从都市入手讨论现代性。他指出，都市高密度的刺激和高频率互动，造成了都市人特有的心理、体验结构和精神态度。人们工于计算，彼此交往用脑而非用心，态度漠然，与往昔村社亲密的人际关系形成鲜明的反差。① 人是文化的主体，人的心理状态是文化形态的基础。因此，理解都市

① 于海主编：《城市社会学文选》，复旦大学出版社 2005 年版，第 13—14 页。

人口的特性，对于理解都市生活方式与文化生态非常重要。

第四，都市与文化的关系问题。所谓文化（culture），本义是指“土地的耕作”或“耕种”，也就是人类进入农业社会之后开始的对自然植物的培育、种植。后来引申出对人的“教养”、人的“修养”，从而使文化与“文明”的含义相接近。简言之，文化是一个与“自然”（Nature）相区别的概念，是一切非自然的人类创造的总和，一般可以划分为器物（如一把石斧或一条高速公路）、制度（包括各种风俗习惯、规章制度和法律条文）和精神（主要是指宗教、哲学和艺术）三个层面。文化的三个层面之间具有密切联系，它们最终统一于人类的文化观念和意识形态。人类进行文化创造时，无不是从自己的目的、意图和观念出发，即使最简单的器物，如一把非常粗糙的石斧，也隐含着人类的意识，是人类某种意识的具体化呈现。对于高级形态的器物，其中表达的人类精神内容则更加丰富。如上海的“东方明珠”广播电视塔。它位于浦东陆家嘴，与南浦、杨浦两座大桥构成了“双龙戏珠”的美景。这座亚洲第一、世界第三的广播电视塔，高 468 米，犹如一串从天而降的明珠，散落在上海浦东这一玉盘之上，在阳光的照射下，闪烁着耀人的光芒，成为上海新的标志性建筑。高塔选用了东方民族喜爱的圆曲线体作为基本建筑线条，其设计寓有“大珠小珠落玉盘”的优美含义，并象征着以上海为代表的东方文明在现代世界上散发出灿烂的光辉。这些隐藏在高塔建筑背后的、对于民族文化的自豪感和富有民族特色的审美意识，正是它作为“东方明珠”的文化符号意义之所在。没有这些精神和意识贯注其中，高塔只不过是一堆没有灵魂的建筑材料而已。由此可见，由众多不同建筑和设施构成的城市或都市，本身就是人类所创造的最奇妙、最高级、最复杂庞大而又最深刻的文化产品。从历史上看，城市本来就是人类文化创造、文化贮存的主要场所，比如，最重要的文化机构如教会、图书馆、大学、博物馆、艺术馆、展览馆、剧院以及各种传播媒体，无不集中在城市，并凭借城市的强大辐射力而向四方传播。恰如《巴黎圣母院》所说，大城市“是一些水库，一个国家所有的地理的、政治的、伦理的、智慧的河流，一个民族所有的当然潮流，都导源于此；它们可以说是些文化的矿井，也可以说是些文化的沟渠，一个国家的商业、工业、智慧和人口，这也是这个国家的生命、活力和灵魂，都不断地从一个世纪到另一个世纪在那里汇集和过滤”。由于世界文化的交流与当代文化生产的强化，当代都市的文化功能更加突出。以美国东北部城市群为例，位于该城市群上的世界顶尖大学有哈佛大学、麻省理工学院和耶鲁大学，表明它是美国的教育和学术研究中心；而同样位于该城市群中的纽约则是美国的媒体中心，如《纽约时报》、美国之音，它们每天向全世界发布着重要信息。在经济全球化过程中，国际大都市的城市形态、基础设施、经济运行、行为方式日趋雷同，文化资源与特征则成为城市创新重要资源。所以，很多有识之士已认识到,文化发展战略正成为巨型城市创造性发展的核心战略,在整个创新过程中具有指引发展路径的重要作用。

总之,与历史上的城市相比,当代都市是西方现代性(modernity)的最终后果,其利弊得失,正是现代性本身所包含的复杂矛盾的集中展示。正如西方学者所指出:"导致今日西方城市生活方式的具有高度组织性的技术社会是经历了几百年的发展而成的。用以表述今日西方世界文化背景的常用术语是'现代性'。"①也就是说,当代都市最为集中地体现了现代化进程,是抽象的"现代性"之具体化与物态化。正因为这样,在都市中出现的问题和危机,如人口拥挤、交通堵塞、环境污染、能源短缺、心理疾病蔓延等,本身也是传统社会在实现其现代性过程中的突出问题。而对当代都市社会的研究,无疑有助于解决现代社会问题。这在某种意义上也揭示出都市文化研究的现实意义,即它有利于探索人类文化发展方向和文明前景,并为人类文明的健康发展提供人文学术的参照系。

在此,我们有必要强调都市和都市文化研究的复杂性。在城市化和城市群的发展过程中,对过度城市化带来的弊端的批判与反思,可以说从来就没有停止过。比如,与20世纪中期兴起的后现代"逆中化"(Decentralization)思潮相应,1980年代以来,以美国为主的西方建筑界提出了"新城市主义"(New Urbanism,又译"新都市主义")这一新的城市规划和设计思想。从1950年代开始,美国人为了逃避旧城拥挤、高犯罪率、疾病等因素开始向郊区迁移。此后经历了人口居住郊区化(50、60年代)、商业郊区化(70年代)、就业岗位的郊区化(80年代)等阶段,但与此同时,由"郊区疯长"引发的社会、经济和环境问题也越来越严重,诸如公共建筑散置各处,公共领域缺失,大都市边缘的农业用地和自然开敞空间被吞噬,能源消耗、空气污染、交通拥塞加剧,城市中心衰败,邻里关系淡薄以及种族隔离等,其问题的严重性甚至超越了1950年代以前。基于对郊区蔓延的反思,"新都市主义"主张借鉴二战前美国小城镇和城镇规划的优秀传统,塑造具有城镇生活氛围的、紧凑的社区,取代郊区蔓延的发展模式。这与世界的城市化主导走向相反,显示了当代都市发展问题的复杂性,我们对此也应该有所注意。

四、正确理解和把握都市内涵的重要意义

通过以上的讨论,我们初步理解了当代都市的基本内涵和主要特征。这对于理解整个人类城市和城市文化是非常必要的。具体说来,把握都市的重要性

① 参看康少邦等编译:《城市社会学》,浙江人民出版社1986年版,第271页。

可以概括为三个方面：

首先，有利于我们高屋建瓴地把握人类城市的古今演变。

从早期的与村落差异并不明显的村镇，逐步发展为城镇、城市，最终演化成为以“国际化大都市”与“世界级城市群”为主体的当代都市形态，这一过程浓缩了人类城市发展史。马克思曾指出：“人体解剖对于猴体解剖是一把钥匙。低等动物身上表露的高等动物的征兆，反而只有在高等动物本身已被认识之后才能理解。”①如果我们把作为城市最高形态的当代都市看作是“人体”，那么在此之前的各种城市就是所谓的“猴体”。作为人类城市发展及当代城市化进程的最高代表，都市和都市文化本身即是人类文明与文化发展的最高环节。在其内部包含了前此各低级阶段，如乡村、城镇、中小城市文化的要素与精华。正如“资本主义经济为古代经济等等提供了钥匙”一样，当代都市也为我们站在更高的历史阶段、从更全面的整体视角及更深刻的本质层次上研究城市文化提供了现实对象。因此，不是研究一般的城市文化——历史上的城市文化或当代普通城市的文化，而是把研究对象锁定在作为城市化进程最高环节的国际化大都市，牢牢把握它们作为人类当代文化与文明的创造、贮存与传播中心，才能在最深刻的思想意义与最直接的现实意义上，把握住人类文化发展的本质与规律。② 这就是当代都市以及都市文化研究的重要性之所在。

其次，有助于我们关注当代世界范围内、特别是迅速发展的中国城市化进程，对理解当代城市问题乃至把握整个社会发展前景，提供一个重要的逻辑起点或框架支点。

关于“城市化”这一术语，最早出现在 1867 年，是由西班牙工程师 A. 瑟达(A. Serda)在其著作《城市化基本原理》中提出的。城市化是一个国家社会经济发展到一定阶段必然出现的发展模式，也是一种全球性的社会现象，其突出表现为：农业人口向非农业人口转化，乡村人口向城市人口聚集，社会经济结构由农业为主导向工业为主导转变。由此导致了人类的生产方式、生活方式和行为方式的根本变化。具体到中国而言，新中国成立以后，其城市化进程经历了 1950 年代的初步发展期、60—70 年代的畸形期和 80 年代以来的快速发展期三个阶段。根据国际城市化进程的历史经验，城市化水平一旦达到 40%—70%之间，一个国家或地区就开始进入城市化快速发展时期。有关统计表明，截至 2008 年末，中国城市化水平已达到 45.7%，拥有 6.07 亿城镇人口，形成建制城市 655

---

① 《马克思恩格斯选集》第 2 卷，人民出版社 1972 年版，第 108 页。

② 刘士林：《都市与都市文化的界定及其人文研究路向》，《江海学刊》2007 年第 1 期。

座,其中百万人口以上特大城市118座,超大城市39座。① 同时也有预测表明,到2020年,中国城市化水平将达到60%左右。对于如此大规模的中国城市化,到底应选择何种城市化战略,人们大致有三种不同的看法:第一种主张选择大城市战略,即城市化主要靠发展大城市;第二种主张选择小城镇战略,即主要通过大力发展小城镇实现城市化;第三是主张选择体系化战略,即通过大中小城市及小城镇协调发展来实现城市化。众所周知,中国的特殊国情是人口太多(13亿),同时农业人口比重太大(2/3左右),基本资源严重短缺,如人均淡水不到世界1/4,人均耕地不到1/3,与发达国家相比差得更远。所以,我们应该通过研究西方发达国家的城市化道路,尽可能地借鉴经验、吸取教训,从而避免过快和过度的城市化所可能造成的某些难以逆转和难以纠正的后果。比如,中国一段时期曾经把"城市化"形容为"核裂变",认为它能够带动一切,把城市化变成了扩地运动,同时,大拆大建造成的千城一面,也使城市失去了本来应有的文化品格和文化记忆。这都是由于错误的都市发展观念造成的不良后果。

再次,有利于我们理解城市的文化传统(tradition)、个性及当代发展问题。

在历史上,不同区域的民族在漫长的繁衍生息过程中,曾创造出了多种多样的文化传统。与生物学所讲的生物多样性类似,人类文化也存在着文化多样性(cultural diversity)。不同的文化传统,大都包括"大传统"与"小传统"两个层次。前者是主流的、显性的,由典籍、制度、精英文化的记忆而保存延续;后者则是存在于普通民众群落的风俗习惯、社会风尚、生活方式、人际交流等民间文化传统。这两者共同构成了某个民族营造生活世界的观念形态。在人类文化发展的漫长过程中,不同的文化传统尽管也有着文化交流和文化融合,但一般都是非强制性的或自然发生的。但随着全球化(globalization)进程的不断加剧,处于主导地位的强势文化对于处于被动地位的弱势文化,往往构成了毁灭性的文化殖民。这是因为,当前正在展开的"全球化",是一个以"西方化"(Westernization)为主导的"同质化"过程。全球化(目前主要是经济全球化)凭借发生在西方的现代工具理性和强大的资本逻辑四处扩张,所到之处,冲击、扫荡着不同民族所创造、所赖以生存的文化传统,使它们面临着严峻的考验。除了西方文化之外,包括中华民族在内的世界各民族及其文化传统,都面临着一个传统与现代的二元对立,以及一个如何协调好传统性与现代性从而健康发展的问题。因此,各民族的文化传统与民族个性在全球化语境中的延续和发展,也是都市与都市文化研究无法回避的重大现实挑战。联合国教科文组织第33届大会,于2005年10月20日以压倒性多数票通过了《保护和促进文化表现形式多样性公约》(简称《文

① 《中国城镇化率45.7% 特大城市118座超大城市39座》,中国新闻网,2009年6月15日。

化多样性公约》),这是国际社会为捍卫世界文化多样性而取得的重大成果,它意味着文化多样性原则被提高到国际社会应遵守的伦理道德高度,并具有国际法律文书的性质。西方国家在城市化过程中曾特别注意保护城市的历史传统。以巴黎为例,这个城市以静态的地表建筑为核心,城市的扩张、城市的资源组合、城市产业的选择,完全服从于它的地表建筑。巴黎街道两侧全都是17、18、19世纪遗留下来的历史古迹,当地法律规定,所有这些房屋的业主都不能随意对房子的外表进行改造,必须保持原来的原貌。这些文化传统保护措施,确保了巴黎成为世界第一旅游城市。中国是一个具有五千年文化传统的文明古国,当前也有不少城市相继提出了建设"国际化大都市"的口号,使地方性(locality)与普遍性(universality)、民族性(nationality)与现代性(modemism)的对立冲突异常突出。而通过学习和研究世界大都市的发展经验,显然能够为当代中国城市提供必要的理论参照。

为了更加深入地从历史角度理解古今城市的演化发展,以及不同文化地域中的城市所承载的不同文化传统与民族个性,在以下的两章中,将分别介绍中国城市和西方城市的发展历史。

第二章　中国城市的历史与现状

都市就是重要的大城市，从农村的村落社会向小城市以致到最后的都市，必然有一部长长的发展历史。都市产生于具体的历史时空之中，为了加深我们对于都市的理解，最佳的方式莫过于采取纵横交织的考察方式，从不同的历史传统及其相互参照的角度，来把握都市的古今演化及其基本特征。

一、中国城市的起源与发展

关于中国城市的最早起源，目前学术界仍有争论，原因是对于城市一词的理解存在差异。中国古代文献中“城”、“市”经常分开来讲。《黄帝内传》、《世本》、《淮南子》、《吴越春秋》等古籍，都记载黄帝“筑城”或“鲧作城郭”。这些记载得到了考古资料的证实。考古研究分别在山东、河南和湖南发现了这样的古城。山东章丘城子崖龙山文化遗址中首次发现了完整的古城，距今已有四千年之久。不过，这里所说的城主要是用夯土筑成的高大墙体，其基本功能是防御，如《墨子·七患》所说：“城者，所以自守也。”与“城”相对的是“市”。《易·系辞》载神农时，“日中为市，致天下之民，聚天下之货，交易而退，各得其所”。《世本·作篇》载“祝融作市”。这里的“市”只是进行货物交易的地方，与今天的农村集市相近，并非严格意义上的城市。①

与作为防御的“城”和作为货物交易地的“市”相比，“城郭”就是相对成熟的城市形态。目前确认的当属河南偃师的二里头遗址，其中有规模宏大的宫城范围，还有青铜器和陶器的专门生产区域，是早期城郭的代表。殷商早期的都城商城大约建于3500年之前，遗址在今河南省郑州市附近，其城郭规模更是巨大。根据考古发掘报告，商城城墙的形状呈现长方形，东西1 700米，南北2 000米，全部由版筑的土垒组成，面积达340万平方米。城内不仅道路宽阔整齐，而且街面及排水沟都用石头铺垫而成，显示出相当成熟的建筑技术。

春秋战国时期的大城市主要有19座，包括东周的王城洛邑（今河南省洛

① 参见马正林编著：《中国城市历史地理》，山东教育出版社1998年版，第17—19页。

阳）、齐国的临淄（今山东省淄博）、晋国的曲沃（今山西省侯马）、楚国的郢都（今湖北省江陵）、卫国的濮阳、吴国的阖闾城（今江苏省苏州）和越国的会稽（今浙江省绍兴）等。这些都市都有了完整的城墙作为防御工事，并且形成了内城外郭的基本格局。内城主要是修建宫殿和进行祭祀礼仪活动的地方；外郭具有军事防御功能，也往往作为商贸文化活动的场所。《战国策·齐策一》中记载苏秦游说齐宣王时说："临淄之中七万户，臣窃度之，下户三男子，三七二十一万；不待发于远县，而临淄之卒，固以二十一万矣。临淄甚富而实，其民无不吹竽鼓瑟、击筑弹琴、斗鸡走犬、六博蹹鞠者。临淄之途，车毂击，人肩摩，联衽成帷，举袂成幕，挥汗成雨。家敦而富，志高而扬。"这是对当时齐国都城临淄繁荣程度的生动记录。

春秋战国时期是中华哲学思想诞生的时期，诸子百家的思想，尤其是儒家、道家和法家关于天地人关系的说法，对中国古代城市的修建以及发展产生了深远影响。《周礼·考工记》中对周代的城市建设规模已有明确的规定，比如对王城格局的描述："匠人营国，方九里，旁三门，国中九经九纬，经涂九轨，左祖右社，面朝后市，市朝一夫。"这些规划原则直到元明清时代的都城修建一直都是严格遵守的。据《吴越春秋·阖闾内传》记载，春秋时期伍子胥受命造阖闾城，即"象天法地，造筑大城，周回四十七里。陆门八，以象天之八风。水门八，以法地之八聪"。（《史记·秦始皇本纪》）其中提出的"象法天地"原则也在中国古代城市建设中有着明显的体现。

秦是中国历史上第一个大一统的封建国家，从秦之后中国历史进入君主专制的集权时代，这种政治上的集权直接反映在城市形态上。秦朝首都咸阳、汉朝首都长安都扩大了作为城市政治中心的宫殿部分，其宫室、宗庙和官署都占到都城面积的三分之二以上。比如，汉代的长安城中主要有长乐宫、桂宫、明光宫、北宫和未央宫，其中仅未央宫内就有宣室、麒麟、金华、承明等 32 处殿阁，其规模之巨大，气势之雄伟，在当时世界上首屈一指。《昭明文选》的首六卷，记载了汉代到魏晋南北朝时期最为著名的京都赋，其中包括班固的《两都赋》，张衡的《西京赋》、《东京赋》、《南都赋》，左思的《蜀都赋》、《吴都赋》和《魏都赋》。这些辞赋生动地表现出当年南北各地大都市的雄伟气势和壮丽景观。比如左思《蜀都赋》对蜀都的描写：

金城石郭，兼市中区。既丽且崇，实号成都。辟二九之通门，画方轨之广途。营新宫于爽垲，拟承明而起庐。结阳城之延阁，飞观榭乎云中。开高轩以临山，列绮窗而瞰江。内则议殿爵堂，武义虎威。宣化之闼，崇礼之闱，华阙双邈，重门洞开，金铺交映，玉题相辉。外则轨躅八达，里闬对出。比屋连甍，千庑万室。亦有甲第，当衢向术，坛宇显敞，高门纳驷。庭扣钟磬，堂抚琴瑟,匪葛匪姜,畴能是恤。亚以少城,接乎其西。市廛所会,万商之渊。列隧百重,罗肆巨千。贿货山积,纤丽星繁。都人士女,袨服靓妆。贾贸墆鬻,舛错纵横。异物崛诡,奇于八方。①

蜀都即今四川成都市,可见当年的蜀中首府已经是宫殿宏伟、万商汇聚的政治经济中心。

隋唐时代的城市营造技术已经成熟,出现了以四方形和长方形为基准,设计南北中轴线的基本格局,这样的城市设计是传统的"天圆地方"宇宙观的产物,又是中央集权体制的形象体现。唐朝的首都长安城是当时世界上规模最大的城市,城内面积为 87 平方公里,居住的总人口将近百万。唐长安城是在隋大兴城的基础上扩建而成的,自外往内分成外郭城、皇城、宫城三部分。外郭城是市民商贾居住的地方,皇城是官署所在,宫城则是皇帝上朝场所,最为尊贵,戒备森严。城内有南北向大街 11 条,东西向大街 14 条,把全城的街坊分割成整齐的棋盘形状,主干道十分宽阔,比如,在中轴线上的朱雀大街宽达 150 米。长安城内的商业区主要集中在东、西两市,店铺繁多,百业兴盛。在唐代诗歌和传奇小说中,有着不少对长安都市景象的生动描绘。长安城是唐朝的政治中心、经济中心和文化中心,并且还成为当时的国际交流中心,聚集了国内外的一大批优秀人才。

唐代之后,高度中央集权的封建制度开始从高峰向低谷滑落。政治上中央集权的衰落直接导致了人的个体需要的兴起,因此,体现个体物质需求的商业活动兴盛起来。唐以后,经过五代时期的动乱和衰落之后,宋代的城市以频繁的商业活动为中心再次趋向繁荣。随着宋代商品经济的兴盛和居住人口的增加,原先较为严格的城坊管理制度开始松散乃至崩溃,各种自由的贸易区域在城市中出现。

宋代城市中最具代表性质的是北宋都城汴京(今开封)和南宋首都临安(今杭州)。北宋时期,汴京是中国政治、经济、军事、科技与文化中心,也是当时世界上最繁华的都市之一。其建设规划思想独特,宏大的城垣分外城、内城、皇城,三重城郭,三条护城河。城内交通水陆兼容,畅通无阻。在布局上打破了封闭性的坊里制,代之以商住开放的街道形式,实行坊市合一,扩大市民阶层,使其人口达到 150 余万。北宋以前的城市,一般是坊、市分区。北宋时,随着商品经济的发展和城市人口的增加,彻底打破了坊、市的界线。都城市内手工业作坊众多,商店、旅舍、货摊林立。城内另有如大相国寺等固定市场和定期集市。市内还有酒

① [南朝梁]萧统编:《文选》,上海古籍出版社 1986 年版,第 183—184 页。

肆和茶楼以及勾栏等娱乐场所。同时,北宋城市中商业店铺的营业时间也大大延长,突破了以往“暮鼓晨钟”的限制,出现了夜市和晓市。北宋时汴京的人口超过了百万,在当时是世界上首屈一指的大城市。宋代的大都市中出现了许多著名的产业贸易中心,12 世纪初张择端的《清明上河图》就细致描绘了北宋首都汴京的市井风光,从中可见宋代城市百店生意兴隆、社会经济繁荣的景象。还有明代小说《水浒传》里对汴京城大相国寺前的杂要和闹市的描绘,生动表现出北宋汴京的极度兴旺景象。当时穿梭于商业城市之间的是各种商人,交通运输尤其是水路运输极为发达。“汴京八景”中的“汴水秋声”就是汴京古都名胜的精华。汴水,即汴河,是东西横穿东京城的一条主要河流,原来是隋朝开凿大运河的一段,后被黄河水患淹没。汴河遗址现已被深埋在开封市中心的街道、楼房之下。据孟元老在《东京梦华录》中记载:“汴河自西京洛口分水入京城,东去至泗州入淮,运东南之粮,凡东南方物,自此入京城,公私仰给。”《清明上河图》就生动地描绘了当年汴水壮丽迷人、火热繁忙的景象。北宋时期汴河上舟船如织,日夜不停,是汇集京城的交通命脉。汴河两岸土地肥沃,物产富饶,城镇林立。商业繁荣和内外贸易的激增带来了城乡界限的模糊,也促使朝廷投入更多的精力进行商业和运输的管理,这样更加促进了运河的开凿、道路的修建、市场的拓展和驿站的发达。城市内市民文化逐渐兴起,寺院道观香火很盛,瓦子勾栏演出频繁,雅俗文学共同发展。传统的军事政治城市朝着商业经济城市过渡。

南宋建炎三年(1129 年),高宗南渡至杭州,升杭州为临安府。绍兴八年(1138 年)南宋正式定都临安,历时 140 余年。临安成为当时南宋全国政治、经济和文化的中心,商业繁荣。此外,平江(治所在今江苏苏州)、成都、建康、鄂州(治所在今湖北武汉)、江陵(治所在今湖北沙市)等沿江城市,手工业和商业都很发达,围绕着大城市的市镇和墟市则比北宋时期更加普遍。随着宋室南渡,北方大批人口流寓临安,使临安的人口急剧增加,咸淳年间人口已高达 39 万户,120 余万人,成为真正的移民城市。在北方移民中,除了有皇室、贵族、官宦、富绅外,还有大批文人学士和各行各业的能工巧匠,他们的定居,不但促进了临安经济的发展,而且也使临安城市文化的发展达到了鼎盛时期。13 世纪意大利旅行家马可·波罗游历临安城后在其游记中不由地感叹:“人处其中,自信如置天堂”,并称赞临安是“世界上最美的华贵的天城”。宋末元初人周密在《武林旧事》卷三、卷五中对临安西湖盛景以及四时游览盛况也有着集中的描写,其中卷三“西湖游春”条云:“西湖天下景,朝昏晴雨,四序总宜。杭人亦无时而不游,而春游特盛焉。承平时,头船如大绿、间绿、十样锦、百花、宝胜、明玉之类,何翅百余。其次则不计其数,皆华丽雅靓,夸奇竞好。而都人凡缔姻、赛社、会亲、送葬、经会、献神、仕宦、恩赏之经营、禁省台府之嘱托,贵珰要地,大贾豪民,买笑千金,呼卢百万,以至痴儿呆子,密约幽期,无不在焉。日糜金钱,靡有纪极。故杭谚有‘销金锅儿’之号,此语不为过也。”①可见当时临安城中的享乐生活达到极为奢侈豪华的程度,而江南优美的山水环境对于杭州悠久城市文化传统的形成也起到了很大的作用。

在元代,元大都代表了当时城市建设的最高水平。元大都以设计周密、规模宏大而著称于世。其城垣南北约 7 400 米,东西约 6 635 米,北面二门,东、西、南三面各三门,城垣四角建有巨大的角楼,外围有环绕护城河。城内南部中央部位,筑有皇城。各种集市布置在城北鼓楼一带,祭天的社稷坛位于皇城的西部,祭祖的太庙位于皇城的东部,这种“左祖右社、面朝后市”的结构,完全符合中国传统的都市规划模式。

元末明初,战火频仍,城市建设在某种程度上遭到了破坏。元末农民战争之后,明代又开始了新一轮的城市建设高潮。在明代城市发展中,较为突出的现象是在城市中商业活动比以前更为活跃,并且呈现出集团化的特征。明代城市中手工业生产得到了新的发展,尤其是江南地区的中小城市,经济贸易活动十分繁荣,市井文化也得到蓬勃发展。大量商人麇集于府州城镇,建立了各种类型的商人会馆,为明代城市经济的繁荣发挥了重要的作用。一些地域性商人集团也开始崭露头角,比如山西商人和徽州商人群体,形成了著名的晋商和徽商集团,其经贸活动遍及全国甚至国外。明代著名的经济都会有南京、苏州、杭州、广州、汉口、佛山、临清、扬州、镇江、成都、重庆等 30 余座。明代城市商业的集团化发展表明在明代城市社会构成中经济已成为越来越重要的因素,古典的政治城市已经逐渐地向近代意义上的经济城市过渡。

以明代最具代表性的商业城市苏州为例看,明代中叶号称天下大码头的地方约有十处,而苏州一个城市中就有南濠、枫桥两处(叶权《贤博编》)。明代人王士性《广志绎》中也说:“城中与长洲东西分治,西较东为喧闹,居民大半工技。金阊一带,比户贸易,负郭则牙侩辏集。胥、盘之内,密迩府县治,多衙役豢养,而诗书之族,聚庐错处,近阊尤多。”明末清初,苏州阊门外成为全国最著名的商贸集市中心,康熙年间,“吴阊至枫桥,列市二十里”(清康熙《松江府志》卷 54),其繁华程度超过首都,时人孙嘉淦在其《南游记》卷一中记载:“阊门内外,居货山积,行人水流,列肆招牌,灿若云锦。语其繁华,都门不逮。”乾隆二十四年(1759)苏州画家徐扬所绘《盛世滋生图》(又名《姑苏繁华图》)就生动地再现出了当时苏州城市的繁华情景,画中商业最繁华的地方就是金阊街区。据初步统计,该画面上的各色人物约有 12 000 之众,运河上的货船、客船及竹木筏等约 400 只,街上林

① [南宋]周密:《武林旧事》,西湖书社 1981 年版,第 38 页。

立的各类商店约有230多家，包括了50多个行业。① 如此繁荣昌盛的社会景象，难怪明代苏州文人唐寅以生活在姑苏阊门为人生一大乐事，其《阊门即事》诗写道："世间乐土是吴中，中有阊门又擅雄。翠袖三千楼上下，黄金百万水西东。五更市贾何曾绝，四远方言总不同。若使画师描作画，画师应道画难工。"把阊门的商贸昌盛写得活灵活现，同时也凸显出苏州作为商贸中心城市的特色：万商云集，财富凝聚。明清时期苏州的长期经济繁荣又造就出梦幻般的城市市井生活，高雅的贵族文化和通俗的市民文化在苏州一起登台亮相，共生共荣，这在全国首屈一指并且引导着全国的消费风气。明末人张翰在《松窗梦语》中写道："民间风俗，大都江南侈于江北，而江南之侈尤莫过于三吴。自昔吴俗习奢华、乐奇异，人情皆观赴焉。吴制服而华，以为非是弗文也；吴制器而美，以为非是弗珍也。四方重吴服，而吴益工于服；四方贵吴器，而吴益工于器。是吴俗之侈愈侈，而四方之观赴于吴者，又安能挽而之俭也。"（张翰《松窗梦语》卷四）从南宋开始就有"上有天堂，下有苏杭"之赞誉，实际上到了明清时期苏州城市生活习俗之风流富贵，又在杭州之上。陆容在比较了苏、杭之后说："江南名郡，苏、杭并称。然苏城及各县富家，朵有厅馆花木之胜，今杭城无之，是杭俗之俭朴愈于苏也。湖州人家绝不种牡丹，以花时有事蚕桑，亲朋不相往来，无暇及此也。"（陆容《菽园杂记》卷一三）

清代城市发展基本延续了明代的城市格局，但清代的城市发展与经济的关系更为密切。各地形成了富有地方特色的经济产业，比如江南地区南京、苏州等城市的纺织业，景德镇的瓷器业，云南的铜矿业，四川的盐业，台湾的制糖业等。在此过程中，各地的商人会馆逐渐形成了以同乡和行业为基础的协作组织，积累了强大的经济实力，对城市的后续发展产生了巨大的影响，并为近代新型市民阶层的诞生准备了条件。清末随着洋务运动的展开，特别是1840年鸦片战争以后，随着列强势力的入侵、商埠和租界的开辟，中国出现了一些新型的近代化工业和商业城市，如唐山、大冶、郑州、焦作、南通、无锡、石家庄、蚌埠等。不少旧城市得到了扩展，如西安、广州、徐州、济南、南京、重庆等。在这一时期最具近代新型城市色彩的是上海和天津。

1842年，鸦片战争以签订《南京条约》而结束，上海等五个通商口岸对外开放，中国的大门被帝国列强打开。上海在清初时还隶属于松江府管辖，开埠后逐渐取代广州成为中国进出口贸易的最大港口。1880年上海的人口突破百万，之后一直是中国最大的城市。从清末到民国时期，上海的城市规模迅速扩张，成为中国的工业、商业、金融业中心。据1949年的统计，上海有工厂1万余家，约占

---

① 李华：《从"盛世滋生图"看清代前期苏州工商业的繁荣》，《文物》，1960年第1期。

全国工厂总数的55%;全市商业户有11万户;中外银行总数达100多个。

天津在清初仅为军事建制的“天津卫”,因为处于贸易港口和南北通衢要道,其经济地位不断上升,1725年改为“天津州”,之后又上升为“天津府”。据编印于清道光二十年的《津门保甲图说》载:天津“当南北往来之冲,实为切近扃钥,民五方杂处,逐末者增多。”1840年,天津共有84 556万户,442 343万人。开埠之后的天津,更是迅速成为华北区域的经济中心城市。到1945年,天津人口达172万,超过北京而成为华北地区最大的商业城市,也是仅次于上海的全国第二大港口城市。

中华人民共和国成立之后,随着社会主义经济建设的推进,许多旧的城市得到了改造和发展,大量新的城市迅速成长。尤其是近25年以来,中国坚持改革开放的道路,打开国门,走向世界,发展经济,在与世界融为一体的过程中,中国的城市发展进入了有史以来最为迅速和全面繁盛的新时期。从最南的海南到最北端的黑龙江,从东海之滨的上海到西部的新疆和西北部的西藏,大部分城市的经济实力大增,城市状况旧貌变新颜,不断地变大、变强、变美。近些年来,随着数以亿计的农村人口进城务工,中国城市中实际居住的人口比例大幅度提高,百万人口以上的大都市在沿海经济发达地区尤其是长江、珠江三角洲地区如雨后春笋般涌现。伴随着中国经济的高速发展,中国的城市人口迅速膨胀,规模日渐扩展,在城里的生活也变得日益方便、丰富多彩。同时,在大都市生产与生活中难以避免的各种缺陷和城市病也纷纷出现,这些城市缺陷和弊端也在考验着当代中国的社会发展和经济繁荣。

二、中国城市的类型与特征

中国城市的发展经历了数千年的漫长历程,其间出现过形形色色丰富多彩的城市,这些城市形式大致可以分成三大类型,分别是古典城市、近代化城市和后工业时代城市。这三大类型城市的相继更替,构成了中国城市发展的基本模式,也显示出今后发展的基本趋势。

(一) 中国的古典城市

中国是世界四大文明古国之一,也是世界城市的发源地之一。一般来说,城市的起源与原始社会的解体是同步出现的,原始社会后期,各部落之间争夺自然资源和劳动力的战争此起彼伏,部落首领为了维护统治、抵御侵扰,纷纷挖沟筑墙、修建城寨,于是便出现了早期的城市。与其他文明古国相比,中国文明的发展从未中断过,同样中国古典城市的发展也从未中断过。不仅如此,古代中国城市的发展还多次呈现繁荣，长期居于世界前列。据胡焕庸、张善余等学者估计，中国古代城市人口占总人口的比重在唐代曾经达到了10%左右，宋代人口在10万户以上的城市数量比唐代更有所增加，城市人口占总人口的比重也超过了唐代。① 同时期世界其他国家中的城市人口比重都没有超过中国。中国的古典城市多姿多彩，积淀了十分丰厚的传统文化财富。仅以1982年国务院公布的首批24座历史文化名城为例看，其中的西安、洛阳、开封、杭州、南京和北京，都曾经是全国政治统治的中心。这些城市的建造都经过缜密的设计、遵循严格的规制，在各方面都明显表现出恢宏的气派和皇权至上的思想。而苏州、绍兴、曲阜、大同、江陵、成都、长沙、昆明、大理、拉萨等城市，在历史上曾经成为区域性的政治、经济中心，在全国格局中占有重要的地位，并且形成了浓郁的地方文化特色。还有如扬州、泉州、广州等城市，在历史上都成为我国对外经济、文化交流的重要港口，集市兴盛，万商聚集，在当时已经成为世界著名的城市之一。

在漫长的以农业经济为主的中国封建时代，古典城市发展的推动力主要来自政治和军事的力量，朝廷行政统治的中心往往就成为大城市，而新城市的出现则往往与军事重地及边防要塞密切相关。美国的城市史专家刘易斯·芒福德(Lewis Mumford, 1895—1990)在分析欧洲早期城市形成过程中王权统治所起的作用时曾精辟指出："在从分散的村落经济向高度组织化的城市经济进化过程中，最重要的参变因素是国王，或者说是王权制度。""在城市的集中聚合过程中，国王占据中心位置，他是城市磁体的磁极，把一切新兴力量统统吸引到城市文明的心腹地区来，并置诸宫廷和庙宇的控制之下。国王有时兴建一些新城，有时则将亘古以来只是一群建筑物的乡村小镇改建为城市，并向这些地方派出行政官去代他管辖：不论在新建的城市或改建成的城市中，国王的统治使这些地区的城市，从形式到内容，都发生决定性的变化。"②在漫长的历史进程中，从部落首领到封建国王，都为了政治军事的需要而用强制手段来修建城郭、聚集人口、显示实力，从而促进了早期城市的形成和发展。正是由于这一原理，中国早期城市很自然地成为政治统治的中心或者军事重地。

中国的古典城市数以千计，其突出代表便是七大古都，③而在七大古都中，西安城无疑是最能体现古典城市特征的城市。西安，在隋朝称为兴城，是在隋文帝开皇二年(582)六月下诏动工修建的，大兴城的修建完全是按照周密安排的总

① 胡焕庸、张善余：《中国人口地理》上册，华东师范大学出版社1984年版，第249页。

② [美]刘易斯·芒福德著，宋俊岭、倪文彦译：《城市发展史——起源、演变和前景》，中国建筑工业出版社2005年版，第26—27页。

③ 1988年8月，在安阳市召开的中国古都学会上，通过了中国七大古都的提法，分别是西安、洛阳、北京、南京、开封、杭州、安阳。接着又出版了《中国七大古都》的书籍以及拍摄了同名电视剧。

体规划设计进行的,这一庞大工程的负责人是太子左庶子宇文恺,宇文恺是当时一位杰出的都市建筑设计家。大兴城分为郭城、宫城和皇城三部分。郭城呈长方形,周长约 36 公里,面积达 38 万平方公里,为明清时期西安城面积的 10 倍。郭城内靠北墙中央为宫城,宫城南为皇城,其余部分被纵横街道分割成整齐的坊市(共有 109 坊)。每个坊四周有围墙和出入口,形成了一个个彼此隔绝的官吏及平民的居住区。郭城内还有都会市(即东市)和利人市(即西市),都是市肆集中的商业区。宫城是皇帝寝居和处理朝政的场所,皇城则是朝廷各个部门的办公大院。皇城南大门之外是纵贯全城的朱雀大道,这条中轴线把全城分为东西两部分,各属长安、大兴两县管辖。大兴城中还设计开凿了永安渠、清明渠、龙首渠,位于城内东南隅的曲江池地势较高,经过疏浚整治后,成为全城的水库,同时也成为一处天然优美的风景区。宫城北墙外东北侧的龙首原地势较高,被设计成一处占地广阔的皇家禁苑(大兴苑),这样的设计既可以利用北面的渭水及东边的灞水,又有利于形成对皇城的拱卫。如此周全完美的都市设计,在当时世界上堪称翘楚。大兴城这种层次分明、秩序井然的城市规划空间所体现出的,正是古典城市以君主专权为中心的城市形态特征。

唐朝的长安城就是在隋大兴城的基础上扩建而成的,基本上承袭了以君王皇权为中心的城市空间布局,而其中大明宫的修建尤其显出盛唐气象。大明宫内建有许多宏大华丽的宫殿楼阁,如麟德殿、宣政殿、紫宸殿、蓬莱殿、仙居殿等,是唐王朝的政治中枢。宫内正殿为含元殿,规模最大,是举行朝廷大典、会见群臣和接见外国使臣的场所。唐李华《含元殿赋》写道:“左翔鸾而右栖凤,翘两阙而为翼,环阿阁以周墀,象龙行之曲直。”在含元殿前两侧建有翔鸾、栖凤两阁,有回廊相连。大殿前有三条长约 70 多米的龙尾道,中间较宽的一条是御道。三条龙尾道相隔 8 米,上殿的坡度富于变化,形成左右对称、步步上升的建筑结构,凸显出盛唐帝国的宏大气魄。

中国的古典城市长期繁荣,充分表现出了东方帝国的恢宏气势和强大的实力,显现出了东方文明的思想观念及艺术风貌,因而在世界城市发展史上占据着十分重要的地位。

(二) 中国的近代城市

从 19 世纪中叶到 20 世纪中叶的 100 余年间,中国社会经历的是西方列强入侵和炮火洗礼中的近代化历程。在此近代化历程中,以行政军事功能为主的中国古典城市逐渐向以发展现代经济为主的近代城市转变。

中国城市的近代化方向发展,大体上经历了两个阶段。第一阶段是在 1840 年到 1900 年间,中国城市的近代化进程发展较为缓慢,主要在沿海沿江的部分地区进行。开埠通商和外国资本势力的进入，使得中国沿海沿江的一批工商业城市脱离了原来的发展轨道，其经贸活动被纳入了世界资本国家的经济体系，西方的各种物质文明及精神文明蜂拥而入，这些城市迅速壮大，市场发育成熟，技术设备进步，人口众多，在物贸、技术、信息、观念等方面，都成为辐射周围市镇农村地区的中心枢纽，越来越显示出大都市的聚集效益、规模效益和优位效益，比如在近代新兴的上海、天津和武汉等城市就是如此。但与此同时，中国广大内地的发展停滞不前，经济封闭，观念落后，尤其是在西北西南边疆地区，城市规模较之清朝前期都有明显萎缩的趋势，其主要原因就是来自朝廷的政治军事推动力已经大为削弱。

第二阶段是在经受了太平天国运动等战乱的大破坏之后，20 世纪前期的中国城市又经历一轮发展高涨时期，其中较为突出的是东北地区和沿海沿江地区。东北地区在 19 世纪末之前基本上是原始的农业经济，人烟稀少，城镇规模不大。但是 19 世纪末开始，日俄竞相在我国的东北地区投资开发，引进先进技术设备，大规模地修筑铁路，开采矿山，从而使移民人口激增。在 20 世纪初，东北人口迅速增加至 1 600 万，至 1931 年则又攀升至 3 200 万。东北地区的城市数量迅速增加，出现了许多新兴的工矿城市和港口城市，如沈阳、大连、鞍山、齐齐哈尔、哈尔滨等大城市已经成为区域性的工业经济中心。沿海沿江地区城市的成长与持续的开埠通商直接相关。经过上百年的建设发展，沿海地区北起天津，南至广州，在漫长数千里的海岸线上崛起了一连串的港口工商城市，形成了东南沿海经济带；沿江地区则西起长江上游的重庆，沿江而下经过汉口，直至长江入海口的三角洲地区，都出现了工业和商业繁荣的大中型城市，中国这两大城市经济带形成了 T 字形，在长江口的上海聚汇，自然就成为中国近代城市经济发展和文化变革的中枢。

上海是中国近代化城市的代表。1840 年时的上海还是一座默默无闻的小城市，百年之后，上海不仅是中国最大的城市，并且还是与伦敦、巴黎、纽约、柏林等具有同等地位的国际著名大都市，其中最关键的因素是近代中国的开埠通商给了上海起飞的机会。

上海城市快速成长的推动力主要来自以下几方面的因素：地处中国海岸线的中部和长江出海口，是中外交通运输的枢纽，是中国进出口贸易的中心；外国资本、民族资本纷纷在上海投资办厂，投资总量大，工厂数量多，技术层次高，使上海迅速成为中国制造业的中心；金融业高度集中，中外银行纷纷抢滩上海，建造大楼，设立分行，辐射长江流域甚至全国，使上海成为中国的金融中心；商业和服务业的发展水平与世界先进国家接轨，中外文化交流活动频繁，大百货公司极为兴旺，使上海成为中国的商业中心和各种流行时尚的展示窗口。值得注意的是,上海在开埠前属于吴越文化圈内的一座小县城,并未形成自己独特的文化特色。开埠通商后,大量西方物质、精神文化产品的涌入,使得上海成为西方及日本文化进入中国的窗口,中外物质文化产品和精神观念首先在上海这个输入地产生了碰撞和交融;大量外来人口的涌入,又使得上海成为中国内地文化和沿海开放文化的汇合地。各种文化观念的碰撞和交融,使上海成为近代中国孕育新事物、新思想和新文化的基地。上海在迅速成为特大都市过程中出现了许多独特的社会现象和精神风貌,现代著名作家茅盾在其小说《子夜》中,对此有着生动细致的描写。1852 年,整个上海地区的总人口才 54 万,到了 1949 年,仅上海城区人口就达到 545 万,比百年前的 10 倍还多。上海城市的百年成长史,就是中国近代化城市成长道路的缩影。

(三)后工业时代城市

所谓后工业时代城市是与工业时代城市相比较而言的一种城市发展形态,它的核心观念即是城市的"可持续发展"。

从世界城市发展的角度看,工业时代城市的规模迅速膨胀,1980 年全球城市化水平为 40%,2000 年达到 50%,预计到 2010 年世界 60%的人口将居住在城市。城市的持续扩张,正在不断破坏着全球已经比较脆弱的生态平衡,这种状况不在根本上加以改善,将来势必影响到人类本身的生存。

1972 年,联合国在斯德哥尔摩召开了"人类环境大会",113 个国家的代表参加了会议,这是世界各国代表第一次共同讨论环境对人类和地球的影响,与会者达成了共识,并发表了《人类环境宣言》。1989 年,联合国环境署理事会通过了"关于可持续发展的声明",在全球范围内明确了"可持续发展"的重要思想。1992 年,联合国在里约热内卢再次召开"世界环境与发展"大会,通过了《里约环境与发展宣言》和《21 世纪议程》两个纲领性文件。2000 年,柏林国际博览会召开"21 世纪城市未来国际研讨会",讨论世界城市经济协作、科学技术创新和社会可持续发展的问题。这一系列的全球会议,表明各国都认识到在全球化浪潮中,城市化已经成为整个国家全面发展的关键因素,城市的发展是整个社会的经济、技术、文化发展的集中体现,而全世界需要共同面对的则是妥善解决城市快速发展后引发的各种后遗症,比如设计不到位不合理、楼房拥挤、交通堵塞、资源浪费、环境污染、绿色空间减少、严重缺水、贫富差距扩大、城市犯罪率上升,等等。这些日益严重的城市问题降低了居民的生活水准和生存质量,解决这些"城市病"就成为城市生存和城市新发展刻不容缓的问题。因此,后工业时代的城市发展,必须是可持续的发展。

在中国,1949 年中华人民共和国成立之后,中国的城市发展进入了计划经济的新时代，经过几次五年计划的调整和发展，中国建成了适合国情的工业城市体系。尤其是最近20余年，随着对外开放和体制改革的不断深入，中国的发展逐渐实现了与世界经济一体化并轨前行。中国各省市的城市都抓住机遇，积极招商引资，修建道路，创办工厂，开采矿山，壮大经济实力，使得城市规模扩大，工商市场兴旺，中国的城市普遍地旧貌换新颜，进入了全面繁盛的新时期。然而，与世界发达国家一样，中国城市的工业化发展引发了同样的问题，中国面临着急需解决后工业时代大城市弊端的严峻课题。

后工业时代城市的可持续发展观，给中国的城市规划和市政管理提出了新的要求。传统的政治、军事、经济、交通、地理位置等城市发展推动因素仍然存在，但已经远远不够。生态因素成为城市建设和发展必须首先考虑的重要条件，比如确立城市生态建设指标体系，具体包括城市建筑空间布局、城市绿化空间、城市生物栖境、城市区域的合理划分、城市空气质量监控、城市供水供电、城市垃圾处理利用、城市的社会结构、城市的民主化管理、居民的生活方式、有效缓解城市生活压力，等等。这些因素和要求构成了中国城市新一轮发展的目标和方向。

1992年联合国环境与发展大会通过《21世纪议程》之后，中国政府也随即出台《中国21世纪议程》，确立了中国21世纪可持续发展的战略，研究对策和行动方案。一些高校和科研单位相继成立了可持续发展的专门研究机构，如北京大学的中国可持续发展研究中心、中科院地理研究所的区域可持续发展研究中心、中国社会科学院的环境与发展研究中心等，城市可持续发展的研究在全国各地掀起高潮。在国务院的要求下，各地政府还纷纷编制地方21世纪议程，将城市规划与建设纳入《中国21世纪议程》的体系和要求之中。深圳市2000年获得“国际花园城市”荣誉称号，2002年被联合国环境署授予“全球500佳”荣誉称号，成为中国后工业时代可持续发展城市与生态城市的典范。对当代中国的城市建设而言，可持续发展就是要选择生态城市的发展方向，而生态城市是指生存环境健康适宜的城市，也就是强调城市的发展必须实现人与自然的和谐共处。2002年8月23日，在深圳召开的第五届国际生态城市大会上，通过了具有重要历史意义的《生态城市建设深圳宣言》。建设适宜人类居住的生态城市，就需要全面系统地理解城市的景观、环境、经济、政治、社会和文化之间复杂的相互作用关系，运用生态工程技术设计城市（包括与城市成为一个系统的周边乡镇和村庄），促进居民的身心健康，提高城市的生活质量，保护城市生活赖以生存的生态系统。①

---

① 参见王祥荣编著：《生态建设论——中外城市生态建设比较研究》，东南大学出版社2004年版，第67页。

后工业时代的中国城市发展的前景是美好的,但是面临的现实问题同样是严峻的,中国城市的未来发展很大程度上在于我们是否实现了城市本身的"可持续发发展"。

三、影响中国城市发展的一般因素与特殊性

中国传统社会数千年来一直是皇权制度和封建文化一脉相承的社会形态,中国社会的这一重要特点,决定了中国古代城市发展的基本特色,也造成了古代中国城市与欧洲城市的区别。著名学者韦伯就认为:"中国的城市与西方的城市有着根本的不同。在古代中国,以城郭为地域界限的城市虽然早就有了很大的发展,但是中国的城市一直处于中央集权和军队的控制之下,不像中世纪以后的欧洲城市在政治、法律和军事上享有很大的自治权。"①欧洲中世纪的商业革命促使欧洲城市功能产生巨大的变异,出现了生产性的经济中心城市,城市中的市民和工商业主开始走向城市自治。而一直处在中央朝廷严密控制之下的中国城市,自然就走上了不同于欧洲的城市规划营建之路。

(一) 影响中国城市发展的一般因素

在漫长的封建时代,影响和制约中国城市发展的因素主要来自政治、军事、交通、经济、气候环境变化等方面,下面分别加以阐述。

出于政治方面原因的考虑和规划,显然是影响和制约中国古代城市发展的重要因素。历代统治者为了维持统治大都会采取强制手段来聚集人口,修建庞大坚固的城池,这是中国历朝城市得以兴盛发展的一个主要因素。中国古代的城市,其主要功能就是为了便于朝廷的统治,震慑四方,加强中央皇权一统天下的权威与实力。早在西周时代,就广泛传唱着"溥天之下,莫非王土。率土之滨,莫非王臣"(《诗经·小雅·北山》)的歌谣,显示出周王朝疆域的广大和成功的统治。这种政治统治往往通过修建或攻占城市作为标志,正如《诗经·小雅·黍苗》中所描绘的:"肃肃谢功,召伯营之。烈烈征师,召伯成之。原隰既平,泉流既清。召伯有成,王心则宁。"这首诗反映了周宣王时召伯接受王命,组织军民营建城邑的经过。等到都邑城池建成,标志着地方政权已经站稳脚跟,周宣王才放心。

在中国的典籍中,"都"代表着宗庙,是政治统治权力的象征;"市"代表着商

① [德]韦伯著,王威海编译:《摆脱现代社会两难困境》,辽海出版社 1999 年版,第 109 页。

贸场所，而“城”则是对“都”和“市”的包围和防护。① 城市便是“都”、“市”、“城”合为一体，城市是权力和权威的象征。尤其在中国封建时代，中央皇权或分封诸侯王，或建立郡县授权制，都离不开在各地修建城市，其中不仅盛民，也盛官，也盛市，因而成为皇权统治的代表。中国古代的城市体系与行政官僚体系是相对应的，从京城到省城、府城、县城、乡镇，这套城市网络本身就构成了皇权统治全国的行政网络。

军事活动对城市的生存发展经常会产生举足轻重的影响，这一点对中国城市来说也是如此。历朝历代的军事活动尤其是改朝换代的战争，对城市的影响作用无疑是巨大的。有一些地点由于在军事上具有重要的战略地位，自然就成了军队驻守的重地，比如海防港口、江防要塞、交通枢纽、峡谷通道、边境口岸等。时间一久，形成人口聚居地，往往就成长为商贸市镇甚至大城市。比如新疆的喀什、内蒙古的满洲里、辽宁的丹东、广西的凭祥等边关城市，其发展的契机就是军事战略要地和边境口岸。打仗时是兵家必争之地，和平年代又往往成为国际商贸交流的商业城市。就是在内地，具有重要军事价值的地点也容易发展成为城市，比如遵义市，位于贵州省北部，地势险要，向来是黔北的军事重镇，唐代即置郎州，五代时被南诏国所占，宋复置播州乐源郡，明清皆置遵义府。1935 年 1 月，红军长征途中召开的遵义会议又给这座古老的城市增添了新的光彩，使其成为中国革命的历史名城。

攻城陷池的战争往往也会给城市造成巨大的毁坏，历史上因战争而衰亡甚至毁灭的城市数不胜数。比如扬州，从唐代到北宋，都是江南地区最为富庶繁华之地，成为城市山林风花雪月的渊薮，正如晚唐杜牧《寄扬州韩绰判官》所咏：“青山隐隐水迢迢，秋尽江南草未凋。二十四桥明月夜，玉人何处教吹箫?”意境优美，令人神往。可是宋高宗时金兵两次南侵，战火焚烧后的扬州城变成一片废墟。南宋词人姜夔《扬州慢》又唱出了一曲悲歌：“淮左名都，竹西佳处，解鞍少驻初程。过春风十里，尽荠麦青青。自胡马窥江去后，废池乔木，犹厌言兵。渐黄昏，清角吹寒，都在空城。杜郎俊赏，算而今，重到须惊。纵豆蔻词工，青楼梦好，难赋深情。二十四桥仍在，波心荡、冷月无声。念桥边红药，年年知为谁生!”感慨今昔巨变，无限哀思，溢于言表，震撼人心。站在战火焚毁的古城遗址，面对断壁残垣，荒草杂生，古人易生黍离之悲，今人的思绪也往往能穿越时空的隧道，感悟到历史变迁、物是人非的沧海桑田。

---

① 据许慎《说文解字》，“都”字的本意是“有先君之旧宗庙”之所；“市”字的本意指上古时“蔽前”之衣，且有“天子朱市，诸侯赤市，大夫葱衡”的等级区别，后来引申为商贸交易；“城”字的本意是“以盛民也”，清代段玉裁注曰：“言盛者，如黍稷之在器中也”，它们分别指出了古代修建城郭的主要功能。

交通因素，是形成中国城市和城市发展繁荣的重要因素之一。综观中国历代城市的消长兴衰，大都与地处交通枢纽相关。尤其是作为商贸集散中心的城市，更是必定处在交通要道，包括主要干道的汇合处，重要的关隘边塞、主要河流的交叉处及入海口等。比如天津市，处在华北平原东北部，由上游五源汇合而成的海河在此流入渤海，金元时代称直沽，为南北漕运枢纽。明代设天津卫，清代为天津府，使得天津成为拱卫北京的重要门户。近代以来，天津更是成为华北地区重要的工业基地及港口城市。由于中国古代大部分的商贸货物运输是依靠水路，所以在江河的汇合处往往会形成集市，而城市又往往是在集市的基础上发展起来的。比如重庆市，位于长江和嘉陵江汇合处，三面环江，形如半岛，依山而建，成为西南地区水运交通枢纽，随着城市的发展，重庆成为西南地区经济和文化的中心之一。

经济因素，也是形成中国城市尤其是大城市的重要因素之一。城市不可能脱离一定数量的居民人口而独立存在，尤其是大城市，一定是有着数以十万甚至百万以上的常住人口。作为政治中心、文化中心或者军事重镇的城市，其庞大的人口，本身就形成了消费经济的巨大市场。中国历代朝廷，无一例外地会用强制手段，征集全国最好的工匠、雕刻师、工艺师、音乐家、戏曲家、诗人、歌女、演员等，从而创造出琳琅满目、金碧辉煌的首都文明。而京师中聚集着众多的皇亲国戚、达官巨商，其物质享受和生活消费也无一例外地会达到本朝的最高水平。作为商贸、手工业和农业经济的中心城市，是商品交流的聚散地，其对周围地区经济发展往往起着重要的促进作用。其中一些大城市尤其是港口城市，成为中外商贸交流的中转集散地，往往对全国乃至世界的经济发展都有着重要的作用。经济的繁荣与城市的发展是密切相关、相辅相成的。一个地区的经济长期发展，必然会培育出作为本地区经济中心的城市，地区经济的发展越是强劲，城市就越是繁盛。反之，地区经济的衰退，也必然会使得城市萧条衰败。比如在明清时期的长江三角洲太湖流域，苏州一直是地区的经济文化中心。依托着周围乡镇经济的繁荣，苏州的市场兴盛，成为南北物贸交流的大商埠。苏州的经商者可以通过官道以及江、湖、河、海达到全国各地和海外，所谓“南达浙闽，北接齐豫，渡江而西，走皖鄂，逾彭蠡，引楚蜀岭南。”①加之太湖流域精美的文化传统、宜人的生活环境，又使得苏州成为士族官僚修养生息的首选福地。经济的繁盛与雅俗文化的交融，使得明清时期的苏州城呈现出令人神往的绚丽风采，乾隆年间画家徐扬的《盛世滋生图》(即《姑苏繁华图》)，就是对全盛时期苏州城市风貌的真实写

① 《吴阊钱江会馆碑记》，载于苏州历史博物馆编：《明清苏州工商业碑刻集》，江苏人民出版社 1981 年版，第 19 页。

照。当时,苏州是经济中心城市,上海只是一个小县城,所以有"大苏州,小上海"之称。但是,在经受了清后期太平天国战火焚烧之后,苏州经济遭到重创;而上海却在开埠通商之后得到了快速发展的机会,城市规模迅速扩大,成为长江三角洲区域新兴的经济中心城市,所以又有了"大上海,小苏州"之说。由此可见,经济规模和经济地位的改变,是造成城市兴衰的重要原因之一。

气候自然环境的变化,往往也会影响到城市的兴衰,有些盛极一时的城市甚至会因气候自然环境变得过于恶劣而消亡,这在中外城市史上都不乏其例。比如中国的历史文化名城西安,数千年来的气候自然环境就发生了很大的变化,这直接影响到西安城的命运。公元前 1000 多年,周文王在沣河西岸建都(丰邑),其子周武王灭商后,又在沣河东岸建立镐京,形成了西周都城丰镐。周人以丰镐为都城,附近村落居民点稠密。① 从考古发掘的材料看,当年的丰镐城附近的关中平原气候湿润,四周森林密布,动植物数量众多,河流水量充沛,形成农业耕种和打猎摘采的良好条件,所以会被选为建都的基地。根据《诗经》、《国语》、《山海经》等古籍记载,西周前期丰镐地区气候正常,没有发生显著的旱灾。但是到了西周后期气候却发生了明显的变化,不仅出现了旱灾,而且灾期之长,灾情之重都是前所未有的,从周厉王开始,经过宣王、幽王直到周平王,灾情持续了 150 多年。《诗经》中多处记载旱灾,其中《大雅·云汉》一篇记载周宣王时的旱灾惨状,最为触目惊心。到了周幽王时,长期的旱灾终于导致了泾、渭、洛三条大河的干涸,并伴随着地震发生,岐山崩塌(参见《国语·周语上》)。气候自然环境的变化,是削弱西周国力的重要原因之一,加之西方戎族的强盛入侵,周平王被迫放弃旧都丰镐,迁徙到洛邑(今河南省洛阳市),是为东周。盛极一时的西周都城,从此变成荒芜的遗址,这也酿成了中国文学史上源远流长的"黍离"之悲。还有如西北地区的楼兰古城,连接西亚的丝绸之路等,当年都曾是水草丰盛之地,人声鼎沸,如今却都早已被无尽的沙漠戈壁所蔽盖,寸草不生。人类与气候自然环境的关系至今仍然是依存性的。从根本上说,人类至今仍然无力大规模、大范围地改变自然,只能依赖自然,适应自然和合理利用自然资源。作为人类聚居点的城市开发,同样也得适应和利用好天地自然环境。

(二)中国城市发展的特殊性

与世界城市相比,中国城市的形成和发展过程中有着许多共同点。但是作为不同民族物质文明和精神文明的集中体现,中国城市发展的过程中还是显示出许多独特之处。从城市的建制、城市设计理念到城市建筑形态、自然景观、市

① 参见中国科学院考古研究所沣西发掘队:《陕西长安户县调查与试掘报告》,《考古》,1962 年第6 期。

井风俗等，中国城市都表现出了特殊气质，形成了浓郁的东方文明色彩。

皇权专制是中国古代政治制度的集中表现，其对中国古代城市的形成和发展所起的作用是最为显著也是最为重要的。从先秦时代开始，中国城市的聚集效应就突出地表现为政治功能的主导性和空间形态的内敛性，城市建设的各方面都以政治统治和军事防御为主要目的，不仅大都筑城墙、挖壕沟，而且作为政治权利枢纽的机构和建筑无一例外地位于城市的中心，受到严密的拱卫，高高在上，俯视周围，辐射全国。秦朝之后的中国在两千两百多年的封建社会发展过程中，虽然朝廷不断更替，但是皇权专制的统治体制一直延续不绝。在这样的背景下，中国历代城市的修建和发展，也一直是首先考虑城市是作为皇权专制统治的行政中心而存在的，朝廷的命令可以贯彻到城市的任何机构和每个角落，城市的管理始终都是由朝廷任命的官员主持，由朝廷命官带领着一批胥吏来完成。中国古代城市无论大小，地理位置无论远近，始终都是处于皇权的控制之下，这种状况与世界其他国家的城市相比，尤其是与欧美的城市相比，是极为突出的。

皇权政治因素的长期影响，还具体表现在形成中国古代城市明显的等级制度。每个朝代最大的中心城市，就是皇家朝廷所在地的都城，也就是全国的政治统治中心城市。都城之下，有着四面八方的省会城市，是省级衙门的驻守地。省城之下，有着州府级城市，是州府衙门的驻守地。州府城市之下是县级城市，即县衙门的所在地。从统领全国的大都城到星罗棋布的小县城，中国古代形成了一个遍布全国的金字塔形的城市体系。

位于金字塔顶端的是首都，朝着四面八方发布着朝廷指令，经过各级城市的逐层传递，直到最底层的乡村。各级城市一方面服从上级城市的指挥，另一方面也对上级城市形成拱卫之势。在这个金字塔形的城市体系中，城市规模的大小与其驻守衙门的行政级别往往是成正比的。全国最大的城市是都城，每个省州府县区域中最大的城市分别就是驻守衙门行政地位最高的城市。皇权可以调拨全国的人力财力来建设都城，各省州府县的最高行政官员也可以凭借手中的权力支配本区域的各种资源来修建衙门所在地的城市，而且这种调拨和支配往往是无偿的，经常是行政长官任意决定的。因此，中国古代城市发展过程中，明显形成了行政中心城市尤其是首都皇城优先修筑、重点发展的规律。比如明代洪武初年定都南京时，城内有平民 10 万人，加上官吏和驻军是 30 万人。之后朱元璋下令强行把苏浙等地的富户家族举家搬迁到南京，到了洪武三十年，南京城内的住户有 9.5 万多家，人口在 60 万以上，这还不包括皇室贵族及驻军的人口。在中国古代，一些大城市的发展机遇，与能否成为全国或者区域的政治中心城市直接相关。比如北京，在金代以前只是区域性的政治行政中心，城市规模一直不大。金代时，燕京成为金中都，城市规模扩大，人口增多，成为北部中国的政治中心。金末，燕京城遭到战争破坏，几乎成为一片废墟。元代在金中都的旧址修建都城，于是出现了在当时世界上规划最完备、建筑规模最宏伟的大都市——元大都。元末明初，北京城再次遭到战争破坏，并失去了首都位置，一度人口锐减，城市规模萎缩。到了明成祖迁都北京后，北京城又得到迅速发展的机会，一大批金碧辉煌的宫殿建筑横空出世，城市规模超过了元大都，城市人口达到百万，成为中国最大的都市。中国历代驻守京城的军队数量之多，在世界上也是突出的。比如汉代长安所在的关中地区常驻军队约 26 万人，约占全国总兵力的 40%，其中约 12 万禁军驻守长安城。再比如北宋时期驻守京师开封城的禁卫军达 80 万，驻军人数远远超过开封城居民人口数。还比如清朝的八旗军入关后就分驻在京师和各省会主要城市，形成了城市中大大小小的“旗营”。

中国古代的建都城市变迁较多。仅从重要的变迁看，就有西周的丰镐、东周的雒京、秦咸阳、汉长安、三国东晋建业、北魏洛阳、隋唐长安、北宋开封、南宋临安、元大都、明清北京等，中国历史上首都变迁都在 10 次以上。这一现象为世界各国所少见，比如非洲埃及首都，从古到今只限于尼罗河下游的底比斯、孟菲斯和开罗；欧洲古罗马帝国和现代意大利的首都，都是在罗马城；巴黎在公元五世纪是法兰西王国的首都，至今仍是法国的首都；英国从中世纪以来，首都一直是在伦敦；还比如在亚洲，日本的古今首都，也就是在奈良、京都和东京城三个城市之间。导致中国历代都城多变迁的原因很多，其中较为重要的有改朝换代战争摧毁、利用经济富庶地区的资源、便于掌控全国的四面八方、有利于各民族和地区关系的融和等方面因素。改朝换代的战争往往会把一大批城市毁成废墟，新朝廷中新一轮的城市建设又往往是在低水平上重新起步，中国古代的城市建设经常处在恢复—发展—衰落—恢复这样周而复始的周期之中。一个城市在被确立为国都或成为区域政治中心城市之后，往往短期内就能超常发展，城市规模迅速扩大，对全国和周边地区产生巨大的辐射影响力。

中国古代都城建设另一个特点是长期实行两京制，这在世界历史上也是少见的。中国从西周开始就实行两京制，这一制度历代相传，比如西汉都长安，洛阳为陪都；东汉都洛阳，长安为陪都；唐代都长安，洛阳长期居于陪都地位。还比如元朝以燕京为大都，又设开平为上都；明成祖迁都北京后，确立南京为陪都；清朝入关后定都北京，又设奉天(今沈阳)为陪都。两京制的长期实施，使大多数朝代都形成了两大中心城市，这样做并没有造成中国的分裂，反而有利于全国各地区之间经济文化的交流和发展，促进了全国各民族和地区的团结。

中国古代城市发展过程中还涉及如何处理政治中心城市与经济中心区域之间的关系，还有城市经济与农村经济之间的关系。大城市作为政治、军事和文化的中心，其对各种资源的依赖和消耗是十分巨大的。大城市的形成和发展，往往离不开经济富裕地区各种粮食、原料及资源的输送，历朝历代的大城市因此多数产生在农业经济富庶地区。但是，形成中国城市的原因是多方面的，便于获取丰富的经济资源只是其中之一。中国古代也有不少政治军事中心城市的修建，由于种种原因而离经济富庶地区距离较远，这就需要依靠国家的力量建立强大的资源运输通道，比如大运河和海陆交通干道等。因此，中国古代的政治中心城市与经济中心区域总是保持着密切的沟通关系，但是作为王朝政治统治枢纽的京师，却不一定是在最富裕的地区，因为建立都城，并非只考虑经济因素。此外，在中国古代的城乡经济关系中，农村经济始终居于主导地位。城乡经贸关系基本上是一种单项的贸易关系，即农产品大量地流向城市，而城市的手工业产品则很少流向农村。据统计，中国古代市场流通的主要商品分别是粮食、棉布、盐和茶。① 其中绝大部分都是农副产品，是由农村提供的。这种货物单项的流通结构明显地表现出中国古代城市商业活动对乡村经济的依赖，尽管在宋代以后手工业和商业得到了很大的发展，但整个国家的经济重心始终是以农为本的。中国城市经济发展的这一趋势，到了清末门户开放之后才得到根本的改变。

（三）当代中国城市现状及发展方向

近十年来中国城市化的速度明显加快，各省都涌现出了一大批新发展的城市，许多历史悠久的城市也在当代中国城市化建设高潮中极大地扩展了规模，古老的旧城区与崭新的经济开发区相映生辉，呈现出蓬勃向上的新时期城市形象。毫无疑问，中国目前正处在有史以来经济发展最繁荣、综合国力提升最迅速的大好时期。城市规模不断地扩容，农业人口不断地涌入城市，城市经济实力不断地增强，城市生活水平不断地提高，中国社会正在快速地走向城市化，这与当代世界城市发展的主流是合拍的。2000 年，全球有二分之一的人口居住在城市，成为世界城市发展史上的一个里程碑式的转折点。据专家预测，到 2010 年，世界 60%的人口将居住在城市。许多大城市、特大城市和城市群的接连出现，使得我们生活着这个星球越来越变得像是一座网络化的“地球城”。城市是人类政治、经济、科技、文化发展的缩影，成为越来越多人的聚居地，也成为人类社会能否健康生存、全面发展的关键。城市化的生产和生存方式极大地提高了人类物质财富和精神财富的创造能力，提高了人类群体社会的生活质量，使得世界的面貌日新月异，创造出了许多人间神话。

当代中国的迅速城市化，同样带来大量的城市发展问题。姑且不说日益膨胀的城市往往成为制造贫穷、社会分化、环境污染、交通堵塞、暴力犯罪的渊薮，

① 参见吴承明：《中国资本主义与国内市场》，中国社会科学出版社 1985 年版，第 251 页。

各地在快马加鞭地修路盖楼、超负荷地扩展城市的过程中，已经遭遇到各种各样的困境；各地城市经济的发展，也遭遇到越来越多的瓶颈障碍而难以逾越。城市尤其是大都市的这种双刃剑特性，越来越明显地展露在世人面前。如何正确面对和处置这些城市发展中的问题，就成为今后一段时期内中国的经济能否继续保持上升势头，中国社会能否长期可持续发展的关键。在中国各地轰轰烈烈进行着的城市建设热潮中，确实存在着各自盲目发展、缺乏沟通协调和都市化进程过快等问题。为了突破中国城市建设中的瓶颈，摆脱困境，为可持续发展打下坚实的基础，从大处着眼，必须协调和处理好以下几组关系。

首先是协调好城市规划发展过程中的各方关系。当前几乎每一个城市都有扩张发展的积极性，这种积极性经常会表现在各个行业各个企业都追求自己的优先发展，而协调好其间的关系是非常重要的。处理好城市规划发展过程中的轻重缓急，分清主次关系，要面对的问题和克服的困难很多，但是有一个最基本的前提，那就是首先对于该城市性质类型的定位必须准确清晰。城市的总体性质指某一城市在全国或者区域内所处的政治、经济、交通、文化等方面的位置以及所起的主要作用。对具体某一个城市来说，其性质是经过历史的长期积淀而形成的，但又是处在不断变化的过程中。城市性质决定了城市发展的投资方向、产业结构、规模以及城市建设特色，对城市性质作准确清晰的定位有利于城市发展中的扬长避短，有利于集中有限的物力、财力和人力，创造出最大的发展实效。比如目前上海的城市性质就定位在中国的金融中心、制造业基地、最大的港口、长江流域经济带的龙头城市。而重庆的城市性质则定位在重要的工业基地、长江上游的经济中心、水陆交通枢纽和商贸港口。依照这样的城市性质定位来规划近期的方向，城市的发展显然就会趋向于理性和有序。相反，如果每个城市都想规划成经济中心，每个大城市都想建设成为国际大都市，这样做的结果就会出现大量的重复建设，造成大量的资源浪费，并且“千城一面”，毫无特色，更无特长，难以持久。

其次是协调好城市建设与环境保护的关系，这也是近些年来中国城市发展中显得越来越严重和紧迫的问题。城市建设尤其是大都市的建设，需要消耗大量的水、煤、电、石油、木材、可耕地等宝贵资源，这样不可避免地会使城市出现空气、水源、噪音、河流、湖泊等环境污染。大都市更是会在狭小的区域内出现大批高层和超高层的建筑物，原有的自然河网和植被森林被密不透风的水泥森林所取代，使得城市居民的生活质量严重下降。工业的强劲发展更是带来了环境的全面恶化，使得全球气候变暖，臭氧层被破坏，重金属和农药等污染物在环境介质间转移和不断增强，生物品种锐减，并直接威胁到人类的生存。严峻的现实使得世界各国都制定了严厉的环境保护法规，比如英国早在 1938 年就正式颁布了大伦敦的环城绿化带保护法。美国目前有120余项环境法规,比如1975年就公布了禁止倾入水道的300种有害化学物质的名单。日本主要的环境法规也已经达到80余项。由联合国组织签订的全球自然资源保护、珍稀生物品种保护以及环境保护等国际公约越来越多,执行的力度也越来越强劲。在这样的国内外现实环境中,中国的城市建设对环境保护因素越来越重视,国家和地方出台的环保法规越来越完善,环境保护成为全民的共识,环保在城市建设、企业生产、生活设施等方面都具有"一票否决"的权力。近20年来,许多省市开展了生态城市的建设,比如香港、深圳、天津、长沙、珠海、上海、广州、青岛、厦门、杭州、南宁等大城市,都先后制定了生态城市建设的指标体系,在严格执行中取得了减少污染、净化环境的显著效果。

第三是协调好城市之间的关系,使各个城市之间形成互相协作、优势互补、互利互惠、协调发展的良性关系,这样才能造就出具有更强竞争实力、更高生产效率、更符合环保要求的城市群(带),进而提升中国的综合国力,增强中国经济在国际上的竞争力。近十几年来中国城市的迅速发展,与行政条块封闭式的管理方式有着直接关系。改革开放极大地调动了从中央到地方各级政府招商引资、发展经济的积极性。然而各行业、各系统和各地方政府的发展是各自独立进行的,条块之间缺乏必要的沟通和配合。在各地城市建设过程中,这种现象同样普遍存在。因此,在城市发展中往往会出现低水平的重复建设,造成自然资源的浪费和投资效率的降低。比如从江阴往东近两百公里的长江南岸,一连串地分布着江阴港、张家港、常熟港、太仓港、吴淞港等。每个港口都投入了巨大的财力、人力进行建设,都修筑了高等级的通港大道,配备有现代化的装卸仓储设施。但是由于港口分布过密,物流量分流,港口竞争激烈,每个港口的实际货物装卸量都受到周围港口的分流压力,其货物装卸吞吐量自然就很难达到高效益的饱和水平。造成这种明显资源浪费情况的直接原因就是各县市各自为政,各自都想通过上大项目大工程把本地经济做大做强,都想把港口开发区做成本县市经济腾飞的品牌和突破口,改变旧貌,显示政绩,彼此就容易产生恶性竞争,失去全局经济的平衡发展。近年来,长三角地区沪、苏、浙三省市建立了较为紧密的通气协商制度,定期举办协调会,商讨建立各城市互补的产业结构,目的是减少经济区域中的重复建设,避免恶性竞争,协调互惠的良好效果已经初见端倪。从本地区城市之间的协调,进一步扩展到全国各省市地区间的协调,建构全国的资源、生产、商贸、金融、交通的合理网络,这是中国经济和社会可持续发展的必由之路。

第四是协调好城乡经济文化共同发展的关系。城乡经济文化发展的不同速与不同步,由此拉大城乡贫富差距,导致社会群体间矛盾激化,这是中国封建社会中长期存在的结构性问题。在当代中国加速城市化发展的过程中，城乡间的发展水平与贫富差距明显增大，固有的城乡矛盾变得越来越明显，导致的结果也越来越严重，比如城乡居民在国民产值、国民收入、社会福利、教育条件、医疗保险等方面的差距越来越大，已经影响到了整个社会各方面的和谐与平稳。中国封建统治者长期奉行“重农抑商”的准则，农业集中了全国绝大部分的人口和财富。城市在行政上统治着农村，但在经济上却依附于农村，朝廷税收的绝大部分来自农业，而农村的稳定则最终会影响到朝廷的生存。城市主要作为政治统治的中心，城市工商业经济在封建专制掌控之中，始终缺乏独立性，工商业者在社会变革中往往显得软弱无能，城市居民在文化观念上还是向往着农村田园风光式的理想。尽管100多年来中国城市化进程有了很大的发展，但这样的传统文化观念在短期内还很难从根本上改变。当前中国正致力于缩短城乡经济差距，协调城乡合作关系，促进农村和城市的和谐发展，自改革开放以来，中央多次以“一号文件”的形式，颁布条令，推动农村的改革和发展。总之，中国城市的可持续发展离不开农村经济的持续发展，中国和谐社会的创建也离不开农民生活的富裕和农村走向小康社会。

第三章　西方城市的历史与现状

我们常说的“西方”不仅是一个地理概念，而且是一个文化概念。作为地理概念，西方有一个逐渐演化、不断扩大其范围的历史过程。最初，西方主要指作为其文明发源地的爱琴海周围，中世纪逐渐从地中海沿岸向北扩大到整个欧洲大陆。在哥伦布发现新大陆后，欧洲国家开始向北美移民，北美地区通常也被称为西方。作为文化概念，西方主要指与中国相对的一种文化样式或文明形态，中西文化具有各自不同的文化精神和显著特征。

西方并非人类文明的最早发源地，最早的城市也不出现在那里。本章以西方地理概念的扩展为线索，介绍西方不同历史时期代表性城市的历史特征与文化功能，着力揭示西方城市与西方文化精神的内在关联。具体说来，我们将分别介绍西方古代(主要是古希腊、罗马)城市、中世纪欧洲城市、现代西方工业城市和当代西方大城市群。

一、西方古代城市

一般来说，世界有四大文明古国：中国、古埃及、印度、古巴比伦。这四个文明中心的发源地都在河流附近，根植于大河冲积而成的平原，并以农业活动为主，因而有人形象地称这四个文明为“大河文明”或“黄色文明”。与此相对，作为西方文明摇篮的古希腊，却发源于地中海东部的爱琴海诸岛及其周围地区，因而也被称为“海洋文明”或“蓝色文明”。因此，学术界有人认为世界文明起源的中心有五个，即四大文明古国再加上古希腊。

古希腊文明的开端是爱琴文明，它以爱琴海为中心地区，包括希腊半岛(今天的巴尔干半岛南端)、爱琴海各岛屿及小亚细亚半岛西部的沿海地带。爱琴文明开始于公元前 2000 年，终止于公元前 1200 年，前后持续了 800 年左右，前期以克里特为中心，后期以迈锡尼为中心。为美女和荣誉而战的特洛伊战争虽然征服了特洛伊，但另一支希腊人乘虚而入又征服了迈锡尼，爱琴文明由此中断了。此后的 300 年，希腊被称为“黑暗时代”。公元前 8—前 6 世纪，希腊走上了复兴之路，出现了为数众多的城邦，主要有雅典、斯巴达、米利都、米太林等。公元前 5 世纪,希腊进入全盛时期,直到公元前 330 年被马其顿击败。

希腊半岛群山环抱,地少山多,不宜农耕,交通很不便利。但其漫长的海岸线和众多的深水海湾、港口,以及爱琴海上星罗棋布的岛屿,却为古希腊人发展航海创造了良好的条件。向东航行,经叙利亚可达两河流域,使他们与东方文明发生联系;向南,与爱琴海南部克里特岛隔海相望的就是埃及,他们又接受了这一古老文明传统的影响。古代文献和近代考古资料都确凿证明:希腊文明是在西亚和埃及文明的影响下发展起来的。独特的自然环境、发达的海外贸易、活跃的商品经济、具有包容性的文化性格,共同促成了希腊城邦这一独特的文明形态。

希腊的城邦(polis)由卫城(acropolis,acros 的意思是“高”)发展而来。卫城是古代人为了防卫而建立的、与不设防的乡村相对的城市居民点。由于海盗猖獗,岛屿上和大陆上的古代城市都建筑在离海岸线有一定距离的地方。卫城最早设于山头,人们在遭到敌对势力或海盗威胁时就聚集在那里。山头一般总有一个或几个卫城。后来,由于耕作的发展和定居的需要,这些卫城就从山头搬到平坦的地方或河畔,周围建筑城墙和城堡来自卫。这些防卫居所,逐渐地转化为拥有生产场所、宗教生活中心和首领、祭司居屋的城市。随着掠夺战争的加剧,卫城越来越重要并大量出现于希腊各地。经过一个相当长期的演变过程,最早的卫城发展成城邦国家(city-state),城邦中居民就叫做 Polites(公民)。

古希腊著名哲学家亚里士多德曾讨论过城邦的本质和形成。他认为城邦是由家庭和村庄发展来的,是全体公民为了最高目的(善)而建立的共同体:“所有城邦都是某种共同体,所有共同体都是为着某种善而建立的,很显然,由于所有的共同体旨在追求某种善,因而,所有共同体中最崇高、最有权威、并且包含了一切其他共同体的共同体,所追求的一定是至善。这种共同体就是所谓的城邦或政治共同体。”①城邦以一个城市为中心,包括周边的若干村落。其特点是小国寡民、长期独立自治。受地理环境的影响,古希腊城邦一致地采取海外殖民的方式,从而扩大了疆域,促进了希腊各地的商品生产和海外贸易,并从东方吸收了字母文字、建筑、雕刻、冶金、铸币等先进文化成果,为创造自己的独特文明奠定了牢固基础。由于希腊全境各地区经济政治发展很不平衡,城邦国家的产生也是不平衡的。最早建立城邦国家的有科林斯地峡的科林斯、麦加拉,小亚细亚西岸的米利都,阿提加地区的雅典,伯罗奔尼撒半岛的斯巴达,等等。在雅典和斯巴达崛起之前,米利都最为重要。

---

① [古希腊] 亚里士多德:《政治学》,苗力田主编:《亚里士多德全集》第九卷,中国人民大学出版社 1994 年版,第 3 页。

米利都(在今天土耳其境内,仍称原名)处于富饶的弥安德河流域极其有利的位置,是小亚细亚南部弗里基亚的出口贸易中心。整个城市并不大,人口不过6万多,但是,在公元前8到6世纪,却向外建立了四十几个殖民城邦。当时,米利都积累了巨大财富,是该地区原材料和制成品聚散和贸易中心,也是小亚细亚和内地对外贸易的通道,集海运、贸易和手工业于一身,其联系范围北到北海,东到美索不达米亚,南到埃及,西到南意大利。公元前7世纪时,伊奥尼亚地区支配了当时沿地中海欧、亚、非之间的贸易,而米利都高居伊奥尼亚许多商业城市之首,被著名的古希腊历史学家希罗多德称为"海上霸主"、"尼奥尼亚的花朵"。① 米利都又是伊奥尼亚各城邦联盟的首领。各城邦共同参加泛伊奥尼亚节,但是,各自拥有绝对的自主权。米利都不断遭受东部强邻的侵犯,公元前494年,波斯人攻陷米利都,将该城夷为平地,米利都衰落了。正是在这里,出现了希腊哲学史上第一个学派——"米利都学派",西方哲学史上第一位哲学家泰勒斯(约生于公元前624年)和阿那克西曼德(约生于公元前610年)、阿那克西美尼(约生于公元前586年)都活动于此。他们最早提出探究世界万物的本原,认为万物的本原是一种物质性的元素。比如,泰勒斯提出水是万物的本原,因为当地的自然条件主要是海洋;古希腊人的生活和生产活动,包括农业、工业和商业贸易,处处都和水发生密切联系。

公元前6世纪末、5世纪初,希腊的经济、政治和文化中心已逐步从殖民地转向希腊本土,雅典成为当时文化中心。此后直到公元前4世纪40年代马其顿统一希腊之前,这一百多年被称为古典时代,是希腊的鼎盛时期,不但在西方文化史上,而且在世界文明发展史上都占有极其重要的地位。

雅典地处希腊东部的阿提卡地区。阿提卡是个半岛,三面伸入爱琴海,具有从事农业、手工业及海上贸易的良好条件。公元前6世纪,梭伦改革使雅典走上了商品经济的道路。货币经济的发展冲击了氏族制度残余,促进了雅典民主政治的形成和发展,同时也改变了人们之间的社会关系和伦理观念,促进了抽象思维的发展。根据《剑桥古代史》的计算,伯罗奔尼撒战争前夕,雅典有15—17万公民,其中3.5—4万是外邦人,8—12万为奴隶。② 雅典城与希腊其他城市一样,在希波战争前并未建造城墙,只是到了战后才开始修建。该城背山面海,布局不太规则,城市中心是卫城,卫城西北角是城市广场。广场是群众聚集的中心,有司法、行政、商业、工业、宗教、文娱交往等社会功能。雅典全盛期曾进行了

① 参见汪子嵩等:《希腊哲学史》第一卷,人民出版社1997年版,第135页。本节相关论述多参考此书,不再另注。

② 参见汪子嵩等:《希腊哲学史》,第二卷,人民出版社1993年版,第9页。本节论述多参考此书,不再另注。

大规模的城市建设，建筑类型十分丰富，有元老议事厅、剧场、俱乐部、画廊、旅店、作坊、体育场等。剧场位于山坡，便于观众利用地形观看演出。雅典卫城在城内一个陡峭的、高于平地70—80米的山顶，各个建筑物处于空间的关键位置上，如同一系列精心安排的雕塑，其视觉观赏均是按照祭祀雅典娜大典的行进过程设计的，即在山下绕卫城一周，上山后又穿过其全部。这使游行队伍在每一段路程都可以看到不同的建筑美景。

雅典城邦的文明形态及其对后世的重大影响主要有三方面：

第一，雅典形成了比较完备的民主制度。

世界上其他早期文明发达地区，诸如埃及、巴比伦、波斯等希腊邻国，都是一统的大帝国。希腊由于地理环境等原因没有统一起来，每个小城邦地区狭窄，居民只有几万，这就为发挥公民大会的作用提供了可能。希腊诸城邦实行过民主制、贵族制、君主制、寡头制和僭主制，其中民主制和贵族制最为流行。其划分标准是根据公民在公民大会中参政权利的大小。在贵族制政体中，公民大会名义上是国家最高权力机构，但实权却被元老院或贵族议事会掌握；在民主制政体中，公民大会成为国家最高权力的体现。雅典的民主制最为典型，为后世提供了宝贵的借鉴经验。西方近现代民主制度的那一套立法、司法、行政的分立，以及对官吏、最高执政官的监督，还有保障公民权利的办法等，在雅典的民主制中已经初具雏形。

雅典最初实行王制，梭伦改革保证了人民的投票权利，从而使公民成为法制的主宰。通常说的"伯里克利时代"(公元前461—前429年)是雅典历史上最繁荣强盛、民主政治发展到顶峰的时代。公元前431年，雅典首席执政官伯里克利在阵亡将士国葬典礼上发表了一篇著名演讲，充满着对民主政治的热烈自豪感，其对雅典"城邦的特性"的描述，可以视为雅典民主政治的宣言书，也是世界上最早的民主宣言。

> 我们的制度之所以被称为民主制，是因为城邦是由大多数人而不是由极少数人加以管理的。我们看到，法律在解决私人争端的时候，为所有的人都提供了平等的公正；在公共生活中，优先承担公职所考虑的是一个人的才能，而不是他的社会地位，他属于哪个阶级；任何人，只要他对城邦有所贡献，绝对不会因为贫困而湮没无闻的。我们在政治生活中享有自由，我们的日常生活也是如此。
>
> ……
>
> 我们的城市对全世界是开放的，我们从未通过排外条例，以防止外人有机会探访或观察，尽管敌人的耳目时而从我们的自由开放中捞取好处。我

们所依赖的主要不是制度和政策，而是我们公民的民族精神。

……

真正的耻辱不是贫穷这一事实本身，而是不与贫穷作斗争。我们的公职人员，在关注政治事务的同时，还关注自己的私人事务；我们的普通公民，虽长年累月地忙于劳作，但是仍可以对国家大事做出公平的裁断。因为我们雅典人和任何其他民族不一样，我们认为一个不关心公共事务的人不是一个没有野心的人，而是一个无用之人。我们雅典人即使不是倡议者，也可以对所有问题作出裁判；我们不是把讨论当做绊脚石，而是把它看做任何聪明行动所必不可少的首要前提。

……

一言以蔽之，我们的城邦是全希腊的学校。我认为世界上没有人像雅典人这样，在个人生活的许多方面如此独立自主，温文尔雅而又多才多艺。①

第二，奠定了西方理性主义哲学传统的基础。

希腊人把城邦视为公民集体，作为公民，他自然是公民集体的一分子。公民大会拥有最高权力，它对每个人都是同样民主的。民主政治促成了"好公民"的观念，学习诉讼、辩论和演说，学习法律和公务成为当时的风尚。为了成为好公民，必须探讨善恶、是非、正义等范畴。商品经济瓦解了门第血缘关系，发达的工商经济使希腊人敢于破旧立新，城邦间的利益冲突使人们思考正义和利益、真理和价值等关系问题。古希腊哲学对此进行了全面系统地深入探讨。雅典公民苏格拉底（公元前470—前399年）极其重视人，要求认识人自己，重视知识的作用，将一切美德归于知识，并用下定义的方法寻求普遍知识。其杰出的学生柏拉图（公元前429—前347年）则系统地发挥了乃师的知识论，将知识论置于人类知识的顶峰。他们一同把政治、法律、宗教、道德等交由理性来审查批判，这被黑格尔称为"往后一切时代的哲学的普遍原则"。他们使理性主义传统成为西方哲学和科学的主流，一直影响着整个西方文明。

作为首都的雅典城，市场非常繁荣，如当时著名喜剧家阿里斯托芬在《吕西斯特拉塔》中所描写的：市场上有许多摊贩、小商人和小店老板，市场有华丽的廊柱装饰，其中有鱼市、油市、酒市、陶器市等；许多卖豆子、猪肉、大蒜、面包、乳酪、亚麻和羊毛的商人团团围住女主人公吕西斯特拉塔。苏格拉底就是在这里

① ［古希腊］修昔底德著，徐松岩、黄贤全译：《伯罗奔尼撒战争史》，广西师范大学出版社2004年版，第98—101页。

走街串巷,到处找人谈话,讨论问题,启迪智慧,引导人们追求智慧和至善,改善精神和灵魂,从而振奋城邦社会。他将自己比作一只神赐给雅典的“牛虻”,在城邦飞来飞去,螯刺、惊醒雅典这个战败的、迷钝的庞然大物。在雅典的街头巷尾、竞技场所,他教诲的对象有政治上崭露头角的人物,也有雕刻匠、画师乃至妓女。他的哲学主题,正如他自己在《申辩篇》中的表白:“我的好朋友,你是一名雅典人,属于这个因其智慧和力量而著称于世的最伟大的城市。你只注意尽力获取金钱,以及名声和荣誉,而不注意或思考真理、理智和灵魂的完善,难道你不感到可耻吗?”①

第三,奠定了西方戏剧与诗学的基础。

从庇西特拉图以来,雅典就有三个影响巨大的群众性节日:泛雅典娜节、酒神节和地母节。前两个最为隆重,到伯里克利时代已成为全希腊人广泛参加的节日。泛雅典娜节年年举行,所有雅典公民都来参加,但以四年一次的大节最为盛大。它连续举行六天,不仅有战车赛、徒步竞走、火炬竞走,还有歌队合唱、朗诵表演比赛等。公元前 4 世纪对演出胜利者设有重奖:最高是价值 1 000 德拉克玛的金质桂冠。古希腊戏剧与这些节日密切相关,是至今留传下来的最早的戏剧,也是欧洲和世界戏剧的源头。公元前 5 世纪,古希腊戏剧发展到了顶峰,出现了三大悲剧家和一大喜剧家,即埃斯库罗斯、索福克勒斯、欧里庇得斯和阿里斯托芬。雅典政府每年要举行三次大的戏剧节,最大的戏剧节是“酒神大节”,每年三四月间在雅典举行。政府还倚山坡修建了半圆形的露天剧场,规模宏大,可以容纳大量观众;还举办悲剧竞赛会和喜剧竞赛会,鼓励参赛的剧作家和演员。伯里克利时代雅典政府规定,竞赛会期间全城放假;“观剧津贴”制度为每个公民发放两个欧布尔的津贴,等于一人一天的生活费。这些举措使剧场成为当时自由民的政治讲坛和文化生活的中心之一。② 剧本是以诗的语言写作的,所以称剧作家为诗人。柏拉图的杰出学生、古希腊著名哲学家亚里士多德(公元前 384—前 322 年)的《诗学》重点研究过古希腊戏剧,其主要观点如“模仿说”一度主宰着西方艺术理论,成为西方文艺理论的经典之作,影响极其深远。

下面简单地看一下古罗马城市。

一般认为,罗马文明在很大程度上来自希腊文明。从希腊人那里,罗马人得到了字母表、大量的宗教概念、艺术、神话知识。当希腊人进入黄金时代之时,罗马已经是意大利半岛的主宰了。古罗马的历史大致可以分为三个时期:伊达拉里亚时期(公元前 750—前 300 年)、罗马共和国时期(公元前 510—前 30 年)和

---

① [古希腊] 柏拉图著,王晓朝译:《柏拉图全集》第一卷,人民出版社 2002 年版,第 18 页。

② 参见顾准:《希腊城邦制度》,中国社会科学出版社 1982 年版,第 170—171 页。

罗马帝国时期(公元前30—476年)。公元前450年,平民制定成文法的要求实现了,结果颁布了著名的"十二铜表法"(大概是刻在12块青铜牌上的法规,竖立在广场上),从此有了一套成文法,成为一切公法、私法的源泉。罗马法后来产生过巨大影响,在欧洲和世界上至今仍然受到重视。

罗马帝国时期整个版图上的城市数以千计,仅西班牙一省的重要城市就有400座,次要的城市有293座。当时,中小城市有几万人口,大城市则可达几十或近百万。罗马帝国是一个由城市集合而成的帝国,城市是帝国的政治和经济基础。稠密的海陆商业贸易维系着帝国的经济生活,物资流动大多是由市场商品经济和自由贸易机制维系,《万民法》为经济发展提供了法律保证。罗马国家的所有城市都建有为数众多的公共设施,自由民的城邦爱国精神就是从那些公共活动中产生的——他们在那里选举自己的执政官,进行各种政治纲领的辩论。简言之,城市公共生活铸造了罗马精神。

首都罗马城的实际建立者是台伯河南部拉丁姆地区的意大利人,该城传说建于公元前753年。拉丁姆地区有很多城市,但罗马凭借其战略位置,很快便把几个主要的城市置于其保护之下。这个古城由著名的"罗马七丘"组成,其中,帕拉丢姆为七丘中心,在其以北逐渐形成广场群,即著称于世的共和广场(Republican Forum,公元前504—前27年)。广场群是城市社会、政治和经济活动的中心,也是市民欢聚的公共活动场所,这很像希腊化时期的城市广场。罗马帝国时期,罗马城建设非常繁荣,建造了剧场、斗兽场、浴场,还有为皇帝营造的宣扬帝功的纪念物,如凯旋门、豪华宫殿、陵墓等。此外,还建造了大量出租的公寓。其中,尤其以角斗场、万神庙和浴场著称于世。三层叠起连续拱券的输水道,则被认为是工程技术史上的奇迹。

罗马城极盛时人口达百万,此时的帝国广场(Imperal Forum,公元前27—476年)已逐渐改变了性质,成为皇帝们为个人树碑立传的纪念场地。皇帝的雕像开始占据广场的中央位置。广场形式逐渐由开敞转为封闭,由自由转入严整。公元1世纪,帝国奥古斯都皇帝夸耀说:他得到的是砖造的罗马,留下的是大理石的罗马。可见该城之壮丽辉煌。其御用建筑师维特鲁威于公元1世纪写下论文集《建筑十书》,这是全世界流传至今的第一部最完备和最有影响的建筑学与城市规划著作。该著作总结了希腊、罗马的建筑设计和城市建筑经验,论述了城市选址、城市形态、各种建筑材料的性质和用法、各类建筑物的建造原则和建造方法、供水技术等与建筑有关的各种问题。书中第一次提出了"坚固、实用、美观"的建筑三原则,为欧洲建筑学奠定了理论基础。

还应该提及的是罗马共和时期的庞贝古城。它原来是规则的营寨城市,后来逐渐发展为罗马的重要商港和休养城市。城墙高7—8米,有8个城门,东西长 1 200 米，南北宽 700 米，通过市中心的十字形道路宽约 6—7 米，道路坚固。城西南是广场，面积为 117×33 米，主要建筑物有城市守护神朱比特神庙、法庭、交易厅、市场、公秤公尺陈放室、行政机关、会议厅等。该城始建于公元前 4 世纪左右，后被公元 79 年爆发的维苏威火山吞没。1748 年，人们挖掘出了被火山灰包裹着的人体遗骸。此后经过 200 多年断断续续的挖掘，这座长久沉睡于地底的古城初步恢复了原貌，向人们完整地展现出公元 1 世纪罗马帝国城市的真实面貌，是极其难得的城市历史遗迹。

二、中世纪欧洲城市

公元 5 世纪，庞大而又衰弱的西罗马帝国在欧洲大陆北部日耳曼人的冲击下寿终正寝。自此之后的四五百年里，西欧大地一片空旷萧条。但从 10 世纪以后，大大小小的城市和城镇突然像蘑菇般地冒了出来，散布在西欧各地。据统计，英国在 1100—1300 年间共出现了 140 个新城市，其城市发展之迅速由此可见一斑。

学者们提出了很多理论来解释中世纪欧洲城市兴起的原因，如"罗马城市复兴论"、"世袭领主论"、"城堡论"、"市场论"等。我们认为，中世纪欧洲地域广阔，各个国家地区城市兴起的原因不尽相同，由此产生的城市及其对欧洲发展的作用也有所不同，主要类型有国际贸易中心（如意大利的威尼斯）、工业城市（如德国的弗赖堡）、中小工商业城市、政治中心（如巴黎、伦敦）和宗教中心（如罗马）等，不能一概而论。

中世纪西欧城市起初都是一些小居民点，城市人口稀少，如 11 世纪英国西部的铁矿业中心城市格洛斯特，城市人口只有 3 065 人，其城市的农业性质还很明显。到 13、14 世纪，欧洲城市规模进一步扩大。最大的城市在意大利，14 世纪中期之前，意大利已有 4 个城市的人口超过 5 万，分别是米兰、威尼斯、那不勒斯和佛罗伦萨。至 15 世纪，热那亚、波伦那和罗马的人口也达到这个数目。1328 年，法国的巴黎的人口据估计应该有 8 万。当时德国人口最多的城市是科隆，为 4 万人。1377 年，英国伦敦约有 3.5 万—4.5 万城市人口。据统计，在 14 世纪，西欧人口 5 000 以上的大城市不到其总数的 5%，人口在 2 000— 5 000 之间的中等城市占 20%，余下的 75%为人口在 2 000 以下的小城。可见，此时，欧洲城市的规模远无法和东方国家相比。①

---

① 参见马克尧：《西欧封建经济形态研究》，人民出版社 1985 年版，第 312—313 页。本节另一主要参考书为：［美］C. 沃伦·霍莱斯特，陶松寿译：《欧洲中世纪简史》，商务印书馆 1988 年版。

中世纪的欧洲文明建立在三个基本因素之上：罗马帝国、基督教和日耳曼特点。并非像文艺复兴时期及以后的人们所认为那样，中世纪完全是漆黑一片；特别是在“中世纪盛期”（约 1050—1300 年），欧洲商业繁荣，城镇兴旺，文化发展，政治创新，宗教热情高昂。其中特别值得一提的是，城市生活促进了人类之间的交往，新兴城镇成为文化复兴的集中点。大教堂与大学，是中世纪盛期文化的两大重要标志，两者可以说都是城市创造出的奇迹。同时，中世纪西欧城市还是所谓的自由城市，一些城市还拥有自治权，是一个独立自主的政治单位，这是其与东方城市的重要区别之一。在这里，我们主要考察的是中世纪欧洲城市的特征及其与西方文化的关系。

（一）城市与商业行会、资本主义的发祥地

与罗马帝国具有行政—军事双重性质的城镇不同，除去少数例外，中世纪城镇是独立自主的商业实体，依靠工商业交易的收益而存在。尽管城镇范围狭小，市容不洁，疾病流行，常常内讧，但它们是西欧第一批具有现代色彩的城市。11 世纪后期，全欧洲城镇迅速发展，意大利北部城镇密度最大，是开辟国际贸易交往广阔途径的发祥地。威尼斯、热那亚等口岸城市进入地中海东岸贸易市场，为内陆的米兰和佛罗伦萨带来了强大的新生力量。城镇又是工商企业的中心，尽管当时欧洲经济基本上仍停留于农业生产阶段，但城镇在很大程度上已构成其经济文化发展的催化剂。

商业、贸易对于城市的兴起发挥了巨大作用。西欧最早兴起城市的地区是其国际贸易地区，一个是意大利，另外一个是西北欧莱茵、默兹、斯凯尔特诸河口附近。意大利的威尼斯可谓其中的典型。它原本是亚得里亚海岸的几个小岛，只有渔民和晒盐者居住。在 9 世纪或许更早一些，威尼斯已经和埃及、希腊、西西里建立起贸易关系，并拥有一支强大的船队。同时，它又和君士坦丁堡往来密切，成为东西方贸易的主要商贸中介。接着，热那亚、比萨、那不勒斯、米兰和佛罗伦萨等城市也先后兴起，成为当时东西方贸易的核心板块。

新兴的城市阶级从农业社会中脱胎而来，商人们为了保护自身免受土地贵族苛捐杂税的盘剥，开始组建了商人行会。当时的城市一般建立在男爵、伯爵、公爵功国王等领主的领地内，商人们通过建立行会以获得人身自由，使城市拥有财产和独立裁判权的城市法庭。12 世纪时，许多领主出于经济考虑，相继颁布城市法规来保障上述权利。各城市的法规在开始时有很大相同，最后因效仿知名的法规而逐渐定型。城市人民在自己的法庭上实行自己的法律，自行征收捐税，汇兑后向领主缴纳赋税。总之，城市市民具有处理自己事务的特权。

中世纪城市是资本主义的发祥地。随着时间推移，城市逐步成为工商业中

心,制造业也随着贸易的发展而发展。比较典型的制造商是在自家的店铺做工。早在 11 世纪,手工业者自行组成手工业行会,以示区别于商业行会。为了限制竞争、保护同业市场,手工业行会制订了严格的入会条件,对于价格、工资、质量标准及生产程序,都有严格规定。由于商业繁盛,信贷与银行业务也随之发展。到了 13 世纪,意大利已出现了几家实力雄厚的银行家族。这一时期通常被称为"诚信时代"。1300 年左右出现了商业革命,其主要原因是意大利城市取得了地中海贸易的垄断权,通用钱币开始应用(比如威尼斯的金币和佛罗伦萨的弗罗林)。商业革命在中世纪后期的 1400—1700 年间达到鼎盛,这导致了资本主义的兴起。资本主义是一种与中世纪行会半停滞的经济直接对立的经济形式,在这种生产、分配和交换制度里,私有者把积累起来的财富用于牟取利润的投资,建立私人企业并争夺市场。在很大程度上,可以说资本主义后来成了塑造现代世界的主导原则和根本力量。

(二) 城市与基督教

中世纪新文化最重要的根基是基督教,其创始人是拿撒勒的耶稣。由于基督教比任何其他的神秘宗教更能吸引穷人和受压迫者,在中世纪开始的时候,基督教几乎完全战胜了其他宗教,并于 380—392 年间被确认为罗马帝国唯一的合法信仰。基督教组织的发展是整个中世纪时代最突出的发展之一。大约在 2 世纪开始,每个重要城市的主教被认为是周围地区所有教士的上级,他的辖区相当于罗马帝国最小的行政单位。那些驻在较大城市市区的主教被叫做大主教。最博学、最有创见的早期基督教哲学家圣奥古斯丁把人类分为两大类:那些由上帝命定得到永世拯救的人属于"上帝之城",其他的人则属于"地上之城"。

中世纪时教会力量强大,城市中有许多教堂、修道院。例如,12 世纪末期的伦敦有教堂 139 处,15 世纪末的科隆有 11 座大教堂、19 座牧区教堂、22 个男修道院、76 个女修道院,比科隆小的布伦瑞克有 15 个大教堂、20 多个小教堂、5 个男修道院、12 个女修道院。因此,城市人口中教会人士所占比例相当大,比如,1440 年的法兰克福人口总数为 1 万,教会人士为 225 人,占 2.3%;1570 年的波伦那人口总数为 6.2 万,教会人士为 3 310,占 5.3%;威尼斯在 1581 年有 13.5 万人,教会人士为 4 139 人,占 3.1%;贝桑松 1600 年左右有 1.1 万人,教会人士为 600 人,占 5.5%。这还远未包括教会中的其他执事人员,比如大量的仆役、家丁等。如果把这些人都计算在内,其人口则更多。

许多学者都同意把西欧中世纪早期城市称做主教城市。罗马帝国晚期,主教是城市全体教徒之首。后来市政瓦解,主教仍留居城市内,主持教务,管理教会财务,并对全体教徒行使一定管辖权。罗马灭亡后,主教凭借宗教权威和所取得的越来越大的力量，成为城市的管理者，他按照罗马法和宗教法审判城内居民进行裁决。可见，城市在当时是名副其实的宗教中心。

寺院垄断了当时的教育，从而变成文化机构。训练僧侣与训练学者一样，其课程规划包括七门学科，即“七艺”：文法、修辞和逻辑（前三艺），算术、几何、天文和音乐（后四艺）。那些最好的寺院和教堂的学校，对中世纪后期文艺复兴的最初出现起了主要推动作用。基督教文化还与当时的商业复苏密切联系在一起。正是由于资金充足，才能兴建哥特式大教堂，以及支援十字军进行宗教战争。此外，城镇居民也表现出比农民和贵族更为强烈的宗教虔诚信念，从而成为推动基督教兴盛的重要因素。

大教堂是中世纪时代的城市生活中心，而不单纯是精神庇护所。教堂的钟声每天报导着时间，召唤大学生到校就读，并向群众宣告诸如战争胜利、名人去世、王子或公主诞生等重大事件。城市居民每天拥入教堂，不只限于做弥撒，还可能是为了参加婚礼，接受洗礼，举行葬礼，欢度节日，逐出教籍以及庆祝胜利等。大教堂还时常用作王公贵族召开大会或市政当局召集群众大会的场所。

（三）城市同盟

除了宗教，中世纪早期欧洲文化产生的第二个重要因素是北方日耳曼异族的影响。该民族似乎是从西亚迁移到北欧的。公元开始时，他们已经分成几个民族，后来多次入侵罗马疆土，并于公元410年攻占罗马。直到文艺复兴时期，德意志也没有形成统一的民族国家。

德国的城市同盟是欧洲城市发展中值得注意的突出现象。德国的城市和工商业在12世纪时得到相当的发展，许多旧城市不断扩大，新城市不断出现。13世纪，以美因兹为首，成立了沿莱茵河各城市的“莱茵同盟”，包括科隆、沃尔姆斯、施佩耶尔、巴塞尔等70多个城市。1254年，同盟发表宣言，规定如无同盟同意，各城市不得采取军事行动。参加同盟的每个城市应出代表4人，组成大会决定有关事项，大会每年召开4次。莱茵同盟活动时间不长，不久即走向解体。

在城市同盟中，最重要的是“汉萨同盟”，其正式形成的时间是14世纪。同盟以德国北部的卢卑克为核心，东起条顿骑士团，西到尼德兰，包括北德意志的大部分城市如汉堡、不来梅等重要港口。当时，卢卑克是掌握波罗的海贸易的中心城市，其他不少城市都是由它向外殖民而形成的。不过，汉萨同盟只是一个松散的组织，它没有常设机关、常设军队，也没有基金、执行机构，只是成员代表及形式上三年一次的全体会议，共同商定一些大事。其最大的一次集会是在1447年，共出席了39个城市的代表。同盟的首领是卢卑克，集会时由它担任主席，其市议会是同盟的实际执行机构，由它发出召集会议的通知，起草立法文件，监督决议的执行，处理对外业务、公文往来等事项。汉萨同盟取得了在北海、波罗的海沿岸国家经营商业的特权，一般可以免除关税。它组织各城市的商人联合船队经商，以进行自卫、对付海盗或封建主的袭击。但是每一个商人均独立经营、自负盈亏，并无经济意义上的联合。该同盟的盛期在 14 世纪后半期，15 世纪以后逐渐消亡。

（四）城市与自治

就法律地位而言，西欧中世纪的城市被称为自由城市。这种城市从管辖它的领主或国王那里得到一种特权证书，以保障它的自由、特权等。西欧各城市的自主程度很不相同，大体说来，当时城市的要求主要有三方面：第一要求人身自由，以保障商人和手工业者自由来往、居住，城市居民是自由人而不是农奴。西欧的城市形成了一个习惯，一个农奴如果逃到城市住满一年零一天就可以成为自由民。德国的谚语“城市的空气使人自由”，就形象地反映了这一事实；第二要求创立一个自己的法庭，以使市民从领主法庭及其重复混乱的审判下解放出来。在一些城市的特权证书上，有关于市民不得被任意传唤出庭、不得强制逮捕，以及在城市之外不受审判等说明；第三要求保障城市和平，其核心是有一部法律保证城市安全，使城市获得某种程度的自治权。这些要求是城市发展工商业的必要条件。

典型的自治城市如法国诺曼底的鲁昂。鲁昂地处塞纳河上，是巨大的贸易中心，其特权证书由金雀花王朝的亨利二世赐予，以后英、法国王都予以承认。鲁昂的市政管理机关由 100 人组成，其中大多数为富商。它具有初级司法权、行政权以及任命市政官员的权力，但高级司法权仍然掌握在国王手中。它推举三个市长候选人，国王任命其中之一为市长。市长具有广泛的权力，如主持法庭、处理日常行政事务等。国王在鲁昂派有自己的代表，称管家，最初管家不大过问市政；但到了 13、14 世纪，随着王权加强，管家对市政的干预也越来越多。

英国王权比较强大，城市自治权不易发展，得到选举市长权利的城市不多，在 12 世纪末、13 世纪初，理查王和约翰王在位时才封赐了一些。其中，伦敦于 1129 年可以选举自己的城守，负责收税上缴国王，但直到 1190 年才有权选举自己的市长。

（五）城市与大学

和哥特式大教堂的情况一样，大学也是中世纪城市的产物。大学这个名词来自拉丁文 universitas，原意是一个社团或者行会。事实上，中世纪时代，“大学”是一个比较含混的名称。所谓大学，不过是为了某种目的而组织起来的一些成员团体，与商业行会及手工艺人行会十分相似。其组织的目的是为了训练教师，颁发证书，准许老师授课，这使这个名词逐渐有了教育机构的含义。这种教育机构有一个文学院，还有一个或几个像法律、医学和神学等职业性的学科。行会或“大学”的学生和学者，从事于高深学识的研究，即 13 世纪人们习惯称为“广学院”的组织。教会学校和地方学校早就存在，但只是在 11 世纪才蓬勃兴起，到了 12 世纪，其中一些已发展为大学，它和小型学校的区别主要有三方面：广学院向各地学生开放，不限于周围地区；拥有一定数量的专业教师；讲授初级和高级课程，其中除了前文提到的“七艺”，还讲授一两门较为高深的学科如神学、法学及医学。简言之，中世纪大学既无校园，也没有多少建筑，是一种特殊的行会组织。

最古老的大学也许是萨莱诺，从 10 世纪起，它就是医学学习与教育的中心。巴黎大学建成于 12 世纪末，后来相继建成的有波伦亚、那不勒斯、牛津、剑桥及其他大学。日耳曼直到 14 世纪才有大学。到中世纪末期，西欧已经建立起 80 多所大学。尽管与现代大学差别很大，但现代大学的许多习俗都来自中世纪大学，诸如正式讲授的聘书、集体授课方式、赠授学位、人文学科课程概念，以及在毕业典礼上身着教士服装(方帽及黑外衣)的传统。对大多数学生来说，大学教育可以为日后从事医务、法律、教堂以及在教会或国家政府中从事理想的工作打开门路。

中世纪之后接续的是文艺复兴时期。该时期的人文主义总是表现为由杰出人物进行统治，即局限于城市名流士绅、天才艺术家。由此可见城市生活对于西方文明影响之重大。

三、现代西方工业城市

因为意大利城市垄断着东方贸易，西班牙和葡萄牙的商人们试图寻找新的通向东方的道路；再加上传教狂热等因素的刺激，海外探险航行兴盛一时。1497 年，热那亚航海家哥伦布发现了北美大陆。此后，欧洲国家纷纷在那里建立殖民地，西方世界从此扩展到北美。特别是年轻的美国，在短短的二三百年发展历史中，在荒野上建立起众多世界级大都市。到 1914 年时，城市生活的人为条件已成为工业化国家大多数居民所接受的标准。这在德国、英国和美国等国家尤为突出。在德国，直到 1840 年，其人口在 10 万左右的城市只有两个；但到了 1910 年则上升为 48 个。在 15 世纪的最后 30 年，英国将近三分之一的农业人口永远地脱离了土地。1901 年的英国人口统计表明，从事农业的人口只占工业企业所雇佣的人数的 20%左右。至于美国，1915 年，其居住在工业地区的人口已达到

40%左右。①

这就是说，西方在不长的现代史阶段中，城市居民人口超过了乡村人口，城市生活成为其主导生活方式，以及完成了整个社会的现代化。造成这一迅速变化的原因是多方面的。

第一，理性哲学为社会发展提供了思想基础。西方近代启蒙哲学论证了一种机械宇宙观念。它认为，包括太阳系、行星和地球在内的每个事物都是一种自动的机械，推动它们的力量来自上帝最初给予宇宙的推力。有些哲学家甚至把动物和人体也包括在这种普遍的模式内。物理学家牛顿的光辉成就就在于用精确的机械观点来解释整个自然界。启蒙哲学家还相信，如果人们按照理性的要求生活，在摆脱愚昧、偏见和压迫之后，将出现一个"天堂般的城市"。这所城市排除了一切不自然和陈旧习俗的奴役，宗教、政府和经济制度也简化到最简单和最自然的形式。这一思想过程在哲学上被称为理性化。因此，城市化、现代化与理性化，是从三个不同角度对同一历史阶段的概括和总结。

第二，现代科技为社会发展提供了强大工具，即科技化。这个时期出现了非常多的科学进步，物理学、化学、生物学等自然科学都取得了巨大的成就，并引起了人类交通运输和通信技术的空前发展。如铁路、电报、电话等，极大地增强了人们的互动性。

第三，资本主义成为主导性的经济生活方式，社会高度商业化、市场化。资本主义在 19 世纪以后完全成熟，并成为现代世界的主宰力量。特别是 1890 年以后，金融资本主义取代了工业资本主义，工业为投资银行和保险公司所控制，资金大量聚集，占有和管理分离，控股公司发展。与跨国贸易并行的是形成了世界市场，一切国家的生产和消费都成为世界性的了。

第四，生产领域的机械化和工业化，彻底改变了城乡经济与人口对比。发生于 1760—1914 年间的首次工业革命和以 1860 年为分界的第二次工业革命，彻底改变了人类的生产和生活方式。前者的基础是煤和蒸汽机，机器开始应用于工业生产，工厂制度诞生；后者的基础则是电和内燃机，使生产高度机械化。工业革命首先在英国开始，以后又扩展到全世界，它是人类历史发展过程中又一重要的转折点，对现代城市的发展产生了决定性的影响。如果说，农业革命造就了城市，那么工业革命则改变了城市，并改变了城市和乡村的比例。农业革命使一部分人脱离乡村，成为城里人；工业革命则使大多数人成了城市居民，直接导致了整个西方社会的城市化。

---

① 参见[美] 爱德华·麦克诺尔·伯恩斯等著，罗经国等译：《世界文明史》第三卷，商务印书馆 1987 年版，第 108—109 页。

下面我们来看几个典型的现代工业城市。

首先是英国伦敦。

大不列颠第一次载入史册是在公元前1世纪。当时，随着罗马人入侵，修建了伦敦、约克等军事要塞和行政中心。伦敦一直是英国最大的城市，9—10世纪，伦敦人口约为1.2万，到15世纪初，这一数量大约上升到3万—4万人。据统计，1501—1502年，伦敦人口中约有4 400人是具有正式市民资格的自由民。以后的发展越来越快，在1650—1750年间，伦敦居民大约增加了27.5万人，占全国总人口的10%左右。到了17世纪末，伦敦已成为欧洲最大的城市。

英国是世界上最早开始工业化的国家，纺织业的机械化首先出现在那里。与欧洲大陆国家的一些城市相似，英国城市富有传统的美。从罗马人的遗迹到中世纪的古堡、教堂，历史凝固在英国城市的发展历史中。点缀在绿色原野中的每一座古老城市都是一首悠长的诗，甚至连隐居在湖畔、崇尚田园生活和自然美的桂冠诗人华兹华斯(1770—1850年)，也曾深深为伦敦的美所感动，并写下了《威斯敏斯特桥上有感》的不朽名作。他在诗歌中将伦敦比喻为“宏大的心脏”，描绘其景观为：

> 冠带华严
> 沉寂而旷远
> 船、塔、穹顶、剧场和寺院
> 绵延至原野、天边
> 在清澈的朝气中闪现。①

西方学者曾经满怀赞叹地将城市比喻为“文明的壁炉”，认为“光和热从那时向寒冷、黑暗的世界辐射”(西奥多·帕克语)。然而，“壁炉”在产生光和热的同时，也生产了烟灰和炉碴，并给世界蒙上了巨大的阴影。距华兹华斯写下歌颂伦敦的不朽名诗不久，恩格斯于1845年发表了《英国工人阶级状况》。这部名著为西方当代城市研究学术界广泛选编和引用，其中一节以“大城市”为题，对工业革命以来英国大城市中出现的种种弊病进行了有力的揭露。恩格斯是这样描写伦敦、曼彻斯特和其他大城市的：

> 像伦敦这样的城市，就是逛上几个钟头也看不到它的尽头，而且也遇不到表明快接近开阔的田野的些许征象——这样的城市是一个非常特别的东

① 孙梁编选：《英美名诗一百首》，中国对外翻译出版公司1987年版，第139页。

西。这种大规模的集中,250 万人这样聚集在一个地方,使这 250 万人的力量增加了 100 倍;他们把伦敦变成了全世界的商业首都,建造了巨大的船坞,并聚集了经常布满泰晤士河的成千的船只。从海面向伦敦桥溯流而上时看到的泰晤士河的景色,是再动人不过的了。在两边,特别是在乌里治以上的这许多房屋、造船厂,沿着两岸停泊的无数船只,这些船只愈来愈密集,最后只在河当中留下一条狭窄的空间,成百的轮船就在这条狭窄的空间中不断地来来去去——这一切是这样雄伟,这样壮丽,简直令人陶醉,使人还在踏上英国的土地以前就不能不对英国的伟大感到惊奇。

但是,为这一切付出了多大的代价,这只有在以后才看得清楚。只有在大街上挤了几天,费力地穿过人群,穿过没有尽头的络绎不绝的车辆,只有到过这个世界城市的"贫民窟",才会开始觉察到,伦敦人为了创造充满他们的城市的一切文明奇迹,不得不牺牲他们的人类本性的优良品质;才会开始觉察到,潜伏在他们每一个人身上的几百种力量都没有使用出来,而且是被压制着,为的是让这些力量中的一小部分获得充分的发展,并能够和别人的力量相结合而加倍扩大起来。在这种街头的拥挤中已经包含着某种丑恶的违反人性的东西。

……

每一个大城市都有一个或几个挤满了工人阶级的贫民窟。的确,穷人常常是住在紧靠着富人府邸的狭窄的小胡同里。可是通常总给他们划定一块完全孤立的地区,他们必须在比较幸福的阶级所看不到的这个地方尽力挣扎着活下去。英国一切城市中的这些贫民窟大体上都是一样的;这是城市中最糟糕的地区的最糟糕的房屋,最常见的是一排排的两层或一层的砖房,几乎总是排列得乱七八糟,有许多还有住人的地下室。这些房屋每所仅有三四个房间和一个厨房,叫做小宅子,在全英国(除了伦敦的某些地区),这是普通的工人住宅。这里的街道通常是没有铺砌过的,肮脏的,坑坑洼洼的,到处是垃圾,没有排水沟,也没有污水沟,有的只是臭气熏天的死水洼。城市中这些地区的不合理的杂乱无章的建筑形式妨碍了空气的流通,由于很多人住在这一个不大的空间里,所以这些工人区的空气如何,是容易想像的。此外,在天气好的时候街道还用来晒衣服:从一幢房子到另一幢房子,横过街心,拉上绳子,挂满了湿漉漉的破衣服。①

① 恩格斯著:《英国工人阶级状况》,载于《马克思恩格斯全集》第 2 卷,人民出版社 1957 年版,第 303—307 页。

下面来看美国城市。

印第安人是北美的最早居民。他们居住在圣劳伦斯河畔到佛罗里达的大西洋沿岸、中部平原、墨西哥高原和中美地峡等地，以农业和渔猎为生，创造了光辉灿烂的玛雅文化和阿兹特克文化。1492—1504 年，哥伦布率船队探险发现了美洲大陆，欧洲国家开始向北美移民。1606—1733 年，英国在大西洋沿岸到阿巴拉契亚山脉之间建立了 13 个殖民地。1775 年独立战争爆发，1776 年发表“独立宣言”，宣布成立美利坚合众国。城市对于美国革命重大作用有两方面：形成市政体制的雏形；独立战争很大程度上是由城市居民发动和领导的。城市的影响遍及殖民地各个角落，孕育了民族认同感，促成了独立战争的胜利。19 世纪，美国领土扩张至太平洋沿岸。

美国建国初期城市数量很少，规模不大。1790 年第一次人口统计时，城市人口占全国的 5%，只有两个大城市达到 2 万人口的标准：纽约 3.3 万人，费城 2.85 万人，第三大城市波士顿只有 1.8 万人。这比同期的西欧城市逊色许多(此时伦敦人口已经逼近百万)。内战后，伴随着工业化的迅猛发展，美国城市化进入鼎盛期。1860—1900 年，城市人口比例由 19.8%上升到 39.6%；城市数量也显著增加，人口 10 万以上的城市由 9 个增加到 38 个。1920 年，美国城市人口占全国总人口的 51.2%。由此可见美国城市化速度的惊人。①

纽约和芝加哥是美国最具代表性的现代城市，我们下面分别介绍。

纽约是 1626 年荷兰殖民者用仅值 24 美元的珠宝从印第安人手中骗取的，之后它逐渐发展为港口城市，名为新阿姆斯特丹。1664 年，英国人赶走荷兰人，以当时英王弟弟约克公爵的名字将之改名为新约克(New York，音译即纽约)。随着移民的大量涌入，纽约很快成为典型的世界性城市。这里的商人似乎天生就有经商本能，很快使它成为商务和金融中心。凭借其天然良港和广阔内陆腹地等有利条件，纽约的工业、商业、金融业、银行业与证券交易活动空前活跃，由此成为美国经济机会最多的城市。另外，自 19 世纪初到 20 世纪中叶，纽约一直是美国的移民中心，比如 1860 年，纽约人口中移民比例高达 50%。这为美国源源不断地提供了年轻、有技术的新鲜力量。所以在进入 19 世纪后，纽约远远超过其他城市而成为美国的首位城市。1850 年，纽约成为仅次于伦敦和巴黎的世界第三大城市；1860 年其人口已经突破百万，超过了利物浦、曼彻斯特和伯明翰的总和。至此，纽约已成为美国东部经济核心区的中心(这一经济核心区就是美国东北部大城市群的雏形，下文将详细介绍)。1900 年，纽约与布鲁克合并，人

① 参见王旭：《美国城市史》，中国社会科学出版社 2000 年版，第 9 页、第 52—53 页。以下参考本书时不再另注。

口接近 300 万,是当时仅次于伦敦的世界第二大城市。尽管纽约也是以大机器为基础的工业城市,但由于产业门类齐全,因而更是包含多种产业形态的综合性全国中心城市。

19 世纪初,芝加哥还是人迹罕至的荒野。随着移民大军西进,1830 年,芝加哥城市化从零开始,并于 1837 年正式组建为市。芝加哥位于密歇根湖南端,其南部对着全国最富庶的中西部地区,腹地极其开阔。此外,它还处于美国地理区位的中点,是沟通全国区域经济布局的枢纽。得天独厚的地理位置使芝加哥的城市化突飞猛进:1890 年人口跨过百万,1900 年翻一番,跨过 200 万大关,一跃成为美国第二大城市,在当时世界大城市中排名第 5 位。芝加哥企业规模大,其中钢铁业、肉类加工业、机械加工、石油精炼等,都是美国最重要的基地或中心。

城市的迅猛发展带来了诸多严重的城市问题:交通拥挤、住房紧张、卫生状况恶化、污染严重、贫民窟大量出现、种族隔离与种族冲突等,使城市一时成为“风暴的中心”。1879 年,纽约的贫民窟住宅为 2.1 万个,至 1900 年增加到 4.3 万个,容纳居民数量也达到 150 万,而其时整个纽约人口还不到 400 万。当时,美国《太阳报》的年轻记者雅各布·里斯深入纽约贫民窟进行实地考察,并写出了《那一半人怎样生活》一书,其中描述道:“这些楼层的全部新鲜空气都是从那扇永远乒乓作响的过道门和那些黑洞洞的卧室窗户透过来的……过道里到处都是污水坑,所有的住户都由此出入,因而在炎夏之际也都要忍受这些臭气熏天的污水坑的毒害……几堵阴暗的砖墙之间是(所谓的)院子,那上边有一狭长的烟雾弥漫的天空才是这里居民所能望到的苍天。”

同一时期,美国城市的另一个重要现象是黑人聚居区的形成。内战后,出现了大批黑人移居南部城市的浪潮。1870 年以后,这一浪潮转向东北部和中西部城市。1870—1880 年,平均每年离开南部的黑人约为 6.8 万人,至 1990 年则迅速增加到 19.4 万人,其绝大部分都涌入了东北部和中西部城市。以芝加哥为例,从 1870 年到 1890 年,该城市的黑人人口增加了 3 倍。另据统计,到 1900 年,黑人居民在 5 000 人以上的美国城市有 72 个,纽约和费城的黑人数量分别是 5 万人。随着大批黑人移居城市,对黑人的种族歧视也由乡村转到城市,由南部蔓延到北部。城市中的黑人倾向于聚居,再加上富有的白人不断外迁,市中心逐渐成为黑人聚居的地方。种族矛盾和种族冲突成为美国城市特有的一大问题。随着居住区的分化和黑人聚居区的形成,城市贫富分化加剧,这一点以芝加哥最为典型。该城的居住区大致可以分为三层:里层也称为内城或中心商业区,居住着贫困的市民和新移民;最外层是富豪阶层住所,中间则是日益富裕的新中产阶级住宅。针对种种城市问题,美国在 19 世纪末期进行过城市改革运动,但却始终未能从根本上解决城市问题。

四、当代西方世界级城市群

1920年代以来，伴随着人口爆炸的是城市区域的高速发展，并且，城市爆炸比人口爆炸还要迅速得多。1920年，美国人口略低于1.06亿，其中城市人口占二分之一强；到1970年，美国人口增加到2亿，居住在农村地区以外的人口占68%。高速城市化并不限于美国。在20世纪前50年，世界人口增加了49%，城市居民则增加了200%以上。

不过，这一时期城市发展，更准确地说应当是飞速的"都市化"(Metropolitanization)，而不再是通常意义上的"城市化"(Urbanization)。在有些情况下，中心城市和郊区扩展范围很大，以至很难说一个大都市的边界到何处为止，而另一个大都市又是从何处开始。特别是，当两个或两个以上的大都市连接起来的时候，便形成了规模空前的"城市群"。① 也就是说，西方、特别是美国，在当前这个时期出现的主要城市现象(如果还可以理解为"城市"的话)，都是伴随着城市群的发展而出现的。

城市群思想主要由法国地理学家戈特曼(1915—1994年)提出。1957年，在经过20多年的研究之后，他提出分布在美国东北部大西洋沿岸的很多城市是一个"城市群"(Megalopolis)。这是世界上最大的城市群，当时其人口已经超过3 000万，其形成条件、基本特征和功能如下：(1) 区域内有比较密集的城市；(2) 有相当多的大城市各自形成都市区，核心城市与都市区外围的县具有密切的社会经济联系；(3) 有联系方便的交通走廊把这些核心城市联系起来，使各个城市区首尾相连没有间隔，都市区之间也有着密切的社会经济联系；(4) 必须达到相当大的规模，戈特曼坚持以2 500万人为标准；(5) 是国家的核心区域，具有国际交往枢纽作用。②

该城市群北部的主要城市为麻省(马萨诸塞州)的首府波士顿(Boston)，南部主要城市为美国首都华盛顿(Washington)，所以，它被叫做BosWash(又称波士顿—华盛顿走廊)。BosWash为整个美国提供了为数众多的基本服务，是一个巨大的功能性城市区域，就像一个社区习惯于从其市中心获得服务一样，它又被称为美国的"主干大街"，是美国的政治、经济、金融、保险、银行、媒体、文化教育、科学研究和移民中心。BosWash拥有统计人口4 400万，占美国总人口的

---

① 参见[美]爱德华·麦克诺尔·伯恩斯等著，罗经国等译：《世界文明史》第四卷，商务印书馆1987年版，第262—263页。原文为"大都会化"。

② 参见周一星：《城市地理学》，商务印书馆1995年版，第45—46页。下文参考本书的地方不再另注。

16%;但该区域的面积仅占全国的1.5%。组成该城市群的主要城市有波士顿(美国马萨诸塞州首府)、普罗维登斯(美国罗得岛州的首府)、伍斯特(美国马萨诸塞中部一城市,位于波士顿西部,是商业、工业和教育中心)、哈特福德(美国康涅狄格州首府)、纽约、帕特森(美国新泽西州东北部城市)、特伦顿(美国新泽西州首府)和华盛顿,等等。

1976年,在进一步研究的基础上,戈特曼又提出世界上有6个大城市群:(1)从波士顿经纽约、费城、巴尔的摩到华盛顿的美国东北部大都市带;(2)从芝加哥向东经底特律、克利夫兰到匹兹堡的大湖都市带;(3)从东京、横滨经名古屋、大阪到神户的日本太平洋沿岸大都市带;(4)从伦敦经伯明翰到曼彻斯特、利物浦的英格兰大都市带;(5)从阿姆斯特丹到鲁尔和法国西北部工业聚集体的西北欧大都市带;(6)以上海为中心的城市密集区,这是研究还比较少的一个大都市区。

城市群的各城市并非独立存在,而是通过一系列的商业、贸易、政治和文化连接并与世界相连。根据地理邻近性、经济连通性和共同的历史等几个尺度,美国弗吉尼亚工学院的朗格及其同事于2005年又发布报告,提出美国已形成了10个、5对大城市群区域(Megapolitan area),每一对之中又都有成对的大都市:规模和人口最大的一对是东北部和中西部,称为全国“第一对大城市群”,其成对的大都市为纽约与芝加哥;皮德蒙特高原大城市群区域和佛罗里达半岛大城市群区域组成“新南方”对子,其成对的大都市为亚特兰大和迈阿密;“大得克萨斯”对子由墨西哥湾沿岸大城市群和I-35走廊组成,其成对的大都市为休斯敦和达拉斯;西部的两对大城市群分别是“大峡谷”和埃科透匹亚(Ecotopia)①。前者由南部陆地大城市群和阳光峡谷城市群组成,成对的大都市为洛杉矶和菲尼克斯;后者由北加州大城市群和卡斯卡特大城市群组成,成对的大都市为旧金山和西雅图。

该报告还发现:美国绝大多数人口居住在这10个大城市群区域中,在2003年已超过了全国总人口的三分之二;人口最稠密的15个大都市区都位于大城市群区域;全国50个人口最稠密的大都市区中的39个位于这10个大城市群区域之中;6个大城市群区域位于东部,4个位于西部;尽管所有大城市群区域的人口总数超过了全国的三分之二,但其国土面积却不到48个本土州(阿拉斯加和夏威夷除外)的20%;这10个大城市群区域将占美国从2005到2040年间人口和

① 在美国新闻记者和作家乔尔·加勒雷欧(Joel Garreau,1948—　)出版于1981年的《北美十民族》一书中,埃科透匹亚(Ecotopia)是一个区域名称,包括北加州、西俄勒冈州、西华盛顿以及英属哥伦比亚和阿拉斯加州海岸等地区。

工作增长的主要部分;大城市群区域延伸到了35个州,联邦人口调查局的"统一统计区域"(Consolidated Statistical Areas)的60%出现在大城市群区域。这些数据足见大城市群区域的重要性。如果得到官方认可,大城市群区域将成为美国联邦人口调查局最大的地理单位。而这还将会激发出如下的讨论:这样大的规模需要何种规划?因为大城市群空间规划指导着基础设施投资,比如,网络化的城市之间的高速列车等。

从人类城市发展演化的角度看,大城市群无疑是目前的最高形态。那么,它的出现又意味着什么?如何准确理解大城市群呢?

首先,大城市群已不再是传统意义上的"城市"。它没有一个统一的中心,而是由一系列大都市和周边的中小城市、大片郊区共同组成的,城乡对立在大城市群区域里基本消失,某种程度上体现了后现代思想的逆中心化(decentralization)趋向。

我们不妨简单地进行纵向考察。在前现代世界中,只有少数人居住在城市里,城市和文明经常被视为同义词;工业革命后,城市人口剧增,城市却成了社会问题的代名词。20世纪60年代后,西方进入了所谓的"后现代"阶段(它可以视为现代的一个高级阶段,也可以视为现代之后的新阶段),其具体表征就是出现了"逆中心化的城市形式"(decentralized urban form)。第二次世界大战后美国人口出现了明显的郊区化(suburbanization),其实质是:美国富裕的中产阶级凭借美国住房政策优势、发达的高速公路网络和高度普及的汽车,从拥挤、凌乱的城市中心移居于平静、清洁的郊区,从而使他们可以轻松地无视贫困阶层的存在。所以,西方学者断言"大都市已经不再是现代的"。

我们知道,工业大都市的核心是林立着象征当地财富、权力和复杂性的摩天大楼的中心商业区,环绕核心区的是工业地带。这种情形一直持续到1920年代。但是,现代主义是一个持续突变和自我毁灭的过程。正当中心化的大都市如日中天之时,强大的社会和经济力量合并起来,却产生了不可避免的逆中心化运动,将一直维持大都市的现代城市发展逻辑撕为碎片,并将其主要功能散布到整个区域。这是20世纪后半期人类城市发展的基本进程。西方学者甚至将这个过程称为"郊区的兴起"。自从1945年以来,特别是20世纪70与80年代,城市中心和郊区边缘的关系一直在进行令人吃惊的转化。例如,1980年,38%的美国工人从郊区到郊区上班。设立在郊区的工业园和郊区购物城等表明,边缘郊区已经取代城市核心而成为当代文明的心脏地区。这种"新城市"的象征不再是1920年代大都市中林立的摩天大楼,而是四通八达、稠如蛛网的高速公路网络,它们将整个区域联合为一个巨大的超级城市(super-city),以至"中心"和"边缘"这两个概念都显得已经过时。所以,美国知名城市史和城市政策与规划专家菲什曼明确断言:"我们可以想象,一种逆中心化的文明将最终化除古老的城乡对立(antithesis of city and countryside),将在日常生活中完全地满足深层文化需要：机械与自然和谐统一的环境。"①

其次,大城市群的本质因素已不同于现代城市：大城市群的基本结构基于时间而不是基于空间;它提醒人类必须重视和谐增长(balanced growth)和区域规划(Regional Planning)的思想和智慧。

我们知道,传统的城市无论多么大,都有一个固定的空间密度,有一个作为基点或方位趋向的中心,以及边界。从中心出发,迟早会到达边界,反之亦然。但在都市化进程中,以城市群为基本形态的新城市却没有了中心,新城市中的距离通常不是根据空间距离而是根据驾车时间来测量的,比如,"10 分钟可达的超市"、"30 分钟可达的工作地点"等。与传统大都市的逻辑功能分区不同,这种新城市是一种类似于后现代艺术的"后城市拼贴画"(post-urban collage),其中心和边界的区分已没有了必要。在这个意义上,中心城市已回返到工业化之前的形态。当然,这绝非说大都市的中心完全丧失了任何意义。不断扩大着的公司总部、法律事务所、银行和投资公司、广告代理以及其他政府服务机构等,仍然云集和争夺着市中心的摩天大楼。因而,新城市的主导原则是：为了创造一个美丽而文明的景观,城市发展必须与尊重土地和谐起来。为此,必须民主地改变根本没有规划的混乱增长,走向注重和谐增长的区域规划。比如,美国新泽西的"国家发展与再发展计划"显示,这个高度发展的田园州的居民,以五比一的比例赞同较小的增长,即使以较慢的经济发展为代价;一半人同意对于发展的控制应该"极端严格",75%的人同意法规应该"非常严格"。从这里,我们似乎感受到西方文化中某种程度的"复归于自然"的气息。

---

① Fishman, Robert, *Megalopolis Unbound* (1990), in Kasinitz, Philip, ed. *Metropolis: Center and Symbol of Our Times*. New York: New York University Press, 1995, pp. 395 - 417.

第二编　都市文化

第四章　都市文化

在第一章中，针对城市与人类文化的密切联系、特别是城市的文化功能，我们已经给城市下过一个侧重于文化功能的定义，即，城市是人类在一定地理区域中，以雄厚的经济力量为基础而建造的、非农业异质性人口高度密集的文化生产、贮存和传播中心。这初步显示了城市与人类文化的密切关系，本章将以此为基础，对都市文化的内涵进行更为全面的展开与阐释。

一、城市与文化

城市与文化之间的深刻关系在于：与农村社会相比，人类文化在某种意义上越来越变成了城市文化。

让我们先从人类文明史上城市与农村的分离说起。城市不是自然的存在，而是人类经济和社会发展到一定程度的产物，也是人类文化的结晶。城市最早作为农村对立物的产生，标志着人类社会从野蛮向文明过渡，也标志着文化的转型与发展。“物质劳动和精神劳动的最大的一次分工，就是城市和乡村的分离。城乡之间的对立是随着野蛮向文明的过渡、部落制度向国家的过渡而开始的，它贯穿着全部文明的历史并一直延续到现在。”①城市与农村不同，农村生活如原始的农业和畜牧业虽然形成了人类重要的农业文化，但这种文化还是与自然保持着依附关系，即依赖于自然环境和人类生存条件自在地和自发地产生和发展。而城市则不同，城市的产生尽管也离不开一定的自然环境，但更多的是人类改造和创立自我生存环境的结果，体现了积极主动的文化追求。所以说，城市从一开始就是人工的成果，是人类创造的“第二自然”。

在城市没有出现以前，人类从穴居到宅居，从逐水草而定居到择地而定居，经历了漫长的历史过程，其生活方式的变化是极其缓慢的；城市则是人类社会发展的加速器，它使人类摆脱了那种缓慢变化甚至停滞不前的社会状况，并推动人类文明进入到飞速发展的新阶段。如刘易斯·芒福德所说：“城市通过它集中的

① 《马克思恩格斯全集》第3卷，人民出版社1960年版，第56—57页。

物质和文化的力量加速了人类的交往的程度,并将它的产品变成可贮存和复制的形式,城市通过它的许多贮存设施(建筑物、档案馆、纪念性建筑、石碑、书籍)能够把它复杂的文化一代一代往下传,因为它不但集中了传递和扩大这一遗产所需的物质手段,而且也集中了人的智慧和力量,这一点是城市给人类的最大贡献。"①与之相同,德国学者斯宾格勒同样高度肯定了城市在人类历史中的巨大作用,认为"人类所有伟大的文化都是由城市产生的",并由此得出"世界史就是人类的城市时代史。"②总之,自从城市创立以来,人类的文化主要是在城市中创造、贮存、积淀和传播的。

从逻辑分析上看,城市与文化的关系具体表现在三方面:

第一,城市是多种文化的积聚和载体。

城市不只是由物质形态所构成,不单单是各种社会设施,诸如街道、建筑物、电灯、电车、电话等的聚合体;城市还是由社会生活形态所构成,城市与市民的各种活动联系在一起,表现出与乡村截然不同的生活方式。同时,城市也是由精神文化形态所构成,表现出人类一定时期的价值信念、伦理道德、风俗习惯及意识形态等,并且对广大农村具有重要的文化引导和价值示范作用。恩格斯在论述古希腊的城市时说:"由设雉堞和炮楼和城墙围绕起来的城市、荷马的史诗以及全部神话——这就是希腊人由野蛮时代带入文明时代的主要遗产。"③也就是说,古希腊城市的魅力,不仅在于它拥有文明时代的城市物质形态,还在于古希腊的城市向世间贡献出了无与伦比的史诗和神话等艺术。这些具有永恒魅力的艺术,和古希腊的城市建筑和规划一起,构成了古希腊灿烂的城市文化。

在这个意义上,城市是人类文化积淀的物质形态,是在一定的空间中集聚的形形色色文化模式的载体。人类在历史和现实中的文化创造,在城市中随处可见。这是芒福德明确把城市看做是文化集合体的原因。他指出:"正是由于给城市规定的这一严苛的定义,才不能不引起我们深深的怀疑:密集,众多,包围成圈的城墙,这些只是偶然性特征,而不是它的实质性特征——城市不只是建筑物的群体,她更是各种密切相关的经济相互影响的各种动能的集合体——它不单是权力的集中,更是文化的归极。"④

第二,文化是城市发展的灵魂。

---

① [美]刘易斯·芒福德著,宋俊岭、倪文彦译:《城市发展史——起源、演变和前景》,中国建筑工业出版社 2005 年版,第 417 页。

② [美]帕克等著,宋俊岭等译:《城市社会学》,华夏出版社 1987 年版,第 2 页。

③ 《马克思恩格斯全集》第 21 卷,人民出版社 1965 年版,第 37 页。

④ [美]刘易斯·芒福德著,宋俊岭、倪文彦译:《城市发展史——起源、演变和前景》,中国建筑工业出版社 2005 年版,第 2 页。

无论是古希腊时期的雅典，还是欧洲文艺复兴时期的佛罗伦萨；无论是工业革命时期的伦敦，还是现代时期的大都市纽约，它们之所以有重要的地位和影响，主要原因之一是因为它们独特的文化内蕴。这说明文化是城市的灵魂，是城市发展的命脉。特别是随着现代城市的迅速发展，与农业时代不同，人类文化主要是在城市中生成、创造、扩张和发展的，因而可以说，现代城市的特性决定了现代人类文化的特性。以西方为例，正如理查德·李翰说："近 300 年来，城市决定了我们的文化命运——它也与我们个人和民族的命运不可分。作为启蒙的产物，都市主义是西方文化的中心。"①

在文化产业蓬勃发展的当今世界，文化发展对城市的重要性更是受到高度关注。如在 2003 年《伦敦市长文化发展策略草案》中，就特地强调指出："文化是促进理解、形成城市特征的强大力量。它可以跨越障碍、颂扬差异，使不同背景的人们融合在一起。文化可以激发灵感、带来教益、创造财富，给每个人带来无穷的愉悦。"伦敦把文化视为其发展源泉和推动城市可持续发展的重要手段，在当代城市发展中可以说具有重要的代表性和示范价值。更为重要的是，对城市文化的重视意味着对现代工业城市的超越，如有人在谈到西班牙巴塞罗那时就指出："也许它不是世界上最美丽的，也不是最好客的。它肯定不是最富有的，不是最大的，不是最老的，也不是最年轻的。然而，它的天际线隐藏了什么秘密……会使你喝了它的水之后，就一次次地想再来到此地……"②而巴塞罗那的秘密，就在于它是一座有深厚文化底蕴的城市。以城市中遍布着哥特式建筑的巴塞罗那老城为例，巴塞罗那的老城非常壮观和协调，是欧洲最著名的具有中世纪风格的中心城市之一。此外，巴塞罗那还拥有无数的城市广场，每个广场都展示着一段辉煌的历史。"城市即文化，文化即城市"，这是巴塞罗那为提升其城市综合竞争力而提出的口号，充分反映了城市文化在城市发展进程中占有的特殊重要地位。

第三，城市文化具有强大的辐射性。

我们说人类的文化主要表现为城市文化，并不是说只有城市文化而没有其他文化，而只是为了强调，城市文化代表着人类文化的精华和未来发展方向，对其他类型的文化具有强大的辐射力和重要的影响力。

城市化是人类社会和文明的发展趋势。人类的财富、信息、文化乃至全部生活方式，可以说都是首先以城市为中心集聚起来，然后再沿着以城市为中心的交

① [美] Richard Lehan, *The City in Literature: An Intellectual and Cultural History*, University of California Press, 1998, P13.

② 张钦楠：《阅读城市》，三联书店 2004 年版，第 23 页。

通系统扩张和辐射出去,从而影响到城市周围以及更大范围的非城市化地区。在城市化进程中,城市不断地蚕食和侵吞其周围的乡村、城镇以至更远地区的物资和文化资源,在将这些资源同化和整合到城市的同时,城市文化自身也因此变得越来越丰富和充满活力。"现代都市文化是一种非常活跃、富有生命力并具有自我更新和自我扩张能力的文化力量。同时,它又兼有侵略性、渗透性、扩张性、诱惑性和伸缩性。然后,它又通过由都市发射出去的交通、媒体和信息网络,像章鱼一样,把它的触角伸到一切可能的领域,并无止境地延伸出去。而且,这并不是单向平面放射网,而是既有输出、又有输入,既有发出、又有回笼的无穷交错的循环网络,使它自身既能控制和掌握整个世界,又能将整个世界的物质和精神创造成果。"①在这个意义上,文明的发展与进步,也可以理解为城市文化的发展与进步。

一个城市,尤其是中心城市,经济和文化的影响会波及非常广大的地区,成为这些地区的经济和文化的中枢;或者说,一个时期和一个地区的文化,必然是以某些城市的文化作为代表,成为影响甚或左右社会文化风尚的决定性力量。正如恩格斯在评价法国巴黎时所说:"在这个城市里,欧洲的文明达到了登峰造极的地步,在这里汇集了整个欧洲历史的神经纤维,每隔一定的时间,从这里发出震动世界的电击。"②中心城市之所以有如此巨大的魅力和影响,根本原因在于它作为一个时代文明发展的高峰,其生活方式也成为一个时代的美好生活或幸福的象征,因而会成为一个时代人们向往的天堂。在城市成为社会财富和权力的中心的同时,城市文化的影响往往也会与日俱增,逐步拥有影响和统筹社会文化及其资源的权力和影响力,并最终成为某一时代人类社会的主导文化。另一方面,发达的城市文化,对城市的作用也越来越重要。"整个现代化时期,城市发展不仅仅是空间意义上的,而且是根据文化意义而构成的领土,城市也以此方式被理解,被展现出来。它渐渐地神话化了——虽然是以一种矛盾的方式。"③特别是随着后工业社会及知识经济时代的到来,文化作为一种新的生产方式和动力,在推动城市经济社会发展上的作用越来越明显,正在成为城市特别是现代都市一种新的发展方向。

二、都市文化的界定与阐释

在人类史变成城市史的同时,人类文化也必然成为城市文化。在现代城市

① 高宣扬:《流行文化社会学》,中国人民大学出版社 2006 年版,第 202—203 页。
② 《马克思恩格斯全集》第 5 卷,人民出版社 1961 年版,第 550 页。
③ 罗钢、刘象愚主编:《消费文化读本》,中国社会科学出版社 2003 年版,第 174 页。

化进程中,随着一般的城市的重要性逐渐让位于大都市,或者说,随着现代都市逐渐成为政治、经济、文化和生活的中心,当代文化也就演化为以都市文化为中心的新结构形态。

(一)对都市文化理解的困难

都市文化的内涵极其丰富与复杂,很难把握,因此在人们的理解中出现了不少误区。

目前,对都市文化理解的不同主要表现在两个方面:

一是把都市文化理解为在城市和都市中发生的一切人造和人为的现象和事物。如在中国城市研究中,对城市(都市文化)常常是这样解释的:

> 城市文化是城市社会成员在特定的城市区域内,在社会实践中创造出来的为该城市社会成员所共有的物质财富和精神财富的总和。①

相似的解释还出现在《大英百科全书》中,其对“都市文化”的解释是:

> 都市文化是不同类型城市和都市地区过去和现在的一切行为方式。②

这样的解释不仅过于宽泛,而且仅把一般文化的概念移植到城市中,也未能真正揭示出都市文化的特殊内涵。

二是把都市文化等同于都市中的艺术文化。在许多现代西方都市文化研究著作中,尽管没有明确提出都市艺术文化就是都市文化,但西方学者在论述都市文化时,大多是以现代艺术文化为其考察和研究范围。如美国学者戴安娜·克兰在考察都市文化生产时,就是以电视、电影、流行音乐及报纸和杂志等为对象。如阿兰·特莱在《都市文化:探索都市和文化》中,也认为都市文化就是深受现代消费文化影响的艺术和大众文化。这种将都市文化等同于都市艺术文化的理解,明显过于狭窄,也影响了人们对都市文化的理解。

在某种意义上,以上两种误区也说明了都市文化在内涵上的不易理解和把握,而造成这种认知上的困难,主要原因来自两方面。

首先,根源于“文化”概念的不易理解与把握。尽管每个人们都知道文化这个概念,但要想对它做出确切的定义和描述,又是极其困难的事情。不同的

---

① 向德平:《城市社会学》,武汉大学出版社 2002 年版,第 182 页。

② http://www.britannica.com/eb/article-9109859?query=urban%20culture&ct=,20006-5-10.

学科背景、学术立场会导致对文化概念的不同解释，以及形成对文化内涵不同层面的认识，这是至今在文化概念上未能形成一个普遍认可的定义的原因所在。英国文化理论家雷蒙德·威廉斯曾认为，文化是“英语语言中两三个最复杂的词汇之一。”①美国人类学家克鲁伯和克拉克洪在1960年代出版的著作《文化：概念和定义述评》中，所列出的有关文化的定义多达160多种。文化概念在解释上的多义性，是影响我们界说“都市文化”内涵的主要原因之一。

其次，还根源于“都市”概念的不易理解与把握。无论中国还是西方，在一般的都市社会学和都市文化研究中，对“都市”和“城市”的概念差异很少自觉地加以区别。这主要是英语“urban”这个词，既可表达“城市”，又可表达“都市”。②但在逻辑分析上讲，“都市”和“城市”并不是一个等值的概念，都市不是一般意义上与乡村区别的城市，而是具有重要地位，在城市家族中作为高端形态的特殊城市。它不仅规模巨大，而且往往是具有重大影响力和广泛辐射力的中心城市。如西美尔说：“城市最显著的特征是在其自然疆界外的功能的扩展”，而“内部的生活波浪式地溢出融入广阔的民族与国际的区域，这是都市具有决定性的特质。”③其实即使在古代，都市的称谓就有别于一般的城市，只有一定地域的政治、经济和文化中心才能称得上是都市。现代意义上的都市则是工业化、现代化引起的大规模城市化运动的结果，同时作为人类城市历史发展高级形态的现代都市，也总是与人类社会发展的最新进程相联系的，反映着人类最先进的科学技术和文化的成果。

弄清都市与城市的区别，是理解都市文化的关键所在。因为都市无论在规模上、性质上、影响力上都不同于一般的城市。如果说，人们对于城市特征的考察，一般都是以乡村作为参照，那么对于都市的考察，则更多地要以全球化的背景为参照，这是当代都市与城市的一个重要差别所在。所以可以这样说，在历时性上，现代都市是城市发展的最高空间形式，是现代性的产物；在共时性上，都市是城市的代表，集中体现了现代社会和文化的特征和实质。然而，在当下的都市文化研究中，对“都市”与“城市”一般是不加区分的。“尽管这在表面看来好像没有大问题，但实际上却不然，因为它直接忽视了当代城市化的独特形式与内在本质。由于当代城市化进程在‘物质基础’（如经济的全球化与知识化）与‘精神条

---

① ［英］约翰·斯道雷：《文化理论和通俗文化导论》，南京大学出版社2001年版，第2页。

② 其实，在英语中有专指都市的词语，如“metropolis”意为“都市”、“megalopolis”意为“大都市带”。而“urban”则是广义上的城市，既可以作为都市使用，也可以指一般意义上的城市，与“city”相差无几，并可作为“city”的形容词使用。

③ ［德］齐奥尔格·西美尔著，费勇等译：《时尚的哲学》，文化艺术出版社2001年版，第195页。

件'(如文化市场与现代传播技术)两方面都与其传统形式发生了巨大变化,因而其在形式与内容上的独特性恰恰是不容忽视的。在这个意义上讲,在学理上建构'都市'与'城市'的本体差异,不仅可以为处在发生期的中国都市文化研究提供逻辑起点与学科基础,同时对于正确理解经常给人以'眩晕感'的当代生活世界也具有重要的现实意义。"

在当代学术语境中,都市的内涵主要可从两方面理解与阐释。从城市社会学的历史视角看,"都市"是人类城市历史发展的高级空间形态。如两汉辞赋家写到的"两都"、"京都"、"蜀都",如斯宾格勒所谓"每一文化中"的"首邑城市",如刘易斯·芒福德所说的"特大城市"(Megalopolis)与"暴君城"(Tyrannopolis)。从当代城市化进程的内在结构(主要包括农村城镇化、城镇中小城市化、中小城市特大城市化或都市化三层面)看,"都市化"是作为城市化运动的最高逻辑环节出现的。把历史与逻辑、经验与构架加以整合,可以得出这样一个结论,由于人类城市在历史上主要表现为城镇、城市与都市三种空间形态,以及城市化在逻辑上主要包含城镇化、城市化与都市化三种结构要素,因而可以说,"都市"是人类城市历史发展的高级空间形态与当代城市化进程的最高逻辑环节的统一。依托于规模巨大的人口与空间、富可敌国的经济生产总量、发达的交通与信息服务系统所形成、创造出的文化模式,即"都市文化"。进一步说,作为人类城市文化发展在当代最高级的精神形态,都市文化特指当代国际化大都市文化模式。如同大都市日渐成为当今世界经济社会发展的枢纽与中心一样,依托于大都市而产生的不同于农村、城镇、中小城市的都市文化模式,在全球化了的精神生产与文化消费中也具有同样的性质与意义。这是因为,首先,国际化大都市不仅是经济、金融、商业、信息的中心,在精神文化的生产、传播与消费等方面,同样主导着当今世界文化市场的消长与盛衰。其次,大都市的新生活方式与观念一出生就是世界文化的主流话语,并迅速淹没了不同国家、地区固有的、延续数千年的"地方经验"与"价值传统"。在以大都市为中心的当代精神生产与消费方面,我们完全可以说:"当代世界文化就是国际化大都市的文化"。在作为人类文明与文化发展最高环节的都市文化中,也摄含了此前各低级阶段如乡村、城镇、中小城市文化的要素与精华,并为我们站在更高的历史阶段、以更全面的整体视角及更深刻的本质层次上研究城市文化提供了可能。在当代,只有把研究对象锁定在国际化大都市及其文化模式上,才能在深刻的思想层面与直接的现实意义上把握住人类文化发展的本质。①

---

① 刘士林:《都市与都市文化的界定及其人文研究路向》,《江海学刊》,2007 年第 1 期。

（二）都市文化的含义

关于都市文化的具体含义，可以从下面几个方面去理解和把握。

(1) 都市文化是在都市环境中生产和消费的文化，是现代都市主要的和代表性的特征。

文化总是从某一具体环境中产生并体现出来，都市环境孕育了都市文化。人类历史上出现的多种文化形态，都与特定的时代和特定的地域相关。传统的农业文化是农业社会的产物，它与乡村生活分不开，不可能在城市中产生，甚至无法植入城市并延续下去；城市的产生必然会产生新的、异质文化，这是与传统的农业文化完全不同的文化。都市中只能产生与都市特性相匹配的文化形态。如马克思、韦伯、涂尔干、西美尔等学者，就把都市看作是产生迥异于传统文化的地域，认为正是在西方都市中，才产生了政党与政治家、产生了现代意义上的科学、产生了西方艺术史上所有独特的现象、孕育了近代文明的承担者：市民阶级与市民社会。又如，现代都市中的消费文化，也只能在人类进入到以消费经济为基础的当代都市中才能产生，当代都市中那些形形色色的商业中心、林林总总的广告，也是不可能出现在以自然经济为基础的传统社会的。因此，都市给都市文化的运行和消费提供了场域，又加速了都市文化的生产和消费的循环，从而促进了都市及其文化的同步发展。

都市环境产生了都市文化，在两者之间牵线搭桥的是都市生活方式。都市环境首先体现为一种都市生活方式，“城市绝非简单的人工构筑物。城市已同其居民们的各种重要活动密切地联系在一起，它是自然的产物，而尤其是人类属性的产物。”①所以，都市首先是一种生活方式，一种心理状态，是由都市人的生活、交往、娱乐和梦想、欲望、趣味等构成的社会生态及普遍的社会心理；这不仅影响和制约着都市文化的形成和发展，而且本身就表现出特定的都市文化的性质。因为，都市的社会生态或者说都市生活就表现为都市所特有的生活方式，而都市生活方式又直接影响和重建了都市人的心理和价值观念，使之成为都市文化环境与精神生态的重要组成部分。都市生活方式本身孕育的是一种不同于传统生活方式的文化模式。同时，都市生活方式又是同都市文明的发展程度相适应的，以及与其他生活方式如乡村生活方式相区别的特有的生活状况、社会结构和文化价值观念。西美尔对都市文化的研究就是从分析都市生活开始的，他认为，都市世界完全不同于乡村的世界，都市的格局和体制改变人的心理和行为，塑造了与乡村人不同的人格特征，形成了都市特有的生活方式。而都市的生活方式则

① ［美］帕克等著，宋俊岭等译：《城市社会学》，华夏出版社 1987 年版，第 1—2 页。

是创造和生产都市文化的社会基础。

(2) 都市文化是由都市特有的物质和精神符号承载的，表现了文化形式的多样性。

文化不能凭空存在，总是以一定的方式得以体现。都市文化首先是通过都市的物质形态的符号体现出来。如费瑟斯通所说："城市总是有自己的文化，它们创造了别具一格的文化产品、人文景观、建筑及独特的生活方式。甚至我们可以带着文化主义的腔调说，城市中的那些空间构形、建筑物的布局设计，本身恰恰是具体文化符号的表现。"①人类的文化活动与他们生活的环境休戚相关，都市的物质形态如都市空间结构的布局，各种各样的建筑物，道路、广场、绿地、交通、住宅、公共设施等，不仅给都市生活提供了物质基础和活动保证，而且体现着特定的文化内涵，是都市文化的物化形态，也是都市文化最直观和最形象的体现。作为人造的产物和人化的空间，都市的物质形态受到了一定文化的制约，表现出一定的观念和象征意义，反映了都市特有的文化韵味和传统风格。"在城市中，生活的韵律似乎是在物质化与灵妙化二者之间变换摇摆：坚硬的构筑物，通过人的感受性，却具有了某种象征意义，将主体同客体联系在一起……"②

首先，都市的空间结构和建筑不是纯然客观的东西，而是反映了人对环境、生活、秩序和艺术等方面的理解，因而成为都市文化的符号表征。如中国城市形态与西方城市形态的不同，主要就表现在城市的建筑与空间布局上。美国学者杰弗里·迈耶在一篇题为《鹰与龙》的文章中，比较了美国首都华盛顿与中国首都北京1912年以前的城市空间格局中的文化意味。他认为，作为满清首都北京的空间格局体现出的基本形象是中国封建统治的象征——龙。以封闭式的故宫为中心，整个北京被设计为一个在一条中轴线上展开的多重圈围的封闭体系，反映了中华封建社会的基本社会结构和文化内涵。而作为新兴资产阶级国家政权首都华盛顿在城市空间结构上则呈现为三角形，具有很强的竞争意味。这是两种文化和意识形态差异的具体表现。两者作为首都均试图表现出威严，但北京的轴线是单线条的，象征着大一统的皇权中心；而华盛顿的三角形如一只展翅飞翔的雄鹰，象征着资本主义的民主等理念。③ 都市的空间结构和建筑也成为不同历史时期的文化符号。"当你想到洛杉矶时，你想到的是快车道，路旁餐馆，郊区、飞机场，加油站，商业中心，游泳池，牛肉饼店，停车处，海滩，广告牌，超级市场，自由式的家庭住宅，前院，交通灯……当你想到一个中世纪的欧洲城市，你想

① [英]迈克·费瑟斯通著，刘精明译：《消费文化与后现代主义》，译林出版社2000年版，第139页。
② [美]曼纽·卡斯特著，夏铸久等译：《网络社会的崛起》，社会科学文献出版社2001年版，第85页。
③ 参见任平：《时尚与冲突——城市文化与结构新论》，东南大学出版社2000年版，第166页。

到的是教堂、市场、城市广场，城墙、城门，狭小曲折的街道小巷，住房密集的街衢，每一住房包括一个大的家庭，屋顶，胡同，铁匠，酒房……”①而且，特定都市的空间结构和建筑会与特定的生活内容紧密联系，从而表现出特定的文化意义。以街道为例，“在文化圈中，人行道上的人们知道他们在其中的空间是人行道，而且，作为他们文化的一部分，在他们心中有人行道的模式。是这种在他们心中的模式引起他们按照人们在边道上的行为去行事，不是纯的混凝土墙面的空间形式。”“在纽约，人行道主要是行走、拥挤、快行的空间。而在牙买加或印度，则是闲坐、交谈、也许是演奏、甚至睡觉的地方。”②

所以，都市的空间结构和建筑并不是单纯的物质构成，当人们置身于西方城市中的教堂边，就会自然感受到基督教的宗教观念和文化价值；当人们在阿拉伯世界的城市中看到众多的清真寺，也会感到伊斯兰教的宗教观念和文化价值的存在。北京的紫禁城与巴黎的凡尔赛宫，虽然都曾经是皇宫，但却具有东西方的不同气派和历史文化内涵。北京的四合院与上海的里弄，作为不同文化风格的民居，则成为京派文化和海派文化的重要文化象征。即便在全球化浪潮席卷世界的今天，都市的建筑仍然表现着对自我民族、地域等文化的个性追求，如上海博物馆就表现着中国文化“天圆地方”的想象，而台北的 101 大厦虽然是钢结构的玻璃建筑，但其造型却是竹子节节升高的形象，把现代的技术和传统的文化内涵紧密地结合起来，表现出台北特有的都市文化形象。

其次，都市文化通过都市中非物质形态的符号表现出来，而这种非物质形态体现在都市生活中的制度、规范和行为等各方面。

都市中人口密集，都市生活纷繁而复杂。都市生活是被人为组织起来的，而与乡村的自然生活截然不同。乡村生活简朴又单调，大家共同劳作、休息和娱乐，在生活方式上有很大的同质性。都市中的人群不仅有着不同的背景和人际关系，而且从事着不同的工作，有着不同的思想、追求和行为方式。这就需要有一定的制度来协调和保证都市生活的正常有序进行。按照滕尼斯的说法，乡村表现为礼俗社会，而城市则表现为法理社会，也就是法律和理性支配一切。

除了国家的法律、法规和政策，还有城市自己的地方性的制度，这种制度和行为其实就是城市地方文化的体现。制度和行为反映了法制和道德的发展程度，同时也是通过制度表现出来的文化内涵和形式。比如说，如果把“不准随地吐痰，不准随地大小便”等要求写入城市的法规制度中，或是城市里人们乱穿马路的行为较为普遍，那么至少说明这个城市的文明程度还有待提高。城市制度

---

① ［美］C. 亚历山大著，赵冰译：《建筑的永恒之道》，知识产权出版社 2002 年版，第 56 页。
② ［美］C. 亚历山大著，赵冰译：《建筑的永恒之道》，知识产权出版社 2002 年版，第 57 页。

也是城市经济发展水平、城市管理水平、市民道德水平，总之是城市文化的直接体现。都市文化还更多地表现于各种都市体制之中，如经济体制、政治体制、家庭体制中。比如现代都市中最基本的经济体制是市场经济体制，市场经济体制在影响都市人生活方式和生活态度的同时，也塑造了都市文化的特征。

再次，都市文化也表现在都市的精神观念中。都市精神文化是都市文化的核心与灵魂所在，反映出更深层次的文化底蕴，也是影响和制约包括都市物质文化和都市制度文化发展和特性的内在原因和推动力。

都市文化的特性在精神符号中表现得更为本质、更为深刻，并在某种程度上代表着一个都市的文化特征，甚至也是一个都市的象征和代表。正因为这样，意大利米兰成为时装之都，奥地利维也纳成为音乐之城，与此同时，时装之都和音乐之城就代指米兰和维也纳这两个城市。又如与巴黎相联系的，不仅是巍峨的埃菲尔铁塔、优雅的香榭丽舍大街和典雅的凡尔赛宫，还在于它是表现着法兰西文化精神的世界城市。在这座城市里，创造出许多属于全人类的精神与文化。

> 帕斯卡尔(B. Pascal)、巴斯德(L. Pasteur)、居里夫妇(P. Curie)等科学家的成就，笛卡儿的理性主义的光辉，孟德斯鸠(Ch. de. S. Montesquieu)对于法律精神的精辟思考，卢梭对于古代社会的憧憬，狄德罗(D. Diderot)与达兰贝特(J. Le Rond d'Alembert)等百科全书学派所主张的"穷自然"、"尊理性"、"重人性"之理念，莫里哀(Moliere)、拉辛(J. Racine)的感人的古典歌剧，波瓦罗(N. Boileau)的古典主义理论，伏尔泰(Voltaire)的理性主义对社会的关注，雨果(V. Hurgo)、缪塞(P. de Musset)发自真情的浪漫情感，象征派诗人、近代艺评奠基者波德莱尔(Ch. Bauldelaire)、写实主义作家巴尔扎克(H. Balzac)，还有斯达尔夫人、乔治·桑(G. Sand)、西蒙·波娃(S. de Beaunoir)等女性作家的热情之作，以及普鲁斯特(M. Proust)、加缪(A. Camus)、萨特(J.-P. Sartre)等 20 世纪的伟大作家，萧邦、勃辽兹(H. Berlioz)等丰富人类情感的音乐家；此外，西蒙·乌伟(S. Vouet)的耀眼回旋的巴洛克画风，向班尼(Ph. de Champaigne)的写实纤细的肖像画，拉图尔(G. de La Tour)的梦幻的外光人物、勒伯安(Ch. Le Brun)的巴洛克式的古典主义画风，轻妙的洛可可的华铎(J. A. Watteau)风格、庄严静穆的大卫(J.-L. David)、安格尔(J. Au. D. Ingres)样式、光线的魔术师雷诺阿(Renoir)、莫奈(Monet)，当代美术开创者塞尚(Cezanne)、高更(P. Gaugin)等后期印象派，甚至说 20 世纪天才的毕加索、超现实的达利、野兽派大师马蒂斯(H. Matisse)等画家都将法国艺术的成果散布世界各地。巴黎有太多法兰西文化的精髓。艺术家、文学家群英会聚，哲学家、科学家不遑多让。

因此情感的花朵在此绽放,真理的火炬炯然高照。①

都市精神文化反映了都市的内容和性格,提供着都市的自我镜像,描绘着都市文化的地图。一个都市的形象与它提供的精神文化产品有密切的联系。一个人也许没有去过伦敦,但他可以在文化艺术作品或其他媒介中"游览"伦敦;一个人也许没有到纽约,但他可以通过好莱坞电影或百老汇音乐剧了解纽约。中国人对上海的认识也是如此,同样离不开上海的文化和艺术,"鸳鸯蝴蝶派作为一种现代性的主导想象,对上海文化的影响是极其深远的,那种'市侩'式现代性成为这个城市'文化想象'摆脱不了的阴影。"②

(3) 都市文化本质上是现代性的文化

按照英国文化研究学者雷蒙德·威廉斯的观点,现代城市是同现代主义紧密联系在一起的。马克思说:"古代的历史是城市的历史,不过这是以土地财产和农业为基础的城市;亚细亚的历史是城市和乡村无差别的统一(真正的大城市在这里只能干脆看做王公的营垒,看做真正的经济结构上的赘疣);中世纪(日耳曼时代)是从乡村这个历史舞台出发的,然后,它的进一步发展是在城市和乡村的对立中进行的;现代的历史是乡村城市化,而不是像古代那样,是城市乡村化。"③因而,现代都市无论在规模上、性质上和气质上,都与传统城市有很大的区别。其中最重要的一点是,都市是现代性的集中体现,因而在都市空间中生产的文化,也必定是与现代性紧密联系的新型文化。都市文化顺应现代都市人相互交往、对话、沟通的需要应运而生,在本质上是一种现代文化。如果说,现代都市是由于工业化和后工业化导致的现代性在物质和现实层面上的展开,那么,都市文化就是现代性在精神和心理层面上演绎和扩散的结果。

19 世纪后期至 20 世纪前期,法国诗人波德莱尔、德国社会学家西美尔、哲学家本雅明等在寻找现代性时,都不约而同地将其视线凝聚在都市和都市文化上。波德莱尔对都市现代生活的观察和体验,西美尔对货币、时尚及大都会与精神生活的审视与研究,本雅明对城市街道、游荡者、艺术与技术等的论述和解读,不仅揭示了当时西方正在形成的都市文化的社会基础与基本特征,而且在很大程度上也表明了"现代文化即都市文化"的理论观点。如在本雅明看来,都市是表现现代文化的空间,"资本主义文化的梦幻在 1876 年的世界博览会上显示了最灿烂的光彩……巴黎被举世公认最豪华最时髦的大都市。"④波德莱尔把以城

① 郭凝等:《巴黎——都市文明宝殿》,上海画报出版社 2001 年版,第 4—5 页。
② 罗钢:《文化传统与都市经验》,《杭州师范学院学报》,2004 年第 1 期。
③ 《马克思恩格斯全集》第 42 卷,人民出版社 1996 年版,第 480 页。
④ [德] 本雅明著,张旭东等译:《发达资本主义时代的抒情诗人》,三联书店 1989 年版,第 185 页。

市为中心的现代生活的特征理解为短暂性、瞬间性和偶然性，并把它们视为现代性的特征，“都市生活的短暂的、瞬间的美”，“就是读者允许我们称之为现代性的特点。”①都市生活纷繁而瞬息万变，充满着不确定，纵横交错的街道，奥似迷宫的建筑，熙熙攘攘的人群，形形色色的商品，穿梭不息的交通，交相辉映的灯光，光怪陆离的广告；各种新事物风起云涌，各种新思潮此起彼伏，各种新时尚接踵而至，各种文化冲突融合，都表现出都市生活无尽的动荡和变幻。都市文化是这种变幻不定的现代生活的主流，也是都市生活的瞬间性和碎片化的表现。

作为工业化和现代化干预和介入的结果，都市文化并不是传统文化合乎逻辑的自然进化和选择，而是表现为对传统文化的巨大断裂与结构性颠覆。马克思和恩格斯在谈到资本主义时代——现代都市形成时曾指出：“生产的不断变革，一切社会关系不停的动荡，永远的不安定和变动，这就是资产阶级时代不同于过去一切时代的地方。一切固定的古老的关系以及与之相适应的素被遵从的观念和见解都被消除了，一切新形成的关系等不到固定下来就陈旧了。一切固定的东西都烟消云散了，一切神圣的东西都被亵渎了。人们不得不用冷静的眼光来看他们的生活地位、他们的相互关系。”②虽然不能说都市文化与传统文化没有丝毫关系，然而，传统文化的性质与基本结构无疑是被修改甚至被彻底置换了，使之从一种自发的民间文化变成具有商业动机的消费文化。因此，都市文化本质上是在与传统文化，尤其是乡村文化断裂的基础上得以产生和发展的，它不是传统文化合乎逻辑的自然进化和延展式的发展的结果，而是对以工业化乃至信息化为基础而导致的当代社会变革的直接回应。都市文化突破了自然的、物质的和传统的限制，从都市自身环境和结构中内在地产生出来，本质上是一种属于现代都市自身的新型文化形态。

概而言之，都市文化是在都市环境中生产和消费的、由都市物质与精神符号形态承载的、具有强大辐射力和影响力的现代性文化。

三、都市文化的特征描述

对于都市文化更全面的认识，还必须进一步考察它作为现代性文化的特征。特别是从文化的现代性视角去考察都市文化，有助于我们更深刻地认识和把握都市文化的特殊性。作为一种现代性文化，都市文化大致有几方面的特征。

① ［法］波德莱尔著，郭宏安译：《波德莱尔论文集》，人民文学出版社 1987 年版，第 485 页。

② 《马克思恩格斯选集》第 1 卷，人民出版社 1972 年版，第 254 页。

（一）文化的聚集性（密集性）

人类的文化越来越聚集在都市中，形成了都市文化存在的密集性。正如帕克所说："城市给人留下的印象，首先是它那庞大而繁复的结构。但是，这种结构特性终究还是发端于人类特性的，就是人类特性的一种表现形式。"①

都市集中了社会主要的财富与资源，包括人力、物力和财力等方面。都市无所不在的物质力量对人形成包围和压迫，密集而高耸云天的高楼大厦，琳琅满目的商品陈列，车水马龙的交通和街道，一切都与乡村生活形成鲜明的对比。与自然空间相比，都市总是表现出地少人多的特征，但也正因为地少人多，每一片土地都凝聚着密集的人类活动，形成都市空间丰富的质感。作家茅盾在描写1930年代的上海时曾写道：

> 太阳刚刚下了地平线。软风一阵一阵地吹上人面，怪痒痒的。苏州河的浊水幻成了金绿色，轻轻地，悄悄地，向西流去。黄浦的潮汐不知怎的已经涨上了，现在沿着苏州河两岸的各色船只都浮得高高地，舱面比码头还高了约莫半尺。风吹来外滩公园里的音乐，却只有那炒豆似的铜鼓声最分明，也最叫人兴奋。暮霭挟着薄雾笼罩了外白镀桥的高耸的钢架，电车驶过时，这钢架下横空架挂的电车线时时爆发出几朵碧绿的火花。从桥上向东望，可以看见浦东的洋栈像巨大的怪兽，蹲在暝色中，闪着千百只小眼睛似的灯火。向西望，叫人猛一惊的，是高高地装在一所洋房顶上而且异常庞大的霓虹灯电管广告，射出火一样的赤光和青磷似的绿焰：Light，Heat，Power！②

虽然这里描写的只是上海一隅，但从中已可看出都市空间的特点。与乡村的自然空间不同，都市在有限的空间中聚集着大量的人工创造物。都市密集的信息则丰富和刺激了都市生活，并对人们形成各种有形和无形的压力。生活在都市之中，其经济生活、职业生活等节奏非常快，与乡村那种悠然自得的闲适生活形成鲜明的对比。在乡村，人们可以凭借着习俗和习惯轻松自如地应付生活，人与人之间的关系也比较亲密而富有情感，而无须面对大量的心怀叵测的陌生人，也无须因为竞争激烈而相互猜忌和设防。在都市中则完全不同，大量的文化信息刺激，使人的心理也变得动荡不安。西美尔曾这样论述："都会性格的心理

---

① ［美］帕克等著，宋俊岭等译：《城市社会学》，华夏出版社1987年版，第4页。

② 茅盾：《子夜》，载于《茅盾选集》第1卷，四川人民文学出版社1982年版，第3页。

基础包含在强烈刺激的紧张之中,这种紧张产生于内部和外部刺激快速而持续的变化。人是一种能够有所辨别的生物。瞬间印象和持续印象之间的差异性会刺激他的心理。永久的印象、彼此间只有细微差异的印象——所有这些与快速转换的影像、瞬间一瞥的中断或突如其来的意外感相比,可以说较难使人意识到。这些都是大都市所创造的心理状态。街道纵横,经济、职业和社会生活发展的速度与多样性,表明了城市在精神生活的感性基础上与小镇、乡村生活有着深刻的对比。城市人要求人们作为敏锐的生物应当具有多种多样的不同意识,而乡村生活并没有如此要求。在乡村,生活的节奏与感性的精神形象更缓慢地、更惯常性地、更平坦地流溢而出。"①与农业人口相比,都市人的特点是理性,这是其在充满着激烈竞争和密集文化信息的都市生活中培育、发展起来的现代性格,其作用在于帮助人们进行心理调节和适应,以便能够对付都市生活的快速变化和重重压力。因此,都市中各种文化聚集,不仅成为都市特性的本质所在,同时也成为人类物质和精神生活进步的集中表达。

(二)都市文化的世俗性(市民性)

都市社会是一个法理社会,是一个高度理性化的社会,而都市生活的世俗性则是理性化合乎逻辑发展的必然结果。

> 世俗化是指一种文化与社会体制逐渐脱离神学(西方思想中)与玄学上的导引与控制的过程。换句话说,世俗化乃神学与玄学中神圣权威与宇宙论逐渐地被凡俗人为的观点取代的过程。②

都市中到处表现出生活的世俗性。如都市本身是一个巨大的物质存在,人们的生活起居离不开各种各样的物质条件和保障,使人们比较重视物质的享受性。对物质性的注重培养了人们注重实际的生活态度。都市还是一个商业发达的地方,各种商业街、商厦、集市等陈列着琳琅满目的商品,使人们在商品质量、款式和价格上有更多的选择余地,这又养成了人们工于计算的精明性格。此外,都市又是人群聚集之处,各色人等五方杂处,各种思想熔于一炉,各种风俗纷至沓来,从而形成了都市人开放宽容的心态。总之,都市生活的世俗性使都市人更注重现实性和当下性。

都市文化世俗性的另一重要特征是文化和艺术进入日常生活领域,并导致

① [德]齐奥尔格·西美尔著,费勇等译:《时尚的哲学》,文化艺术出版社 2001 年版,第 187 页。
② 蔡勇美、郭文雄:《都市社会学》,台北巨流图书公司 1989 年版,第 120 页。

了文化的世俗化。这一进程把文化和审美向人们的日常生活全面渗透,造成审美的泛化,也使文化从特定的文化观念中扩张出来,成为人们的日常生活方式。传统高雅的纯审美和纯艺术,在都市环境中变得通俗化、生活化和实用化,成为人们日常消费行为的一部分。在都市中的审美和艺术,也不再仅仅和文学、戏剧、雕塑、绘画相联系,而是和时装、广告、畅销书、流行歌曲、房屋装潢、购物中心、城市广场等混杂在一起。后者不仅成为都市审美活动的一个重要部分,也成为当今都市文化的核心内容之一。

(三)都市文化的消费性(商品性)

在当代都市化进程中,以生产为中心的现代工业都市逐渐转向以消费为中心的后工业化都市,这极大地刺激了都市文化向消费型文化的转型。

20世纪后半叶以来,西方都市由工业中心转而成了消费中心,并形成与现代时期很不相同的当代都市文化空间。消费社会首先在都市中形成,进而引起传统城市生活方式及其文化内涵的变迁,另一方面,都市文化也越来越带有了消费文化的特征。如英国学者安吉拉·默克罗比指出,在现代都市中,“新的消费品堆积如山,把整个城市都改变得令人难以想象,同时还创造出一个新的公共空间,这个空间不再仅仅有艺术家和作家占据,而是充斥着时装设计师、商业艺术家、摄影师、工程师、技术人员,他们的作品(比如说巨幅牙膏广告)为这个新的梦境世界增添了光彩。这种梦境不但属于统治阶级,也以大众商品的形式,属于一种通俗的乌托邦遐想。”①无独有偶,法国学者鲍德里亚也认为,今天的城市不再像19世纪的城市那样是政治—工业的场所,而是符号、传媒、符码生产的场所。这些论述,在某种意义上都不同程度地揭示了当代都市文化的本质。

当代都市消费文化的兴起,还与以大众媒介为核心的文化产业有关。大众媒介不仅在深层影响了传统的消费理念和习惯,而且直接向人们提供大量的文化消费产品。大众媒介在都市消费活动中的作用越来越重要,电视和网上购物正消解着传统的购物方式,电视和互联网将商品和社会景象源源不断地送到家中。与此同时,作为消费主义集中体现的集购物、休闲、娱乐为一体的购物中心即“销品茂”的产生,又使得购物不再只是一种物品交易过程,而是与都市文化(休闲、娱乐等)活动越来越紧密地联系在一起。

都市文化的另一重要特征是文化消费。以现代印刷技术、照相技术、录音技术和电子传播为技术支撑的都市文化产业生产了大量的大众文化产品,把文化

① [英]安吉拉·默克罗比著,田晓菲译:《后现代主义与大众文化》,中央编译出版社2001年版,第143页。

艺术产品及传统的艺术作品无限复制，并通过画册、录音带、光盘或电视传送给普通的消费者，使人们可以随时随地感受文化和欣赏艺术，于是，人的审美活动成了都市日常生活的一部分。人们吃饭时看电视剧，走路时听音乐，坐地铁看时尚刊物等，构成了现代都市生活的普通场景和都市文化的基本图像。在消费主义盛行的当下，都市文化本身也是一个巨大的消费领域，由大众媒介所制造、转换和渲染的流行文化，使一切都变成可消费的，从物品到符号，从影像到梦想，其结果则是，“比较传统的高雅文化消费形式（如参观博物馆、美术馆）被改造成了面向大众的更广泛的消费品，即具有崇高艺术规则的、有灵气的艺术，以及自命不凡的教养，被‘折价转让’了，因而闲暇消费就开始强调其华丽壮观、迎合大众、可消遣愉悦、可瞬息感受的特性。”[①]这些都是都市文化消费性的直接体现。

（四）都市文化的多元性（开放性）

与传统乡村文化的封闭性和单一性不同，以文化的开放性和多样性为深层结构，都市生活总是表现出色彩斑斓的特征。

都市人五方杂处，不同的血缘家族、不同的生产方式、不同的生活方式、不同的宗教信仰、不同的文化习俗、不同的艺术流派、不同的价值观念等，使他们很难接受任何一种结构封闭、生态单一的文化模式。都市居民来源的多样，都市生活的复杂，都市资源的频繁流动，都市信息的扩散和聚拢，使都市文化必然超越血缘、乡缘、地缘及习俗限制，形成多元文化的共生状态。无论从经济角度，还是从社会角度，都市必须具备足够丰富的多样性，才能满足人们生存的需求和选择。“大城市从来就是各种族、各文化互相混合、作用的熔炉。城市就是这种生动的、潜移默化的相互作用的中心，新的种族、新的社会形态又从这些相互作用中产生出来。以美国的大城市为例，大量的农村人口就从欧洲和美洲偏僻的乡村吸引到了美洲大城市。在各种新影响的冲击下，他们身上潜藏的创造力被解放出来，而这种交互作用的潜移默化过程则不仅产生了各种职业类型，同时也产生了各种精神气质类型。”[②]都市文化就是在对多种文化兼收并蓄的基础上形成的，因而都市文化也可以说是一个多元文化的大熔炉。在谈到都市文化时，芒福德曾以生物学的杂交来形容文化交融的好处，认为“流动和混合甚至还会带来特有的生物学方面的有利影响，因为在城市中长期近亲繁殖的危险消除了，广泛的生物学杂交开始了。对于这一极其复杂的过程，我们还知之甚少，还不能对其贡献作出哪怕是很有限的评价；虽然如此，由此类推到植物和动物的繁殖，我们可以推

---

① ［英］迈克·费瑟斯通著，刘精明译：《消费文化与后现代主义》，译林出版社 2000 年版，第 141 页。

② ［美］帕克等著，宋俊岭等译：《城市社会学》，华夏出版社 1987 年版，第 41 页。

知，都市的融合作用，可能具有同样的效果。”[①]英国 19 世纪著名的首相本杰明·迪斯雷利也曾说：“伦敦不是一个城市，而是一个国家。”意思是伦敦集中了英国各地的人们，汇集了英国各地的文化。然而现在这种看法已经过时。现代伦敦聚集着世界各地的移民，他们大都不是土生土长的“英国人”，但这并不妨碍他们最终成为“伦敦人”。不同地区和种族的人们集聚在一起，使伦敦成为世界上文化最多样的城市之一。英国大多数少数民族居民都生活在首都伦敦，他们所讲的语言超过 300 种。在英国的几乎所有的非洲人和很多加勒比海人，也都生活在伦敦(分别是 83%和 58%)；在英国的 39%的中国人和 36%的亚洲人，也生活在伦敦。伦敦最大的移民群落来自爱尔兰，目前人口数量为 256 000，占伦敦总人口的 3.8%。同样，美国的洛杉矶也是一个多民族、多元文化的国际性城市，其少数民族占全市人口的一半左右，并拥有众多的移民社区，各色人种聚居的地区都形成了各自的“城”。在这里，既可以找到世界各种各样的文化，同时也因为文化交流而创造出许多新的文化。

“多样性是城市的天性”。都市空间形式的多样性和生活的多样性，能够产生很强的包容性，这给文化的多样性提供了生长的空间。都市文化不仅是传统文化与现代文化的结合、本土文化与外来文化的结合、高雅文化与通俗文化的结合、经典文化与流行文化的结合，而且也是区域文化与世界文化的结合。美国学者简·雅各布认为，城市的活力来源于多样性，城市规划的目的，即在于催生和协调多种功用，以满足不同人群及其多样性的复杂需求。她认为，城市是人类聚居的产物，成千上万的人聚集在城市里，同时，这些人的兴趣、能力、需求、财富甚至口味又千差万别。举凡世界大都市，无不是人类各种文化交汇的地方，因而都市就是各种文化对话、交流、冲突与融合的场所，通过不同生活方式和文化的交流与对话，可以使各种文化超越自身的局限，并使都市文化朝着更丰富、更合理的方向发展。尤其在当代，由经济全球化带来的各种文化的交流、冲突和融合更加激烈和频繁地发生，外来文化随着世界经济贸易的一体化深入到都市之中，使“任何一座大城市都陷入刺激而令人兴奋的文化冲突和文化转变的旋涡。”[②]如在世界不同地域的都市中，都可以看见美国快餐、好莱坞电影、法国香水、意大利皮装。但还应该看到，在日益增强的全球性文化交流中，也出现了都市文化同质化的趋势。麦当劳快餐、日本时尚杂志、法国时装、英国足球、迪士尼乐园等，成了当代都市文化的通用符码。尽管这种同质化仍以多元文化的交流和融合为基

---

① [美]刘易斯·芒福德著，宋俊岭、倪文彦译：《城市发展史——起源、演变和前景》，中国建筑工业出版社 2005 年版，第 27 页。

② [英]戴维·哈维著：《社会正义、后现代主义和城市》，载于《帝国、都市与现代性》，江苏人民出版社 2006 年版，第 203 页。

础，但对其中隐藏的问题也需要引起一定的关注。

四、都市文化研究的特点、对象与范围

现代都市的发展和文化的转型构成了都市文化研究的学科背景。一方面，对城市化进程和对当代都市的关注，特别是由于当代都市自身的发展及其文化内涵、功能的变化，使人们需要有一种全新的视角和理论去关注和研究都市现象。另一方面，传统的社会科学和人文学科也很难回应当代都市化进程中出现的很多新的问题，特别是当代都市文化的新颖性、复杂性和广延性。由此可知，无论是现实问题还是理论需要，都在呼唤着都市文化研究的出现。

（一）都市文化研究的特点

相对于单一的社会科学或人文科学，如社会学、人类学、艺术学等，在研究都市方面，都市文化学有着更多的合理性和优越性。这种合理性和优越性表现在：

1. 学科的综合性

都市文化研究的重要特点是其跨学科性，它综合了社会科学和人文科学中各种学科的特点和长处，构成一个以都市为中心、能容纳多学科之长的新学科谱系。所以，它的研究视角、方法和理论资源不是来自单一的学科，而是来自各种学科相互渗透和重新整合的结果。虽然都市文化研究也可以分门别类地从都市社会、都市建筑、都市规划、都市艺术等角度研究都市，但与以往的都市研究不同，都市文化研究注重把都市作为人类文化的文本来读解，从人的生存和发展，从文化的超越性和创造性的角度去理解都市，从而揭示都市特性和都市文化的本质。文化人类学家马林诺夫斯基认为，对于人的存在的任何领域的研究，都必须同关于文化的研究结合起来。他指出："文化作为人类行为的最宽广背景，其对心理学家的重要性，不亚于对社会学家、历史学家和语言学家。我敢斗胆放言，未来的语言学，尤其是语义科学，将变成文化场景中的语言研究。同样，探讨财富和福利、交换和生产方式的经济学，将来也会认识到，不再将'经济人'(economic man)与人的其他追求和思虑完全分开考虑，而是将其原理和论据建立在按人的真实存在来研究人的基础之上，进入到复杂、多维的文化利益场景(medium of cultural interests)中去一展身手，会十分有用。"[①]对于都市研究也是一样。虽然都市是一个超级复杂的系统，但其中各部分都和都市文化有密切的联系，或者说都是都市文化的一部分。因而，从文化角度去认识和把握都市，

---

① ［英］马林诺夫斯基著，黄建波等译：《科学的文化理论》，中央民族大学出版社 1999 年版，第30 页。

能更准确地理解和研究都市的本质与规律，这是都市文化研究能够统摄和整合各种学科资源，也是其具有强大理论生命力的根源所在。

2. 视野的广阔性

都市文化研究从都市生活方式出发，研究都市的各种现象，同时也不局限于一个中心的意义系统，既表达对都市文化的感受和体验，也研究都市文化的生产、传播和消费过程，有着十分宽广的研究空间。这首先表现在都市文化研究突破了单一学科理论、方法的限制，使我们对都市的考察和研究获得了更为广阔的视野。都市文化研究汇合了多种学科的理论和方法，着眼于文化的整体性和有机性，创造了对都市观察的多维视野，极大拓宽了都市研究的领域，而且可以给予都市一个较为全面的观照，从而更深刻地揭示出都市文化的结构与功能。如对都市街道的研究，不仅是一种都市规划或交通的研究。早在 19 世纪都市刚兴起时，虽然没有专门的都市文化研究，但法国诗人波德莱尔就在变幻不定的都市街景上，看到了后来具有广泛和重大意义的“现代性”。而 20 世纪初的西美尔，则从街道上的陌生人、闲逛者身上，发现了现代生活的变化和大众的崛起。现代化带来的都市大规模的重建，街道逐渐沦为单一意义上的交通要道，使得市民公共空间走向消失。正是由于看到了这一点，美国学者简·雅各布斯才坚决反对大规模的城市拆迁，而与其说这是由于规划学的分析，毋宁说这更是出于都市文化上的自觉。因为，大规模的拆迁不仅破坏了城市的多样性，同时也导致了城市文化特性如公共空间、邻里文化等的消失。从波德莱尔到雅各布斯，都是从文化角度去观察和理解都市的，因而才获得了比一般的城市社会学、城市规划学更为广阔的视野。

3. 研究的深层性

文化研究“是探索意义的阐释性科学”(格尔茨语)，都市文化研究与其他都市学科的区别也在于此。其他对于都市研究的学科如都市社会学等，虽然也会涉及都市文化，但是它们的学科性质，决定了它们只能在社会制度和框架下对都市文化做静态的结构性的描述，而很难达到对都市文化本身做深层的本体研究。美国文化人类学家本尼迪克特认为，对文化的研究比关于制度的研究更为重要。“有意义的社会学单位不是制度，而是文化构型。对家庭、原始经济或道德观念的研究需要分化为强调各种不同构型的研究，这些构型在一个又一个事例中控制了这些文化特质。”①在通常情况下，都市社会中的许多问题，如经济发展、政治体制、社会问题等，并非只是就事论事就可以解决，其深层往往与都市文化的机制与结构相关，并需要从文化模式和文化机理等深层加以分析和研究。正如

① ［美］本尼迪克特著，何锡章、黄欢译：《文化模式》，浙江人民出版社 1987 年版，第 22 页。

联合国1986年制订的《世界文化发展十年》政策文件中宣称:"没有一项名副其实的发展项目能无视自然和文化环境的基本特点及有关人群的需要、追求和价值。"在这个意义上,都市文化研究不会仅仅满足于对都市一般文化现象的描述和研究,而是力图探索和发现隐藏在都市现象背后的内涵、价值和意义,去寻找都市文化在都市发展和人性的需要与价值体现关系中的重要作用。

(二) 都市文化研究的对象与范围

任何一门学科,都有其特定的研究对象和范围,研究对象的确定是一门学科得以成立的基础,都市文化研究也不例外。都市文化研究的对象是都市生活和都市现象中的文化问题,因而,都市文化研究在对象上有很大的广泛性,它不仅研究都市中精神形态即知识、艺术、宗教、道德等狭义的文化现象,由于都市中的一切都可以理解为文化的产物和象征,都有着文化的内涵,因而也都是都市文化研究的对象和领域,或者说可以把它们当做文化现象进行研究和阐释。具体说来,都市文化研究的对象表现在两个方面:一是对都市文化的研究,二是对都市的文化研究,这两种对象有显著的不同。对都市文化的研究,主要是对作为观念形态的文化本身的研究,也可以说对狭义意义上的文化的研究。比如说对都市艺术文化、大众文化、媒介文化、道德文化、宗教文化等的研究。而对都市的文化研究则更多地着眼于对都市物质、生活和技术中所表现出的文化内涵的研究。比如说对都市生活方式、都市建筑、经济、规划、交通等文化内涵的研究。当然,这两种研究并不是截然对立,而时常是互相渗透、交织在一起的。如都市建筑文化,既是都市居民居住的实用物质存在,又是一种特定的文化存在。

根据都市文化研究的对象,可将都市文化研究的范围分为三大类:

1. 都市文化基础研究

都市文化基础研究可以被视为一般意义上的研究,它主要包括以下几方面:

(1) 都市文化理论研究。任何学科都必须有一定的理论基础来支撑,对于都市文化理论而言则主要来自三个方面:一是广泛吸收其他都市研究理论的成果,如都市社会学、都市地理学、都市建筑学等,在研究都市的过程中已有许多理论成果,它们丰富了人们对于都市的看法和认识,也解释了不少都市中的现象和问题。二是文化理论的支持。无论是传统的,还是当下的,都是都市文化理论建设的重要资源。三是其他社会人文学科理论的加入,如文学、哲学、美学、艺术学等。

(2) 都市文化比较研究。都市总是生长在特定的区域,有着特定的文化构成,尽管随着经济一体化和全球化的进程,都市的特点越来越接近,但由于不同的传统和文化背景,当代都市在许多方面仍然表现出自己的特色,因此,都市文化之间的比较研究就显得相当重要。都市文化的比较研究可以是不同区域的个别都市之间的比较,如上海与巴黎的比较;也可以是同一国家不同都市之间的比较,如北京和上海的“京派”文化与“海派”文化的比较;还可以是不同区域的都市文化的比较,如东方都市和西方都市在文化上的比较等。通过都市文化之间的比较,认识别人,也就认识了自己,可以为自己的都市文化发展提供参照系。

(3) 都市文化历史研究。对于都市历史的研究,本就是都市研究的一个重要方面,将历史研究运用到都市文化上来,也是顺理成章的。与都市发展一样,都市文化的发展有一个历史过程,因为任何文化都不会是横空出世的,而是有一个漫长的积累和发展的过程。都市文化历史研究有助于了解都市文化的发生和发展,从而探讨现代都市文化的渊源及特性。对都市文化历史的研究,既可以是一个时期的都市文化研究,也可以是对某个都市某个时期文化的研究,如对1930年代作为中国文化中心的海派文化的研究。

2. 对都市文化的研究

对都市文化的研究,是我们所说的对作为观念形态的文化的研究,其范围基本上是针对狭义文化的研究,主要包含四个方面的内容:

(1) 都市大众文化研究。大众文化作为以现代都市为基点的现代文化的重要部分,是与现代都市相伴相生的一种文化现象。由于都市产生了大众,才产生了以大众为基础的大众文化。都市也是大众文化产生的语境,都市中飞速发展的科技、交通、信息产业和文化产业,拥挤流动的人群,鳞次栉比的高楼和纵横交错的街道等,为大众文化的产生和发展提供了最重要的背景。都市生活又是大众文化表现的对象,大众文化面对的就是都市,都市的繁华和萧条,喧哗与骚动;都市人的紧张和松弛,狂欢和孤独,尽在大众文化的作品中得以充分体现。因此,对大众文化的研究,是都市文化研究最主要的范围之一。

(2) 都市文化产业研究。文化产业作为都市经济的一部分,其作用已越来越凸显出来。都市文化产业的出现,表明都市文化不仅是一种文化现象,也是一种经济现象。在西方发达国家,像电视、电影、出版、音像、文艺演出、工艺美术、体育比赛,乃至广告、信息、传播、娱乐等产业,已发展为庞大的产业集团,成为当代都市经济结构中的重要组成部分,有些甚至成为都市和国家经济的支柱产业。文化产业的崛起对当代都市文化产生了很大的影响,而当代都市发达的技术和经济正是文化产业建立和发展的基础。随着资源与环境压力的不断增加,都市中传统的工业逐步失去了在都市产业结构中的主导地位,取而代之的正是以高科技产业、文化产业、文化服务业为主干的新型都市经济方式。其中,文化产业发达与否,已成为衡量一个都市经济力量和文化力量的重要标志,同时也是都市文化是否具有辐射力和影响力的重要依据。如果说高楼大厦、林荫大道、名胜古迹等是都市经济发展和文化底蕴的象征，那么文化产业及发达的大众文化则是现代都市文化充满生机和活力的体现。由此可知，研究文化产业对于都市文化具有十分重要的意义。

(3) 都市艺术研究。大都市往往是艺术之都，是艺术活动集中和展开的地方。“城市是独一无二地和天然地适宜开展和维持艺术活动的地方……这一作用是与城市持续的经济活力联系在一起的。”①都市发达的经济和商业，给艺术活动以坚实的物质基础，使大量文学家、艺术家聚集在都市，从事专门的艺术创造。都市又是各种文化思潮交汇的地方，新的艺术思想和思潮层出不穷，从而产生新的艺术实验和艺术作品。都市不仅是艺术家栖居之地，也是他们体验艺术、展示艺术之所。都市中有大量的出版机构、音乐厅、歌剧院、美术馆，给形形色色的艺术提供了展现的场域。更重要的是，都市是作家、艺术家书写、表现的对象，表现了人们对都市生活的感受、欲望和想象，为都市提供了心灵和经验的历史与存在。通过都市文学和艺术，人们可以去感受和思考都市，文学艺术也由此成为都市的基本镜像。都市艺术还表现在都市公共艺术上，包括艺术性的建筑小品、都市雕塑等，它们构成了都市的人文环境，对它们的研究也是很重要的。

(4) 都市文化事业、文化建设和文化政策的研究。都市是文化事业集中的地方，有大量的文化传媒机构如新闻出版机构、文化艺术研究和创作机构、文化艺术活动场馆等，它们构成了都市文化建设的重要内容。都市文化建设对都市文化发展至关重要，都市文化的发展并不是无序的，而文化建设就是让都市文化随着都市经济和文明的进步有序地得到发展。都市文化建设要和经济建设以及社会进步协调发展，需要对文化建设进行周密和科学的研究。这种研究包括对都市文化战略的研究，对都市文化规划的研究，对都市文化体制、政策的研究，对文化市场的研究，对都市文化在都市经济和生活中位置和作用的研究等，它们无疑都会促进都市文化的健康发展。

3. 对都市的文化研究

这是指对都市中各种现象所表现出来的文化的研究。它大致上包括了以下几方面：

(1) 都市物质形态文化的研究。都市首先是由物质形态构成的空间。都市给人的直接感觉是庞大而复杂的物质空间，如鳞次栉比的高楼大厦、纵横交错的大街小巷、川流不息的交通工具、形形色色的商店和商品等。这些人类创造的物质产品同样反映出文化的品质，表现了人类对新技术的运用、对新的文化思潮的

① ［美］理查德·宾厄姆等著，九洲译：《美国地方政府的管理——实践中的公共行政》，北京大学出版社 1997 年版，第 294 页。

接受,也表现了都市人对生活和文化的需求。在都市物质空间中,最突出的是都市建筑。建筑不仅是一种物质存在,也直接表现为一种文化的存在,是集合科学技术以及哲学、宗教、艺术、美学等为一体的文化形态。都市建筑是都市文化最感性最直接的显现,不仅表现了都市的个性风格,而且表现了都市的文化传统。很多人对都市的了解,都是从都市建筑切入的,从都市建筑出发可以引出许多都市文化内容,因而成为都市文化研究不可或缺的方面。

(2) 都市公共文化研究。都市公共文化是产生于都市公共空间中的文化。都市公共空间是人们在休闲、交往和从事其他活动的空间,包括街道、里弄、广场、公园、街心花园、咖啡馆、茶馆等。公共文化是都市市民文化中重要的部分,也是都市中最常见、最普遍的文化现象之一。人们在公共空间中活动、交往、表演,表现出都市独特的生活方式和文化品格。与其他文化形式不同,公共文化是由都市居民自发形成的文化,是人们在交往中产生的文化。广场文化、街头表演和节庆成为都市文化最直观和最直接的表现形式之一;都市公共空间也是感受都市社会以及时尚和流行的最佳场所,而且很多都市民俗文化和亚文化都在都市的公共空间得到表现,成为都市公共文化的一部分。

(3) 都市建设和发展中的文化问题和文化诉求研究。在知识经济和信息社会时代,经济和文化已经高度融合,所以都市建设和发展不仅仅是经济问题,同时也是文化问题。都市文化的发展如何与经济发展相协调,为经济发展提供持续不断的文化动力,是都市文化研究的重要议题之一。都市在发展中面临着很多问题,如移民问题、交通问题、住房问题、医疗问题、环境问题等,这些问题在深层次上都有一个文化的问题,并应该从人文的视角进行审视,因为这在根本上关系到如何在都市发展中坚持以人为本,如何使都市的发展更适合人的生存和发展,并可以给都市发展注入一种持续性的文化动力,以及提供恒常性的人文精神资源与文化滋润。

第五章　都市文化的类型及其演进

在比较详细地讨论了都市文化的概念和特征以后，自然会进入对都市文化的类型及其演进过程的研究阶段。

按照古典的自然分类法，有多少“都市文化”，就会有多少“都市文化类型”，但为了把握都市文化发展的结构性、本质性演变，我们必须从逻辑的角度进行抽样的、典型的分析。这就要求必须舍去繁杂的细节，以抓住都市文化类型中最重要的东西。从严格意义上讲，都市是工业革命以后伴随着工业化、城市化进程而出现的城市形态。但在古代世界和传统的农业社会中，也有作为国家政治中心的都城或工商业大城市，尽管它们数量不多，也是作为当时最高的城市形态存在的。因而，在广泛的意义上，也可以把它们理解为“都市”。同时，这样理解的必要性还在于，它们与现代化的大都市往往有着千丝万缕的内在关系，特别是在文化层面上。因此，我们也将它们纳入都市文化的范围，并从宏观视野出发将都市文化划分为三大类型：

第一，建立在农业文明基础上的中国古代都市文化类型；

第二，建立在工业文明基础上的西方现代都市文化类型；

第三，建立在后工业文明基础上的当代都市文化类型。

这既充分考虑了都市文化在世界范围内的历史演变过程，也突出了不同历史阶段中城市文化的最高形态。

美国城市史学家刘易斯·芒福德认为：城市既创造了艺术，自身也是艺术；城市既创造了戏剧，自身也是社会活动的大剧场。① 其对都市人及其文化活动的重视，对我们研究都市文化类型有很大的启发。都市文化归根结底是都市人的文化，离开了都市的主体——人，都市文化就不复存在。同时，无论器物、制度还是精神，也都是人的产物，它们只有在历史进程中展现出来，才可能成为我们研究都市文化的对象。因而，都市文化类型研究所关注的，与其说是器物、制度和精神，毋宁是将它们融会成一体的都市生活方式。正如美国学者托马斯·班

---

① ［美］刘易斯·芒福德著，宋俊岭、倪文彦译：《城市发展史——起源、演变和前景》，中国建筑工业出版社 2005 年版，第 120—124 页。

德尔说:“大多数属于齐美尔传统的作家都不看重都市生活的政治经济学,而更关注看与被看的经验。”①在这个意义上,我们的研究对象主要是“由各种都市符号形态承载的”、在都市人活动中直观存在的文化经验的类型和范式。

一、建立在农业文明基础上的中国古代都市文化类型

昨日入城市,
归来泪满巾。
遍身罗绮者,
不是养蚕人。

北宋诗人张俞的《蚕妇》一诗,长期以来被编入各种童蒙读物,在我国家喻户晓。这首以养蚕的农家女子口气写就的诗,通过极为感人的对比,将古代农村与传统城市的对立与勾连叙写得一清二楚:辛辛苦苦的“养蚕人”来自农村,不劳而获的“罗绮者”居住在城里;但是为了生活,农村的产品必须到城里(“市”)方能实现其交换价值。由此可知,在古代农业文明中,“城”本身承担着道德意义上巨大的负面责任。这是以农业文明为主体的文化价值观念的直接体现。而那些作为古代城市最高形态的都城和为数不多的工商业中心城市,在中国传统的文化价值评价中,更是屡屡作为道德批判的对象而存在的。但实际上,由于城市本身发展的历史水平更高,实际上,即使在中国古代社会,城市依然是作为文化中心而存在的。

我们所谓的“古代都市”主要包括两种类型:一是作为古代政治中心的都城(一国的首都,也称为“帝都”、“京都”、“帝京”等),二是作为古代工商业中心的大城市。这两者在多数时候是重叠的,如六大古都西安、洛阳、开封、南京、杭州、北京,但也有一些城市会独立出来,如汉代的益州、唐代的扬州、明清时代的苏州等。但一个毫无疑问的共同特征是,由于政治、经济资源的高度集中,往往极大地促进了其城市文化的发达。

中国古代社会以农业文明为基础,广漠浩大的乡村是其存在的基础和基本色调。由于整个国家在经济上以农为本,所以在城乡的关系上,一般体现为一种单向的贸易,即农副产品大量流向城市,形成了城市对农村经济的严重依赖。中国城市的发展很早,分布也较广泛,遍及黄河流域、长江流域、珠江流域等。古代

① 托马斯·班德尔著:《当代都市文化与现代性问题》,载于《帝国、都市与现代性》,江苏人民出版社2006年版,第261页。

中国的城市体系严密规整，作为政治（一般也是军事、宗教）中心的都城，与州、府、县的体制与关系十分严明。古代的城市规划制度反映了不可逾越的封建等级制度。古代大都市如唐代长安、北宋东京（今开封）和南宋临安（今杭州）等，其建筑布局宏大、人口最高可达百万，文化十分繁荣。在中国传统社会中，作为民族、国家政治中心的都城是真正的中心，尽管在其下衍生的工商业中心，在人口数量和经济生产总量上有可能超过前者，但由于它们主要是为前者的政治统治提供“物质基础”，所以根本不可能与前者分庭抗礼。同时，作为传统政治中心的中国都城，其主要任务不是经济生产，而在于如何聚敛与控制社会生活资料和物质财富，因而，出于强化其统治基础及纯粹政治的考虑，中国都城一般都会自觉不自觉地限制、压迫工商业大城市的规模和实力。

在中国古代社会中，由于高度的集权，政治中心往往也是文化中心，对整个帝国的文化生产具有决定性的作用。朱士光在谈到中国古都与中华文化的关系时说：“历史上历代历国往往都是以自己的都城作为中心区域创造出代表一个时代或一个国家的最高水平的文化。这些文化不仅在当时是支撑各该王朝与政权得以存在的内在精神支柱，还是构成国都，乃至全国繁华兴盛气象的重要原因；同时古都文化还对古都所在地区当今的社会生活产生深远的影响。”①尽管中国古代农业文明的历史十分漫长，古代都市文化的类型繁杂多变，但由于古代都市构成了社会与文化的轴心与关节点，因而也为我们研究以农业文明为基础的都市文化类型提供了直接的对象。纵观汉唐以来的古代传统都市文化形态，可以说普遍存在着以下几方面的共同特征。

第一，皇权至上的帝王宇宙观。

这是中国古代都市文化肌体中浸染最深的东西。在中国古代，皇权高于一切，古代都市不仅是政治、军事、宗教中心，一般也是文化、商业和消费中心。“中国城市之符合规范的宇宙观，是源于帝王的意识形态，该意识形态的核心是，帝王即宇宙四方之中轴。”②因此，除却我们已提到的直接体现帝王权威的都市建筑格局以外，古代都市始终以一种世俗政治权力中心的威严面目出现，体现了中央集权和君主专制统治的威严与至高无上。这一基本特征贯穿了整个中国古代都市的发展历程。在这个意义上，中国古代都市是静态的都市，是缺少变化的都市。这一点也可看作是以农业文明为基础的古代都市的基本性格。

第二，佛教氛围与日常生活。

---

① 朱士光：《中国古都与中华文化关系研究》，《陕西师范大学学报》，2004 年第 1 期。

② 沃尔勃加·维休著：《中国的城市起源——惠特利“城市——庙宇命题的再评价”》，载于《中国城市史研究》第 19—20 辑，天津社会科学院出版社 2001 年版，第 305 页。

中国自身到底是否存在宗教，是学术界始终在讨论的一个问题。但佛教的存在则是明显的事实。古代都市的佛寺对特定时代的思想文化发展影响很大。如《朝野佥载》卷一记载："景龙年，安乐公主于洛阳道光坊造安乐寺，用钱数百万"。卷三记载："洛州昭成佛寺有安乐公主造百宝香炉，高三尺，开四门，绛桥勾栏，花草、飞禽、走兽、诸天妓乐，麒麟、鸾凤、白鹤、飞仙，丝来线去，鬼出神入……"。卷五记载："周证圣元年，薛师怀义造公德堂一千尺于明堂北。其中大像高九百尺，鼻如千斛船，小指中容数十人并坐，夹纻以漆之。"①由此可见，承北魏以来的传统，在唐代的洛阳帝都，佛教建筑十分奢华，佛教文化对整个都城生活影响重大，充分反映了唐代都市人对佛教的迷恋和狂热。寺庙不仅是为大众开放的公共活动场所，通常也是佛教建筑、雕塑、绘画、文学的宝库，宋代佛庙设立"丛林"制度，向天下佛门子弟开放，同时也是士大夫往来的"招待所"，起到了重要的文化交流的作用。② 在宋代也是如此。据记载，北宋东京城里最有名的相国寺，不仅是游人观瞻和烧香礼佛的去所，由于人们往来众多，因而也是东京商业贸易的重要场地。尽管也有研究者指出，中国古代都市的大部分居民并不信教，他们更注重日常现实生活，是天然的无神论者。③ 但这只能说明中国人对佛教采取的是一种更实用、或者说更具有中国特色的态度，而不是原教旨主义者。实际上，佛教文化在中国古代都市文化中的重要地位是不容忽视的。

第三，教育、文化制度与设施的重要影响。

中国古代都市有着比较发达的文化机构与设施，如太学、书院、博物馆等。太学初设于汉武帝时期，是我国最早的国立大学或皇家学院，至东汉时在规模上达到顶峰。著名思想家王充、张衡都曾就读于太学。唐代和宋代都有规模不等的太学，王安石变法时还对其教学内容进行了扩展，并增加了医学的内容。中国书院创始于唐代，宋代都市经济的发展，带来了文化教育的普及，使书院的创办更加广泛。当时有"四大书院"，讲学之风日盛，书院成了专门的学术讲座和学术辩论之所，发挥了对官学教育的补充作用。书院建设往往"依山林，即闲旷"，"择胜地，立精舍"，其建筑与古代都市中的佛教、道教建筑一样极有特色。至明清两代，书院的设立更多，如清朝书院有 3 000 余所。除了官办书院以外，还有不少官僚私人出资延请著名学者任教于私人书院，共同推动了学术文化的繁荣与传播，并形成了许多著名的学派。此外，在古代都城，皇室常常建有博物馆之类的机构或场馆，以珍藏书画、典籍和图书。印刷业发达以后，书院藏书与私人藏书

① 《唐五代笔记小说大观》，上海古籍出版社 2000 年版，第 41、66 页。

② 吴良镛：《建筑 · 城市 · 人居环境》，河北教育出版社 2003 年版，第 379 页。

③ 王雅林等：《构建生活美——中外城市生活方式比较》，东南大学出版社 2003 年版，第 40 页。

之风大盛。特别是宋代发明了活字印刷并改进了造纸术以后，书籍的刊印更为普及。刻书业和书籍发达的结果，是书肆的兴起和发展。① 因而可以说，古代都市极大地推动了中国文化的传播与繁荣。

第四，人口组成的多元性及“杂交优势”。

宋代以后，大量农村人口涌向都市，同时各色人等在古代都市五方杂处。这种突出的城市现象在东西方都是类似的。古希腊诗人荷马在史诗《奥德赛》中列举了城邦中那些在乡村里根本见不到的陌生人：某种行业的师傅、预言家、江湖医生、建筑工人、行吟诗人等。这些人出现在哪里，哪里就会产生出新鲜的事情；在没有这些人的地方，总是一片沉闷褊狭的乡土气。在中国宋代都市里，除了王公、贵族、官僚以外，广大市民的成分也十分庞杂，如《清明上河图》展现出的汴桥和市井街道上的人物，有商人、手工业者、摊贩、苦力、脚夫、郎中、道士、尼姑、算命先生、乞丐、犯人、外侨、太学生等。各色人等之间的密集人际交往、无数异质因素的碰撞、群体间分工和交换的迅猛发展，都会产生如生物学上所说的“杂交优势”。古代的都市人原本都是陌生人，聚集在一起，特别需要沟通。早先乡村的血缘纽带没有了，人们迫切需要营造私人和公共的交际网络。这样一来，交往自然就极为频繁和多样化。作为交往场地的各种茶楼酒肆遍地开花，“夜市”作为都市生活的重要构成部分发展起来。唐代中晚期有“夜市千灯照碧云，高楼红袖客纷纷”的景象，但当时的夜市有限制，城、坊、市门必须在日落时分关闭，城内普遍实行夜禁，连燃灯张烛也有限制，若有违犯，必受处罚。但到了宋代，随着城市的发展，夜市的禁令必然被打破。自北宋开国皇帝赵匡胤下令开放夜市，汴梁遂成为“诸酒肆夜市，不以风雨寒暑，白昼通夜骈阗”的不夜城。② 在宋代都市中，酒楼(最有名的如宋徽宗朝年东京金明池边上的“樊楼”)数量多、规模大、装修豪华，市民们不仅可以在那儿饮酒作乐，还可以在那儿欣赏到“吹拉弹唱”。与酒楼同时兴起的还有茶肆，它们遍布北宋的东京和南宋的临安，除了喝茶、小吃和休息以外，茶肆还是传递信息、交流情感的公共场所。③

第五，市民文化和民俗文化的繁荣发达。

中国古代都市的市民文化，在唐代就已经十分丰富。在唐人小说中，我们可以看到由谙习乐器、比赛技艺、自制新声、梦中得曲等演变成的一个个传奇故事(因为帝王的爱好，长安音乐文化非常普及)，其中既有举子进京赶考，在天子脚下经历了人生的磨难、命运的选择、爱情的奇遇后的自叙心曲，也有作为煌煌上

---

① 吴良镛：《建筑·城市·人居环境》，河北教育出版社 2003 年版，第 379 页。

② 王雅林等：《构建生活美——中外城市生活方式比较》，东南大学出版社 2003 年版，第 25 页。

③ 王雅林等：《构建生活美——中外城市生活方式比较》，东南大学出版社 2003 年版，第 27 页。

国的首都,在对外交流中时时显示出的帝都风范。从宫廷流向民间的趋势看,长安的娱乐技艺已不再是帝王贵族的专利,而是所有的民众都可以感受、消费的盛唐之音,这是一种用音乐和才艺表达的昂扬勃发、乐观向上的情绪,它们十分生动地体现了唐都长安的城市文化精神。

中国古代都市的民俗文化也十分繁荣,对整个帝国的生活方式与时尚影响巨大。以唐宋都市为例,其特点具体表现在:(一) 种类多。如元宵节,除了舞龙以外,还有拔河、斗鸡、击丸、踏索、上竿(而当时乡村只有舞龙)。在春季,都市市民"踏春"时多远出郊外,或蹴鞠(踢球)、斗鸡、梭门、秋千,参与者中有许多妇女。夏季,都市民俗体育则有围棋、游泳、划船、垂钓、郊游、散步等各种休闲活动。端午节的时候,大小船只的赛龙舟活动更是热闹非凡。(二) 规模大。唐宋都市元宵节赏龙灯,长安城造巨型灯轮,满街是"暗尘随马去,明月逐人来"的景象。春季城中女子荡秋千,以致到处一派"女郎撩乱送秋千"的情形。宋代竞龙舟往往一次比赛的参赛者就多达 1 500 余人,而观摩席上的人更是不计其数。也包括比赛服装、各式比赛器械、高档奖品等,如果不具备雄厚的经济基础是根本办不到的。这也体现了唐宋都市文化豪华、奢侈的一面。(三) 从以上的描述看,它们不同程度地体现了"都市"的习俗形态,以消费和娱乐活动为主,如伊永文在《行走在宋代的城市》中,曾介绍和分析了宋代都市的闲暇生活游戏,包括蹴鞠(踢球)、水千秋(跳水)、相扑、关扑(赢钱赌物的游戏)、斗鸡、斗蟋蟀、杂技、赏花等,认为古代都市的市井生活十分活跃,它一方面折射出休闲方式的多样化,另一方面也体现为游戏、享乐潮流的涌现。相对于乡村文化而言,体现出了开放、变异和追求奢华的倾向,具有十分鲜明的都市文化特色。(四) 它们一方面体现了唐宋都市市民顺应时岁、遵循传统、追求享乐和宗教崇拜等文化心理,另一方面,由于当时对外交流和民族大融合的进程加快,唐宋都市民俗文化活动也融入了西域和少数民族文化的元素。① 这一点,在唐代的长安、北宋的汴梁、南宋的临安和明清时代的北京表现十分突出,它们都是当时最著名的国际化城市。

第六,都市文化风习的扬播和影响。

就古代中国的整体情形而言,作为政治或经济中心的都市,自然聚集了历史在这个阶段的各种文化形态。与乡村文化比较,体现出极大的丰富性和活力。同时,这种文化聚集本身又常常形成一种强大的辐射力量,并广泛而深刻地影响到周边地区乃至乡村(尽管可能发生自觉或不自觉的变形)。《后汉书》中有一段极为生动的描述:

---

① 王俊奇:《唐宋都市民俗体育文化的繁荣发展》,《上饶师范学院学报》,2006 年第 1 期。

城中好高髻，
四方高一尺。
城中好广眉，
四方且半额。
城中好大袖，
四方全匹帛。

其中虽有夸张的成分，但就古代都市文化对周边的重要影响而言，也是不为过的。又如，明代成化以后，随着徽商等各地商人的纷至沓来，苏州这座江南都城日趋繁盛。苏州城里的时尚俨然有左右天下风气之势。正如明代王士性的《广志绎》所说："苏人以为雅者，则四方随而雅之；俗者，则随而俗之"。

以上是我们对中国古代都市文化的特征分析。如果说，建立在农业文明基础上的中国古代都市文化的繁荣，在时间上主要体现在唐、宋、明、清时期，那么从空间(地域)角度上说，那些发育得比较好的、相对最具有现代性因素的古代都市文化，则主要出现在江南都市中。刘士林将之分为两个典范形态：

(一) 以南宋都城临安为代表的江南都市文化形态。这是江南都市文化走向成熟的第一个表现形态。一方面，尽管江南地区很早就有一些邦国的都城存在，但由于它们本身的附属地位使之不可能成为影响整个中国文化大格局的中心；另一方面，尽管此前在北方文化圈中已出现有诸如唐代长安、洛阳、北宋汴梁等中心性城市，但它们在文化创造上的理念与动力却主要是根源于人们的现实政治利益，而不是发自文化自身生产与消费的内在需要。中国古代士大夫对于南宋政权的政治—伦理批判可以说一直不绝于耳，而在另一种意义上讲，它所证明的恰是临安都市文化的本质特征在于"去政治化"或"非主流意识形态性"，因而它也恰好说明了它与北方都市文化的根本性不同。同时，也正是在这个城市文化中，非政治化的审美趣味、非经典的艺术探索、非正统的生活时尚、非主流意识形态的人生价值取向，这些与现代都市文化具有家族类似性的古代都市文化要素才开始培育、发展起来。

(二) 以明清时代的南京为中心的江南都市文化繁盛形态。明清时代的南京是一个包含多个卫星城(如苏州、扬州等)的中心大都会。这里可以一个西方人的观察来说明。1595年，利玛窦到达南京，他的第一感觉就是："论秀丽和雄伟，这座城市超过了所有其他的城市。"(《利玛窦中国札记》第3卷)而在给友人的一封信中，他又把南京称为"全中国最大最名贵、差不多

> 是全国中心点的都市”。富裕的江南地区不仅在经济上支持着整个国家机器的现实运转,同时它在意识形态、精神文化、审美趣味、生活时尚等方面也开始拥有“文化的领导权”。在这一时期的都市文化中,它所呈现出的许多新特点与现代都市文化在内涵上都十分接近。举其要者如下:第一,与北方都市文化的再生产主要依托于政治利益的现实需要不同,江南都市文化的创造更多地成为一种纯粹的文化生产活动,而审美趣味与生活时尚的生产与消费是它的中心原则。第二,与传统社会中主体的意识形态主要来源于政治伦理教化不同,一种与农工仕商等相对立的文人话语生产方式,成为对人们意识、心理与生活方式影响越来越大的新权威。第三,在这一时期江南都市文化的功能也发生了重要的变化,即由单纯地满足一个社会的上层建筑,转向以服务于新兴的市民阶层的文化心理利益为根本目的。第四,生命个体在森严壁垒的传统社会结构中获得了更大的独立性与更多的自由发展空间,如扬州八怪以及《儒林外史》中那些游离于传统生活方式之外的士人,都是在江南都市这种特殊的社会土壤中获得了其生存的“物质条件”。这说明,中国古代都市文化在发展到高峰期的同时,一些重要的现代都市文化特征也开始进入中国人的社会生活中。①

这是因为,经济功能毕竟是城市发展的最重要的动力。与中国北方政治性的都城相比,江南城市在经济与工商业上更为发达,因而在城市形态、特别是城市的文化功能上发育得更加自然与健康。如有学者以扬州为例进行的分析,认为自唐代始就存在“扬一益二”的说法,“扬”即今天的扬州,“益”是指今天的成都,它们在当时虽然不是全国的政治中心,但却是商业、文化中心和顶级繁华之地。扬州的繁荣不仅得益于隋炀帝开运河的举措,更重要的是这个地区的人所具有的开放观念。在扬州这个商业都市,经济昌盛、园林成片、市井文化发达,盐商们精于对艺术品的鉴赏和收藏,文学艺术层出不穷,如施耐庵的《水浒传》、扬州八怪的艺术成就、各种地方戏剧戏曲的荟萃争艳……尤其可贵的是,有些诗人在作品中十分关注当时社会中的事物,特别是与老百姓有关的平凡琐事。由此可知,中国古代都市的市民性在扬州文化中得到了相当充分的发展。这也是它们历来被正统的古代文人视为势利、俗气、轻扬的根源。② 总体来说,中国古代都市文化是历史的、巨大的存在,作为一种宽泛的文化类型,它置身于广漠的农

---

① 刘士林:《江南都市文化的历史源流及现代阐释论纲》,《学术月刊》,2005 年第 8 期。

② 余大庆:《亚细亚羊圈的异兽:古代扬州城市文化》,载于《都市文化研究》第 1 辑,上海三联书店 2005 年版。

业背景之中，皇权至高无上。而那些发育得较好的江南都市，由于教育、宗教、文化设施比较丰富，基本满足了当时都市人的精神需求，同时，五方杂处的都市环境也催生了市民(广义、非西方社会学意义上的)社会的形成。因而，在中国都市文化传统中，江南都市文化代表了农业文明基础上中国都市文化的最高表现形态。特别是其对普通市民和日常生活的关注，可以说具有重要的现代性意义。这是因为，"现代性的基本困境在于，在现代条件下获得充分发展的个体，如何才能解决'自我'与'他人'之间日益严重的分裂与对立。在中国文化传统中，除了审美功能比较发达的江南诗性文化之外，其他传统对个体基本上都是充满蔑视与敌意的。所以说，江南诗性文化最重要的现代性意义就在于，它最有可能成为启蒙、培育中国民族的个体性的传统人文资源。"①

二、建立在工业文明基础上的西方现代都市文化类型

在柏拉图时代，许多西方城邦只是很小的城市，人们频繁地看戏、交谈、会饮，很容易就在街上碰头。在今天土耳其的以弗所，我们依旧能看到这种典型的小城建制的遗存。然而 19 世纪末期，当德国人本雅明在自己的著作中引用塞南古的话——"人并不绝对需要一座都城"，以及《巴黎新景象》中的诗句——"这些宫殿神奇的立柱/左右都是摆设展品的门廊/它们从各个侧面向人们展示/工业与艺术的竞争"②的时候，他潜在的意思是：远远扩大和发展了的现代都城，其实并没有给现代人带来真正的心灵的幸福。

在《巴黎，十九世纪的都城》一文中，本雅明写道：

> 巴黎大多数的拱门街都是在 1822 年后的 15 年中出现的。它们出现的第一个条件是纺织品贸易的繁荣。"新商店"，即最初用来储藏纺织品的设施开始出现。这就是百货商店的前身。巴尔扎克描写的就是这个时代："从马德兰到圣·丹尼斯大门，展品像一段段色彩斑斓的长诗"。拱门街是豪华物品的交易中心。它们的构造方式展示了适宜于为商人服务的"艺术"。当时的人对它羡慕不已。在以后相当长的时间里，它们一直对外国人具有吸引力。有一份巴黎导游图这样说："这些拱门街是豪华工业的新发明。它们是玻璃顶，大理石地面，经过一片片建筑群的通道。它们是本区房主的联合经营的产物。这些通道的两侧，排列着既高雅又豪华的商店。灯光从上面

① 刘士林：《中国诗词之美》，海南出版社 2006 年版，第 220 页。

② ［德］本雅明著，王才勇译：《发达资本主义时代的抒情诗人》，三联书店 1989 年版，第 29 页。

照射下来。所以，这样的拱门街堪称一座城市，更确切地说，一座微型城市。”第一批汽灯就是安装在拱门街的。①

有意思的是，批评家本雅明在展示巴黎繁华的时候，连续陈述了形成这种繁华的诸多物质原因：纺织品贸易的繁荣、钢铁在建筑中的使用、人造建筑材料（如玻璃）的出现等。他向我们展现了工业革命的辉煌和工业化城市时代的到来。

本雅明的名著所评说的 19 世纪的巴黎，是典型的西方工业文明都市。但在这个阶段的初期，现代化（性）的种种弊端就已开始呈现，在某些国家和地区，这种弊端持续并发展了很长的时间。以美国为例，发生在 19 世纪中叶的工业革命，几乎完全重构了美国城市的社会结构和景观形态。当时，工业趋向于建立在城市的心脏地带，因为最早的交通路线往往经过这里，货物及其他商品的交易最为便利。许多大城市建在滨海，同样是为了贸易流通的便利。在一段并不算短的时间里，工业革命开始重构城市的经济活动。新工厂取代了前工业时代的小商业，并催生了新的社会阶层。工厂成为城市新秩序的窗口。一大批形态各异的烟囱和厂房出现在城市的中心地区，工厂迅速占领了中心城市并重建了城市的基本轮廓。工厂成为城市能源和工业的枢纽，不仅推动了当地经济的增长，也促进了城市本身的发展。新工厂创造了大量的就业机会，由于缺乏劳动力操作机器，美国从海外吸引了大量的劳动力，这些移民以自己的生活介入到美国都市文化中。同时，破产的农民也大量涌入都市，使都市文化呈现出更复杂的组织形态。

现代工厂在创造就业机会、吸引大批移民的同时，也迅速改变了城市的物质形态。曾经清澈的天空和由小商铺、工匠点缀的环境，被工业时代的煤油灯、机器和烟囱、厂房所替代。工厂在城市中、河道边肆无忌惮地排放垃圾，严重污染了都市的环境。工业在成为城市标志、带来大量利润的同时，也由于垃圾和污染而威胁或影响了都市居民的健康。由于这些原因，某些工业化都市在狄更斯的小说《艰难时世》中被称为“焦炭城”（Coketown）。在通常情况下，工人阶层由于经济收入的原因，不得不居住在靠近工厂的区域（污染最严重的地区），并常常成为直接的受害者。与此同时，随着都市中心城区越来越不适合居住，富裕阶级纷纷移居都市的外围地区，郊区因此很快发展起来。由于既没有交通拥堵问题，又没有市中心的空气污染，它们成为极好的生活居住地。那些靠工业发家致富的人们开始选择紧邻市区，但又充满乡土气息的地点居住。英国的情况也是如此，

① ［德］本雅明著，王才勇译：《发达资本主义时代的抒情诗人》，三联书店 1989 年版，第 177—178 页。

郊区从而得到整体的规划。[1] 但这种工业集中在中心城区的状况，在 20 世纪中后期逐渐有了改变。随着经济和科学技术的发展，以及人们对自身生活和行为的反省，西方工业化都市带来的各种弊病逐渐得到了一些调整。

以现代工业为基础的西方现代都市的发展历程，直接影响并参与到了其都市文化的建构与发展。建立在工业文明基础上的西方现代都市文化，其特点主要体现在以下这些方面：

第一，都市文化中的宗教主题。

刘易斯·芒福德认为，西方古代城市发展的最初动因是宗教。他说："城市最初是以圣地的面貌出现的，它是控制中心，而不是什么贸易或制造业中心。"[2] 从古希腊以来，宗教生活成为西方城市生活的重要部分。人们以教堂、教会为中心聚集起来，从事与宗教有关的各种活动，在西方世界中是极为普遍的事情。西方现代都市空间的四大要素分别是教堂、宫殿、博物馆和广场，它们一起构成了西方都市市民主要的公共生活空间。宗教作为这四大要素的主题，必然影响到都市市民的生活和思维方式。一个有趣的事例是，一张当代英国大都市伦敦的地图，在介绍伦敦的游览方位时，是从西北角的圣詹姆斯教堂开始，由此沿着泰晤士河向东，一直到圣海伦大主教门结束。地图标出的重要景点有 16 处，其中 10 处与宗教有关，一所是神殿，九所是教堂。[3] 与之相比，中国古代都市则有很大的不同，尽管中国古代城市也不乏寺庙和道观，但由于皇权始终是至高无上的，因而皇宫才是中国古代都城最核心的标志性符号。从古代城市的精神资源看，在工业化和现代城市化开始之前，西方城市社会的主导价值观是新教伦理和清教精神，它一方面宣传"原罪"说，反对过度享乐和铺张浪费，另一方面又强调不断地辛勤劳动、行善事，以此来拯救自己的灵魂。当时展现在世人面前的西方生活是恬静、舒适、平和的小城镇景象。然而，随着工业化和城市化的迅猛发展和趋于完成，西方社会在精神结构上同样发生了巨大的变化。特别是在经济、科技的高度发展下，直接导致了都市生活观念和生活方式的根本性转变，使消费主义、享乐主义成为一股宏大的潮流。在这种背景之下，宗教意识形态尽管依旧普遍存在，但就其对大众实际生活的制约而言，已愈加显得空泛和苍白。宗教建筑和宗教艺术品，也逐渐成为都市生活的一种文化象征和点缀，而丧失了其固有的神圣和信仰意义。

---

① 参见[美] 安东尼·奥罗姆、陈向明著，曾茂娟、任远译：《城市的世界——对地点的比较分析和历史分析》，上海人民出版社 2005 年版。

② 北京市社会科学研究所城市研究室选编，宋俊岭等译：《国外城市科学文选》，贵州人民出版社 1984 年版，第 46 页。

③ [英] 路易斯·尼克逊等著：《伦敦》，辽宁教育出版社 2002 年版，第 56 页。

第二,知识分子的大量出现。

前面我们讲到,荷马笔下的希腊城邦出现了许多以前在乡村里根本见不到的陌生人,中国宋代的《清明上河图》也以集中构图的方式展示了中国古代都市的各色人等。在西方的工业时代,都市里更是云集了许多新的群体。由于地理、经济、人口方面的原因和要求,不同职业、高度异质的人集聚在大都市,形成了丰富多彩、富有特色的各种亚文化。在现代都市人群中,有许多富有创新意识的人士,除了科学家、工程师以外,还出现了哲学家、艺术家、小说家、诗人等。他们为了寻找灵感和新的生存空间,从乡镇、小地方来到大都市,兴奋地呼吸着都市的空气,尽管这空气中弥漫着大量工业的微尘和废气。如果借用雅克·戈勒夫的说法,12 世纪的城市复兴在西方人的生活中发生了巨大的影响,商业、工业和学术得到了迅速发展,经济和政治结构发生了变化,知识分子作为一种专业人员出现了,[①]那么在这个新的工业化时代,真正精神意义上的、世俗的知识分子,才借助大都市的土壤迅速扩展为一个新的群体。作为一种新的社会阶层,在经济上取得了相对独立、在思想上摆脱了神权束缚的知识分子,开始意识到自身存在的力量,并以强烈的使命感探讨人类的各种问题,以及为人类的未来设计了种种蓝图。他们的理想有的实现了,有的没有实现,即使没有实现,也成为后人的一笔精神财富。可以这样说,没有现代意义上的知识分子就没有现代社会。然而,对于都市知识分子的价值的思考,在西方始终是一个重要的学术话题。英国学者保罗·约翰逊在其名著《知识分子》中,对一系列生活在现代西方都市里的知识分子提出了许多批评意见,指出了他们的致命弱点是脱离实际。[②] 美国学者艾尔文·古德纳则指出:现代西方都市的知识分子包括两类精英,一类是兴趣基本上是"技术性"的技术知识分子,另一类是兴趣主要在批判、解放、解释并通常具有政治性的人文知识分子。这两类精英都利用详尽阐释的语言变体,且都信奉批判的话语文化,所以他们都在反抗旧阶级,尽管反抗的方式不同,背景有别,程度相异。[③] 与古代知识分子不同,现代知识分子,无论他们有怎样的弱点,但有一点是无可置疑的,即在推动以工业制造业为中心的现代城市向后现代的"非物质社会"或"知识经济时代"的转型中,他们发挥了关键与核心的作用。

第三,都市文化的精英性与大众文化景观。

西方工业化时代的都市是人类文化创造储存的最主要场所,教会、图书馆、大学、博物馆等无不集中于大都市。在这个阶段,西方都市的文化艺术有了飞速

---

① [法]雅克·勒戈夫著,张弘译:《中世纪的知识分子》,商务印书馆 1999 年版,第 4—5 页。

② 参见[英]保罗·约翰逊著,杨正润译:《知识分子》,江苏人民出版社 2003 年版。

③ [美]艾尔文·古德纳著,顾晓辉、蔡嵘译:《知识分子的未来和新阶级的兴起》,江苏人民出版社 2002 年版,第 48 页。

的发展。在其早期，艺术呈现出精英性、经典性和仪式化的态势，艺术与生活分属两个不同的领域。人们把穿戴整齐、说着文雅的话语进入艺术场所，看成是一件很高雅严肃的事情。在这个阶段的中后期，各种大众人文景观也纷纷出现——到处是雕塑、绘画、涂鸦、街头卖艺、活体雕塑、广场音乐会等。工业文明时代的奇迹——"电影"的出现是一件大事，从默片到多声道片、从黑白片到彩色片，这种奇幻的艺术样式极大地改变了都市人对自我和艺术的传统见解。电影这种工业化和机器的产物，让人们在时空恍惚之中重新理解世界和宇宙、自我和心灵。电影与源于古希腊的戏剧一起，成为西方都市市民文化活动的重要形式。"梦幻工厂" 激活了都市人的想象，使公共活动和公共空间的意识在西方都市中被进一步加强。随着电影、电视、照相、唱片、录音、录像等的出现和发展，大众文化形式的另一重要特征浮现出来，这就是文化产品的"机械复制"。本雅明说："技术复制达到了这样一个水准，它不仅能复制一切传世的艺术品，从而以其影响开始经受最深刻的变化，而且它还在艺术处理方式中为自己获得了一席之地。"①也就是说，工业和科技的进步，使现代都市的文化产品发生了质的变化，它不再如古典时代那样是一次性的存在，而是可以批量生产和反复消费的。从整体上来说，在西方现代都市，经典文化和大众文化的格局基本上处于并行不悖的状态，经典文化的权威尚未受到根本性的挑战。

第四，公共空间与私人空间、市民与公民。

在影院、剧场、酒吧、咖啡馆、舞厅等大量出现的同时，西方都市人开始讲究一种建立在礼仪基础上的"私人空间"(private space)意识。这种意识是如此之强烈，以至于成为现代西方都市人基本素质的标志之一。公共空间和私人空间在西方社会是两个极为重要的概念：一方面，越来越强的公共意识促使人们聚集在一起，都市广场的意味和意义愈发显示出来(民主参与、自由意志、集会自由等)；另一方面，现代个体强烈的私人空间意识，又使都市人习惯于保有一种个人的独立性和私密性。在西方的都市生活中，人们一般不会随意询问别人的年龄、经济收入、婚姻家庭状况、信仰等个人问题。在理论上，西方思想家还就现代"市民"意识与"公民"意识的关系及其转换等问题，进行了长期的深入思考。

第五，都市生活的负面问题日益显现。

在工业化时代，都市人的生活水准总体来说有了提高。然而，有富裕者也就有贫穷者。按阶层和种族聚集在一起的"社区"开始出现，无家可归者在都市四处涌现。与农耕和游牧民族不同，大量异质人群聚合在都市，也会产生种种消极作用，形成都市的黑暗面，加剧了诸如卖淫问题、吸毒问题、艾滋病问题、种族与

① ［德］本雅明著，王才勇译：《机械复制时代的艺术作品》，浙江摄影出版社1993年版，第53页。

肤色问题、语言问题,以及老年人和青少年问题。随着工业革命和城市化的推进,西方进入了现代化都市建设时期。都市的迅猛发展完全超乎人们的想象,特别是直接冲破了古典时代城市固有"人性化"特质,在规模上以追求宏大华丽、讲求秩序为主题,而遗弃了提供美好与有意义的生活这一城市的本质。与此同时,工业革命的巨浪极大地推动了商业的发展,促使了都市消费时代的到来,享乐主义代替了禁欲主义,并逐渐成为西方都市文化的主要特征。人们渴望美好物质生活的强烈愿望导致了都市的快速变化,以至于有意无意地忽略了生态平衡与和谐发展的自然规律。工业革命的结果把西方都市引向了"现代化(性)"的路途,而现代性在兑现启蒙主义许下的诺言的同时,则带来人们未曾预料的巨大灾难,工业化的畸形发展使人类自己创造的都市空间,很快变成了人类无法理解与掌控的陌生的怪物。然而,尽管西方工业化中后期的现代都市充满了对立因素的冲突与张力,但"现代性"依旧以自己坚定的步伐继续大步前进,直至走向后现代。其中有很多的文化矛盾与问题,都是需要我们认真研究和思考的。

第六,西方都市文化的传播与辐射。

由于西方都市(特别是国际化大都市)文化存在着极其巨大而丰富的能量,因而必然要在适当时机大幅度地向外传播与辐射。恩格斯曾这样评价 19 世纪的法国巴黎:"在这个城市里,欧洲的文明达到登峰造极的地步,在这里汇集了整个欧洲历史的神经纤维,每隔一定的时间,从这里发出震动世界的电击。"①以法国的都市建设为例,它在城市化的过程中,大肆兴建旅馆、酒店、舞厅、咖啡厅……使高级消费和享受生活成为都市人的一种荣耀。在法国的影响下,欧洲各国纷纷把豪华的巴黎当成仿效的榜样。再以西方艺术为例,摇滚乐、爵士乐、布鲁斯、乡村—西部音乐、法国乡间舞曲、爱尔兰民歌、印第安人山歌等,原本都是地域性的艺术,所反映的也是地域性的情绪和观念,但它们首先在各自国家的大都市流行以后,很快便随着都市强大的传播媒介和文化交流活动,对全球其他的地区和国家产生了重要影响,以至于整个欧洲乃至全世界的大多数地方都开始流行起这些艺术形式。地域化的、个别性的东西演化为国家的艺术形态,并接着影响了全球,是西方现代都市文化生产与传播的一个重要特点。

以上我们归纳了建立在工业文明基础上的现代都市文化的主要表现。这个时期的都市文化既体现了人类社会的巨大发展,也暴露了许多亟待解决的严重问题。在人类对自身环境和生活不断的反思过程中,世界走向了后工业(后现代主义)时代。这里有一个现象值得特别指出,那就是现代西方工业化和都市化早期所带来的种种非同寻常的变化,曾引发了西方 19 世纪中后期和 20 世纪初期

① 《马克思恩格斯全集》第 5 卷,人民出版社 1961 年版,第 550 页。

的文学对都市本身的深刻反思。

19世纪的欧洲都市产生过许多伟大的文学作品，它们既形象生动地反映了都市生活的丰富多彩，也包含了对城市或都市生活元素的批判性思考，在都市人的文化生活中产生了巨大的影响。当时，不少著名作家对由工业化带来的都市生活产生了深刻的怀疑。浪漫主义文学家与工业革命以后的都市生活格格不入。因隐居在与都市对立的英国西北部湖区而得名的英国湖畔派诗人，就用充满浪漫气息的诗句和灰色的语调，表达了对都市工业化的不满，而期盼着回到往日与大自然和谐的田园生活中。现实主义作家巴尔扎克、狄更斯、左拉和陀思妥耶夫斯基、列夫·托尔斯泰等，也都对都市生活的负面影响进行了描写、暴露、反思乃至批评。巴尔扎克的《人间喜剧》是由法国都市社会一个又一个悲剧故事组成的，充满了对大都市利益社会弊端的深刻揭露。英国作家盖斯凯尔夫人在小说中通过对典型工业化都市的描写，展现了工业化进程中英国发生的本质性变化，以及这种变化给人的生活和情感带来的巨大影响。盖斯凯尔夫人的两部小说《玛丽·巴顿》和《南方与北方》，均以英国工业革命的腹地——工业化都市曼彻斯特为背景，描绘了这个新兴工业都市的场景，表现了工厂制度、与工厂相关的阶层的日常生活、情感和精神世界，反映了英国工业化的直接参与者和推动者：工人阶级的生活状况和命运，并细致描绘了都市中一种朦胧的工人阶级文化——他们的语言、行为举止、心理和情感、价值观念、宗教信仰方面在都市环境中产生的各种明显变化。在小说中，工业化的恶劣影响，主要表现在都市生态环境的恶化对身体造成的危害，以及工人在经济、情感方面的痛苦。《玛丽·巴顿》被称为“令人心碎的工业主义小说”，它表现了1940年代的工业的苦难，工人家庭对日常生活的感触，最早从乡下迁徙到工业都市的那一代人的处境，以及都市工业环境引起的疾病、死亡，人的精神的麻木僵化、阴郁、古怪、偏执、暴力倾向和对信仰的怀疑。颇有意味的是，在后来的《南方与北方》中，作者转而试图探讨传统乡村与新兴工业城市所代表的两种价值体系及工人与工厂主的和解与融合，乃至阶级对立的消除。这种变化和矛盾性，深刻反映了作者对现代都市的双重心态。这种心态客观地反映了时代精神和当时的都市文化心理，富有历史感和辩证意味。①

在现实主义以后出现的现代主义艺术，本质上也是关于都市的艺术。西方现代主义艺术家以敏锐的目光洞察了步入20世纪的大都市生活的变化、困惑与阴暗。大多数艺术家用小说、诗歌、绘画和戏剧的形式，发出了自己的讽喻、呼号和质询。但不同流派在观点上有所不同。象征主义艺术充溢着对都市的批判元

---

① 陈晓兰：《工业化的反应：盖斯凯尔夫人小说中的曼彻斯特》，《上海文化》，2006年第4期。

素，波德莱尔的著名诗篇《恶之花》多方面地描写了工业化大都市巴黎的罪恶，T. S. 艾略特则把西方都市社会称为毫无生命的“荒原”，把伦敦称为“败坏了的房子”。艾略特还用细腻感伤的笔触刻下了这一时期都市人的感怀：

虚幻的城市，
冬季拂晓阴郁的浓雾里，
一股人流漫过伦敦桥，熙熙攘攘，
我未曾想到死亡又再生这许多人在世。
长吁短叹，叹息声断断续续，
每个人双眼紧紧地盯着脚尖往前移。

——《荒原》

与之不同，未来主义艺术家认为，20 世纪初期是工业社会，机器文明的时代到来了。在 1909 年发表的《未来主义宣言》中，他们欢呼：

我们要歌唱在劳动、欢娱和反叛的激情下的巨大人群；歌唱现代都市的革命的多色多音的拍岸之浪；歌唱夜间在强度的电月亮照耀下的兵工厂和车间的震颤；歌唱贪婪的车站，它们吞进冒烟的巨蛇；歌唱工厂，烟囱里冒出一股股的烟，把它们悬挂在云间；歌唱桥梁，它们像体操家一样越过阳光照耀下的浊浪滚滚的河流；歌唱冒险的巨轮，它们能觉察到天边；歌唱胸膛宽阔的火车头，它们在铁轨上昂首飞步，就像巨大的钢马被长长的列车约束住；歌唱飞机，它们在空中滑翔飞行，螺旋桨的吼声就像无数旗帜在互相拍打，就像热情的人群的鼓掌声。①

与未来主义相反，表现主义艺术家往往用怪诞的形式（如卡夫卡的《变形记》）展现西方工业都市社会中人的价值的贬损、人的异化，以及机器发达以后的社会弊病和工人阶层的无归属感等。荒诞派戏剧更是从深层的心灵角度去探索都市人的生存意义，如贝克特的《等待戈多》、尤奈斯库的《椅子》、《秃头歌女》和《阿麦迪或脱身术》等，深刻揭示了都市人与人之间存在的巨大的精神隔膜。我们很难想象，如果没有工业文明对大自然的开发和破坏，以及城市化所产生的种种问题，浪漫主义、现实主义和现代主义文学会是怎样一种状态。有意味的是：西方工业社会的都市文学，其形式本身是狭义的都市文化，但这种文学所反映的

① 伍蠡甫主编：《现代西方文论选》，上海译文出版社 1983 年版，第 65 页。

内容,则是十分广阔的都市文化生活。

三、建立在后工业文明基础上的当代都市文化类型

工业化指向的箭头直达后工业化,现代性指向的箭头直达后现代。在当代国际化大都市中,传统工业及其空间结构已纷纷退出,取而代之的是“去工业化”潮流和金融业、文化产业、现代服务业等新兴都市产业。在美国和西方一些发达国家,富裕阶层大多重又搬回了都市中心地带,而下层市民则渐渐迁往郊区和城市的边缘地带。

后工业时代的大都市,经济发达、商业繁荣、空间广袤、信息丰沛、人口众多且流动加速。后工业都市对工业时代的弊病充满了反思和超越,在构建城市家园时候也绞尽脑汁,但由于种种历史遗留问题和现实原因,各种新旧矛盾依然云集,差异与冲突极为尖锐。美国都市文化研究专家佐京(Sharon Zukin)关于世界级后工业都市的分析,对我们了解建立在后工业文明基础上的当代都市文化具有重要的启示。[①] 佐京大多数著作的研究对象,是她工作和居住多年的典型的国际化后工业大都市——纽约。她从文化分析的角度把研究的重点放在都市环境可视的、美学的特征和元素上,提出了一系列关于都市文化的具有普遍价值的参考意见。下面,我们结合佐京的研究,梳理一下建立在后工业文明基础上的当代都市文化的普遍特征。

第一,创造性阶层在都市文化生活中发挥重要作用。

佐京深入研究了曼哈顿从20世纪初期到1970年代所发生的变化。在这个时期里,纽约和其他许多美国都市一样发生了工业大转型,大部分工业迁往了其他地区或者海外。佐京尖锐地指出:制造业的衰落不仅是产业结构调整的结果,也是适应纽约政治经济精英利益需要的必然选择。这些集体协力促成了都市从制造业中心向高消费的居住及金融、服务中心的转变。在这样的背景中,当代都市文化的发展关键在于都市里有没有创造性的阶层。这个阶层包括科学家、工程师、大学教授、诗人、小说家、艺术家、娱乐业创作家、演员、设计家、建筑师,以及现代社会的思想领袖(如非小说作家、编辑、文化人物、思想库研究者、分析家和其他的思想创造者)。[②] 佐京从一个角度强调指出:在都市转型过程中,一个悄悄发生的重大变化是——来自世界各地的艺术家聚集到纽约工作和生

---

① 以下论述参见[美]佐京著:《城市文化》,上海教育出版社2006年版,除引用的其他著作外,不再一一注释。

② 于海主编:《城市社会学文选》,复旦大学出版社2005年版,第319页。

活。1960年代,旧工业建筑的空旷厂房被改造成了艺术家的居室和工作室。以纽约旧工业区SOHU为例,这个区现在是大都市纽约最有文化气息的地方,大量前卫、卓越的艺术品在这里创作和销售。艺术产品代替了以往的工业产品,成为纽约最具竞争力的商品。然而佐京也发现,艺术家倡导的这种生活模式很快引起了其他阶层的强烈关注。房产商们竭力向中产阶级和上流社会推销类似SOHU区的生活模式,于是许多富人从郊区搬回到SOHU这样的大都市中心城区。而原先代替产业工人居住在SOHU区阁楼上的艺术家,则发现自己已经交不起房租,并不得不迁往房价较低的地区(佐京对此写有专著《阁楼生活》)这一尴尬的都市状况。现在,佐京所说的这种早期的尴尬状况已有所转变,无论是纽约、巴黎、伦敦还是东京抑或上海,来自国内和世界各地的都市艺术家不再是贫穷一族,他们聚集在繁华的大都市,和其他创造阶层一起,成为培育和塑造当代都市文化的中坚力量。

第二,移民文化导致了传统都市文化的转型和多元化。

佐京十分重视都市文化的转型问题,并试图揭示这种转型与社会变迁之间的本质联系。美国是一个移民大国,佐京发现:20世纪末期,越来越多的新移民选择在都市中心或附近居住,这样就改变了都市中心的空间形态与生活方式。这些新居民不仅改变了都市的人口成分和比例,同时也改变了都市的文化结构。大都市在文化形态上的多样性和差异性,在塑造后工业时代都市文化的过程中发挥了极其重要的作用。佐京通过大量事实希望表明,新移民导致了象征经济的产生,其中最重要的特征是新移民在他们的居住地建造了许多餐馆和购物市场,引入了许多迥异的烹调风格和琳琅满目的物品。时长日久,它们还会改变美国人的品味和喜好。都市中心转变成与市民休戚相关的购物中心和消费中心,在深层意味着美国都市的工业型经济终于转向了后工业时代的服务型经济。同时,以大都市的文化转型为引领与示范,周边较小的区域中心也逐渐会发生同样的转型。其实,除了纽约以外,许多国际化大都市都是移民城市或在移民政策上高度开放,而都市文化的服务型经济和多元性文化则是它们共同的特征。

第三,具有冲击力的大型娱乐业的兴盛。

对美国都市文化的典型——迪士尼乐园和迪士尼梦幻世界的分析,是佐京在都市文化研究中的经典性的成果。她认为,这些地方是当代都市文化景观的"原型"(也即母体)。为了使都市人感觉快乐和释放,这些地方刻意营造了一个富有视觉冲击力的世界,并为游客提供愉快的体验和经历。迪士尼乐园通过舞台表演和其他形式的公共演出,将电影中的米老鼠和它同伴的故事带到了观众身边。在迪士尼你可以兜风,也可以尝试刺激的冒险。那里好玩的东西足可以让游客待上好几天,使人们在紧张的日常生活之余可以喘一口气。象征当代世界文化的迪士尼乐园是人为建造的园区，是邀请游客加入奇幻旅程的地点，总之是比现实生活更具有魅力的地方。但从本质上讲，建造它们的目的为了引起都市人的消费欲望，而不是制造真正的人生经验或经历；是让人成为旅游者而不是真实生活的参与者。迪士尼乐园不论在美国、欧洲还是香港，尽管其提供的娱乐服务都是相同的，但在都市社会中高度紧张的人们却始终乐此不疲。从这个意义上讲，迪士尼乐园就像全球通用货币。今天，这种具有全球化倾向的都市文化现象还有不少，如遍布全球的麦当劳餐厅和星巴克咖啡店。

第四，消费型都市和“创造性破坏”。

佐京还进一步指出，可以从更一般的当代都市生活中找到类似迪士尼乐园游玩经历的特征。如有些城市发生了根本性的本质变化，从古老的钢铁城市转变为彻底的消费型都市（如拉斯维加斯）。在都市中，建筑、餐馆、零售店和公园等场所成了人们休闲娱乐的物质载体。以建筑为例，美国当代建筑师们往往将不同风格和形态的建筑融为一体：巨大的金属盒子和缠绕的玻璃并排在一起，构成了许多文化评论家在我们这个“后现代世界”中看到的折衷主义的典型。佐京对此进行了深入的分析，找到了这种变化背后的丰富的内涵，并总结出了都市因为快速变化而产生的分裂和混乱。佐京认为，“时间紧张”和“空间弯曲”是新技术时代都市文化变化的特征。这既可以从钢铁小镇的稳定性也十分短暂中看出，也可以从不断建造和拆毁的都市建筑环境，即当代大都市城市景观的“创造性破坏”中得到印证。闪亮而高耸的摩天大楼改变的不仅是都市的城市类型，更重要的是还改变了都市居民和企业支援的生活方式：在这些地方，权力驻足顶端，居住者生活在单调统一的规则之中。

第五，都市生活与艺术的距离正在被抹平。

佐京并没有刻意指出当代大都市中精英文化和大众文化的区别，她平静地分析了博物馆、画廊、古典音乐会和迪士尼乐园、麦当劳、星巴克等文化现象。从表面看，这里的一切似乎都是各占地盘、平分秋色，没有什么大的冲突；但明眼人却能感觉到现实生活中大众文化一股又一股巨大的洪流。大众文化在当代都市中快速发展的结果是，尽管都市经典文化依旧存在，但却具有边缘化的色彩。另一方面，随着经济和科技的发展，人们对生活和工作环境的要求越来越高，这就导致了所谓的“日常生活审美化”倾向，生活与艺术的鸿沟正在被抹平：市民们要求都市日常生活环境舒适化、审美化；艺术家们则借助当代科技手段越来越有意识地将自己的艺术理念与实践向当代都市的感性生活靠拢。因为日常生活环境的需求量是一个极大的数字，所以日常生活的审美化难免打上类化、趋同、复制（有时是粗制滥造）的印记。如果不注意解决这个问题，日常生活“审美化”就会带来适得其反的效果。

第六,都市大众文化的“在线性”和“受控性”。

除了以上指出的现象以外,我们发现,当代都市文化还存在一些新的值得注意的特点:首先,由于互联网和移动手机等高科技产品的出现和迅速普及,当代都市大众文化逐渐增生了“在线性”这一新特征,它具体表现为个体性、自由性、隐蔽性和虚拟性。依靠现代科技,都市的“在线性”活动将都市人联结成一个个潜在的庞大群体,并与传统的前往博物馆、美术馆、图书馆、剧院、影院、体育场等外部文化活动有机结合,形成了后工业时代立体型的都市文化狂欢。同时,随着大都市的服务业越来越普及、多样化和便捷,都市人能将更多业余时间放在轻松的休闲和文化活动上;而经济的繁荣,使得市场的商业气息日益浓重,消费逐步成为都市的一种统治力量。当经济和文化紧密地结合在一起以后,大众文化活动往往会表现出时尚、平面、类同和粗放等特点。由于应有的真正的审美特性的匮乏,都市文化活动中许多流行的东西缺乏持久的生命力,一阵风过后,很快就消弭无踪了。西方法兰克福社会批评学派,洞穿了西方大众文化的商业和消费本质,认为西方后工业都市的大众文化完全是受经济和政治力量控制的文化,故而在特定的意义上把西方当代“大众文化”称作人为制造出来的“文化工业”,这不仅很有见解和深度,也有重要的现实批判力量。

第七,后工业时代都市文化最显著的特征:全球性。

当今之时代,除了经济全球化以外,文化之间的影响实际上同样在无可避免地走向全球化。当然,这主要是西方当代大都市文化,倚仗其强势的话语权、借助其日益快捷的传播方式,迅速影响了相对不发达的国家和地区。从某种角度而言,当代上海都市文化就是当代西方都市文化的全球性延伸(从目前的态势和实际状况看,上海自身也在发展中具备了后工业时代全球化大都市文化的某些特性)。种种征候说明了这一点——遍布各处的肯德基、麦当劳快餐店,星巴克咖啡馆(在北京甚至办进了紫禁城),各种大型超市,高级时装百货店,嘉年华(狂欢)活动,时尚模特儿表演,主题公园的建立,海外电影大片的引进等,无不是西方都市文化传播和扩张的结果。近年来,上海明确宣布要在上海建设大型迪士尼乐园,更是反映了全球都市大众文化寻求休闲化和刺激化的趋同倾向。在全球化时代,大都市的各类明星已成为全世界的偶像,狂热的跨地区跨国界追星族,即“迷”、“粉丝”(fans)大量涌现。流行于我国各大都市、在上海激起很大反响的“超级女声”和“我型我秀”等大众娱乐节目,原本就是美国都市文化中“American Idol”节目的中国版,而美国《时代周刊》出于某种政治和文化目的,在同一时间又反过来把 2005 年“超级女声”冠军李宇春的相片印在了自己刊物的封面,并称之为“亚洲英雄”……所有这一切,都生动地反映了当今世界大都市文化的全球性辐射与深广的互动影响。

在当代以"国际化大都市"和"世界级城市群"为中心的都市化进程中，日益脱离单纯国家政治与地理意义的国际化大都市纷纷出现，并越出了所谓"第一世界"的边界。无论在人口的构成还是对社会的服务与影响上，国际化大都市明显具有超越民族—国家的全球化性质。西方后工业时代的全球化都市文化影响了上海，而作为具有全球化特征的国际大都市上海，其文化又理所当然地深刻影响了中国的中小城市，以及周边的其他一些国家和地区。但置身于中国和世界这个完整的坐标系，我们不难发现，上海当代都市文化的构成实际上还是相当复杂的。也就是说，由于独特的历史、经济、政治、社会等原因，上海的都市文化在形态上必然具有融合、叠加、多元的性质，它既有全球的共性，也有东方甚至地域的个性。其他亚洲国家的当代都市文化，其情况也大致如此。

综上所述，第三种都市文化类型——建立在后工业文明基础上的当代都市文化（都市文化的最高逻辑阶段）的基本特征，与本书第四章关于都市文化一般特征的描述是吻合的，其中最突出的表现是它的全球化倾向和大众文化的繁盛。形成这种文化大格局的深层原因在于：（一）当代大都市的文化运作，与传统的城市文化运作方式完全不同，它不再单纯围绕着政治经济的中心，而是开始围绕着自身旋转。大都市越来越变成文化生产和消费的重心。借助于文化产业和文化商品所创造或内含的巨大经济利润，当代都市文化的生产与再生产具有了越来越多的"自律性"和更加广阔的自由发展的空间。（二）获得充分发展的都市文化对当今世界经济社会的发展产生了重要的影响，文化产业是当今城市综合竞争力的重要标志之一，也是构成城市可持续发展的最重要的资源之一。无论对一个国家的国民经济发展，还是对整个世界经济的增长，文化产业都占据着越来越重要的位置。因此，当代许多都市在制定其发展规划时，都十分重视文化发展战略，并提出了一系列新的理论和实践的命题，诸如"文化是生产力"、"文化与城市竞争力"、"虚拟经济学"、"创意产业"等。这充分表明，在传统视野中受制于政治结构和经济基础的都市文化要素及其现实形态，不仅越来越多地摆脱政治和经济的束缚，它本身也正在变成当代政治和经济的重要组成部分。① 由此可见，后工业时代具有全球化特征的都市文化，其影响正在渗透到当代人的整个生活世界之中，这是我们研究都市文化最需要具备的现实感与问题意识。

---

① 刘士林：《都市与都市文化的界定及其人文研究路向》，《江海学刊》，2007年第1期。

第六章　都市文化研究的马克思哲学基础

社会学家把大都市比作“一口煮开的大锅”，文学家用五颜六色的“霓虹灯”比喻都市生活，这既是在说都市社会的多元性与异质性，也是在说都市文化的消费性与欲望性。由此可知，都市社会与文化的主要特征是内容庞杂、层面众多、矛盾复杂，不容易解释清楚，甚至不容易找到一个逻辑起点。另一方面，尽管许多学科都与都市社会文化相关，如城市地理学、城市社会学、城市社会心理学、都市人类学，乃至新兴起的跨越大都市区地理学（a new trans-metropolitan geography）等，也包括人文学科对都市文化的各种批评与阐释，尽管这在某些局部有益于我们了解都市社会，但由于它们过于专业化、视野不够全面、彼此之间缺乏有机联系等，所以同时也制造了新的困难与障碍。其相当严重的后果是造成了都市社会在知识上的“后现代化”，即使都市社会成为一个不可理喻、失去控制的对象。但另一方面，与其说这是都市社会的本性，毋宁说与我们的都市解释框架有关。加拿大学者简·雅各布斯曾指出，如果用物理科学的方法，把都市看作是“无序的复杂性”，必然导致“非理性、不可理解和预测”。而以生命科学视角作观，尽管都市在表面上是多元与异质的，但本质上却表现为一种“有序复杂性”，“城市……问题表现出很多变数，但并不是混乱不堪，毫无逻辑可言；相反，它们‘互为关联组成一个有机整体’”。也就是说，尽管“变数”很多且各不相同，但它们并非彼此无关，而是“通过一种微妙的方式互相联系在一起”。[①] 只要我们能够发现深层的有机联系，就可以为都市建立一个普适性的解释框架。由于都市社会与文化是人类社会的一种高级形态，无论它在外部表征与内在层面上如何复杂，在本质上不过是社会生产与再生产的结果，从这个意义上讲，马克思的社会生产理论不仅直接构成了都市文化研究的哲学基础，同时，只有把都市社会与文化看作社会生产与再生产的结果，才能科学地理解与把握都市社会与文化存在及发展的秘密。

---

① ［加拿大］简·雅各布斯著，金衡山译：《美国大城市的死与生》，译林出版社 2005 年版，第 485 页。

一、马克思社会生产理论与都市社会的再生产

都市是人类城市历史发展的高级空间形态，都市文化是人类在都市空间中生产与创造的文明成果。尽管都市文化与乡村文化、城市文化在模式与功能上迥然不同，但在作为人类社会再生产的结果这一点上，它们是完全一致的。只是由于社会生产的物质条件与精神基础不同，才在不同的历史阶段与地理空间上出现了都市、城市与乡村的社会与文化差别。这是需要从马克思社会生产理论出发去理解与认识都市文化的原因。

关于马克思的社会生产理论，人们比较注意的是恩格斯的经典论述：

> 根据唯物主义观点，历史中的决定性因素，归根结底是直接生活的生产和再生产。但是，生产本身又有两种。一方面是生活资料即食物、衣服、住房以及为此所必需的工具的生产；另一方面是人类自身的生产，即种的繁衍。①

这也是一般意义上的“物质生产”与“人类自身的生产”，前者为个体的生存提供了必要的物质生活资料，后者为群体的延续提供了必要的人力资本，它们构成了人类两种基本的社会生产方式，只要有了它们，人类社会就可以生存与繁衍下去。但实际上，人类社会生产还包含有第三生产方式，即马克思、恩格斯多次讲到的“艺术生产”、“艺术家的劳动”、“精神劳动”等，这可以称之为“精神生产方式”。在某种意义上，这不仅是人与动物最根本的分界线，也是人类生活发展水平与更高阶段的象征，精神生产方式对于人类成为人类、人类社会区别于自然界，具有尤为重要的意义。概而言之，动物既进行“物质生产”以获取生活资料，也从事“自身的生产”以延续它特殊的种属，在这两种生产方式上，人类与动物只有层次的差异而没有质的区别；正是在精神生产方式上，即在科学研究、道德生产与艺术文化创造上，才真正出现了“人猿揖别”的“进化飞跃”。由此可知，马克思社会生产理论主要包括三个层面，即“物质生产”、“人类自身的生产”与“精神生产”，其相互关系可从两方面加以阐释。

首先，从生产对象上看，“物质生产”对应于大自然，旨在运用生产工具以获得必要的物质生活资料；“人类自身的生产”对应于社会，由于人类社会不同于自然界，所以这一生产方式在机制上要复杂得多，它不仅包括生殖与繁衍的自然层面，以之为基础而生成的政治、法律等，构成了“人类自身的生产”系统中更为重

① 《马克思恩格斯选集》第4卷，人民出版社1972年版，第2页。

要的部分，因为随着社会与文明的发展，不再是简单的“食”与“色”，而是控制着生活资料与两性资源分配的政治、法律等社会制度与体制，对维护个体与族群的生存与发展才具有决定性的意义。因而，政治、法律等社会制度与体制的再生产，在历史的发展中才构成了“人类自身的生产”的核心内容；“精神生产”对应于人类的精神与心理世界，而不同于动物本能的崇高主体境界与超越于野蛮民族功利生存的审美生存，则是精神生产最核心与最基本的内容。由于“物质生产”必然引发“人与自然的冲突”，而“人类自身的生产”则会导致“人与社会的矛盾”，这两方面的矛盾与冲突，不仅时刻威胁着人类社会共同体的和谐，也在个体内部生产出感性与理性更严重的分裂与对立，因而在某种程度上也直接关涉到人类社会的再生产。由于这些矛盾与冲突，只能通过“精神生产”对失控的社会生活加以调节，对个体生命分裂的提升加以解决，并由此使频于崩溃的人类现实世界与个体心理结构重新回归于和谐与有序。这是精神生产对人类的重要性所在。由此可知，只有把“物质生产”、“人类自身的生产”、“精神生产”统一起来，才是对马克思社会生产理论的完整理解与科学表述。

其次，从生产观念上讲，三种生产方式在逻辑上分别对应于康德哲学的“真”、“善”、“美”。具体说来，“物质生产”对应于“真”，正如科学技术是人类物质生产最重要的工具一样，人类的体力不如狮子、视力不如老鹰、速度不如猎豹，但人类之所以能够成为整个自然界的主人，最重要的原因就在于他们有理性机能与科学技术。从古至今，人类社会的每一次飞速发展都依赖于人的理性精神觉醒，以及在这个主体基础上实现的科学、技术、新生产工具发明与使用。“人类自身的生产”对应于“善”，尽管在一般意义上，“善”包含着伦理的内容，但就核心与主旨而言，使一个社会再生产得以顺利进行的，并不是“良心”、“道德自觉”或“自律”，而是以政治与法律为中心的社会上层建筑与制度文明。上层建筑与社会制度在根本上制约着一个社会的伦理观念、道德风尚与实践水平，是一个社会或表现为“善”或表现为“恶”的根源。一言以蔽之，政治是最大的善。正是在这个意义上，“善”才能成为“人类自身的生产”的内在生产观念。“精神生产”对应于“美”。这也是就最高目标而言的，尽管“精神生产”涉及的方面众多，在具体类型上也十分丰富，但其最终目标在于表达人心理上的愉快与不愉快、生命的自由与不自由。进一步说，精神生产的产品是人文精神，这是一种既不同于“物”、也不同于“工具”的生产与创造活动。尽管人文精神这个概念因为涉及的方面众多而不容易梳理清楚，但其核心无疑可从“人文学”角度加以界定：“人文学主要有两大块，一个是美学，一个是伦理学，分别讲什么是美的，什么是善的。”①在实践方

① 金耀基：《假如只有牛顿……》，《社会科学报》，2002年10月24日。

式上,精神生产的主要任务有二,一是抗拒主体在"物质生产"中的"劳动异化",二是超越人在"人类自身的生产"中的"精神沉沦",如果说,前者的主要特征是生命的痛苦,后者的主要结果是心灵的扭曲,那么,人类从事"精神生产"的根本目的,就在于重新使人的心灵变得愉快、生命复归于自由。这在逻辑上与美的本质与原理是完全一致的。

由此可得出一个社会生产的基本原理,即,人类社会生产的良性与可持续发展,应该建立在三种社会生产方式的和谐关系基础上,只有这样,才能同时满足人类对物质生活资料、对良好的社会环境与内心精神生态的整体性需要。这在生产观念上则意味着,必须以真善美三者的内在和谐为基础,才能实现人类个体与社会的全面发展。当代都市社会尽管在内容上十分复杂,包含了许多前所未有的新的内容,并且在形式上与农业文明、工业社会有本质的不同,但由于在深层结构上仍是社会生产的结果,所以这个原理同样适用于都市社会与文化的再生产过程。具体到文化形态、结构与模式上,都市与城市或乡村的不同与差异,主要是由于它们在生产方式或生产观念上的差异所造成的。也可以说,正是在生产方式与生产观念上的差异,才使得都市与城市、乡村在文化生产上发生了重大的变异。从"物质生产"、"人类自身的生产"与"精神生产"出发,可以解释纷纭复杂的都市社会与文化是如何生产出来的。所以说,马克思的社会生产理论是我们研究都市文化的哲学基础。

首先,从作为主体的都市人的角度看,与乡下人、中小城市人相比,都市人的发展程度最高,并直接表现在对生活、现实、艺术等有着更丰富和更多元的需要。如一首港台流行歌曲所唱:

> 现代人,不知道
> 为什么,这样烦恼,
> 真情真意不容易做到,
> 有老婆,还要风骚,
> 有美丽,还要怕老……

与传统社会中"白头偕老"、"生死相依"的爱情婚姻理想相比,两者的差异是显而易见的。但另一方面,无论这需要怎样丰富、多元,甚至是自相矛盾,却也并未脱离"真"、"善"、"美"这三种人的基本需要。按照康德的看法,"美"是"无功利"的"愉快"的"形式"。与之相对,伦理对象是"有主观利害"的"内容",而知识对象则是"有客观利害"的"内容",这是个体生命最基本的需要模式,它贯穿于人类的每一个实践活动中。比如,面对一个苹果,人会同时产生三种不同的态度:

一是从“知识角度”发现它的实用价值，这时苹果对主体呈现的是其“有客观利害”的“内容”，如苹果的营养构成，吃了可以免于饥饿等；二是从“道德立场”确认主体“应不应该吃”？在这个追问之后，尽管在多数情况下主体要忍饥挨饿，但由于它证明了主体不同于动物的伟大本质，所以苹果对伦理主体呈现的正是“有主观利害”的“内容”；三是从“审美形式”的角度出发，这就同时超越了主观与客观的利害关系，比如欣赏一幅水果静物画，作为艺术形式的苹果引起的只是各种愉快的情感或自由的体验。尽管都市人在发展层次上很高，他的生命需要比乡下人、小城市人丰富了许多，有时甚至超出了自我可以理解与把握的范围，但那只是在“真”、“善”、“美”上融入了一些新的时代内涵，或者说是他们的需要在“内容”与“形式”上发生了某些变异而已，至于其深层结构，则仍不外乎这三种基本范式，即无非是“有客观利害”的“内容”、“有主观利害”的“内容”，以及完全没有利害关系的“形式”。进一步说，都市人内在需要常常表现在这三者的混杂、互渗与相互缠绕，比如审美需要更多地与物欲联系起来，伦理需要也因为社会的复杂而在实践上更加困难，但通过“真”、“善”、“美”这个基本结构，仍然为我们解读都市人的主体世界提供了一把钥匙，从这三方面对都市人的混沌欲望结构予以分析与解剖，就大体上可以把握住都市人深层的结构原理。

其次，从作为对象的文明发展水平上看，尽管都市文明明显优越于乡村与中小城市，但在基本构成上它们并没有本质差异，即主要由物质文明、政治文明、精神文明构成，分别是“物质生产”、“人类自身的生产”与“精神生产”的结果。在中国文献中，“文明”最早见于《易・乾・文言》和《尚书・舜典》，是指人们创造的用以区别“先进”与“落后”、“文明”与“野蛮”的一整套“形式符号系统”，其核心是先秦儒家津津乐道的为政治服务的“礼乐制度”，所以古代中华民族的“文明”主要是指“政治文明”。马克思、恩格斯对“文明”也多有论述，其核心观点即“文明”是人类改造世界的实践活动的成果，包括物质文明与精神文明两方面。对此加以整合可知，“文明”的基本内涵即人类创造的文化成果，包括政治文明、物质文明与精神文明三种形态，其功能也相应有三：第一，在“物质文明”层面上，以生产工具的发明与使用为标志，它表现为人类特有的、不同于动物活动的“物质生产方式”；第二，在“政治文明”层面上，以政治、法律等上层建筑的创造与运用为标志，它表现为与野蛮时代有着根本性不同的“文明生活方式”；第三，在“精神文明”层面上，以伦理、艺术等人文精神的创造为最高目标与理想，它表现为一种在大自然、动物界及野蛮社会中不可能出现的艺术生活方式与审美精神境界。每一种文明形态都同时包括这三方面的内容，所不同的只是它们的发展程度与水平。文明与城市的历史告诉我们，越往上追溯，城市的重心就越依靠物质文明与政治文明，因为只有强大的物质基础与强有力的政治保障，才能顶住野蛮人或外来文明的军事压力，以及维护好内部的安定团结。但随着城市在当代的发展，基础性的“物质文明建设”与基本的“政治、法律制度建设”，已不再是城市文明发展水平的最高理想，这一点把城市、都市与乡村、小城镇一比就可以知道。或者说，由于“文明病”、“城市问题”更多地与人的精神文化生态相关，因而“精神文明”的建设与发展具有了举足轻重的意义。进一步说，这同时也意味着“物质生产”、“人类自身的生产”与“精神生产”的传统生产关系，在当代城市化进程中正在发生巨大的变化，而“精神生产”、“精神文明”重要性的凸显，则是都市文化研究在都市社会中变得日益重要与紧迫的社会性根源。而正是通过马克思的社会生产理论，使我们得以发现庞大都市体系中深藏的内在关系。

尽管当今世界与马克思的工业革命时代在表面上已发生很多的大变化，比如说当今的信息科学已经取代了蒸汽机，当今的市场已经全球化，不需要再进行血腥的殖民活动，清教伦理被消费伦理取代，不同国家与民族的生活方式与观念正在走向同质化，但另一方面，人类社会存在的深层结构及其结构关系并未发生根本性的变化，人类社会的发展仍然基于“物质生产”、“人类自身的生产”及“精神生产”三种基本的生产方式。进一步说，当代人类的全面发展不仅需要三种生产方式的和谐发展，同时物质生产针对自然、精神生产针对符号、人类自身的生产针对主体的关系也依然如旧，在这个意义上讲，马克思的社会生产理论不仅提供了当代人自身的社会再生产原理，同时也是我们正确与全面认识与研究都市社会与文化最重要的哲学理论基础。

二、马克思“生产也是消费”理论与都市文化的再生产

都市文化是依托于其规模巨大的人口与空间、富可敌国的经济生产总量、发达的交通与信息服务系统所形成、创造出的文化模式。与乡村文化、城市文化在内涵上相对朴素、在结构上相对简单、在形态发展上比较缓慢、在价值上相对保守不同，特别是在当代都市文化中，表现出人类生活世界中从未有过的复杂性、多元性、不稳定性与开放性。西方文化学者罗伯特·洛伊有一句名言：“文化是碎片和补丁组成的东西。”①这表明文化本身在构成上的混杂性与流动性，没有什么不变的本体；而大都市的显著特点之一是人口、生活方式乃至审美趣味的异质性，这两方面的因素叠加起来，使都市文化时常显得破碎、凌乱，没有什么整体性与规律可循。另一方面，在城市化进程不断加速的今天，以往那种单元的、封闭的中小型城市文化模式早已失去了现实空间，正如人类学家说，“人类未来的

---

① ［美］维廉·A.哈维兰著，王铭铭等译：《当代人类学》，上海人民出版社1987年版，第566页。

另一种可能是文化多元性的产生,即一个社会存在不止一个文化。文化的多元性指的是在同一社会内部,社会有着不同的生活和思想方式的人,在社会上和政治上的相互影响。”①这种多元性是都市文化的本质属性与当代形态,美国未来学家希姆斯特拉在谈到“世界城市”时,也认为它的重要特点即“保证多样的生活方式”。文化的多元化与生活方式的多样性,使都市文化成为一个很不容易规定与把握的对象,以至于我们关于都市文化的研究与阐释,不是“以偏赅全”,就是“顾此失彼”,人们甚至会怀疑,像都市文化这样的现代庞然大物,是否真的可以成为科学研究的对象?

由于都市文化在内涵上过于丰富,在外延上又处于“未定型”之中,所以出现这样的疑问并不奇怪,关键在于如何发现其深层的结构与规律。如同都市社会是人类社会实践的产物一样,对于都市文化而言,无论它怎样的复杂与繁多,也同样从属于同一社会生产过程。两者的区别仅在于,都市文化本质上是精神生产的结果。这是所有的都市文化现象与过程最深层的共通性。都市文化在模式上之所以不同于乡村与中小城市,是因为它在精神生产机制上存在着特殊性。一旦发现了都市精神生产的特殊性,也就解开了都市文化再生产的秘密。

按照马克思的观点,社会生产结构在总体上包括“生产”、“分配”、“交换”、“消费”四要素,不同民族在不同的时代中对它们又分别有所倚重。以民族而言,中国传统农业文明侧重于“生产”,而希腊商业文明则侧重于交换等。以时代而言,古代社会总体重“生产”,如资本主义早期的清教伦理、如中国传统社会的“勤俭、节约”意识形态;而当代世界的主潮则倾向于“消费”,这是当代被称作“消费社会”、“消费文明”的根源。“消费社会”的出现,不仅意味着“物质生产”与“人类自身的生产”的重心发生迁移,同时也意味着“精神生产”在整体上走向了“消费化”。这是精神生产方式从属于人类社会生产过程的具体表现,而这个新的走向尤其集中体现在当代都市文化的生产与消费过程中。具体来说,与乡村、城市的精神生产方式不同,都市文化本质上是一种“消费文化”,它主要通过社会生产结构中的“消费”环节实现自身的再生产。举一个例子,在传统的精神生产过程中,经常存在着一种“拒绝读者”的文化生产现象,如司马迁说他写《史记》的目的是“藏之名山,传之后世”,如愤世嫉俗的西方现代主义诗人,也经常声称自己的作品是写给几十年或几百年以后的读者。但在美国当代出版界,一句流行的名言是“不发表,就发霉”,这形象地说明了,与传统文化生产主要依赖于作者的劳动过程本身不同,当代精神生产方式在本质上更依赖于以“消费”为中心的流通、传播与市场机制。在当下,一部再好再有意义的作品,如果没有成功的广告策划与

---

① [美]维廉·A.哈维兰著,王铭铭等译:《当代人类学》,上海人民出版社1987年版,第589页。

市场运营，也只能默默无闻或“辱于奴隶人之手，骈死于槽枥之间”。

另一方面，“消费社会”并不意味着“生产”终止了，或者是“生产”与“消费”不再有任何联系，而只是说，这两个生产要素之间的传统关系发生了重要变化，即由传统的重“生产”环节转向当下的重“消费”环节，使得“消费”成为精神生产机制中最突出的矛盾与焦点，“消费”构成了推动文化与精神生产最重要的力量。当代都市中的许多社会与文化现象，与这个转向有直接而密切的关系，也只有真正理解了“消费”与“生产”的内在关系，才能真正深入地把握住都市文化表象之下的规律。尽管在当下已有不少的理论涉及都市文化，但由于种种原因而割裂了两者的内在联系。只有马克思的“生产也是消费”理论，才为我们真正理解都市文化提供了最重要的哲学基础。

关于“消费也是生产”，马克思指出：

> 浅显的表象是：在生产中，社会成员占有（开发、改造）自然产品供人类需要；分配决定个人分取这些产品的比例；交换给个人带来他想用分配给他的一份去换取的那些特殊产品；最后，在消费中，产品变成享受的对象，个人占有的对象。①

但由于“生产、分配、交换、消费”并不是“同一的东西”，而是“构成一个总体的各个环节”，因而这四要素之间又是相互联系的——

> 过程总是从生产重新开始。交换和消费不能是起支配作用的东西，那是自明之理。分配，作为产品的分配，也是这样。而作为生产要素的分配，它本身就是生产的一个要素。因此，一定的生产决定一定的消费、分配、交换和这些不同要素相互间的一定关系。当然，生产就其片面形式来说也决定于其他要素。例如，当市场扩大，即交换范围扩大时，生产的规模也就增大，生产也就分得更细。随着分配的变动，例如，随着资本的集中，随着城乡人口的不同的分配等等，生产也就发生变动。最后，消费的需要决定着生产。不同要素之间存在着相互作用。每一个有机整体都是这样。②

“消费的需要决定着生产”，表明“消费”环节对整个社会生产过程具有重要的反作用。这本是一个天才的理论预见，但在那个资本主义生产起决定与支配

---

① 《马克思恩格斯选集》第2卷，人民出版社1972年版，第91页。

② 《马克思恩格斯选集》第2卷，人民出版社1972年版，第102页。

作用的时代,其现实意义并没有特别明显地表现出来。只是随着"消费社会"的来临,"消费也是生产"、"消费的需要决定着生产"的特殊意义才日益显示出真理的光辉。

在理论上讲,在社会生产这个有机整体中,"生产"和"消费"是两个最重要的环节,它们的关系直接决定着整个社会生产的性质与再生产的过程。因而,弄清楚两者之间的关系十分重要。在政治经济学语境中,"生产"与"消费"的关系十分密切。如马克思所说:

> 生产直接是消费,消费直接是生产。每一方直接是它的对方。……生产媒介着消费,它创造出消费的材料,没有生产,消费就没有对象。但是消费也媒介着生产,因为正是消费替产品创造了主体,产品对这个主体才是产品。
>
> 消费,作为必需,作为需要,本身就是生产活动的一个内在要素。……个人生产出一个对象,因消费了它而再回到自己身上,然而,他是作为生产的个人,把自己再生产的个人。所以消费表现为生产的要素。①

这对于我们理解消费社会的性质具有重要哲学基础意义。首先,从"物质生产"上看,"消费直接是生产",超越了农业文明与早期资本主义社会"重生产"的内在生产观念,把消费具有的"生产性"内涵与价值直接揭示出来,并可以看作是正在全球化的后工业文明中最重要的社会生产观念。其次,如同不理解"消费直接是生产",就无法理解政治经济学意义上的再生产一样,如果不理解"消费表现为生产的要素",同样也不能完整地把握人自身的再生产过程。这是因为,"人类自身的生产"与"物质生产"是一个整体,后者在生产性质与内涵上的任何变化,也会直接反映与表现在前者的再生产过程中。许多传统社会的生活方式与价值观念在当代发生的巨变,可以很好地说明这一点。再次,出于同样的原因,这个原理也适用于"精神生产"。如马克思在批判斯密的政治经济学时曾指出:"连最高的精神生产,也只是由于被描绘为、被错误地解释为物质财富的直接生产者,才得到承认,在资产者眼中才成为可以原谅的。"②如新马克思主义者阿多诺在分析音乐创作时指出:"音乐的非理性成分,直到有声电影、无线电和歌唱的广播时代,才被商业社会的逻辑所没收。对于一切文化商品进行工商业管理的一套完整制度建立,同时也取得了对美学上不顺从的一切的生杀大权。"③尽管这是

---

① 《马克思恩格斯选集》第2卷,人民出版社1972年版,第94页、第97页。

② 《马克思恩格斯全集》第26卷第一册,人民出版社1972年版,第298页。

③ [德]阿多诺著,顾连理译:《〈现代音乐的哲学〉序和导论》,载于《外国美学》第三辑,商务印书馆1988年版,第378页。

对艺术商品化或其异化生产机制的批判，但在某种意义上，也恰好表明了消费在精神生产与艺术领域中的影响越来越严重。

在实践上看，“消费”本身成为消费社会生产过程中的主导方面，并全面改写了三种生产方式的内在结构关系。这种改写是围绕着“都市文化与精神”的轴心而出现的。在都市社会中，“物质基础”已经解决，用来保证人类自身的生产顺利进行的各种制度也日益完善，而人的精神与文化问题却日益突出与尖锐起来，使文化生产与消费对人类社会的影响变得越来越重要。这突出地表现在政治、经济与文化三者关系的变化中。

首先，从文化与政治的角度看，传统社会对文化重视与否主要取决于其现实需要。以中国古代的“儒墨之辩”为例，墨子坚决反对花费巨额物质财富从事文化或精神文明建设。在他看来，最重要的是直接创造物质生活资料的生产、劳动，而为了实现“饥者得食，寒者得衣，劳者得息”（《非命下》）这个人类生存的底线要求，就应该把本身不仅不生产财富、甚至还要消耗大量社会财富的“礼乐制度”等统统抛弃。但在荀子看来，“夫天地之生万物也，固有余足以食人矣”；“财货浑浑如泉源，汸汸如河海……夫天下何患乎不足也”（《富国》），之所以会出现“欲多而物寡，寡则必争”的混乱现实，完全是一些人的畸形消费欲望没有得到有效地控制、多吃多占的恶果，因而解决中国民族生存的首要问题就不是发展生产力，而是如何控制经常如洪水猛兽般泛滥成灾的“人欲”。[①] 尽管两家针锋相对，但在“文化服务政治”这一点却高度一致。在当代，这种传统关系发生了重要变化，一个最典型的例子是“博客政治”的出现，以法国为例：

> “你读了罗亚尔的博客了吗?”这是巴黎政治记者圈里最近颇为流行的问话。
>
> 事实上这位眼下在民意测验里最受欢迎的2007年法国总统候选人正在不断地通过她的博客推出自己的最新政治主张。前天她还在网上对35小时工作制提出了自己的不同看法，结果在社会党内部引发了一场不大不小的“政治地震”。她的新书《渴望未来》也首先在她的博客上推出，目前已经刊登到第二章。
>
> 目前没有办法统计法国政治家究竟有多少人开创了博客。
>
> 我们只知道，在法国，多种统计有多种结果。最乐观的认为法国眼下已经创办的博客网页达1 500万个，而每天都在写博客的人数则达到700万之众。有的则说十分之一的网友已经创办了博客，平均每5.8秒出现一个

① 参看刘士林著：《中国诗性文化》，江苏人民出版社1999年版，第373—382页。

新博客。当然“死亡”的博客(即没有更新的博客)也很多。最谨慎的估计则是300万博客,居欧洲各国之首(英国为90万、俄罗斯80万、荷兰60万、波兰40万、意大利和德国均20万……)这些统计的可靠性如何,目前没有一家权威的统计机构能够拿出令人信服的说法。但多少能够反映一点眼下欧洲和法国博客的红火程度。但最令人吃惊的则是政治博客的兴起……

现在法国各大媒体的政治记者们每天上午起床后的第一件事,就是浏览一下诸多政治家们的博客,生怕错过或漏掉一个可能会引起轰动的大新闻……这是法国政治生活里还从来没有过的“博客现象”!①

这足以说明,当代都市文化已不简单地是政治工具或为政治服务,它以相当大的“自律性”积极参与,甚至是创造了以文化为中心的新政治话语。

其次,在经济与文化的关系上也是如此。在传统社会中,经济与文化的矛盾集中体现在“物质生产”与“精神生产”的对立,但在当代背景下,随着知识经济、文化产业、创意经济、虚拟经济等新生产方式的出现,“物质生产”与“精神生产”的鸿沟在当代都市空间中正在被逐渐填平。古典经济学一个突出特点是轻视精神劳动,即使马克思本人,也更看重生产环节——如工业生产在创造社会财富时的重要性。马克思说:

例如西尼耳先生问道(至少是有类似的意思),钢琴制造者要算是生产劳动,而钢琴演奏者倒不算,虽然没有钢琴演奏者,钢琴也就成了毫无意义的东西,这不是岂有此理吗?但事实的确如此。钢琴制造者再生产了资本;钢琴演奏者只是用自己的劳动同收入相交换。但钢琴演奏者生产了音乐,满足了我们的音乐感,不是也在某种意义上生产了音乐感吗?事实上他是这样做了,他的劳动是生产了某种东西;但他的劳动并不因此就是经济意义上的生产劳动;就像生产了幻觉的疯子的劳动不是生产劳动一样。②

在某种意义上,它恰好表现了古典经济学对消费环节、特别是对“精神消费是生产”的轻视与不解。但在消费社会中,随着艺术产业化、创意经济、文化产业的出现,“钢琴演奏者”的劳动,已经成为远比一般工业活动更为重要的生产方式。一个最突出的例子,是工业城市中遗留的大量厂房,在都市化进程中被改造

---

① 郑若麟:《“博客风”席卷法国政坛——政治生活模式是否会因此改变已成为专家关注对象》,《文汇报》,2006年6月8日。

② 《马克思恩格斯全集》第46卷上册,人民出版社1979年版,第264页。

为各种艺术街区或创意产业园区。在“消费比生产更重要”的消费社会中，传统不直接生产财富的精神生产正在得到重新的诠释。对此可从两方面来了解。就理论而言，马克思曾把劳动区分为“创造剩余价值”的生产劳动与“消费收入”的非生产劳动，后者正因为它与物质、经济活动没有必然联系才构成精神生产的基本内涵。但在消费社会中，这两种劳动之间的本体差异正在渐渐消失，传统“资产阶级经济学家”无论如何都弄不明白的“艺术家不劳动”，在今天不仅不再是“错误的逻辑运算”，并早已转变为光天化日之下的真实现实。相反，那种不直接生产物质财富或满足消费欲望的精神劳动已不复存在。[①] 令一般人难以理解的则是，古典政治经济学最看重的直接与大自然打交道的物质生产，在知识经济的背景下不可避免地走上了边缘化之路。从实践上看，原本与经济活动关系疏散甚至敌对的精神生产与文化消费，已成为当代经济社会发展中一支有着远大前景的生力军。以动漫市场为例，2004 年，全球数字内容产业产值达 2 228 亿美元，与游戏、动画相关的衍生产品产值超过 5 000 亿美元。统计显示，中国的动漫市场容量至少有 1 000 亿元人民币。但据中国动漫协会预测，2004 年中国动漫产业总产值仅 117 亿元。2005 年也只有 180 亿元的产值。现在的中国动漫业至少存在 800 亿元的缺口，仅史努比、米老鼠、Kitty 猫、皮卡丘和机器猫，每年就从中国市场“夺走”6 亿元。[②] 以北京的创意产业为例，北京文化创意产业实现增加值 603.5 亿元，占全市 GDP 的 8.8%，营业总收入达到 2 602 亿元，上缴税金 116.5 亿元，北京地区文化创意产业总资产达到 4 537 亿元。但仍然是落后的，正是由于这个原因，北京市 2006 年 11 月正式发布《北京市促进文化创意产业发展的若干政策》，从税收、资金、土地资源、人才等方面制定了发展文化创意产业的一系列政策，从今年起，北京市政府将每年安排 5 亿元“文化创意产业发展专项资金”，采取贷款贴息、项目补贴、政府重点采购、后期赎买和后期奖励等方式，对文化创意产品、服务和项目予以扶持。预计到 2010 年，文化创意产业将占全市 GDP 的 10%。[③]

再次，从文化生产系统看，“都市物质条件”在改变文化与政治、经济的传统结构关系的同时，还直接改变了精神生产与文化消费自身传统的存在方式。借助于文化产业与文化商品所创造或内含的巨大经济利润，当代都市文化的生产与再生产具有了越来越多的“自律性”与更为广阔的自由发展空间。这主要表现在两方面：

---

① 刘士林：《阐释与批判——当代文化消费中的异化与危机》，山东文艺出版社 1999 年版，第 296—297 页。

② 杨亮：《800 亿元的动漫市场为何“闲置”》，《光明日报》，2006 年 9 月 28 日。

③ 王荟：《北京扶持创意产业拟年投 5 亿》，《新京报》，2006 年 11 月 8 日。

一是作为当代世界精神生产与消费的话语中心，当代都市文化直接打断了传统文化固有的“摹仿链”。传统文化的基本秩序如同“大鱼吃小鱼、小鱼吃虾米、虾米吃土泥”，即以农村摹仿城镇、城镇摹仿城市、城市摹仿都市为专心形成自身的生产、传播与消费系统。但在现代交通与信息技术高度发达的当下，这个有着相对严密的层级关系与内在秩序的精神生产系统已经崩溃，如同国际化大都市的影响无所不在而又绝对权威一样，都市文化模式在当今世界文化中也具有同样的霸权地位与决定性意义。这可以中国农民工的代际差异为例加以说明。始于1984年的农民进城务工，历经20多年的时间，已经完成了群体的“更新换代”。研究表明，“第二代农民工”与父辈们在人生选择上完全不同，他们最重要的主题是“打死也不再当农民”——

> “民工潮”持续20多年来，这一特殊群体已超过1.2亿人。第二代农民工除了年轻之外，大都具有初中以上文化水平。绝大多数未婚，没有或较少家庭负担。很多是从学校毕业后就直接外出的，甚至连基本的农业常识都缺乏。他们不但在城市挣钱，更希望打破城里人和农民生活观念和方式上的壁垒，融入城市的主流社会。
>
> 在重庆一家小企业做搬运工的张宏伟，4年前和妻子从数百公里外的城口县来到城里打工，他们唯一的儿子张思路初中毕业后也来到了城里，现在一家超市做装卸工。小张和父亲蓬头垢面的形象形成了极大的反差，染着黄色的头发，身上穿的从头到脚都是名牌运动服。“从我到的第一天开始，我就下定决心要把根留在城市。我这辈子打死也不会当农民，当然也不会再回到农村去。”小张说道。
>
> 对大多数第一代农民工而言，他们只是城市中的“过客”，他们的归宿仍然在农村。对第二代农民工而言，城市意味着一种新的生活方式，意味着不一样的前途。①

二是在消费社会中获得充分发展的都市文化，对当今世界经济与社会发展也产生了越来越重要的影响。以都市化进程中新兴的文化创意产业为例，已成为当今世界城市综合竞争力最重要的评判尺度之一。

当今世界，文化与经济和政治相互交融，在综合国力竞争中的地位和作用越来越突出。一个国家的经济将十分紧密地联系甚至取决于文化资源和文化产品形式的创意能力，文化创意产业、文化创意人力资本的价值对于一个国家的发展

① 徐旭忠：《“第二代农民工”：没有退路的城市新群体》，《文摘报》，2006年11月5日。

具有十分重要的意义。当代世界城市的发展进程已经充分证明,文化既是城市经济、政治发展水平的精神投影,也是城市经济、政治发展的表现,在城市之间的竞争和城市发展后劲的强弱较量中,文化竞争力的高低已经演变成为决定性因素。

城市竞争力是推动城市发展的原动力,而文化创意已成为一个城市未来竞争的制胜法宝。目前,决定城市综合竞争力的主导因素正由资本、资源等经济优势转向人才、制度、环境、创新等文化创意优势。文化创意在增强城市竞争力和发展后劲中具有决定性作用。综观那些在国际上有影响力的世界级城市,几乎无一例外都是“文化创意城市”,是文化创意产业最集中、最发达的地区。正是发达而富有特色的文化创意产业大大增强了城市的竞争力和辐射功能,造就了世界级城市,并使其闻名遐迩。

城市的竞争不仅在于数量的比拼,更在于质量的考验。文化创意恰恰能够提高一个城市比较优势的质量。每个城市都有自己的比较优势,这种比较优势既可以是劳动力、资本和资源等生产要素,也可以是自然环境等禀赋。通过文化创意,对这些要素可以起到去劣存精、精致强化等作用,使其竞争优势更加突出。改革开放以来,我国城市发展的前期注重的是经济增长,经济实力的强弱、增长的快慢往往成为城市竞争力的重要体现。而进入全面建设小康社会时期,城市发展与竞争不仅仅体现在经济上,更体现在文化上,以文化论输赢、以文化比后劲已成为城市竞争的重要主题。因此,文化创意水平将成为城市竞争的关键所在,富有文化创意的城市才能在城市竞争中立于不败之地。①

进入 21 世纪以来,创意城市,正在成为世界城市发展的新理念。如伦敦 21 世纪发展目标是“世界卓越的创意和文化中心及世界级文化城市”,美国华盛顿则于 2001 年制订了“创意城市草案”,日本的大阪在 2005 年成立了“日本创意城市交流协会”,还有就是联合国教科文组织在 2004 年成立了全球性的“创意城市交流协会”。当文化创意本身上升为一个都市社会发展的象征时,足以使人真切地感受到文化在当代人类生活中的重要地位与重大意义。

由此可知,正是在当代都市化进程中,由于都市本身聚集的大量财富与人口,才为“生产也是消费”理论提供了最广阔的现实空间。同时这也表明,只有回到马克思“消费也是生产”的重要理论上,才能为当代人正确理解与科学阐释他们生活的都市社会提供坚实的理论基础。

---

① 谭仲池:《文化创意与城市竞争力》,《光明日报》,2006 年 7 月 23 日。

三、马克思"全面发展的个人"理论与都市人自身的再生产

在马克思看来,"全面发展的个人"是人自身再生产的最高理想,也是人类三种生产方式的终极目标,其内涵是"使自己先天的和后天的各种能力得到自由发展的个人来代替局部生产职能的痛苦的承担者"。① 共产主义社会可以看作是"全面发展的个人"的象征,在这里,"任何人都没有特殊的活动范围,而是都可以在任何部门内发展","我有可能随自己的兴趣今天干这事,明天干那事,上午打猎,下午捕鱼,晚饭后从事批判,这样就不会使我老是一个猎人、渔夫、牧人或批判者。"②也就是说,他们的生命活动是自由的与全面的,既没有来自外部的生存压力,也没有来自内在意识方面的强迫,一切活动都是自愿、自觉与自由的。这当然也是当代人在城市化进程中的最高发展理想。另一方面,人的全面发展是不可能在低级的原始和谐状态中或在不发达的社会基础上达成,所以马克思在《1857—1858 年经济学手稿》中还特地强调,"我们越往前追溯历史,个人,从而也是进行生产的个人,就越表现为不独立,从属于一个较大的整体。"③把这两方面的界定与要求整合在一起,可以准确把握住马克思"全面发展的个人"理论的精髓,即,全面发展是在人的现实世界中"使自己先天的和后天的各种能力得到自由发展"。在当代都市化背景下,一方面,由于影响人"自己先天的和后天的各种能力得到自由发展"的主要矛盾已由乡村转移到城市,由中小城市转移到国际化大都市,另一方面,由于当代的国际化大都市及其文化模式代表着人类文明的更高阶段与历史的新篇章,因而,如何减少人自身在城市化进程的异化命运、如何在现代化大都市社会背景中实现人的全面与和谐发展,必然要成为当代中国都市文化学科建设与学术研究最深刻的价值理念。在这个意义上,马克思"全面发展的个人"理论恰好构成了都市人自身再生产的哲学基础。

当代国际化大都市是人类一个全新的生存与发展空间,它深刻改变了当代人的社会环境与内心世界,在主、客两方面直接影响了人类个体与社会的再生产过程。一方面,当代都市以其巨大的物质财富与更为成熟的社会制度,为都市人的"物质生产"、"人类自身的生产"、"精神生产"提供了比以往任何时代都要好的条件与基础,使传统影响人生的物质贫困、制度压迫,以及艺术与审美需要的受阻等问题获得了较好的解决。只要把当代都市人的物质生活、体制保障,以及艺

---

① 马克思著:《资本论》第 1 卷,中国社会科学出版社 1983 年版,第 500 页。

② 《马克思恩格斯选集》第 1 卷,人民出版社 1995 年版,第 85 页。

③ 《马克思恩格斯全集》第 46 卷[上],人民出版社 1976 年版,第 21 页。

术消费与任何一个历史时期相比，就不难理解这一点。但另一方面，由于都市社会在高度发展中又带来诸多的新问题，因而人自由发展这个根本性的问题并未获得彻底解决。如社会学家对以现代性为核心的当代世界的阐述：

> 现代环境和现代经验打破了地理、种族、阶级、宗教和意识形态的所有的边界；从这个意义上讲，可以说，现代性团结了全人类。但是，它是一个矛盾的结合，一个对立的统一，它把我们抛进了一个大旋涡中，这个旋涡里充满了不断的分裂和更新，抗争和矛盾，歧义和痛苦。①

在某种意义上，当代都市是以对客观与主体世界两方面更大的剥削与扭曲为前提，因而它的辉煌往往带来更为严重的负面与消极影响，这集中体现在都市异化这一新的异化形式中。即，人在都市中创造了财富，但却没有享受到快乐；人在都市中建造了高楼大厦，却总是感到无家可归，一言以蔽之，都市为人的全面发展提供了更好的物质与社会条件，但人在都市中却直接否定了自身的精神与生命需要。现代化大都市中日益严重的"城市病"与"城市危机"，也包括中国在迅速的城市化进程中产生的各种相当严重的社会与文化问题，可以看作是都市异化最直接的表征。

首先，从物质生产的角度看，都市异化主要表现为都市人与作为对象的都市空间的激烈矛盾冲突。以美国的洛杉矶为例，一方面，迅速的城市化使这座城市奇迹般地崛起——

> 洛杉矶的城市区域（覆盖了洛杉矶、奥兰治、文图拉、里弗赛德和圣贝纳迪诺这五个县），在今天是世界上最大的工业大都市之一，最近在生产就业和工业生产总值方面已超过了大纽约。再者，自 1960 年代以来，洛杉矶的城市区域已经历了工业、就业增长以及金融投资的集中化，这在任何先进的工业国家也许都是无与伦比的。在 1970 年至 1980 年期间，整个美国净增加了不到 100 万个制造业就业岗位，纽约几乎失去了 33 万个制造业就业岗位，而洛杉矶区域却增加了 22.58 万个制造业就业岗位。在同一个 10 年期间，总人口增加了 130 万，而非农业的工薪工人人数增加到了 131.5 万人，使得这个区域成为迄今为止世界上最大的就业机器，这一地位在 1980 年代一直保持不变。②

---

① ［英］迈克·克朗著，杨淑华等译：《文化地理学》，南京大学出版社 2003 年版，第 151 页。

② ［美］爱德华·W. 苏贾著，王文斌译：《后现代地理学——重申批判社会理论中的空间》，商务印书馆 2004 年版，第 290 页。

但另一方面，都市物质文明的高度发达，并没有从根源上解决都市人与都市空间的基本矛盾，相反，城市化进程的急剧发展还引发了人与他的对象世界之间更激烈的冲突。

> 与区域性经济急速总增长的这些迹象形成鲜明对比的，是衰落和经济置换各种同样令人吃惊的迹象：普遍的失业以及体力劳动产业最具工会化部门的工厂关闭和产业劳工工会成员人数的急遽下降；在那些因未赶上发展而落后的邻近地区里不断加剧的贫困和失业，因为这些地区只能在一种日益非正统化的或地下的(underground)经济中自谋生路：不禁使人回想起19世纪的产业血汗工厂(sweatshops)的大量增加；在始终是一种高度隔离的城市—区域中居住区隔离的日益强化；暴力犯罪、团伙谋杀和吸毒不寻常的高比率以及在美国最大的城市监狱人口等等。一次特别严重的住房危机已沸沸扬扬闹了许多年，改变了原先长期存在并与日俱增的自己拥有住房的习惯趋势，由此引发了一连串异乎寻常的根本不同的住房策略。在洛杉矶县大约有25万之多的人现在住在改建的汽车库和后院的建筑物里，有一半之多的人涌到汽车旅馆或旅馆房间里去居住，借此希望节省下足够的钱来支付为更加稳定的但又没有能力支付的房租金所必需的担保金。许多人被迫睡"温床"，即轮流在从来就不空着的席子上睡觉，而没轮到睡觉的人只能躲到电影院里，因为电影院在午夜后让人感激地降低收费。那些更为不幸的人只能生活在大街上、快车道底下、纸板箱里或临时帐篷里，汇集到一起成为美国最大的无家可归人口，即洛杉矶的另一个之"最"。①

当然不仅是洛杉矶一个城市，如具有全球性意义的饥饿与贫困问题。据联合国粮农组织2006年10月30日发布的一份报告："2001年至2003年期间世界饥饿人口为8.54亿，其中发展中国家为8.2亿，'转型国家'为2.5亿，工业化国家为900万。报告说，世界上180个国家首脑庄严通过《罗马声明》已经10年了，其间，亚洲太平洋地区和南美地区的饥饿人口下降，但世界饥饿人口总数不仅没有减少，反而增加了2 600万。尤其令人担心的是次撒哈拉地区，那里的艾滋病、自然灾害和战乱阻碍了同饥饿的斗争，有的国家饥饿人口达到56%，甚至72%。"②尽管1996年世界首脑会议曾通过《罗马声明》，希望2015年将饥饿人

---

① [美]爱德华·W.苏贾著，王文斌译：《后现代地理学——重申批判社会理论中的空间》，商务印书馆2004年版，第292—293页。

② 穆方顺：《世界仍有8.54亿人口挨饿》，《光明日报》，2006年11月1日。

口减少一半、降至4.12亿,但目前看来,这已经成为泡影。饥饿与贫困问题,表明在都市生产中并没有给人类带来足够的生活资料,因而成为都市异化在"物质生产"层面上的直接表现。

其次,从"人类自身的生产"角度看,都市异化主要表现为秩序与规范的丧失与扭曲,直接影响到都市人力资源的安全与可持续发展。由于都市人口的异质性,因而都市社会的基本结构特征是开放性,这是它与传统社会的一个根本区别所在。但另一方面,由于实际占有财富与社会资源的不同,都市本身也出现为一个巨大的矛盾体,在它自由、平等、开放的表象背后,同样生产出更严格的等级与隔离。如城市社会学家伯吉斯提出的同心圆理论,把城市分为五个同心圆区域:第一环是中心商业区;第二环是过渡区,中心商业区的外围地区,贫民窟、仓库、工厂、住宅、舞厅、出租汽车、妓院和赌场都集中在这里。第三环是工人居住区;第四环是高级住宅区,在这一环内有独门独院、高级公寓和一些旅馆。中间阶层、白领工人,职员和小商人住在这里。第五环是往返区,上层社会和中上层社会的郊外住宅坐落在这里。还有一些小型的卫星城。住在这里的人大多使用通勤票,他们在中心城市工作,上下班往返于两地之间。① 都市空间与资源的有限甚至紧缺,是直接影响到都市人受教育、享受都市服务的主要现实原因。都市社会的不平等、不自由、不开放,一方面直接摧毁了传统的社会结构与规范体系,另一方面也使新的都市规范、秩序等不容易建立起来,使都市社会成为道德上冷漠无情,政治上不负责任,人格被贬低的"暴君城"(Tyrannopolis)。特别是在"城市化过度"的国家与地区,大量城市人口拥挤不堪,生活贫困、环境恶劣,给"人类自身的生产"造成严重的危机。这集中体现在越来越严重的城市病上——

> 城市病的典型特征是:众多的人口拥挤在空间有限的城市,住房拥挤、交通紧张、就业压力大大增加;由于人口和经济社会活动的集中,特别是汽车等机动交通工具的增加,环境污染严重,生态破坏堪忧;社会分化加剧,贫富悬殊扩大,在一些地方形成"贫民区",甚至出现社会治安的严重恶化。这些城市病在影响人们生活质量的同时,也大大增加了城市管理的难度,引发了一系列社会经济问题。②

在过去这种情况已颇为严重,如印度的加尔各答——

---

① 参看康少邦等编译:《城市社会学》,浙江人民出版社1986年版,第78—81页。

② 郭培章主编:《中国城市可持续发展研究》,经济科学出版社2004年版,第4页。

> 成千上万人白天踯躅于加尔各答街头，从垃圾中寻食、乞讨求生；晚间沿街而卧，因饥饿而丧生。早晨车载尸首、运出城去。……加尔各答都市区过剩人口800万，其中3万人云集城中。几万人“住”在街上，吃在街上，睡在街上，工作也在街上。①

在都市化进程中，由于都市化本身意味着人口、资源等向少数国际化大都市、国家首位城市与区域中心城市的高度集中，因而，各种“都市问题”与“都市危机”不仅蔓延为全球性的，而且在程度上也表现出越来越严重的态势与趋向。以对生命的态度为例，据世界卫生组织和国际预防自杀协会在2006年9月10日——“世界预防自杀日”到来之际发布的警告，全球每年约有100万人自杀，这个数字比战争、动乱和谋杀造成的死亡人数总和还要多，其中三分之一是喝农药致死，自杀已成为许多国家成年人非正常死亡的主要死因。② 按照中国的城市标准，这相当于每年有一个大城市的人口集体消失。以生殖健康为例，据2006年11月1日世界卫生组织公布的全球首份生殖卫生状况调查，每年有50多万名妇女死于妊娠和难产，有1.2亿对夫妇不能获得所需的避孕工具，每年有8 000万名妇女意外怀孕，其中4 500万人堕胎。③ 全球生殖卫生状况的恶化，直接影响到人类自身再生产的安全与可持续发展。还有就是日益严重的精神卫生与心理健康问题。据中国部分地区流行病学调查结果，有关专家推测，目前中国至少有一亿人患有各种精神障碍疾病，这个数字在中国疾病总负担中排名首位，约占疾病总负担的五分之一。更为严重的是，一方面中国尚缺乏对庞大患者群体的临床治疗和服务体系，而另一方面，在都市化进程中，随着社会竞争加剧，原有社会支持网络的削弱，各种心理应激因素则急剧增加，精神卫生与心理健康问题，如儿童行为问题、大中学生心理卫生问题、老年期精神障碍、酒精与麻醉药品滥用以及自杀等问题，正在变得越来越严重。据预测，到2020年精神疾病在全国疾病总负担中仍将排名第一。④ 这些都市人自身再生产中存在的问题，直接从人力资源上威胁到都市社会的和谐与可持续发展。

再次，从“精神生产”角度看，良好的物质条件与社会环境直接刺激了都市人的文化需求，而高度紧张的生活节奏与繁文缛节的游戏规则也使主体产生强烈的审美需要，正如未来学家奈斯比特说：“我们的社会里高技术越多，我们就越希

---

① 参看康少邦等编译：《城市社会学》，浙江人民出版社1986年版，第293页。

② 刘军：《全球每年自杀人数100万》，《光明日报》，2006年9月7日。

③ 巫倩姿：《WTO报告显示全球生殖卫生状况恶化》，《新京报》，2006年11月8日。

④ 曾利明：《专家称中国至少一亿人患各种精神障碍疾病》，中国新闻网，2006年10月3日。

望创造高情感的环境,用技术的软性一面来平衡硬性的一面。"①都市化进程中的"高技术需要高情感补偿"原理,是刺激当代文化艺术扩大生产规模的直接原因。如鲍德里亚曾比较清教徒与当代都市人:"清教徒把自己、把自己整个人看作一种为了上帝最伟大的光荣而奋斗的事业。他把整个人生都用于生产自己的'个人'品质、'品格',这些对他而言是需要进行及时投资经营并不得用于投机或浪费的一种资本。反之,以同样的方式,消费者把自己看作处于娱乐之前的人,看作一种享受和满足的事业。他认为自己处于幸福、爱情、赞颂/被赞颂、诱惑/被诱惑、参与、欣快及活力之前。其原则便是通过联络、关系的增加,通过对符号、物品的着重使用,通过对一切潜在的享受进行系统开发来实现存在之最大化。"②对于都市文化生产与消费而言,尽管表面上提供了前所未有的丰富文化生活用品,但由于它"肉体狂欢"的内在生产观念与工业化的生产与商业化的销售模式,不仅未能给心灵饥饿的都市人带来真正的满足,相反,还严重异化着当代人的精神品味与审美趣味。以西方为例,表现在希腊人体雕塑中的"健康的身体",与当代西方大众文化中的"肉体狂欢"截然不同,前者是精神与肉体的统一,所以被黑格尔称赞为古典理想的最高代表。而后者则是所谓的"欲望主体结构",其最高典型是美国的拳王泰森和影视明星麦当娜——

> 前者作为男性的最高本质,是一种"自然化的暴力",后者作为女性的最高理想,则是一种"技术化的性感"。与古希腊雕塑中的英雄原型不同,后现代的男性身体只是一种暴力本能的物质载体,因为充满了对人类社会与文明世界各种理性秩序的极端仇视与破坏欲,从而把这种来自男性自然结构中的原始力量,用电子手段叙述为一种虚幻的统治权力。美国影城好莱坞批量产销的惊险话语与暴力形象,就是这种"暴力性"的"元身体语言"的复制与再现。与古希腊女性的健壮、丰硕、充满活力不同,后现代的女性身体,则成为文明结构中过剩的"力比多"的冲动与消费对象。现代女性身体的理想形态是作为活雕塑的模特儿,自然身体的病态瘦弱,与欲望主体的"三围"扩张,是它的两大主要特征。其身体结构的瘦弱与性欲特征,正好可以作为一种显现男性暴力的对象,因此在这种"人比黄花瘦"的欲望快感中,女性恰恰遮蔽了自然的生命结构形态。女性身体的全部魅力,都是大众文化车床根据商业利益复制与再生产的。这两种后现代的身体语言,最终都没有显现出人类自然的健康的身体结构……这也是"新感性本体"所指称的肉身自

① [美]约翰·奈斯比特著,梅艳译:《大趋势》,中国社会科学出版社1984年版,第47—48页。
② [法]鲍德里亚著,刘成富、全志钢译:《消费社会》,南京大学出版社2000年版,第72页。

由，不能使生命获得自由与解脱的根源。①

而这种通常被称作文化垃圾的精神食粮，在当代正在全球范围内迅速地传播与复制，成为全人类必须面对的严峻现实问题。在都市化背景下，受西方都市大众文化的影响，中国当代文化消费也是如此——

> 要有文化消费与精神享受，首先就要有足够的消费对象。或者说，首先需要有人把文化消费的材料、对象生产出来，没有这个物质基础做前提，一切文化消费都无异于“墙上的画马”或“镜子里的烧饼”。在某种意义上讲，这个物质基础在当代解决得比较好，特别自20世纪90年代以来，随着消费社会在中国的逐渐形成与不断发展，文化消费品与人们消费需要的紧张供需矛盾已得到解决。从当下的文化消费现状看，它比起“文革”中“八亿人看八个样板戏”，比起文化生产与消费大权完全掌握在知识精英手中，而大众几乎没有什么自由选择的可能与空间的80年代，这当然是一个巨大的社会进步。但是另一方面，文化消费品的丰富及消费方式的增多，充其量解决的只是文化消费的物质基础问题，它与消费者是否可以在文化消费中获得心灵的自由与满足，是不能直接画等号的。与改革开放初期的一个怪现象——“端起碗来吃肉，放下筷子骂娘”相类似，在当下也是这样，人们读书、看电视、听音乐会、看画展越多，就越是感到“书不像书”、“电视不像电视”、“音乐不像音乐”、“美术不像美术”，于是到处都可以听到此起彼伏的“文化骂娘声”。②

这是都市文化一个基本的二律背反，其后果是，人们消费的低俗文化对象越多，他们实际上享受到的精神价值就越少；人们对这种粗放文化消费品占有得越多，他们人性中的文化就更加苍白。也可以说，他们越是消费，他们就越丧失消费的能力，并且在心灵上越来越饥饿。在文化被麦当劳化了的都市社会里，如霍克海默说，电视使“家庭逐渐瓦解，个人生活转变为闲暇，闲暇转变成为连最细微的细节受到管理的常规程序、转变为棒球和电影、畅销书和收音机带来的快感，这一切导致了内心生活的消失”。③ 在现代化大都市中，尽管物质文明与制度文明建设得都比较好，但物质的满足与制度上的保障，并不能真正替代人的精神需

① 刘士林：《一个人的文化百年》，湖北人民出版社2006年版，第169—170页。

② 刘士林：《超越粗放的文化消费方式》，《解放日报》，2005年4月5日。

③ [德]霍克海默：《艺术与大众文化》，载于曹卫东编：《霍克海默集》，远东出版社1997年版，第216页。

求，实现都市人的全面发展。在这个意义上，都市社会在“精神生产”上存在的问题，与他们在政治、经济、社会等方面面临的挑战是同样严峻的。这也是精神生产的重要性被提高到前所未有的高度的原因，正如英国学者约翰·汤林森所说：“全球化处于现代文化的中心地位；文化实践处于全球化的中心地位。”[①]在人类的历史上，文化与精神的问题从没有像今天这样重要。另一方面，都市异化问题并不限于数量有限的都市人口或几个国际化大都市，在经济社会发展不断走向知识化、信息化与全球化的背景下，当代都市文化及其生活方式已成为一般中小城市乃至乡村竞相模仿的对象，使在大都市中出现的社会与文化问题具有了很大的普遍性，都市文化已经构成当代人类生存与发展的最重要的精神生产背景。这是在城市化水平并不发达的中国必须研究都市文化的根本原因。

在当下最重要的是正确认识都市化进程给人类发展带来的二重性，一方面，作为高度复杂的都市环境与都市社会关系，必然给个体在感觉、心理、情感、精神、意志等方面带来许多严峻的挑战，“城市体验的主要特征仍然是机械和电子产生的噪声、垃圾、单调的摩天大厦、川流不息的车辆和被污染的空气，个性特征以及人与人之间的亲密联系被单调的建筑和大众文化吞没。在这样的环境中，人的地位是不稳定的和受到威胁的”。但另一方面，它同时也为当代人如何在都市空间与社会中生存与发展提出了更高的要求与全新的发展目标，“城市生活所带来的好处不必然要求人类作出牺牲。统治工业文明的交换原则并不要求以物质进步的名义牺牲优雅、愉悦与美。城市和文明都发源于建立共同的理念，并且城市仍然保有这样的希望：在城市环境中，人可以成为真正的人”。[②] 都市文化研究要解决的问题是：在都市空间中如何减少人自身的异化，实现人的全面发展、和谐发展。在这个意义上，都市文化研究的主要任务是为当代人提供一种理性的方法、观念、理论与解释框架，用来整理他们在都市中混乱的内在生命体验与杂乱的外在都市社会经验，帮助他们在生命主体与都市社会之间建立起真实的社会关系与现实联系，并在这个真实的现实生活世界中去努力探索实现他们生命自由与本质力量的历史必由之路。这既是避免人在都市环境中被异化与被扭曲的理性前提，同时也是中国当代都市文化研究在学理上应遵循的基本原则。

---

① [英]约翰·汤林森著，郭英剑译：《全球化与文化》，南京大学出版社2002年版，第122页。

② [美]阿诺德·伯林特著，张敏、周雨译：《环境美学》，湖南科学技术出版社2006年版，第74页。

第三编　都市文化的生产与消费

第七章　消费文明的来临及其影响

当代都市人口多，消费巨大，是消费文明的体现和代表，以都市为中心，影响到人各个方面的发展，影响到社会的各个方面。本章通过讨论都市文化的社会形态——消费文明，阐释消费文明产生的主客观因素，以及这些因素对消费文明来临的影响。

一、消费文明的概念及内涵

以当代都市社会为背景的消费文明，是一种与传统文化消费迥然相异的当代都市文化形态。它是在当代都市化进程背景下出现的一种新的文化生产方式，主要包括三个方面：在逻辑分析上，它是当代人类文化生产的最高逻辑环节和核心形态，作为当代都市文化生产的典型形态，它是伴随着当代社会都市化进程而产生和发展的；在历史形态上，作为一种区别于传统文化生产的当代文化形态，它突出地表现为文化生产的娱乐性、消费性和非功利性；三是在消费内涵上，它将物质消费与文化消费混淆起来，使文化符号消费在整个消费活动中占据了首要的地位。

（一）消费文明是人类社会历史发展的最新形态

在历史形态上，消费文明是人类社会历史发展的最新形态。消费文明社会不是无根之木、无源之水，而是在全面汲取人类以往社会文明精华的基础上形成的。但由于时代趋势、历史环境、技术因素和人文心理等不断更新与发展，尤其受当代全球都市化浪潮的影响，消费文明使当前社会的复杂性、多变性、多样化和快速化发展，远胜于以往任何社会相对简单而缓慢的发展节奏。如当代大都市一般是在传统城市空间形态基础上升级而来的，但作为当代人类生活的新空间、新的生存方式，它把人们的生活方式变得无限丰富和充满挑战性。在空间上，当代都市大得漫无边际，甚至从城市的一端到另一端，往往需要乘坐几个小时的地铁。在这里传统城市的时间和空间观念被彻底解构，人的生活节奏变得紧张而快速，心理上也充满了对城市本身的陌生感，而不再有从前的熟稔与闲适。在功能上，当代大都市超越了以往任何一个城市形态，世界各地的人口和资本、商品在都市里高度集中；现代化的通信设施、信息服务，以及金融服务，为都市人提供了便捷和高效的服务；完备齐全的各种文化设施，也使人们可以随时随地进行消费和娱乐。在都市中，消费文明的本质得到了最高的体现，不仅消费物品和消费方式一应俱全并不断更新变化，都市人的消费观念也不断翻新。弗洛姆指出："一个幽灵正在我们中间徘徊。……它是一个新的幽灵：一个完全机械化的社会，它服从计算机的命令，致力于最大规模的物质生产与消费。"①而波德里亚更是感慨说："这是劳动的终结、生产的终结、政治经济学的终结。"②

（二）消费文明社会截然区别于以往任何社会类型

在社会结构形态上，消费文明社会截然区别于以往任何社会类型。无论是自给自足的农业社会，还是生产力高度发达的工业社会，都是以物质生产环节作为社会结构的核心，而将分配、流通和消费等领域置于辅助性地位，其中消费环节往往还是被自觉抑制的对象。但在消费文明中，这种传统的社会结构形态受到严重的颠覆，物质生产环节被降到了次要的地位，而消费环节则迅速上升为社会生产的主导性方面。

由于社会生产力相对低下，经济形态自足而封闭，农业文明时代的消费完全是一种自给自足性的生产消费，一切物品都是为满足生产者必要的生存需求而产生。大多数人的生产和消费融为一体，起一种单纯维持延续生命的功能。例如，农业文明时代的人们纺织布匹的目的，主要不是拿到市场上去换得货币，然后再去换取其他服务享受，而是直接将这些布匹用于自己和家庭生存消费，保持一家人的温暖所需。因此，它高度强调生产和消费的统一，而排斥市场中介和一切不必要的商品交换、消费。工业文明时代打破了自给自足的经济消费模式，在历史上第一次使人人都必须依赖他人提供的商品和服务来生活。但它首先以积累和增殖社会财富为目的，市场交换和社会消费只是实现其目的的手段。为避免社会财富被过度消耗掉，它积极鼓励有限的消费，限制人们的消费欲望。清教徒式的清欲思想被人们奉为圭臬。许许多多杰出的资本主义企业家，一向注意避免不必要的开销和个人享受，主张积极创造社会物质财富，再以之扩大再生产，以便获得更多财富。消费文明则与前两者形成了巨大差别。它既不像农业文明社会那样仅为生存需要而消费，也不像工业文明那样注重生产而相对忽视消费，而是极大地强调市场交换的功能和价值，在刺激的消费中彰显自我价值。

---

① 黄颂杰编：《弗洛姆著作精选》，上海人民出版社 1989 年版，第 477 页。

② ［法］波德里亚著，车槿山译：《象征交换与死亡》，译林出版社 2006 年版，第 6—7 页。

例如，在农业文明和工业文明中，你看不到这样的一个人：他穿着非常帅气，非世界名牌而不屑一顾，而且是 ADIDAS 的忠实 FANS！他从上到下都是名牌 ADIDAS 的，从遮阳帽到鞋袜，从短衫、外套、裤子到背包、旅行袋，甚至毛巾全是 ADIDAS 的！另外一个人：市场上的新款手机对她充满了诱惑。她经常淘汰现有的去购买新款式，以此炫耀自己对时尚潮流的快速反应。她每天发送几百上千条的短信给亲友，只是为了娱乐和沟通；她还申请了手机上网功能和多种手机娱乐套餐，用手机玩网络游戏，养电子宠物，以自娱自乐。在消费文明中，以市场经济为中心，消费成为社会生产的中心环节。市场第一次成为人类生活的巨大中心，市场交换价值成为人类一切价值观的衡量准则。此时的消费本质就是生产，是生产和消费形成的新统一。消费将社会产品消耗掉的同时，也完成了把人的消费需求生产出来的生产过程。

（三）突出地表现为文化生产的娱乐性、消费性和非功利性

在消费内涵上和模式上，消费文明具有新的时代特征。其实质是将物质消费与文化消费混淆起来，并以文化符号消费代替原有的生产和物质消费中心。这种消费形态突出地表现为文化生产的娱乐性、消费性和非功利性。

在农业文明时代，人们坚持克勤克俭，以尽可能少地消费维持生存需要和积累社会财富：

> 中世纪农民的衣服以实用为目的，很少考虑到其他方面。旨在保护他的躯体，在野外劳动时，不受霜露风雪，雨淋日晒。典型的衣着是粗糙的罩衫、工作服、半截长上衣及绑腿裹脚；虽然在许多情况下，这些名为衣服，其实只不过是用些零碎的布条或兽皮来裹住他们的躯体和四肢的委婉说法而已。衣服这个项目很少更新；原来的旧衣服肯定要一而再地缝补、修改和加补丁再穿。做衣服所用的布料，如不是用自己织的未经漂白的麻布，便是购买织工生产的最便宜、最粗糙的产品。由此可见，农民对于纺织品和服装的要求是很少的，也就是说，需求的水平很低；同时还要看价格和农民收入这两个条件，弹性是很大的——因为添置新衣服可以无限期拖延。①

工业文明时代，人们以财富积累为主，主张有限性的和功利性的消费，因而也主张克勤克俭。如社会学家布迪厄对 20 世纪中叶法国中产阶级家庭的一项调查所显示的：

① ［意］卡洛·M. 奇波拉主编：《欧洲经济史》第一卷，商务印书馆 1988 年版，第 91 页。

> 一位30岁的广告行业的高级职员，家住五间房的现代寓所，他结婚时，在伦敦买了一套仿制的英国18世纪式的家具。他说不准现在自己是否还会买同样的东西，当初选这套，那时因为"从资产阶级眼光来看确实是很上算的投资"。……他坚持说，穿着与自己工作相称的服装是重要的，不要穿得像银行职员那样毫无生气，也不要太显眼——成套丝绒套装会引起猜疑，猜疑他试图用服饰弥补其他方面的不足。他的妻子提醒他不宜过于时髦：她用"较为典雅的式样"打扮孩子们。她承认自己有些衣服是"讲派头"的，但这不同于有些女人喜欢在小店里为她的孩子们购买价钱十分昂贵的服装，以此来使孩子们看上去就像他们的时髦父母的缩小了的模型。她也轻视那些"毫无情趣"可言而在自己花园里放满守护神的小资产阶级。她为此感到惭愧，但她的父母甚至憎恨这些守护神，他们说应该用法律来禁止制造。她觉得那太过分了，人们有权选择。在做饭方面，他们同样很注意"出众"，但要避免做作和浮夸：晚上只有一家人在一起时，他们吃得很简单，烧些蔬菜、吃些奶酪；有客人来访，他们就用奶油肉片、煎小牛肉、咖喱食品和鲑鱼肉来招待他们。……在专注于照料孩子们之前，他们总是打网球和高尔夫球；现在他们仍滑雪，去歌剧院，看电影；他们通过自己高保真的音响设备听贝多芬、莫扎特、舒伯特的作品。他看心理学和经济学方面的书，但很少看小说书。①

在当代都市社会中，无论消费场所还是消费本身都被看作是一种娱乐，消费方式上具有超前性和透支消费性。例如国际大都市巴黎购物中心帕尔利二号：

> "欧洲最大的商业中心"春天商场、BHV、迪沃尔、普里聚尼克、郎万、费郎克父子、埃迪尔、两家电影院、一家杂货店、一家超市、絮玛和其他100来家商店竟聚在同一个地点！
>
> 对于商业选择来说，从杂货店到高档时装店，两个必要的条件是：商业活力和美学感。人人皆知的口头禅"难看的东西不易买"在此已经过时，可能要被"环境美是生活幸福的首要条件"所代替。
>
> 三层楼的结构……围绕中心的玛伊而建，有主轴线和两层宽的通道。大小商店融汇在一起，现代节奏与昔日的闲逛融汇在一起。

① 转引自[英]西奥多·泽尔丁著，严撷芸、吕佩英等译：《法国人》，上海译文出版社1989年版，第321页。

> 这些商店的诱惑一览无余，连一个橱窗的屏障都没有。步行闲逛其中，会产生一种从未有过的惬意感。玛伊一面朝和平街另一面朝香榭丽舍大街，装饰着喷泉、矿物树、报亭、长凳，完全摆脱了季节与反常的气候：一个例外的空气调节系统，只要有个13公里长的空气湿度调节罩之后，永恒的春天便长驻于此。
>
> 人们不仅在那里能买到所有东西，从一双鞋到飞机票，在那里看到保险公司、电影院、银行、医务所、桥牌俱乐部和艺术展览馆，而且人们不再是时间的奴隶。和其他任何街道一样，玛伊街一周七天，日夜均可前往。
>
> 理所当然，中心为那些想使用最现代付款方式的人设立了"信用卡"。它把支票、现金……甚至是难熬的月底解放出来了……从此，如要付款，你只要出示信用卡并在发票上签字便可以了。就这么简单。你每月都会收到一张账目清单，你可以一次付清或按月支付。①

对比以上不同文明阶段中的消费方式，不难明白消费观念和模式发生了怎样的变化。传统社会的消费价值观念认为，消费是对社会物质生产和财富积累的破坏，因而在消费取向上主张勤俭节约，节制欲望，反对一切生存需求之外的消费活动。在消费文明语境下，消费已不再被理解为一种否定性的伦理价值，认为消费除满足人们的生存需求外，还可以不断刺激和调整社会经济的发展，是一种新的社会生产力。消费成为现代生活质量和社会福祉的体现，是构成现代社会活动的主要内容。因而当代消费价值观不是主张勤俭节约而是鼓励消费，不是节制欲望而是刺激消费需求；消费不再被限定于某种功利目的，消费场所变得庞大豪华、功能完备而又物品丰盛，没有了时间和季节的限制；透支消费被广泛接受和采用。这还鲜明地表现消费内涵的变化上：当代人在物质消费高度满足的基础上，突出了精神消费对人的生存的重要性。同时，消费本身也由注重商品的使用价值转向交换价值，使文化符号消费的意义开始占据首要地位，即由传统的物质性、生理性消费向当代的文化性消费、审美愉悦性消费发展。如在日常的物质性消费上，极大地突破实用的界限，如消费场所与娱乐场所日渐趋向于一体化，人们越来越追求消费过程中的美学享受，以及环境、心理和艺术视觉的快乐体验过程。

总之，消费文明是一种新的人类文明形态，它从根本上区别于传统文明社会，并对当今世界、特别是都市人的发展产生了重要的影响。

---

① ［法］鲍德里亚著，刘成富、全志钢译：《消费社会》，南京大学出版社，2000年版，第6—7页。

二、都市消费社会的客观发生机制

当代都市化进程的加快，都市消费社会也随之产生。市场经济和信息技术成为改变传统社会模式的机制的同时，也是都市消费社会发生的客观机制。

（一）市场经济与都市消费社会的客观发生机制

随着都市化进程的加快，市场成为人类生活的巨大中心，人类的一切价值观都要以市场交换价值为准则。尤其在后工业社会大都市中，消费借助当代的社会、经济、政治背景，早已取得了社会经济的主导地位，日益成为支配社会发展的逻辑环节。市场的地位被空前突出，创造出传统生产方式所不能比拟的巨大物质财富。但与传统理解的市场经济不同，我们所谓的市场经济是指以商业交换和消费服务为中心的市场，而不是以物质生产为中心的市场。它以交换价值为准则，以现代金融、信息服务、产业服务和资源市场的流通与重组作为有效手段，而因市场本身即是生产中心。同时当代市场经济强调“消费直接也是生产”，市场和消费是都市消费社会的主要生产方式。

日益发达的都市化生活中，市场经济的作用日益成为都市一切活动的核心和运作法则，它对今天的经济、社会、文化产生了不可估量的影响，人们传统的生活方式、节奏以及基本思想观念因其而彻底改变，消费的观念也因市场经济的价值交换变得更加深入人心。市场经济成为当代都市消费社会产生的客观发生机制。

第一，在都市经济生产机制转变上，市场经济从根本上改变了传统经济生产方式，即由重物质生产变为重视消费生产，今天社会的经济中心已不在于生产环节而在于消费环节。交换价值在经济活动中占据了更为主动的意义，这必然导致当代经济活动不是以生产而是以交换和消费为主的生产方式的出现。例如，今天的商品生产首先是要通过市场获得经济信息，并通过广告宣传等手段推动产品消费，它依赖的不是工厂大规模的物质产品生产本身，而是通过信息的获得与输出，以塑造形象产品来主导商品的生产和消费。

市场经济的影响同样深刻地改变了人们的经济观念，直接刺激了消费社会的到来。过去人们坚持勤俭持家，勤劳致富，认为“生产—节俭—扩大生产—财富积累”是颠扑不破的真理。然而，现代社会消费成为一种受到政府鼓励和个人高度认同的行为，消费不再是一种奢侈行为，而是新的具有无限生机和创造力的生产力。尤其在后现代大都市社会，消费是一种社会时尚，提前消费成为当代的基本生活方式。比如个人消费，当今城市居民买房买车，大多数人都是从银行贷款提前进行消费，寅吃卯粮。各种银行透支卡、消费卡更给人们提前消费打开了方便之门，再也不用担心消费时会捉襟见肘。

第二，在社会生存机制上，市场经济推动了消费经济的盛行，改变了都市人的传统生存状态。尤其在当代都市生活中，普遍发达的各种社会服务和各种消费娱乐形态，是以往社会甚至当代中小城市难以想象的，无法体验和享受到的一种生存状态。而市场经济的巨大作用，使当代都市人的生存模式很自然地朝消费型社会的方向看齐。比如在农业社会只重视社会生产而否定消费的作用，社会的消费服务行业是极其有限的，一般只为少数上层社会和统治阶级服务，普通民众是根本就不可能享受这种待遇的。而当代社会尤其大都市则不一样，服务是以市场为基础，服务的目的和对象都发生了根本性的转变，由为少数人群服务变为社会每一个人服务，由维护一定社会阶层的地位变为为获得经济效益。因而受消费服务之益的人群范围也越来越广泛。即使在当代大都市和中小城市之间，也存在着巨大的差别。例如近几年兴起的网络商店、网络企业等网上购物服务，南京这样一个特大城市比起作为大都市的上海、北京来，在服务水平和服务体系上仍然有很大差距。由于在服务网络体系和服务意识上南京不及上海、北京完善与强烈，加上消费观念上南京一般还习惯于传统的现场购物方式或者是邮购方式，而不大愿意采用最新的网络购物方式，因此南京的这种现代服务网络水平不是很高。上海、北京则不一样，人们对新消费观念的积极接受，使其网络服务体系建设比较完善，服务意识也更强烈。从网上订购，上海明显比南京便捷高效，获得的服务也更好。这种区别产生的根源，就在于城市观念的不同与服务业在城市中生长的现实基础所决定的。因而大都市是现代消费服务最高水平的代表，也是它最理想的生存发展之地。

第三，在都市文化生产与消费机制上，市场经济颠覆了古典时代的文化生产—消费结构，形成以市场交换原则为导向的都市文化生产—消费模式。传统社会是以精英文化消费为主导的社会，当代社会则是以市场引导的世俗文化消费为主导，流行文化消费构成了对精英文化消费的颠覆。首先，市场经济颠覆了传统文化消费目的和态度，扩大了文化消费的消费主体范围，抹平了不同消费者之间的层次界限。通过平面化的、通俗的、无深度的、追求感性愉悦的流行文化消费，它消解了精英文化消费对精神生产的精神性追求。在古典时代，文化消费只属于少数社会精英分子，消费者以获得知识和教育的姿态积极介入社会改造。他们把文化消费看作是一种知识性的消费和再生产，在消费过程中他们追求理性的沉思和对社会的无限关怀，注重对个性探索和非大众化的艺术性趣味的追求，因此，对社会现状采取一种批判性和改造性的积极姿态。如古典时代的艺术品消费，人们注重对精英化艺术趣味和审美标准的追求，反对艺术的媚俗和低级趣味,并以此作为提高个人修养,乃至改造社会的精神资源。当代恰好相反。文化消费与当代商业化大潮相互呼应,注重对实体性、非精神性的消费满足,漠视理性沉思和社会关怀。它通过杂志、通俗刊物、电视、电影、电子网络等当代大众传播媒介得到普及,拥有广泛的社会消费大众。虽然它高度强调个性化和自由意识,但缺乏对个性的探索精神和审美意识。如好莱坞大片表面化的视觉震撼,以及各种电视模仿秀,都是以调动人们对身体感性欲望的冲动和满足,迎合人们追求低层次感性的文化消遣娱乐的心理,而排除了古典时代的自我精神反省与深度社会关怀之情。

第四,市场经济和消费文化直接影响到了都市文化的再生产过程和消费。传统文化的生产与消费,以及它的再生产与消费之间,是一个有机循环。如传统时代的诗人、文学家、艺术家等,他们努力以深刻的批判意识、高洁的情操、隽永的审美境界,以对真、善、美的理想追求来影响和鞭策每个读者,使其成为社会批判和改造的高尚主体;接受者也以此作为评判的标准,刺激他们的再生产。在这种不断延续的过程中,传统的文化再生产和接受、消费的循环机制形成了,并逐步改造着社会思想和增进知识。但在市场经济使消费社会的精神生产与其传统方式已发生了根本性变化。正如刘士林指出:"'消费社会'的出现,不仅意味着'物质生产'与'人类自身的生产'的重心发生迁移,同时也意味着'精神生产'在整体上走向了'消费化'。这是精神生产方式从属于人类社会生产过程的具体表现,而这个新的走向尤其集中体现在当代都市文化的生产与消费过程中。"其现实实践表现在,一是文学生产本身在都市化进程中出现泛文学化转向,"从个体性的'艺术家的劳动'、'精神劳动'逐渐过渡到以'技术化'与'产业化'为标志的都市文学生产模式。如文学创作从'为人生'、'为艺术'、'为自我'转移到'欲望化'、'快餐化'、'下半身',如美学研究从'艺术形式'、'文学形象'过渡到'汽车广告'、'审美生态'等实用领域。"①二是文化生产不再被认为是纯粹的知识生产,而是一种娱乐性消费生产,更多地被认为是一种经济生产行为。因此,当代的文化生产与消费是一次性的,如当代的文化、艺术品生产原则是以大众趣味为宗旨,以大众化的审美标准为标准,按照市场经济运作规律,通过工业化复制把艺术品非艺术化,甚至为满足大众的猎奇、窥癖等庸俗欲望而生产,总之什么能引起大众关注就生产什么。消费者不是要从文化消费中获得知识和教育,而是要获得感性娱乐和欲望的象征性满足。因此以市场经济为原则的都市文化生产—消费本质上是一种"消费文化",它主要通过社会生产结构中的"消费"环节实现自身的再生产。比如当代精神生产方式主要依赖"消费"为中心的流通、传播与

① 刘士林:《都市文化研究的马克思主义理论基础》,《文学评论》2007 年第 3 期。

市场机制进行，而不是传统的文化生产者本身，如果离开成功的广告策划与市场运营，任何作品想获得成功几乎都是不可能的。

（二）信息化与都市消费社会的客观发生机制

信息技术是对当代人类影响最大的一种科学技术，直接影响着社会发展的未来方向和人们的生存方式。故此美国著名信息学学者卡斯特将信息化作为他研究一切问题的切入点，他说："由于信息技术革命普遍渗透了人类活动的全部领域，所以它是我分析正在成型的新经济、社会与文化之复杂状态的切入点。"①而在市场经济的基础上，信息化以其自身特殊的形式推动着都市消费社会的发展。

首先，信息化对今天社会的最深刻影响，是它将形成一种全新的社会关系，以及重组社会结构："与农业革命中产生的人与土地的新型关系，以及在工业革命中产生的人与机器的新型关系不同，这个全球性的数字网络将会重新构成人与信息的关系。它将日益成为机遇和发展的关键，以及新的社会结构和城市模式形成的条件。"②在《后工业社会的来临》一书中，美国社会学家丹尼尔·贝尔曾提出后工业社会的概念，他认为后工业社会的社会形态实质上就是以物质生产为主的社会转向以无形的知识、信息生产为主的社会，即从有形的物质的社会转变为无形的信息、知识的社会。当代都市消费社会，正是以无形的信息和知识消费为前提，以文化符号的消费为主要内容的消费社会。因此，在社会存在形态上，信息化技术的突飞猛进为都市消费社会的产生做好了准备。信息的流动性、不稳定性以及富有弹性和变化成为消费社会存在的主要形态。

以稳固的刚性的节奏发展是传统社会存在的特征，如农业社会日出而作日落而息，以男耕女织模式进行社会分工；工业社会则是按照工厂时间按部就班，社会生活像庞大而复杂的时钟却分毫不差。当代社会的信息化，则打破了这一切稳固不变的节奏和运行模式，表现为流动性，不稳定性和虚拟性。社会失去了稳固的结构方式，变得多变和难以预计。如当代信息传播的瞬间化、超地域，使纽约股票的涨停、中东的石油危机、各国的产品出口政策变化，在瞬间就会播散到世界各地，并立刻会引起世界各国经济的强烈连锁反应。又如当代发达的卫星电视网络、互联网等电子通信设施，使每个人都能及时了解到外部世界的重要咨询信息，比如在伊拉克和阿富汗发生的战争进程、法国发生的城市骚乱动态、

① ［美］曼纽尔·卡斯特著，夏铸九、王志弘等译：《网络社会的崛起》，社会科学文献出版社2003年版，第5页。

② ［美］威廉·J. 米切尔著，吴启迪、乔非、俞晓译：《伊托邦——数字时代的城市生活》，上海科技教育出版社2005年版，第13页。

俄罗斯正在发生的驱逐华商政策、菜农了解国内外市场的需求和价格变动情况等。社会运作模式因此有了更多的可能，不再是刚硬不变的铁板一块，而是更复杂、更多选择性与组合方式，社会以一种柔性的方式存在。如高度发达的信息基础设施，为人们的生活提供了诸多的便捷和可能。美国学者米切尔指出："今天，无所不在的通信网络、智能机器、智能建筑，与供水、废物处理、能量传递以及交通运输系统相结合，构成了一个不分时间、不论地点的全球化互联世界。那种旧式的社会结构——由受地点和时间制约的大众维系在一起——已经出现了裂痕。"①而当代人越来越多地使用电子设备，利用网络工作，已经出现了大批如美国未来学家托夫勒20世纪70年代所设想的家庭工作者，他们自由安排工作时间和地点，而不需踩着钟点去工作地点上班。而信息化的虚拟方式，更使社会交往日益在不断扩展的虚拟时空中进行，"书店、报摊、杂志架、剧场、寺庙和教堂——甚至菩提树——都有了替代物。……商业活动也不再受距离的限制。社区的形成不必取决于是否是邻近。人们之间的联系正以至今还无法想象的方式形成着。"②米氏因此断言未来必将是"以网络为媒介，属于数字电子时代的新型大都市将会历久不衰"。③

可见信息化将传统社会存在的相对实体性、物态的方式，刚性的、稳态的社会形态，已经转变为趋向以非实体的、虚拟的方式存在，其社会形态是柔性的、易变的。这样信息化通过改变社会的存在方式，为消费社会的来临铺平了道路。

其次，正如日本著名学者林雄二郎所言："由于信息产业的发展，社会环境发生了很大变化，由此，人的思考方式正在发生根本性的变化。"④信息化通过普及高效的物化形态改变着人们的生活经验、认知方式，又通过广泛深入的信息传播改变人们的消费观念、消费对象、消费目的。信息化以计算机和各种网络平台服务，以及如卫星通信、电视传播、互联网等为主要物化形态。人们在日常工作中普遍使用计算机、网络、电子通信工具，在一个虚拟的世界里进行日常事务的处理和情感的交流，而不以传统的面对面的方式进行。电子金融服务体系、气象信息服务、交通导航、广播电视等，这些都是当代社会信息化生存的具体表现。信息化所构建的物化平台，构成了当代人以虚拟化形态和消费化模式为前提的都

① ［美］威廉·J.米切尔著，吴启迪、乔非、俞晓译：《伊托邦——数字时代的城市生活》，上海科技教育出版社2005年版，第4—5页。

② ［美］威廉·J.米切尔著，吴启迪、乔非、俞晓译：《伊托邦——数字时代的城市生活》，上海科技教育出版社2005年版，第6页。

③ ［美］威廉·J.米切尔著，吴启迪、乔非、俞晓译：《伊托邦——数字时代的城市生活》，上海科技教育出版社2005年版，第1页。

④ ［日］林雄二郎著：《信息化社会》，载于张国良主编：《20世纪传播学经典文本》，复旦大学出版社2005年版，第397页。

市生活经验和认知方式。如网络购物迅速成为现在都市人的全新消费经验:“我国网上购物大军达到 2 000 万人,网上支付的比例增长至近半数,网上购物市场巨大,网上购物者半年内累计购物金额达到 100 亿元,半年内通过网络购买的手机在 300 万部以上。”①

对于社会的传统认知体系和生活方式,新信息的获取与迅速传播无疑是改变这种传统的撒手锏。当代都市乃至于整个社会,通过信息的生产与传播,将人们的消费欲望、消费意识最大限度地调动和改变。例如电视广告对当代人的消费认知的改变,在印度学者乌尼克里希南和巴杰帕伊就发现:“电视广告正在传播一种与绝大多数印度儿童的生活完全相反的生活图景。许多儿童开始认为,只有他们在电视广告上看见的印度和印度人才是值得效仿和学习的……结果,对于物质的渴求达到了不现实的程度。社会发展从未像现在这样脱节。虽然消费主义像野火一样蔓延,但是,满足必要的生活需求对于许多人来说仍然是一个严重问题。”②又如维拉尼姆的电视广告效果调查研究报告说:“在墨西哥乡村工作的医生报告说,以下情况并不稀罕……家里卖掉仅有的几个鸡蛋和自己饲养的小鸡,为父亲买一瓶可乐,而孩子们却因为缺少营养而日渐消瘦。”③在信息有限的传统社会里,这样的消费欲望和观念都将是不可想象和不能被接受的。然而,当代的高度发达的信息传播体系则彻底打破了这种不可能,并深入影响到人们生活的点点滴滴中。由电视、电影、数字媒体、广告、网络等构成的信息平台,通过不断塑造和传递各种信息资源,以充满诱惑的视听信息反复冲击视、感觉器官,引导人们确信信息传播的价值。因此在信息化世界中,一种信息的生产与传播引导对人们的消费观和消费对象、取舍影响极其巨大。如某天报纸报道某某食物对人体有害,食之可能导致癌变,或容易引起其他疾病等,人们即刻会改变对该食物的态度、不敢再食用它了。一旦新信息炮制出来,人们又会很快地改变原先的看法,转而将之变成积极的消费对象。如许多野菜,人们在营养学家的导引下,人们不再认为它们只是资源匮乏时的补充食物,而是将其当作高营养的时尚潮流的绿色食品进行消费。人们原本稳固的消费对象和消费习惯,以及原有的消费动机和欲望,在信息的冲击下早已变动不居且时尚纷繁。

可见,信息化以全新的模式对传统社会的存在形态和消费观念进行清扫,成

---

① 中国互联网络信息中心(CNNIC):《第十六次中国互联网络发展状况统计报告》,新浪网,2005-07-21。

② [美]柯克·约翰逊著,展明辉、张金玺译:《电视与乡村社会变迁:对印度两村庄的民族志调查》,中国人民大学出版社 2005 年版,第 9 页。

③ [美]柯克·约翰逊著,展明辉、张金玺译:《电视与乡村社会变迁:对印度两村庄的民族志调查》,中国人民大学出版社 2005 年版,第 40 页。

为都市消费社会的又一重要客观发生机制。

（三）都市化进程与市场经济及信息技术的提升

都市作为人类资源、信息、资本、人口、设施最集中优化的区域，都市化进程的加快更使这些因素加速流向当代都市。恩格斯曾在《英国工人阶级状况》一书中指出："城市愈大，搬到里面来就愈有利，因为这里有铁路，有运河，有公路；可以挑选的熟练工人愈来愈多；由于建筑业中和机器制造业中的竞争，在这种一切都方便的地方开办新的企业……花费比较少的钱就行了；这里有顾客云集的市场和交易所，这里跟原料市场和成品销售市场有直接的联系。这就决定了大工厂城市惊人迅速地成长。"①如基础性的物质生产体系聚集趋势一样，信息技术的发展也会产生同样的效果和发展趋向。都市依托其规模巨大的人口与空间、高度发达的物质生产与服务体系、发达的交通与信息、政策服务系统所形成、创造出的都市文化模式，为市场经济与信息技术的提升创造了一切可能的现实条件。

第一，都市的完善基础设施、高水平服务体系以及现实和潜在的巨大市场—生产体系，能为市场经济与信息技术提供更为广阔的市场需求与有利的发展条件。这是任何其他发展相对缓慢的城市区域所无法企及的。例如上海为创意文化产业的发展所提供的比其他城市更加成熟的条件和健全的机制，为其如张江高科、苏州河畔等几大创意产业区的发展成为可能，也带来了巨大的现实经济和文化收益。而重庆、武汉乃至发展水平较高的杭州，则由于在经济辐射纵深、城市吸引力、市场消化力等方面的不足，其创意产业发展水平则远不如意。都市对于高水平、大范围的流通、贸易和服务的需求，又必然要求市场体系和信息服务设施及技术也随之进行升级，以便跟上形势发展的步伐，为都市提供更好的服务保障。如为适应以上海为中心的都市群发展对信息资源共享的需要，2007 年 10 月前，江浙沪三地将努力实现旅游资源信息的共享，以及电信用户近期无线宽带三地"无障碍上网"等信息资源并网和共享。② 倘若三地都市化水平不够发达的话，建立联系和资源共享群体的一体化也就不可想象。而从技术与市场本身来看，都市是现代市场经济与信息技术存在的必要前提，因而只有在越是发达的都市中它们才越有进一步发展的可能。早在 19 世纪末，传播学先驱塔尔德就曾认识到了现代信息传播与都市之间的特殊关系，他说："现代报纸依靠迅速的传播媒介(电报和电话)和快速的运输工具(铁路)，以便迅速收集新闻，并在辽阔的地

---

① 《马克思恩格斯全集》第 2 卷，人民出版社 1957 年版，第 301 页。

② 朱伟：《江浙沪电信资源将可共享》，《文汇报》，2007 年 7 月 6 日。

域里迅速地发行。由此可见，报纸依靠一系列复杂的技术革新，只有高度工业化的社会里才具备的技术革新；要把报纸的影响从工业化的技术发展产生的影响中分离出来，即使并非不可能，至少也是相当困难的。”[①]要达到高度“工业化的社会”，只有首先从都市开始，这已得到人类城市发展史的证明。尽管当代社会随着基础设施建设的延伸和服务覆盖面越来越广，这种信息服务在偏僻地区也能够得到，在以计算机网络连接为基础而形成的世界里，城市与乡村之间的区别会变得不是那么明显。但正如“新的服务分布模式正在城市中兴起，并将迅速取代旧的模式”[②]一样，在服务体系和效能上，以及服务模式及其更新上，以都市为中心的服务体系都将继续保持它的优势地位。这是由都市自身的先决条件所决定了的。

第二，都市在国家政策制定上是首先倾斜的对象，自古至今无不如此，如古代都市对商业限制的特殊放宽，今天对都市群发展的特别政策与规划、资金的扶持。而都市化进程越快，这种政策性的倾向优势也就越明显。最典型的莫过于《中央关于十一五规划的建议》中将限制大城市发展改为以“城市群”发展作为对过去以发展中小城市、城镇为主导的城镇化战略的重要补充与调整。这种调整必然会在政策上做相应的倾斜。正如美国信息学家卡斯特所言，这种政策影响将是深远的，一方面“尽管社会并不决定技术，但社会却能窒息其发展，而这主要通过国家(state)的作用。或者换过来说，通过国家干预，可以加速技术的现代化，并在几年之中改变经济的命运、军事的力量与社会人类的福祉”。[③] 另一方面“要了解技术与社会之间的关系，或是引领技术创新，都是整个过程中的决定因素，因为国家表现与组织了特定时空里支配性的社会和文化力量。在相当大的程度上，技术表现了一个社会通过社会制度——包括国家——驱使自身掌握技术优势的能力”。[④] 作为国家和地区经济、政治与文化、技术核心的都市，对于社会发展都具有示范性优势。在全球化的趋势下，都市尤其国际性大都市则又是世界经济、文化与技术等各个领域交流碰撞的首要中心。基础越扎实雄厚的都市越有对外影响和扩展市场的能力，与外界交流也越频繁和广泛，其技术进步与拓展的潜力与途径也越多。这也即技术进步的规律：“一旦新的信息技术扩

---

① [法] 加布里埃尔·塔尔德著，何道宽译：《传播与社会影响》，中国人民大学出版社 2005 年版，第 39 页。

② [美] 威廉·J. 米切尔著，吴启迪、乔非、俞晓译：《伊托邦——数字时代的城市生活》，上海科技教育出版社 2005 年版，第 119 页。

③ [美] 曼纽尔·卡斯特著，夏铸九、王志弘等译：《网络社会的崛起》，社会科学文献出版社 2003 年版，第 8 页。

④ [美] 曼纽尔·卡斯特著，夏铸九、王志弘等译：《网络社会的崛起》，社会科学文献出版社 2003 年版，第 16 页。

散，并被不同国家、相异的文化、各种组织与各式各样的目标挪用，便会迅速扩大成为各种应用与用途，并反作用于技术创新，加快速度，扩大技术变迁的范围，使其来源更多样化。"①例如近代的呼叫信息服务系统的形成，就是为满足都市的消防需求而首先建立起来的，然后逐渐扩展到其他地区和其他行业当中，技术和设备也不断得到改进。1852 年，在早期通信技术基础上，美国商业都市波士顿开始建立一套和消防中心相连的电报呼叫盒式系统，很快其他城市也跟着模仿建立。接着由最初的手提式消防设备到马拉式灭火机再到消防汽车，相应的设备和技术为适应快速反应的需求也得到了极快的发展。这种有效的信息服务思想很快又被其他领域所借鉴，到 19 世纪 80 年代警察局已经建立起了电话报警和处警系统，以及双向无线电和巡逻车来扩展其服务范围。今天基于发达的计算机技术的网络和通信平台，更把这种模式普及到了生活需要的各个领域，各种服务人员(从管道疏通工到脑外科医生)通过一个个完善的快速反应的信息服务平台都能随时被呼叫到。因此从都市本身发展来说市场经济与信息技术的提升是可以同步的。

第三，都市形成的生活方式与文化观念、消费观念，以及都市对其他区域的影响上都有利于市场经济与信息技术的发展。实际上在都市化进程中，市场经济与信息技术都已不再是单纯的经济原则和科学技术，而是当代都市文化的重要组成部分，是体现都市生活内涵的重要因素。如卡斯特就指出，"20 世纪 70 年代围绕着信息技术而组织起来的新技术范式主要是在美国建构起来的，它是美国社会的一个特殊区段，与全球经济和世界地缘政治互动，并且物质化为一种生产、传播、管理与生活的新方式"。② 还有学者认为"各种文化价值是抑制和加速增长的动机的基础，并且决定着增长作为一种目标的合理性"。③ 因此一旦条件成熟，都市条件下的市场经济与信息技术将发挥出无与伦比的力量，也更容易为都市人的生活和文化所接受。如以市场开发和信息收集为前提的都市文化生产，能把无形的知识成果和文化形态，转变成具有现实生产能力的产业和人们乐于消费的文化模式。以作为都市文化象征的动漫产业为例，2004 年，全球数字内容产业产值高达 2 228 亿美元，与游戏、动画相关的衍生产品产值超过 5 000 亿美元。有关统计显示，仅史努比、米老鼠、Kitty 猫、皮卡丘和机器猫，每年就从

---

① [美] 曼纽尔·卡斯特著，夏铸九、王志弘等译：《网络社会的崛起》，社会科学文献出版社 2003 年版，第 7 页。

② [美] 曼纽尔·卡斯特著，夏铸九、王志弘等译：《网络社会的崛起》，社会科学文献出版社 2003 年版，第 6 页。

③ [法] 弗郎索瓦·佩鲁著，张宁、丰子义译：《新发展观》，华夏出版社 1987 年版，第 15 页。

中国市场“夺走”6 亿元。[①] 而上海丰盛的艺术服务能力也可投放到更为广泛的区域内,形成深度文化影响力和经济效益。如近年来,上海歌剧院文化服务“长三角”,往杭州、宁波、常州等地输送节目近 50 场。2003 年,上海歌剧院便与宁波音乐厅合作举办了音乐会 10 余场,2005—2006 年,更将市场拓宽到宁波、杭州、无锡、常州、安徽等地,各类演出多达近 30 场。[②] 美国学者席勒很早就看到了这种文化信息生产的巨大潜力,他说:“资本主义发展到最近阶段,正改变着文化创作的过程。同时,文化生产与工业生产也变得日益难以区分,而文化产业成了发展迅速、利润极为丰富的领域。”[③]这也就是为什么传统文化生产带来的现实利益与文化资本的象征,不可能与在都市化进程中迅速商业化的文化生产相提并论的原因。

总之,都市化进程的加速,为市场经济与信息化技术的巨大发展提供了坚实的物质基础,同时为其发展不断提供新的契机。而市场经济与信息化技术又成为都市消费社会的发生必不可少的机制性因素,其发展程度直接影响到消费社会的成熟与否。

三、都市消费社会与都市主体的结构性变迁

当代都市化进程的加快,使得新的“都市经验”出现与扩张。康德关于人类精神实践的三分法,为我们解读当代都市人“都市经验”问题提供了解释框架。按照康德的划分,可以用“真”、“善”、“美”分别对应传统社会人类精神实践活动的三个主要方面。“真”是人类对知识、理性的追求,是人类认识自然改造自然、认识自我与改造自我的理性精神觉醒。“善”是人类对道德伦理与社会规范的追求,是“人类自身的生产”的内在生产观念,在自我的层面上,“善”是主体自我规范的内在准则,是他的“良心”与“道德自律”。“美”是人类对生命自由、心理愉悦的追求,也是人类对实践“真”、“善”过程中自我异化的一种精神补救,通过审美性活动,人类不仅可以抗拒“劳动异化”带来的肉体痛苦,还可纠正道德、伦理等精神实践中的心灵扭曲和人格异化,重新使人的心灵变愉快、生命复归自由。此三者构成了古典时代人的全面和谐发展。因此,通过对比不同文明环境下的人类精神实践的结构性特征,我们可以比较清楚地勾勒出当代都市消费文化环境下人类主体精神结构所发生的重大变迁。

---

① 杨亮:《800 亿元的动漫市场为何“闲置”》,《光明日报》,2006 年 9 月 28 日。

② 邢晓芳:《上海歌剧院服务长三角》,《文汇报》,2007 年 5 月 29 日。

③ [美] 赫伯特·席勒著:《信息与危机经济》,载于张国良主编:《20 世纪传播学经典文本》,复旦大学出版社 2005 年版,第 468 页。

(一) 都市化进程与都市人理性经验的变迁

都市化作为人类文明发展的新方向,意味着与传统的城市化经验产生了本质性的区别。这种都市化新经验对当代人的理性经验和理性意识产生了重大影响,因而在当代都市文化模式的作用与影响下,当代都市人的理性实践方式发生了重大变迁。这种变迁可以通过与传统社会的比较分析来加以认识。

一般来说,一定社会的理性意识和实践模式总是与其所在的特定社会的深层结构相统一和相适应的,并受到制约和规定。与当代都市及国际化大都市发展相比,传统社会(包括乡村社会和城市社会)的基本特征为"稳定性"与"缓慢性",导致这两种特征产生的根本原因是:传统社会发展比较平稳有序,其原因主要有二:一是人口规模有限;二是人口分布相对均衡。农业社会自不必言,即使在西欧和美国开始城市化时,其人口压力也不是很大,"工业化和对自然资源利用的速度达到了足以维持新增人口和原有人口生计的水平",走的是一条发展比较均衡、节奏比较适度的城市化之路。因此传统社会对于"真"的追求,是以人的理性意识的觉醒为前提,通过认识自然和改造自我达成两者的和谐或平衡。如农业文明时代,人类追求真理是为了与大自然达到和谐状态;工业文明时代,则是为了更好地把握自然,改造自然,使人类在与自然的斗争对立中处于自由地位,并为人类与自然重新走向和谐而努力。可见受传统社会这种"稳定"、"缓慢"与探索精神本质规定的影响,传统社会的理性实践活动也就突出地表现为对稳固对象、终极理念的沉思与不懈追求。

当代都市化进程的出现,打破了传统社会这种稳定性和缓慢发展的节奏模式,从而使人们的心理意识和思维模式产生剧烈的震荡和变化。"如果说,城市化意味着大自然与乡村的各种资源向城市空间集中,并因此直接破坏了农业文明固有的节奏缓慢、安静和谐的田园生活,那么,由于都市化进程带来的是人口与资源向都市空间更高度的集中,因而它不仅继续吸收农村地区的人力与资源,同时也把中小城市纳入自己获取营养的范围,其所带来的各种矛盾与问题,远比一般的城市化进程严重得多。"①都市中不断扩张的都市空间、复杂耗时的交通、日益紧张快节奏的生活与工作压力、快速变迁的时尚潮流等,使都市个体难以全面而整体性地掌握一切现象与本质;都市健全发达的社会分工体系和学科分类、程序化,都刺激和鼓励着都市人趋向于接受和了解流动的、暂时的、片面的、浮浅的和感官性的形象及意义层面,而无心对此作深刻的意识反省和终极意义的追问。这种矛盾集中体现在,都市消费文明社会对"真"的主体实践,是建立在对传

---

① 刘士林:《"新农村"与"城市群"的相克与相生》,《中国社会科学内刊》2008 年第 2 期。

统理性意识和探索精神消解的基础上,其对象由自然和作为第二自然的社会转向人自身,即把刺激和挖掘人的各种本能欲望作为最终的认识目的。在此认识自然成了征服人自身的外在手段,其目的不是要实现人和自然的和谐,也不是要深刻揭示人被严重异化的存在本质让人们从噩梦中惊醒,它恰恰是以消费逻辑为基础,以现代大众传媒为手段,不断通过图像复制和欲望化炒作消解掉传统社会积累下来的理性意识,使人忘却对自身以及外在自然的审视和探索,沉醉于消费的愉悦当中。

因此在对待真理、理性的态度上,传统社会与都市社会存在着本质上的区别:传统社会遵循理性,都市消费文明社会则表现为反理性。例如英国维多利亚时代诗人尼丁生的诗歌《尤利西斯》,就以老国王尤利西斯不满于安宁而无所作为的生活,决心为寻求知识和真理而重新去漂泊和探索,象征传统社会人们对真理充满了信仰,锲而不舍的追求。诗中唱到:

唯有从永恒的沉寂中抢救
每个小时,让每个小时带来
一点新的收获。最可厌的是
把自己长期封存、贮藏起来,
让我灰色的灵魂徒然渴望
在人类思想最远的边界之外
追求知识,像追求沉没的星星。①

由此可知传统社会的求知与理性反思,是为了从根本上更正确地认识世界、寻求真理。而在消费文明时代,在人们生活中占据重要地位和大量时间的当代传播媒介,如电视、电话、电影、广播、互联网络等,不仅对于人们获取外界信息具有积极意义,也在人们的思维习惯和文化心理的平庸化与快餐化中起了推波助澜的作用。霍克海默在《艺术与大众文化》一文中曾指出:"(电视使)家庭逐渐瓦解,个人生活转变为闲暇,闲暇转变成为连最细微的细节受到管理的常规程序、转变为棒球和电影、畅销书和收音机带来的快感,这一切导致了内心生活的消失。"②这种在都市化、流水线下生产出来的失去内心生活的都市人,马尔库塞将之称作为"单向度的人",这种人的特征为缺乏深度、俗化和追求感官刺激。

① 飞白编译:《英国维多利亚时代诗选》,湖南人民出版社 1985 年版,第 12—13 页。
② [德] 霍克海默著,曹卫东编译:《霍克海默集》,上海远东出版社 1997 年版,第 216 页。

（二）都市化进程与都市人伦理经验的变迁

都市化进程对当代人的伦理意识和道德实践的影响无疑也是非常巨大的。一方面，都市化加速发展的结果，不仅建立起人类历史上最为发达的、完善的和高效的、便利的物质体系，同时也建立起最为规范的、健全的、文明的和活泼的、丰富的文化生活制度，也即当代都市在给人以极大物质保障和享受的同时，也最大限度地满足了人们日益变化和增长的精神生活要求。但另一方面，正如任何事物都具有两面性一样，都市化亦有负面性的影响，无论是古典时代人们对于城市的恐惧与逃避的情感，还是近代对都市那种放荡、丑恶、扭曲的描写，或者是当代对欲望与性的赤裸宣扬，都表明了都市化有其令人担忧的一面。这可以通过对比传统社会与都市社会两种完全不同的价值观念来加以认识。

传统社会中，人们在心理结构上是自由意志主宰的个人，即康德所谓的奉守内心“道德律令”者。例如人们不断追求个人道德的完满性，注重个人道德品质的培养，如阅读名人传记是为了更好地培养人的高尚情操，在更高层次上实践人生。因而传统社会中人们的道德伦理观念及价值观念，是以个人的意志自由为核心的，同时又是以理性意识和知识积累为基础的。他按照自己的内心原则做出理性判断，不会受商业化浪潮的影响而改变。例如英国作家高尔斯华绥的短篇小说《品质》中所描写的鞋匠格斯拉兄弟，他们一丝不苟地坚持自己的行业标准和内心道德，他们耐心、真诚、优质地为每位顾客服务，从不肯登广告、降低成本以及迎合人们追求快速消费的要求，最终在同业竞争中失败并饿死。其根本原因在于受自由意志高度主宰的古人，其一切行为动机都有内在道德和伦理标准为准绳，而外在的功利目标不足以影响他存在的自由和心理平衡。

而当代都市消费文明中的个人则大异其趣。那种以个人意志为中心的需要结构，在消费文明中发生了巨变。随着近现代以来以血缘为纽带的人际关系逐渐为职业关系所代替，人们由注重群体利益转向注重个人利益的实现，个人伦理与情感需要被放在首位。当代都市化进程则进一步加剧了这一趋势，社会分工越来越明细，消费伦理越来越兴盛，都市人也越来越远离传统的伦理范畴而追捧标榜个性、自由、欲望的消费伦理。同时都市社会中外在消费信息的引导和极度刺激，彻底瓦解了传统社会的那种个体意志自由，使人的感官性本能需求和消费欲望被完全调动起来。尤其缺乏理性反思能力的普通大众，更是受社会消费环境的裹胁和诱导不自觉地接受了当代消费价值观。因而受消费逻辑支配的当代人，种种商业化宣传使其主要靠外在社会的认同而不是主体自身的判断，传统的个人精神和道德追求被感性身体需求的满足所取代，成为当代个人意志需要结构的中心。

可以说，都市化进程的加快，都市人道德实践的这种变化轨迹也就越来越清晰，其负面性的影响也越来越严重。这种负面影响不仅表现在当代文化生产与消费中泛滥的“身体化”与“粗俗时尚”趣味上面，也深刻地反映了当代都市化进程中人们道德实践的沉沦与操守失范：“作为一种以‘身体欲望’为中心的大众文化趣味，它既反对道德制约，又反对审美幻觉，它的核心特征就是表现形态的粗俗化：不要伦理‘内容’，故而粗；不要审美‘形式’，故而俗。当然这里的‘不要’，只是一种相对的说法。不要‘内容’是指它对生命的道德内涵不那么认真，因而不像道德理想主义者那样深沉、严肃、充满悲剧感；不要‘形式’则是指它不把美感看得太重，因而像艺术家那样把艺术当做人最高的生存方式，在它看来简直荒诞透顶。因此，不论是道德理想主义者坚持的‘伦理高于现实’，还是诗人哲学家向往的‘美拯救世界’，对它说来都是扯淡。进而言之，当代大众文化趣味的兴奋点主要集中在一种与崇高的道德愉悦、雅致的艺术趣味完全不同的生理快感上，它的典型表现形态则可以称之为‘粗话’与‘暴力’”。①

因此随着都市消费文明的兴盛，传统社会的文化、道德价值判断与实践也随之土崩瓦解。如近年极为流行的“超女”、“好男儿”等种种选秀与模仿秀，对这些欲望化、身体化的消费表演，当代家长多半不是反对而是接受，甚至积极地参与其中。又如当代对健美、美容的过度消费，往往诱使并不富裕的女大学生做整容、搞健美，甚至一些人甘愿以非法的手段来获取所需资金。可见当代消费伦理驱使人们不是被动地进行消费，而是主动地迎合各种消费潮流；不是恪守传统的理性规定与主观条件相符合的实践规则，而是要按照欲望需求的原则尽可能地进行一切消费。对于这种剧烈的变迁，我们在都市化过程中不是要进一步地加以认同，而是要时刻警惕和加以批判。

（三）都市化进程与都市人审美经验的变迁

都市化进程的加速，都市消费文明社会的来临，也深刻改变了人们关于“美”的观念和标准。传统社会认为“美”是关于人存在“自由与不自由”、心理“愉快与不愉快”的问题，因而极注重“美”的精神救赎功能。消费文明时代人们则把“美”的无关功利的感性方面片面发展，强调身体的快感，而拒绝它的精神性反省与救赎。

两者几乎是截然对立与矛盾的。前者强调通过对美的事物或艺术的审美欣赏，提升主体精神的独立性和完整性，达到心灵的净化和精神的自由、愉悦，最终完善人们的精神结构。因此康德虽把“美”看作“非功利的合目的性”，远离现实

---

① 刘士林：《当代文化消费中的粗俗时尚》，《民族艺术》2000 年第 4 期。

利害关系，但又将之作为沟通“真”与“善”的桥梁，实现人的全面发展的重要途径。如从前人们听音乐是为了接受音乐的、审美的训练，以便人有更强的审美能力，使生命更丰富而精彩。但当代都市社会在复杂性、多元性、不稳定性与开放性上都远要超出传统社会的想象。尤其当代以消费为核心的都市文化模式成为推动都市发展的一种新生产方式以后，其影响足以深入人类精神活动的每一个毛孔。因此消费意识形态对传统精神结构及其再生产的消解，不仅使都市主体充分零散化非中心化了，而且对事物的历史感或深度意义持否定的态度，一切都被消解或被平面化了。

从艺术家对于艺术作品意义探索方面分析，也可充分揭示出这种差别。传统社会的艺术家非常注重对艺术作品的深度意义的探索，如果一幅现代主义的绘画具有意义，那么它一定有很深刻的意味，而在后现代主义的作品中，只有商品化的形式渗透，很少能使人感到作品要表达的意义。如李路明的《中国手姿，No. 18》，一只圆润玉手握着一款色彩明丽的 MOTOROLA 手机，完全是一种欲望化的商品诱惑。现代艺术也有平面感，但这种平面感仍然是在美学意义上的，它来自对透视的反叛，使画面的一切都走向表面。如立体主义所有的画都呈现在表面，平面地展开中，取消透视关系。但这种平面感、表面性努力的方向是把现实世界转化成某种艺术的东西，它实际上证实的是绘画、作画行为本身。而后现代主义的平面感完全不同于现代艺术的平面感，一切都是商品渗透的表象展现，客观世界本身已经成为一系列的文本作品和类像，在这里找不到更多的深层意义追求。[①] 再如现代主义艺术着重于揭示人与自然的矛盾，提醒人类认识这种矛盾与不和谐给人类带来的痛苦。如蒙克的绘画《呐喊》中的桥、土地、河流以及云霞都在旋转，传达出一种对失足掉进深渊的高度恐惧，揭示了人类被城市悬空的高度异化和扭曲的存在，人类在城市中失去自由感和集体感，变得非常孤独和焦虑。后现代主义则放弃对前两者的追求，一味展现人类丑恶的一面，使人变得更加彻底的绝望，如毕加索的绘画《柯尔尼卡》、西克罗斯的绘画《尖叫的回声》等展现的那种人类无尽痛苦和绝望情绪；或是以商业化的形象，过度刺激人的消费欲望，包括人的身体本身，如安迪·沃霍尔的商业性绘画《钻石灰尘鞋》、《坎贝尔罐头汤》，以及他的著名代表作《玛丽莲双连画》等。

对作为艺术创造的主体来说，传统艺术家反对商业化消费，将个性追求和自由精神的表达视为艺术的生命之本，他们多半与社会脱离并强烈批判社会，感觉到社会的一切使他感到不愉快，因此传统艺术家与社会都采取不合作的态度。如凡·高的《向日葵》、莫奈的《日出》等都表现出一种强烈的乌托邦色彩。后现

① ［美］杰姆逊著，唐小兵译：《后现代主义与文化理论》，北京大学出版社 2005 年版，第 178—179 页。

代主义艺术家恰好相反，拼命迎合社会趣味结构，没有个人风格，艺术品生产不再是个性的表达而是按照工厂化原则进行，只注重商业化的平面展示和无深度的感官体验，因此没有原作，任何作品都是能够无限复制的艺术品。比如安迪·沃霍尔的《坎贝尔罐头汤》、唐·埃迪的《橱窗与新鞋》，以及各种为商业展销而设计的艺术设计，本身就是按照商业性原则设计的作品，展示的是充满诱惑的商品形象，它们以日常生活中的商品经验为核心，只需要人们去体验而不需要去解释。这些被商业复制的艺术形象制造了一种高度的真实化效果，但也正是在这种复制中，形象将现实抽掉了，非真实化了。在后现代社会恰恰是形象使人们感到现实缺乏感，在这里人们感觉到的不是过去那种可怕的孤独和焦虑，而是一种无根的、浮于表面的感觉，没有真实感。①

总之，传统社会从真、善、美三个方面积累人类的本质力量，从精神上培育人的理性机能、道德情操和审美素养，使一个人朝着有理性、有道德、有品位的方向全面发展；而当代消费文明则只重视本能欲望的张扬，片面发展人的感官机能。它通过竭力的反理性、反伦理、反美学实践，极力颠覆了传统社会的坚实精神积累，为当代消费欲望的张扬与扩张排除了一切障碍。尤其他以片面刺激人的本能消费欲望为前提，使人变成官能化的存在动物，更偏离了古典时代主体精神实践方向，形成对人的新异化。因此，由于时代背景和实践环境的变迁，及经过后现代主义的解构与颠覆，当代都市人的精神实践在主体的结构与内涵上明显异质于传统社会，导致了当代都市人的主体精神结构的变迁。这正是当代都市与传统社会主体结构性差异之所在。

总之，当代这些都市新问题，影响到人的自由。因此，我们在对待都市问题的态度上应当采取批判的态度，辩证地对待都市问题，客观地把握这种都市现象，真实地理解。研究都市文化，不仅要看到都市的辉煌华丽，各种蓬勃兴盛的文化事业和人们缤纷多彩的生活方式；也要看到都市的隔膜与冷酷，它的快节奏、高负荷的都市生活心理压力，对人身心自由的压迫和异化。只有辩证地、批判地对待都市文化中出现的一切问题，才能使我们更清楚地了解隐藏在都市纷繁现象后面的真实本质，这样才能更好地指导都市文化建设。

---

① ［美］杰姆逊著，唐小兵译：《后现代主义与文化理论》，北京大学出版社 2005 年版，第 188 页。

第八章　主体论：从生产者到消费者

无论都市怎样发展，都离不开作为主体的人与作为客体的对象，从主客体两个方面切入是我们把握都市存在本质的根本方面。在本章中，我们首先讨论都市文化的生产主体。所谓都市文化的生产主体即是创造都市文化基本形态及其基本内涵的群体或个体。我们首先来看什么是文化生产者。

一、文化生产者

（一）何为文化生产者

在西方文化的语境中，“文化生产者”可以翻译为“Cultural Worker”，“Work的基本意涵（指活动、努力或成就）随着其所处的状态不断被修正——其所强调的重点往往不同，例如‘稳定的’或‘有时间性的’工作，或者是‘为了工资或薪水’的工作：被雇用(being hired)。”而后者的意义在都市文化语境中显得尤其重要，它与现代工业文明的进程密切相关，正如威廉斯所说的，“work 被用来专指‘有支薪的工作’是资本主义生产关系发展的结果。‘就业’(in work)或‘失业’(out of work)与某些掌控生产资料的人有决定性的关系。于是 Work 的意涵有一部分从‘生产劳力’转移到‘支配性的社会关系’(predominant social relationship)。”① 因此，“Cultural Worker”在现代社会中集中在文化工业、现代传媒和各种文化服务行业之中。文化工作者与现代工业劳动者的这种工作性质的同源性，揭示出其“被雇佣”和“受制于文化工业”的特点，从这个意义上说，都市中的文化生产者，占绝大多数的其实是“文化工人”。

在中国文化的语境中，文化生产者通常被称为“文化人”。据考证，“‘文化人’这个称呼，是在 20 世纪 30 年代抗日战争爆发之前就已出现，此后越来越通行”。② 中国文化人的第一个独立自由宣言——《中国文化界为争取演剧自由宣

---

① ［英］雷蒙·威廉斯著，刘建基译：《关键词：文化与社会的词汇》，三联书店 2005 年版，第 521、522 页。

② 陈明远：《从“文人”到“文化人”》，《社会科学论坛》2003 年第 5 期。

言》——可以称得上中国“文化人”诞生的标志。在这份宣言中，明确提出：

> 为了拥护戏剧艺术的尊严，为了争取中国艺术家的演剧自由，我们向无理的压迫者上海公共租界工部局抗议……并且要求全中国、全世界开明的文化人予以有力的后援。我们相信，这决不是一件小小的地方事件，而是关系整个中国民族文化，不，全世界新生的文化的前途！

正如陈明远所概括的，“‘文化人’即‘文化工作者’这一概念的出现，标志着我国 20 世纪 30 年代以来许多人文知识分子以‘普通人’、‘人民一分子’、‘工作者’的身份，独立自主地走向社会实践，跟劳动群众相结合”。① 由此，“文化人”与“Cultural　Worker”殊途同归。

在都市文化生产中，文化生产者也因工作性质而有区别，广义地“文化生产者”包括与文化活动相关的所有人员，如生产、保管、制作、加工、传播、管理等，而狭义的“文化生产者”则仅指处于“中心”或“核心”的带有创造性的文学艺术工作者。

（二）文化生产者的类型

爱德华·贝克尔将文化生产者区别为四种类型：整合的专业人士、特立独行者、民间艺术家和质朴的艺术家。文化生产者的这种“细分”一方面表现了都市空间中社会组织的“层级性”，另一方面也表现出了“专业性”。

所谓“整合的专业人士”是都市中文化生产者的绝大多数。他们拥有专门的文化技能训练，被分配到都市文化生产的各个部门和生产过程的各个环节之中，完成其被确定的特定的文化生产工作。以动漫制作为例，制作一部动漫电影需要经过 17 道工序（企划→文字剧本→故事脚本→造型与美术设定→场景设计→构图→背景→原画→动画→品管→影印描线→定色与着色→总检→摄影与冲印→剪接与套片→配音、配乐与音效→试映与发行），每一道工序都需要有具有专业知识和技能训练的文化工作者来从事。从事动漫制作的动漫师（仅是其中一个工种）在角色上兼具有“艺术家”与“产业工人”的双重性质，尽管从事着文化生产、艺术创造的工作，但被整合到流水线式的文化生产流程之中，从而失去自己的创作个性。从艺术学的角度来看，这些动画师虽然在“画画”，但很显然不能与“画家”相比。在具有独创性的画家面前，他们充其量只能算是“画工”。在日本颇有争议的艺术家村上隆的 Hiropon 工厂和 kaikaikiki 公司里，有着一大批

① 陈明远：《文化人的经济生活》，文汇出版社 2005 年版，第 3 页。

年轻的艺术家和训练有素的技师，他们的工作便是将村上隆的作品设计改装成可自由拆卸组装的立体模型玩具，或者转化成卡片、玩偶、胸章、T-shirts、丝巾等产品，从而为让这些打上了浓厚村上隆风格的商品产生巨大的经济效益。很显然，这些训练有素甚至颇有才华的艺术家和技师所扮演的角色便是在不断地复制村上隆风格，生产具有村上隆风格的文化产品。从文化的角度来说，这些“整合的专业人士”无疑是艺术创造规律的遵循者，但是它以一种机械化、程序化的方式参与到艺术创造的活动之中。用贝克尔的话说，这些整合的专业人士“对有关艺术的问题有相似的定义，并同意一种可接受的解决方式的标准。他们知晓先前为解决这些问题所作的努力的历史……他们、他们的支持者和他们的阅听人能够理解他们已尝试作出的努力，以及这种努力是在何种程度上进行的……整合的专业人士能生产出被他人所认可和理解的作品，同时也不会因为能被认可和理解而使作品索然无味”。①

不过，贝克尔所说的“整合的专业人士”范围比“文化工人”要广，它将在“艺术世界”中绝大多数艺术家都包括了进去，这些艺术家按照其所在的艺术世界的成规从事艺术创作，通过得到批评家和大众的接受而获得名声和报酬。

与那些处于默默无闻状态的“整合的专业人士”相比，最具文化创造活力的是那些“特立独行者”。在艺术世界里，他们首先就是那些被称为“大家”、“大师”(文学家、画家、舞蹈家、电影艺术家等)的人。这些大家、大师拥有自己独特的可识别的风格特征，他们的创作往往具有开创一个时代、一种潮流、引得众人争相追捧、竞相模仿的作用。如后现代主义艺术大师沃霍尔，他作于 1967 年的系列丝网印刷《玛丽莲·梦露》其实是在一位名叫惠特尼的助手监制下完成的，而且当时沃霍尔根本不在场，甚至作品的签名都是由他的母亲签上去的。但是，这一切并没有妨碍沃霍尔成为《玛丽莲·梦露》公认的作者。“特立独行者也有艺术世界的经历，也知晓惯例，但与整合的专业者不同，他们发现这种惯例过于束缚了。……特立独行者是有意思的，因为他们存心选择了置身于艺术世界之外，这就突出了艺术世界中惯例与创新之间的紧张。”②正是因为刻意于摆脱艺术世界成规的束缚，才获得了创新的动力，而只有成功的创新才使得他们从那些默默无闻的文化工作者中脱颖而出。

但是，都市中的文化不仅指那些具有都市性的文化，而是作为一个空间包容了来自历史深处的文化记忆和文化积淀。以乡村文化为基础的传统文化中所形

① [美] 霍华德·贝克尔语，转引自[美] 约翰·R. 霍尔、玛丽·乔·尼兹著，周晓虹、徐彬译：《文化：社会学的视野》，商务印书馆 2002 年版，第 260 页。

② [美] 约翰·R. 霍尔、玛丽·乔·尼兹著，周晓虹、徐彬译：《文化：社会学的视野》，商务印书馆 2002 年版，第 260—261 页。

成的文化样式和生产方式尽管在都市化进程中日渐淡出了人们的视线，但是直到今天，它们仍然以“民俗”的方式顽强地在都市中生存下来。随着都市文化发展对文化多样性的渴望以及对传统文化的怀旧，这些民间文化成为都市独有的文化遗产而受到保护。而这些民间文化生产者——民间艺人——也因此而找到了在都市文化生产中的位置。[①] 以上海为例，作为正在向国际化大都市迈进的上海不仅拥有 20 世纪 30 年代国际化的历史，而且有着丰富的民俗文化遗产，如嘉定的竹刻及草编、金山的黑陶及农民画、松江的刺绣及丝网版画、宝山的瓷刻及吹塑版画、闵行的皮影及剪纸、南汇的木雕及石刻，还有奉贤的风筝、崇明的渔民画等。这些民间艺人或世代家传或招生纳徒，传承着传统文化。

在对文化工作者的区分中，贝克尔还命名了一种“质朴的艺术家”。在他看来，“创造质朴艺术的人们经常将他们的创作视为艺术，但他们缺少有关艺术世界惯例的知识，因此常常不被艺术世界承认。他们的作品是带有个人癖好特点的。……由于质朴的艺术家处于艺术世界之外，他们常常利用非标准的材料和非标准的创作方法，……这些事物表现了创造的冲动，但却不符合我们的艺术观念”。[②] 这些质朴的艺术家从主体身份来说，并没有获得艺术世界承认的“大家”或“大师”的称谓，因此，他的独创性很难得到艺术世界的承认，反倒被视为“另类”；他们也因没有历史文化的传承而固态化为民间艺术，因此，他的创造很容易被人所忽视，甚至根本不为人所知。这类质朴的艺术家一旦被人所知，则被赋予“绝活”的称谓。如湖北武汉一位七旬老人练就了双脚踩在灯泡上用嘴叼起自行车的绝活，重庆也有一男子竟能用双眼提起两桶重达六公斤的水，而在俄罗斯则有一男孩拥有磁铁一样的脸蛋，能够轻而易举地将铁制的调羹、餐叉吸起来。这些拥有“绝活”者现在也有了归属，那就是吉尼斯世界纪录大全。

（三）文化生产者的特点

作为个体性的都市文化生产者，文化生产者尽管存在以上四种截然不同的类型，但是其共同点仍然是存在的。

第一，他们主要从事以“创意”为主的精神文化生产活动。

“创意”是随着近年来“创意经济”（Creative Industries 或 Creative Economy）的

---

① 需要特别说明的是，虽然这里沿用的是贝克尔对文化工作者四种类型的划分，但是他所说的“民间艺术”与我们现在通用的民间艺术并不一样，在贝克尔那里，民间艺术是指“在普通生活中普通人的作品，而这些作品并不被使用和制造它的人看成是艺术”（［美］约翰·R. 霍尔、玛丽·乔·尼兹著，周晓虹、徐彬译：《文化：社会学的视野》，商务印书馆 2002 年版，第 262 页）很显然，在贝克尔那里，民间艺术工作者被泛指为普通大众，而我们这里特指那些都市中的民间艺人。

② ［美］约翰·R. 霍尔、玛丽·乔·尼兹著，周晓虹、徐彬译：《文化：社会学的视野》，商务印书馆 2002 年版，第 264—265 页。

提出而倍受关注的。这种“创意”即艺术学中的“创新”。“‘创新’的任务意味着需要不断前进，在现代人的经验中闯出新路来——这需要做出发现和提出不同的见解，需要冒越过想象力的危险界限的风险，也得同过去的僵化结构彻底决裂。一切都需改变——包括作为艺术基础的哲学、艺术表现的基本观念，以及形式和内容、艺术家和观众、具有创造力的个体和社会的关系。”①这种创新冲动在20世纪的西方获得空前的强化：几乎所有的现代派、后现代派文学艺术都可被纳入“先锋派”的旗下（只不过，随着时间的流逝，它们先后都成为“历史先锋派”）。而“创意经济”的提出则将这种对于独创性的追求与大规模的生产联系起来，将“特立独行者”与“整合的专业人士”结合了起来，20世纪90年代，英国最早将“创造性”概念引入文化政策文件，并且在1998年出台的《英国创意产业路径文件》中明确提出“创意产业”这一概念：“所谓‘创意产业’，是指那些从个人的创造力、技能和天分中获取发展动力的企业，以及那些通过对知识产权的开发，创造潜在财富和就业机会，并促进整体生活环境提升的活动。”因此，对个人的创造力、技能和天分的强调使得“创意”成为都市文化生产的核心要素。

第二，他们的文化生产活动具有“场域性”。

考察都市文化生产主体的特点，都市空间对之的规定以及由此而形成的“艺术世界”是一个不可忽视的角度。都市文化空间对交往与合作的要求，使得都市文化生产很难单靠一个人独自完成。

“以一个典型的青年艺术家的奋斗为例。一位有才气的自编自唱者仍需要赚到足够的钱来维持生活，需要演奏的乐器，需要与配乐的乐手就他们的职责进行交流，要有排练的场地、演出的场地、一位经纪人或代理人、唱片公司，要知道如何恰到好处地销售唱片、恰到好处地进行评论，而且还要有观众的欣赏。当然艺术家整合进艺术世界的方式有所不同。我们的自编自唱者也可能在开车去上班的路上自唱自听，自己在方向盘上有节奏的敲打声为自己伴奏。有的人可以在朋友的婚礼上演唱，但却必须依靠其他手段来获得经济支持。不怎么整合的艺术家可能会很少经历到艺术世界的束缚，但他们也不太可能得到名气与财富的回报。对合作行动的关注提出了艺术世界分工的问题。在某些情况下劳动的分工易于觉察。人们在看电影时也许会受到有关明星、制片人和导演的广告的诱惑，如果他们一直看到最后，就会继续观看冗长的演职员名单，美发师和场务也包括在内。即使群体活动不能被直接观察到时仍是分工过程的一部分。一位画家可以单独工作，但必须有供应商，他才能购买颜料和其他物品。如果他想让别人承认他的作品，他可能会选择依据某种已建立的传统创作，这种传统具有被

① ［英］马尔科姆·布雷德伯里著，刘凯芳译：《创新》，《外国文艺》1998年第1期。

普遍认可的‘规则’，以帮助评论者和购买者判断什么是‘好的’作品。他也需要观众，需要他们把他的作品向别人展示，需要他们来购买他的作品，或是买来用于在公开场合展示。”①

所有这些因素，构成了都市文化生产活动的“场域”，它包括哲学社会科学工作者、文学艺术家，以及收藏家、中间人、美术馆馆长等一切与文化生产活动密切相关者，正是在这一点上，都市文化生产者有别于传统文化生产者的特点凸显出来。

“场域”在将个体的文化工作者编织进整个都市文化生产网络的同时，还进一步将之职业化了，这是现代社会生产关系对文化生产的渗透。曾荣获茅盾文学奖的《白门柳》的作者刘斯奋曾感叹道：“对创作者来说最重要的有两点：一是创作激情；二是个性的发挥。职业化与这两种东西是矛盾的。……我们要冲击那种没有活力的体制的职业化，同时将个人的创作活动有所区分，谋生的饭碗我们用找饭吃的法则去经营，也就是进行生产性的创作；但对艺术理想本身的追求则坚持个性和激情，按照艺术规律行事。”②

第三，文化生产活动被纳入整个文化生产、流通、消费环节之中，消费社会的文化逻辑对文化工作者产生明显的影响。

在都市文化生产活动中，文化的经济逻辑对都市文化生产的影响是不能忽视的。文化的经济逻辑还有一个很重要的方面是指，在都市，文化生产只有放到传播、消费这一个完整的链条中才可能有效，从而完整地体现了马克思著名的“生产直接也是消费”论断。2005 年 12 月，著名的小提琴家盛中国偕夫人——日本著名钢琴家濑田裕子在河南郑州同台演出。这场音乐盛宴被一家房地产公司以“普罗旺世”冠名，虽然该项目的策划机构称：“此次冠名不具有任何商业目的，因为我们近期开发的房子早已售完，我们主要是想用这种高雅的艺术形式增进与业主间的交流。普罗旺世的业主的层次与这种音乐会很匹配。”但是，完全可以理解的是，如果没有房地产公司的加入以及经纪公司的运作，这场音乐会对于盛中国来说是不可能举行的。文化的经济逻辑使得我们在分析都市文化生产主体时只有将之置于艺术世界的场域、置于政治经济文化以及都市文化空间的背景、置于生产、传播与消费的环节之中进行分析才可能有效。

谁生产都市文化？这一问题被再度提了出来。很显然，简单地认定是人，认定是都市中的文化工作者已经远远不够了，下面我们讨论都市文化生产的文化机构。

---

① [美] 约翰·R. 霍尔、玛丽·乔·尼兹著，周晓虹、徐彬译：《文化：社会学的视野》，商务印书馆 2002 年版，第 254—255 页。

② 转引自《非职业化：文学艺术的重新选择?》，《粤海风》2001 年第 5 期。

二、文化机构

（一）何为文化机构

如前所述，都市空间使得文化生产在交往与合作上产生了特殊的需要，特别是随着工业文明对文化生产活动的渗透，社会分工更加细密，文化工作者日益被整合成专业人士，被分配到文化生产流水线中，成为“文化机器中的螺丝钉”。都市文化消费对数量的要求，也影响到那些以手工艺为主的民间文化产品的生产方式。在一些民俗文化村或民间工艺组织中，我们经常可以看到，民间艺人日复一日地重复进行某一特定风格类型的民间艺术产品的加工——在此，“重复的创造性劳动”成为这两种看上去迥然不同的文化生产方式的共同点，通过某一项目或机制将这些文化工作者凝聚起来一起从事文化生产的文化机构（Cultural Institution）扮演了文化生产主体的角色。

当文化机构成为都市文化生产中更加活跃的主体时，它与传统社会文化生产主体的差异更加明显地体现出来：

其一，基于合作基础之上的文化组织机构在都市文化生产中扮演了越来越重要的作用，从而导致了“集体主体”的诞生。

为这一“集体主体”进行理论奠基的，是法国著名的社会学家吕西安·戈德曼。他将马克思主义的社会历史理论与皮亚杰的发生认识论结合起来，强调对文化创造的主体必须在社会历史情境中予以把握，必须在特定的社会生产关系的结构体系中予以定位。他对拉辛的研究就是将之放在与各派冉森运动的关系中进行考察的，进而，再将冉森主义放到17世纪各社会阶级所体现的政治、经济和社会对抗的整体语境中进行审视。在他看来，“社会现实本身也是以结构的意指的全部的组合关系联接起来的一群个人：社会集团（尤其是社会阶级）行为的总和”。“这种社会集团是历史运转的真正主体”。[①] 由特定意义结构聚合起来的个人，就构成了他所说的作为社会集团在场的集体主体。戈德曼认为：“文学作品常常是在它与某个个体主体、即作者的联系之中被研究的。但是发生结构主义的产生，与传统文学批评的主要分歧就在于前者将作品与一个集体主体相联系，而后者则将作品与个体主体相联系。然而，对于发生结构主义更为特别的是，集体主体构成了一个不尽被意识到的有意义结构。这一有意义结构总是采取集体主体的结构方式。这一集体主体理性地，有意义地在一个特定环境中活

① ［法］戈德曼著，段毅，牛宏宝译：《文学社会学方法论》，工人出版社1989年版，第197页。

动，于外在地和内在地引起的变化之中活动。”①

文化机构正是这样的都市文化生产的“集体主体”。在传统社会文化生产中个人主体所具有的个性、风格及创意等特征在这个“集体主体”中获得了体现，而其作为“集体主体”在进行文化生产时所拥有的分工与合作、自动化和可复制性等特点则使之成为现代工业文明的宠儿。

其二，文化日益紧密地与政治、经济等因素联系起来。

从政治的角度看，每个国家、每个城市都为当地文化制定了非常明确的规划，并进行着严格的管理。如负责韩国文化产业管理的政府部门主要是韩国的文化观光部，其主要的工作目标是为构筑 21 世纪“文化时代”、推动韩国文化发展，建设文化韩国奠定基础。下设 3 个局，文化政策局制定韩国文化发展基本政策以及与版权、图书馆及博物馆业务有关的政策；文化艺术局用以支持文化艺术创作活动，维护国民的文化艺术享受权并制定相关的艺术政策，开展和普及各种文化艺术活动，承办文化艺术国际交流事务；文化产业局负责电影、影像、游戏、音乐、出版、动画、广告等各个方面的基础设施建设，专业人才的培养，高附加值文化产品的开发以及国际市场的开发等。此外，还设有韩国文化内容振兴院、韩国游戏产业开发院及韩国报刊伦理委员会、韩国电影振兴委员会、韩国映像资料院等专门机构。中国党和政府的各项文件中也有专节论述社会主义精神文明建设、文化体制改革等相关内容，也体现出文化作为一项政治使命的重要性。

文化与经济的关联同样构成了都市文化生产重要的方面。特别是在当前从工业社会向后工业社会迈进过程中，都市的社会结构、组织形式、功能作用也在发生重大的变化。费里德曼早在 1986 年就提出了“世界/全球城市”的衡量标准，包括主要金融中心、跨国(包括区域)多国籍企业总部、国际性机构、快速成长的商业服务业部门、重要的制造业中心、主要交通运输节点及人口规模等七项。② 加之，全球经济一体化速度的加快意味着全球城市之间分工、交流、合作、竞争等各种关系的进一步强化，都市的发展与其经济发展水平和特征紧密相关。在这一过程中，文化的经济化趋势也在加强，以文化产业为核心的创意产业已经成为一个国家或城市综合竞争力的重要标志。以中国为例，从 2004 年起，深圳文化创意产业园成立，上海相继建成 18 个创意工业园，北京则为中关村创意产业先导基地揭牌……

都市文化生产因为政治与经济因素的介入出现分化，从而导致文化机构也

---

① ［法］戈德曼著，段毅，牛宏宝译：《文学社会学方法论》，工人出版社 1989 年版，第 97 页。

② 转引自周振华、陈向明、黄建富主编：《世界城市：国际经验与上海发展》，上海社会科学院出版社 2004 年版，第 4 页。

呈现出复杂的面貌。文化生产的经济逻辑以赢利为目的,在利润的驱动下,促使文化生产向大众文化方向倾斜——可复制的(因而是低成本的)、用以交易的(因而是有利可图的)、致力于满足大多数市民精神文化需要的(因而是市民性、大众性的)的特点从而显现出来;而文化的政治逻辑则强调文化的社会功能,它需要这个文化能够成为民族独立、城市精神的体现(因而强调文化的独立性与差异化,进而是可识别的),它注重对民族文化、地域文化的继续、保护和发展(从而能够有效地抵御外来不良文化的入侵),它还需要满足普通市民娱乐、休闲、健身、求知、审美等精神需求(而这些往往是公益性的,不能带来丰厚经济利益的)。文化的经济逻辑与政治逻辑的分野,导致了截然不同的都市文化生产主体的产生——商业性的文化生产主体形成"文化产业机构",而公益性的文化生产主体则形成"文化事业机构"。

在此值得一提的是中国政府推动"文化产业"发展的历程。1992 年,国务院办公厅综合司编著的《重大战略决策——加快发展第三产业》,明确启用了"文化产业"的概念。1998 年,文化部增设文化产业司,主要任务是研究拟定文化产业发展规划和相关政策、法规,扶持和促进文化产业的发展和建设,协调文化产业运行中的重大问题。2000 年,《中共中央关于制定国民经济和社会发展第十个五年计划的建议》中明确提出"推动信息产业与有关文化产业结合","完善文化产业政策,加强文化市场建设和管理,推动有关文化产业发展"。根据党的十五大报告,2001 年 10 月,文化部制定了《文化产业发展第十个五年计划纲要》和《文化事业发展第十个五年计划纲要》。《文化产业纲要》指出,加快文化产业发展,有利于促进文化事业的改革和发展,有利于不断满足人民群众日益增长的精神文化需求,有利于扩大内需、增加就业和国民经济结构调整,对于"十五"期间国民经济发展和社会全面进步具有积极的促进作用。2002 年 11 月 8 日,中国共产党在十六大报告中明确提出"积极发展文化事业和文化产业,继续深化文化体制改革"问题。文化事业与文化产业的区分,直接触及到了对文化生产的属性定位和所有制问题,成为中国文化体制改革向深水区迈进的标志。①

(二)文化产业机构

文化产业机构是文化产业的生产主体,就其经济过程的性质而言,文化产业可以被定义为"按照工业标准生产、再生产、储存以及分配文化产品和服务的一

① 值得特别注意的是,新中国成立以后,文化长期被视为党和人民意识形态体系中的重要组成部分,文化生产主体也被统一归为文化事业单位,从而形成以国家资助为经济来源的运作体制。进入 20 世纪 90 年代以后,中央相继发布一系列文化事业的经济政策文件,可以说是将文化产业从文化事业中剥离出来的先声。

系列活动”，①因而，文化产业机构就是从事上述活动的主体。中国文化产业联合调查组于 2001 年对文化产业作了如下的界定：“文化产业是指从事文化产品生产和提供文化服务的经营性行业”，并初步认为文化产业主要包括文化艺术、文化出版、广播影视、文化旅游等四个领域，具体行业的划分尚待进一步研究。②从国外情况看，文化产业的范围涵盖了文化艺术业、广播电视业、新闻出版业、信息网络服务业、教育业、旅游业、体育业、广告业、会展业、咨询业等。从我国现实情况看，文化产业主要包括文艺演出业、影视业、音像业、文化娱乐业、文化旅游业、艺术培训业和艺术品业等。

文化产业机构所从事的文化生产活动最大的特点就是它的商业性。通过文化产品的生产、销售而赢利是文化产业机构从事文化生产的首要目的，因此，以商品化、市场化为主导的经济逻辑构成了文化产业机构的运作方式。

不过，在对待文化产业的商业性问题上，历来有两种截然不同的态度。一种是以法兰克福学派为代表的文化工业批判论。在他们看来，在发达资本主义社会，普通大众的物质生活和精神生活被同化和整合到现存制度之中了，而且这种整合方式是通过文化工业来实现的。文化工业(cultural industry)借助现代高科技手段，大量复制、传播文化产品，制造虚假的意识形态来欺骗和奴役大众。文化工业的出现使得文化艺术在现代资本主义制度之下与工商业融为一体。文化工业就是文化的商业化，廉价、媚俗追求资本的“增殖”，就是它们的特点，用阿多诺的话说，“文化工业的全部实践就在于把赤裸裸的赢利动机投放到各种文化形式上。”③在晚期资本主义时代，“由于广告，由于形象文化，无意识以及美学领域完全浸透了资本和资本的逻辑”。④ 而另一种则是后现代文化的“文化经济”论。这种理论认为，经济的文化化和文化的经济化是社会发展到特定时期的必然的趋势，“从经济供应与生产方面来看，经济文化要求将生产的行为模式与生产的组织形式看做社会的充满意义的行为，看做教化的行为。经济的生产、文化的变化是工业导向的经济向服务导向的经济形式转变的结果，表现为从重视物质财富的生产转变为重视非物质财富的生产”。⑤

中国在“文化产业”与“文化工业”上的理论选择则直接与改革开放和文化体制改革进程密切相关。尽管早在 1979 年，广州东方宾馆就开设了国内第一家音乐茶座，标志着文化市场的兴起，但是文化经营模式和文化产业形态直到 20 世

---

① 转引自《关于发展文化产业的对话》，《中国文化报》，2001 年 10 月 15 日。

② 孙安民：《文化产业：理论与实践》，北京出版社 2005 年版，第 8 页。

③ [德] 阿多诺：《文化工业的再思考》，载于《文化研究》第 1 辑，天津社会科学出版社 2000 年版。

④ [美] 杰姆逊著，唐小兵译：《后现代主义与文化理论》，陕西师范大学出版社 1986 年版，第 147 页。

⑤ [德] 彼得·科斯洛夫斯基著，毛怡红译：《后现代文化》，中央编译出版社 1999 年版，第 125 页。

纪 90 年代以来才开始受到重视。特别是随着中国加入 WTO,面对西方强大的文化输出能力,中国在保护民族文化和民族产业的心态下开始正视文化产业问题。很明显,中国对文化产业的重视具有两个方面的重要意义。其一,将文化从简单的主流意识形态宣传功能中剥离出来,让它承载更多的满足老百姓精神文化需求的作用,而以产业运作的方式,一方面可以满足人民群众日益增长的精神文化需要,另一方面也可以通过赢利而摆脱国家资助的计划经济模式;其二,大力发展文化产业,培育成熟的文化消费市场,也是入世后抵御外来文化冲击的最好方式。

文化产业机构在运作方式上的特点是高度的组织化和社会化。在文化产业机构里,“文化工人在等级森严、有高度劳动分工的‘职业’管理组织中工作”。① 它的特点就是将个体的文化工作者整合进这一庞大的生产体系之中,其优点是具有极强的社会资源动员、组织和整合能力,从而能够高效生产、巨型生产、复制生产;而其缺点就是主导性风格,而绝大多数文化工作者只是作为生产环节而存在,是不需要个性的“文化工人”。典型者如好莱坞式的电影工业。

“好莱坞的制片制度是建立在其分工精细的生产流程的基础上的。在每一个制片厂内部,一部影片从编剧开始到拍摄完成,需要经过许多道‘流水’程序,集中许多人的智慧。一般来说,根据电影的制作过程,制片厂大致将机构分为编剧、导演、演员、摄影、录音、道具、服装等部门,而每个部门又有更细的划分。如‘编剧部门有提出意图、结构主要情节、添加次要情节、写对话、加噱头等各个专门部分,由各种专家主持其事’;导演部门有主要导演、专门负责各种类型场面的助理导演部分;演员部门有专门负责发掘演员的专家,演员又分成不同的类型。其他部门也都分工精细,并雇用各种专家专司其职。这种‘流水’程序与其他企业的产品生产流水线一样,都是高度发达的大机器生产时代的产物。”②

文化产业的发展直接的结果就是催生了大众文化。对于群众文化需要的满足早在 1938 年就已提出了,在党的六届六中全会上,毛泽东做了《中国共产党在民族战争中的地位》的报告,明确提出创造“新鲜活泼的,为老百姓所喜闻乐见的中国作风和中国气派”的问题。③ 不过,那一时期的文艺大众化更多地是强调文化知识的普及和知识分子的大众化问题。真正意义上的大众文化是随着整个社会向市场经济转型过程中产生的,“当代大众文化是一种在现代工业社会背景下

---

① 佳南语,转引自[英] 利萨·泰勒、安德鲁·威利斯著,吴靖、黄佩译:《媒介研究:文本、机构与受众》,北京大学出版社 2005 年版,第 93 页。

② 何群:《配方式生产:好莱坞电影产业的文本制作》,http://www.filmsea.com.cn/focus/article/200212180009.htm

③ 毛泽东:《论新阶段》,《解放》第 57 期,1938 年 11 月 25 日。

所产生的与市场经济发展相适应的市民文化，是在现代工业社会中产生的，以都市大众为消费对象和主体的，通过现代传媒传播的，按照市场规律批量生产的，集中满足人们的感性娱乐需求的文化形态。简单地说，当代大众文化具有市场化、世俗化、平面化、形象化、游戏化、批量复制等特征。”①在文化产业的作用下，文化产品从原创走向了复制，从精英文化转变为大众文化，从少数人享用的奢侈品转变为普通人能承受的消费品，从而在更大范围内满足了人们的文化产品需求，提高了人们的精神文化素质。不过，大众文化的负面作用仍不容忽视，正如杰伊所指出的，“个人‘趣味’的自由观念势必被现代社会主体自律性的逐渐清洗所完全冲破，这一发展的含义是理解大众文化的关键”。②

（三）文化事业机构

文化事业机构是从事文化事业活动和行动的主体。

作为都市文化的重要组成部分，公益性的文化服务设施和机构有着非常特殊的地位。比如说图书馆、博物馆、纪念馆、展览馆、剧场、科技馆，乃至文化广场、教堂、寺院、历史文化遗址等，是一个城市文明的重要标志，也是市民满足日常文化需求的重要场所。它的使命就是承担城市公共文化服务职责。还有城市的历史文化遗迹，构成了这个城市的文化血脉，对于凝聚城市市民、培育城市精神、塑造城市形象具有非常重要的作用。在我国，传统的公益事业局限于济贫救困和兴办基础教育事业。到了近代，民间公益事业扩展到医疗卫生、教育培训、环境治理、科学技术、文学艺术、文娱体育、社会治安、法律咨询等。根据《文化事业发展第十个五年计划纲要》，我国将目前的文化事业划分为“文学艺术事业”（包括文学艺术团体、表演团体、画院、美术馆，艺术科研机构以及各类文化艺术节等）、“社会文化事业”（包括群众文化、社区文化、村镇文化、校园文化、企业文化、军营文化等）、“文物博物馆事业”、“文化市场的繁荣与管理”、“对外及对港澳台地区文化交流”、“文化信息化建设”、“文化基础设施建设”、“文化队伍建设”等。

但是这些文化服务设施和机构是很难产业化的，如果仅仅强调产业性质和经济效益，这些公益性的文化服务设施和机构就很难在都市里生根发芽。因此，中外城市发展过程中，当地政府都对这些公益性的文化服务予以特别的政策。以英国的文化艺术资助制度为例。它起源于 20 世纪 40 年代，当时英国政府成

---

① 邹广文、常晋芳：《当代大众文化的本质特征》，《学海》2001 年 5 期。

② ［美］M. 杰伊著：《美学理论与大众文化批判》，载于董学文、荣伟编：《现代美学新维度——西方马克思主义美学论文精选》，北京大学出版社 1990 年版，第 403 页。

立了第一个扶持文化事业的国家组织——音乐和艺术激励委员会(CEMA)。后来,在凯恩斯的领导下,该组织于1946年演变成世界上第一个保持"一臂之距"的分配政府资金的中介管理机构——大不列颠艺术委员会。而在中国,我们曾对文化机构都一概而视为"文化事业"而采取国家资助政府拨款的方式更为典型。

不过,政府资助型的文化事业机构只是都市文化事业机构的一种类型,所谓"第三部门"即是另一种形式上的文化事业机构。人们通常把第三部门看成是超越"国家主义"与"市场主义"的一种机制,当代第三部门组织机构也往往强调其事业的非政治、非政党、非意识形态性。从广义上讲,任何社会都存在"政府"与"企业"之外的领域,第三部门往往被视为属于社会领域,因此,不少国家也往往把第三部门的工作称为"社会工作"。而"第三部门"的运作模式是基于"慈善"、"自愿"的原则,采取的是"民间"、"非政府组织"的形式。以中国基金会为例,早在20世纪80年代市场经济初步兴起,中国成立了第一个基金会即中国儿童少年基金会。中国的基金会基本上都是"运作型"基金会(operation foundation),即筹募基金和项目运作都是在同一个组织下进行。中国青少年发展基金会在初创时期只是为帮助边远儿童少年解决初级教育的书籍用具免于失学而以"一对一"办法募集资金。在获得社会公众支持后发展为建立"希望小学"、提供"希望书库"、"影库"、培训教师、电子信息馆等。[①] 从中,我们可以看到作为"第三部门"的文化事业机构在文化生产及文化服务中所扮演的角色和发挥的作用。不过,目前"第三部门"也出现了"自愿失灵"和"公益软化"的现象,自身的发展仍然存在问题。

此外,还一个重要的领域值得特别注意。在都市文化生产中,传媒生产占有非常突出的位置。但是,传媒作为都市文化生产主体的定位却存在问题。比如说报刊基本上只有私营和国有两种所有制形式,广播电视却有私营、公营和国有三种所有制形式。在不同的国家和地区,其传媒具体的运行体制和管理模式也存在很明显的差异。以美国为代表的就是以私有制为主体的完全商业化的运作体制,以西欧国家为代表的则是公私兼有的运作体制,而在中国,则是完全国有的有限商业运作体制。不同的所有制形式和运作体制使得传媒在不同的国家和地区其分属文化产业机构还是文化事业机构就各有不同。这也就是为什么中国的传媒体制改革有很长一段时间一直纠缠于"产业"、"事业"的原因,而所谓"事业性质,产业运作"的双轨制并未能完全破解这个难题,也与传媒属性定位有密切的关系。

---

① 朱传一:《中国民间公益事业发展的轨迹与趋势》,《社会学》,2000年第4期。

总之，都市是一个高度组织化和社会化的空间。个体通过被纳入某一机构中而融入都市，单纯的个体很难在都市立足。在都市，交往定义了个体，而非个体决定交往，这使得在文化生产中，个体始终处于弱势的地位，难与依托高科技手段和现代工业生产体系的集体主体——文化机构抗衡。在都市文化产品中，我们经常可以看到，上面盖着某某公司、社团或品牌的印迹，我们也难得一见文化产品的真正创造者的真容——正如在餐馆吃饭一样，我们最多只能知道，这个菜是几号厨子烧出来的，至于他姓氏名谁，高矮胖瘦，我们一概不知，也从不在意。在这里，钱钟书的那句玩笑话，还是可以当真的——在都市文化消费中，我们吃鸡蛋就行了，谁会在乎生蛋的母鸡呢？至多，我们会被告知或留意到：哦，这是什么牌子的鸡蛋。

三、消费者的文化再生产

（一）何为消费者的文化再生产

生活在都市中的人们往往被赋予"群众"、"市民"、"大众"的称谓，当他们被纳入文化生产领域之中后，他们变成了文化产品的消费者。他们通过花钱购买所需要的文化产品来打发时光、获得快感或者领悟意义。

在对待这些"群众"、"市民"、"大众"的问题上，历来有两种态度。一种是将他们视为沉默的大多数，意识形态的被动接受者。这种观念的思想来源与法兰克福学派有关。在他们的观念中，一方面他们发现现代传媒的发展使得文化的传播越来越方便，越来越大众化，越来越容易被大众所接受，但另一方面，在这种发展中，受众却始终处于被动的地位，他不仅不能决定接受的内容，甚至连接受的方式也受到严密的控制。从整个资本主义生产体制上来说，大众传播媒介作为现代意义的"文化工业"在遵循市场经济逻辑追逐利益的本性的同时，也成为为资本主义现存制度辩护的"意识形态国家机器"。从微观的对于大众个人情感心智的影响来看，这种文化工业的市场与意识形态的双重逻辑也是相当厉害的。当大众每天早上翻开一份份报纸，晚上回家打开一个电视频道的时候，"家庭逐渐瓦解，个人生活转变为闲暇，闲暇转变成为连最细微的细节也受到管理的常规程序、转变为棒球和电影、畅销书和收音机带来的快感，这一切导致了内心生活的消失"。①

另一种态度则相对中立一些，认为大众在接受文化产品和意识形态宣传时

---

① ［德］霍克海默著：《艺术与大众文化》，载于曹卫东编：《霍克海默集》，上海远东出版社 1997 年版，第 216 页。

不是完全被动的,他们也在选择、对抗甚至利用现有的文化材料进行文化的再生产。这种观念的思想来源与伯明翰学派有关。伯明翰学派学者们发现,尽管资本主义的意识形态国家机器是如此的强大,市场经济的逻辑是如此的不可逆转,但是大众作为消费的主体其消费的主动性仍然存在,而且在发挥着越来越多的作用。他们借用葛兰西"文化霸权"理论的资源,将大众的消费行为视为意识形态争夺的场域,并在这一过程中突显出了大众消费的主动性。比如说,霍尔提出了著名的"编码—解码"理论。霍尔根据马克思的生产→产品→消费→再生产的模式建构出了一套编码→成码→解码的电视编码/解码理论。在这一理论中,霍尔特别分析了受众解码的三种模式①,这三种模式显示出受众在解码过程中如何与统治者意图进行博弈的过程,指出解码中一方面是统治者的意图的实现,另一方面是大众能动性的发挥。到了费斯克,更是将目光更多地集中到了对大众这种能动性的发掘和发扬上。费斯克借鉴法国学者德塞图的抵制理论,对大众的"抵抗的游击术"进行了精到的分析,在费斯克看来,大众文化中所体现的这种抵抗其实是一种"弱者战术",也就是说,受众不一定要战胜统治的力量,只要不被它打败就是成功。为此费斯克总结出"描绘日常生活之战术的关键词,包括适应、改造、要花招"②。进而,费斯克彻底颠覆了法兰克福学派关于大众文化是资产阶级制造的文化幻想的理论,提出了作为生产主体的"大众论"观点,"大众文化是从内部和底层创造出来的,而不是像大众文化理论家所认为的那样是从外部和上层强加的"。③

尽管这两种对待"大众"的理论各有利弊,但我们的目的却并非停留在理论辨析的层次上。通过对大众能动性的重视,我们可以发现,消费者自身也存在生产性的因素。在这里,马克思关于"消费从两方面生产着生产"的理论获得了新的延伸——消费不仅生产了生产的需要,而且还直接成为一种生产。为了与生产者的生产相区别,我们在此可以把消费者在消费中的生产定义为消费者的再生产。在都市文化生产中,便是消费者的文化再生产。

举一个最明显的例子。当 2005 年陈凯歌导演的《无极》在各大院线播映的时候,网络上开始流传一部由胡戈制作的《一个馒头引发的血案》。片中直接将

---

① 具体为:1. 主导—霸权式,即受众在主导符码范围内进行解码,解码与制码所用的符码一致,受众与传播者的立场也一致;2. 协调符码,即受众一方面承认传播者意识形态的权威和吸收他所用的符码,另一方面,又保留自己与之不相同的独特意见,形成协商的立场;3. 对抗码,即受众接收到传播者采用的符码,了解了它的意图,但仍以一种俨然相反的方式去解码信息。([英]斯图亚特·霍尔著:《编码、解码》,转引自罗钢、刘象愚主编:《文化研究读本》,中国社会科学出版社 2000 年版,第 358 页。)

② [美]约翰·费斯克著,王晓珏、宋伟杰译:《理解大众文化》,中央编译出版社 2001 年版,第 41 页。

③ [美]约翰·菲斯克著,杨全强译:《解读大众文化》,南京大学出版社 2001 年版,第 2 页。

影片《无极》中的片断进行了拼接组合，彻底改写了剧中的人物关系，并借用央视《中国法治报道》的形式重新讲述了一个新的故事。在这一事件中，我们可以看到，陈凯歌作为一个文化生产者，创造了文化产品——电影《无极》，而胡戈则作为一个文化消费者，利用这一文化产品为其提供的影像资源重新进行编辑加工（这是一个典型的文化生产过程）而成为《一个馒头引发的血案》这一个新的文化产品，但这个文化产品包含了前一个文化产品中许多成分。由此可以看出，消费者进行了一次卓有成效的文化再生产活动。

再比如，在都市文化生产中，网络博客无疑成为近来最新的形式。不过，当博客涌现的时候，其身份的暧昧与包容使得作为文化生产的主体自身也发生了解构——生产者/消费者变得更加难以区分了。不过，这是较近的比较极端的例子。在日常生活中，绝大多数消费者只是通过对文化产品的消费生产快乐、发现（创造）意义。因此，有必要从文化再生产性质和特点的角度对大众进行一些区分——普通人、“迷”和专家。

（二）普通人的文化再生产

普通人一般的消费习惯怎样？他们为何消费？如何消费？在消费中获得了什么？再生产出了什么？这一系列问题都需要得到展开。但是展开这些问题又不是那么容易的事情。

作为普通人，他的消费习惯缺乏一种主动性，也缺乏持久性，是一时兴起，转瞬即逝的，用中性的语言来描述，就是一种“适度的消费”，比如“这两部片子，随便看看就可以了，当成一种体验，最好别当成享受”。[①] 因此，当普通人在进行文化消费时，只是满足于一种娱乐的需要——获得快乐。由于对更深意义追寻的放弃，对文化产品消费持久性的放弃，普通人的文化再生产能力也相应地打了折扣。

不过，作为普通人的文化再生产仍然有自己的特点。比如说，充分利用成规，使普通人在识别中获得对影片的认同感在现在的影视节目中运用得非常普遍。最典型的例子应该算是《黑客帝国》。在这部系列影片中，黑色的墨镜、黑色的风衣、绿色的数码流幕、酷感的字体、另类的画面，所有这些视觉元素构成了非常容易识别的成规，并从第一集贯穿第三集。在这一过程中，这些标识还贯穿到与之相关的黑客系列的延伸产品中，从游戏、海报、网站再到真人玩具等，甚至连主角尼奥在电影中所用的三星手机，也被包融到了这股识别潮中。应该说，正是《黑客帝国》充分运用了这种统一而创新的识别设计，为现实世界中的人们创造

---

① 格子：http://topaz.blogdriver.com/topaz/575971.html。

了另一种视觉风格，也许正是这种风格，驱动了观众的好奇和参与心理，驱动了全球的《黑客帝国》热潮。可见，成规识别的快感明显占了上风。

但还有另一种截然相反的情况：一旦形成了成规获得了识别，快感便无从产生。我们可以从恐怖电影这一类型片的发展可看出这种作用于普通观众眼中的极度快感是如何发展的。恐怖感是一种人们对未知世界的恐惧心理。到现在，恐怖片已发展成三个主要类型别：怪异片(它包括吸血鬼影片、幽灵片、神鬼片、魔法片和僵尸恐怖片等)、心理恐怖片以及凶杀片。不过，恐怖片的模式化也将大大损害恐怖效果的产生。如果观众在看着影片时，一眼就看出下一个镜头将是什么，就会让人感到重复和厌倦。这也就意味着，当一种反常震惊被模式化变成成规之后，这种反常震惊感也就消失了；如果导演不识趣，仍旧按这种恐怖成规来导演的话，这种对于恐怖成规的识别便会向另一种快感发展——发笑。①

普通人是如何从文化产品的消费中生产出意义的？当他们以“随便看看”的态度面对文化产品时，其所包含的潜在意义能够在多大程度上获得实现？在此，大众解读策略中的“相关性”值得特别重视，它概括出了普通观众在观看活动中意义实现的原动力。按费斯克的解释，“相关性”主要包括下面几层意思：第一，相关性是大众的批评标准。“相关性是核心的批判标准。如果一个文化资源不能提供切入点，使日常生活的体验得以与之共鸣，那么，它就不会是大众的。因为人们的日常生活体验是不断变动的，而且，个人的社会效忠从属关系也在变动之中，所以，这些切入点必定也是多元和短暂的，受到社会而非文本因素的影响。”②第二，这种相关性虽是针对文本进行的，但其标准却与文本无涉。“大众批评的评价工作是社会的或政治的，而不是文本的。”“相关性是被读者发现或生产出来的；相关性是文化经济中一些特定的生产时刻和生产过程，使得文本不再仅仅是金融经济中的商品。”因此，大众的辨识力“旨在识别和筛选文本与日常生活之间相关的切入点”。第三，大众通过这种相关性的解读不仅产生意义，也获得快感。“大众文化的快感在于感受和探索这些相关点，在于从文化工业生产的

① 关于这种普通观众观看恐怖片中快感变化的例子，有很多，我们仅从中国恐怖片《窒息》的观众反映便可看出来：“三个面无表情的人，经由一个古老的电梯下至地下 9 层，再穿过长长的仿佛能通到地狱尽头的幽暗隧道，终至一被称为太平间的空旷之所。那里有白布覆盖的一具女尸，气氛顿时变得不出意料地恐怖，瘆人的音乐也恰如其分地响起，空气凝固了一般。啊，好恐怖啊，好害怕啊！我已经迫不及待要配合剧情尖叫了。突然间黑暗的观众席中幽幽地传来一声冷静的旁白：‘看着吧，那个女尸马上要坐起来了，怎么样，哈哈，坐起来了。’果然，在诡异无比的音乐声中，蒙着白布的女尸终于晃晃悠悠披头散发面无血色地坐了起来。哈哈哈，在一段长时间的压抑和窒息过后，观众终于克制不住地爆笑不止。这就是由葛优和金马影后秦海璐共同主演的‘惊悚心理悬疑片’《窒息》。”(杨风：《让人发笑的惊悚片》，《北京娱乐信报》，2005 年 5 月 10 日)

② ［美］费斯克著，王晓珏、宋伟杰译：《理解大众文化》，中央编译出版社 2001 年版，第 154—155 页。

库存中选取合用的商品，以便从大众社会体验中创造出大众意义。”①

但是不容否认的是，这种“相关性”是相当脆弱而易变的，情况稍微发生一些变化，观众在观看中所生产出的意义和获得的快感都会不同。尽管我们可以采用民族志的方法将这些灵光一闪的念头记录在案，并展开案头分析，但我们并不能说我们就真正掌握了“一手材料”，时过境迁，这些材料都会推动它的效力。因此，当我们用“相关性”的武器可以捕捉住普通观众在观看解码活动的蛛丝马迹时，但仍然不能说“我已了解了观众”，更不能妄言“我能够控制和影响观众”。还是费斯克说得对，“大众的艺术是‘权且利用’(making do)的艺术”。② 我们不能过分夸大普通观众的这种“相关性”解读方式，面对着普通观众的这种“权且利用”的意义生产，我们也只能“姑妄言之”而已。

（三）“迷”的文化再生产

在我们的日常生活中，身边随时都可发现各式各样的“迷”：从大的方面说，有“影迷”、“戏迷”、“歌迷”、“邮迷”、“收藏迷”等，从小的方面说，任何一部电影、一部电视剧、一个导演、一个演员都可能造就不少的“迷”。这些“迷”(按现在网上流行的称谓——fans“粉丝”)的基本特点就是：专注、投入、痴迷于某物的人。他们对于其所着迷的对象，可以随口说出一大串枝节细末都一清二楚的信息；对于自己所喜爱的对白、歌词或者片段更是朗朗上口；他们是其所着迷对象的坚定的拥护者，乐于喋喋不休地向人述说他们的喜爱和期待；一旦遇到与之志趣相投的“迷”，便会立刻亲密无间，共同分享彼此心得。如果我们不需要更为严谨的界定，仅仅根据这些“迷”们的日常表现就可做出基本的判断：所谓“迷”就是陷入“迷狂”状态中的人。

“迷”是笼而统之的观众中的一种亚类型，“迷”不同于普通观众的最大特点就是“狂热”，即一种“过度性”。如果说普通观众是一些没有特别的爱好的适度的观者的话，那么，“迷”就是在某一点上的特别迷狂的“过度的观者”。正如费斯克所说的，“大众文化迷是过度的读者：这些狂热爱好者的文本是极度流行的。作为一个‘迷’，就意味着对文本的投入是主动的、热烈的、狂热的、参与式的”。③“‘迷’和其他不过分的大众读者的差别只是程度上而非性质上的差别。”④

“迷”的特质是行为的过度，过度的表现之一就是“一看再看”。对于影视作品来说，“一次性消费”可能是大多数影视作品文化消费的宿命。人们一般不会

① [美]费斯克著，王晓珏、宋伟杰译：《理解大众文化》，中央编译出版社2001年版，第156、158页。
② [美]费斯克著，王晓珏、宋伟杰译：《理解大众文化》，中央编译出版社2001年版，第34页。
③ [美]费斯克著，王晓珏、宋伟杰译：《理解大众文化》，中央编译出版社2001年版，第173—174页。
④ [美]费斯克著，王晓珏、宋伟杰译：《理解大众文化》，中央编译出版社2001年版，第174页。

再花钱去电影院看同一场电影(当然,如果通过电视重放,或者从网上下载也有可能重看),一部电视连续剧也可能就那么隔三岔五地被看完了事。但是如果它们碰上了“迷”,情况就大不一样了。“一看再看”可以说成为衡量这一观众是否为“迷”的最主要的量化标准。在《黑客帝国 3》放映时,有记者采访影迷,问“你是标准的‘黑客迷’吗?”那位观众便说:“是的。我是超级‘黑客迷’,第一、第二集我都看了很多遍。”①过度的表现之二就是“片断回顾”。除了一而再再而三地重复观看之外,“迷”们经常采用各种方式进行“片断回顾”,这种片断回顾的方法有很多,如举行聚会,一些畅谈观看的感受,品味其中的细节;再比如制作各种视频,将这类精彩片断传上网,与“迷”们一起分享。

可以说,狂热、过度成为“迷”区别于“普通观众”的最明显的外在标志。那么,“迷”是如何进行文化再生产的呢?如前面所举的胡戈的例子,很显然,他是一个影迷。不仅仅通过观看电影打发时间,获得快乐,而且还非常熟悉、了解影视的各种成规,否则他无从创造。在文化再生产中,“迷”的再生产能力表现在下面两个方面。

一是“接近”。即对所迷对象的及时跟踪、尽可能地近距离接触、第一时间掌握其最新动态等。只要在明星出没的地方,就会有一群职业“狗仔队”,他们善于捕风捉影、胡编滥造,长于制造“花边新闻”,爆料“明星绯闻”,以至于令娱记声名扫地。而对于普通的“迷”们来说,他们平日只有通过媒体接触他们心中的偶像,但一旦“所迷对象”出现在了他们生活的环境中(到这个城市来演出了),便会在“迷”的日常生活中激起一阵波澜:去明星住的酒店守候,请明星为自己签名,给明星送上自己精心准备的礼物,甚至冲上去一阵热吻……很显然,让“所迷对象”真正参与到自己的日常生活之中,让自己参与对“所迷对象”的日常生活之中正是“迷”们参与性的重要表现。

二是“参与”。迷在对“所迷对象”的参与中有时还达到创造的境界。如参与剧本的讨论改编,促成剧情向自己所期待的方向发展等。如《金粉世家》迷对剧本的参与:“田瑾称最初《金粉世家》在播放的时候,就有不少的剧迷在网上开始续写,其中的几个剧迷代表,他们在网上的创作也很有可取和精彩之处,经过多方查找,投资方也终于找到了这些剧迷代表,而且选中了其中一位重庆的剧迷参与剧本改编的讨论,并且发挥其所长,让剧本趋于完善,田瑾称希望这种创作能够给观众带来更大的震撼。”②而一旦这种要求不能得到满足,

---

① 《〈黑客帝国Ⅲ〉11 月 5 日晚即将“引爆”》,《信息时报》,2003 年 11 月 1 日。

② 冯泽:《“剧迷”参与改编〈金粉〉续集　言承旭有望加盟》,http://news.eastday.com/eastday/news/news/node4945/node19370/userobject1ai229180.html。

“迷”们马上就会采用极端的类似“自杀”式的方式表达自己的意见。在《黑客帝国1》赢得一大批黑客迷之后，在《黑客帝国2》译制中传出了李亚鹏将为尼奥配音的消息。此消息一出，便引起了众多黑客迷的强烈不满，网上更是骂声一片。更有人极端地表示：如果是李亚鹏配音，我就不看电影了。[①] 比较典型的例子还有在韩剧《对不起，我爱你》、《爱在哈佛》中的“拯救主人公”运动。电视剧《对不起，我爱你》的主人公苏志燮从电视剧的第二集开始就头部中枪，子弹留在脑里，随时都有生命危险；电视剧《爱在哈佛》中女主角金泰熙也是最后得了不治之症就要离开人世。很多“迷”们都表示强烈抗议，积极投入到了“拯救主人公”的行动中。

三是“研究”。“迷”们对所迷对象的详尽占有类似于专家从事研究时的资料收集工作，在一定程度上，这些“迷”也具有相当的“研究”能力。当然，这种“研究”在专家们看来，可能是小儿科，业余水平，难登大雅之堂。费斯克也发现了“迷”们的这种“研究能力”。在他看来，“大众文化迷具有生产力：他们的着迷行为激励他们生产自己的文本。这些文本可能是青少年卧室的墙壁、他(她)们的穿着方式、他(她)们的发型和化妆，从而，他(她)们使自己成为其社会与文化效忠从属关系的活生生的指示，主动地和富有生产力地活跃于意义的社会流通过程中”。“这种生产者式的行为与生产原初文本的活动十分类似。它既要求文化能力(对某一种大众文化文类或运动的常识或规则的知识)，同时也要求社会能力(在这种传统中，‘人们’可能会如何去做、去感受或者反应)。……有时候，这些‘迷’的生产力甚至可以扩展至更大的范围，生产出的文本足以与原初的文本相匹敌，或者对其加以拓展，甚至于彻底重写。”[②]如有位“星战迷”的“研究”非常有意思，几乎与艺术欣赏沾不上边，带有明显的“科幻的考古”的性质。他专门研究《星球大战》系列电影中的武器——“光剑”。他不仅清理出了七种光剑类型，而且还分析了各自的原理、代表性功能及其与研习者的关系，最后，还煞费苦心地做了一系列的图示并设计了使用说明书。[③] 还有的“星战迷”根据剧情的发展，编制《星球大战编年史》，《星球大战前传3专题年表/全星系图篇》，为这个虚构的属于未来的战争做传。还有《星际大战系列拍摄年代记》，则是为这部横跨20多年的系列电影拍摄史做的纪录。

---

① 尚梁：《“黑客迷”拒绝李亚鹏为男主角配音》，http://ent.163.com/ent_2003/editor/030618/030618_174871.html。

② [美]费斯克著，王晓珏、宋伟杰译：《理解大众文化》，中央编译出版社2001年版，第174、175页。

③ 《星战1977—2005图鉴》，http://www.ycwb.com/gb/content/2005-05/16/content_902692.html。

（四）专家的文化再生产

鉴赏、批评以及在此基础之上的学术研究，也构成了都市文化生产中的重要组成部分。作为专家，他有自己特定的消费对象——长期以来，他们都是身处象牙塔里的知识精英，消费的都是人类文明传承下来的经典，他们也有自己特定的文化生产方式——对人类知识、智慧的创造使他们成为人所仰慕的鸿儒、大师。不过，在都市文化空间里，日常生活和大众文化也开始影响到专家的研究领域，成为他们所关注的对象，进而，专家也开始直接成为都市文化生产者。

专家虽然也首先作为一个文化消费者存在，但他明显不同于普通人，因为他拥有知识和学术训练；专家在某些表现上与“迷”有些类似，但也不尽相同。专家与“迷”到底有多不同？从他们的外在表现上看，他们有太多的相似之处：当“专家”从事某项研究时，他首先得认同它的研究对象（认为它值得研究），然后，他得尽自己能力占有资料，他得一看再看他所要研究的影视节目，在研究过程中他得相当的专心从而排除一切不利的干扰，在别人眼里他的形象就是一个痴迷者——“有点专业精神好不好?!”——一句话，专注成就专业。那么，“专家”与“迷”之间最大的区别是什么？正如塔洛克所概括的“距离感”。无论“专家”多么专注地面对他的研究对象，但他非常清楚自己的使命，他必须刻意保持与对象的距离，可以说，“迷而不狂”应该是“专家”形象的基本特征。如果说“迷”是“过度而狂热的看客”的话，那么，“专家”则是“过度而冷静的迷”。

在文化消费者中，最具文化再生产能力的正是专家。现成的显而易见的意义并不能满足专家的虚荣心。专家在批评中的意义，生产和再生产是一种对“前所未见”的意义的生产，他要看到别人看不到的地方，要在别人都看到的地方看出另外的东西。一句话，要“见所未见”。那么，如何才能见所未见？怎样才能实现意义的生产与再生产？

第一是“互文”。专家的批评都是以文本为基础的，其目标指向是对文本深层意义的揭示，是通过与文本的对话生产出新的意义来，其方法就是将文本置于历史之中，即置于它产生之前的历史文本之中。在《阿甘正传》中，阿甘所有的活动都被置于20世纪后半期的美国历史背景之下展开，为了制造这种真实的幻觉，导演甚至利用特效修改了过去的纪录片，把阿甘的形象嵌入其中。这是一种修改历史记忆的极端化的做法。“福雷斯特在影片的战后历史中的出现竟显得如此天衣无缝，以至于影片结束时一些评论家预言‘观众将失去辨别真实影像与巧妙伪造的能力’。这种方式的重现具有双重用意。首先，如爱德华·摩根所说，对部分具有代表性的形象和声音进行重新安排‘不但模糊了事实，说得严重点简直是颠倒了事实’。比如，片中某处播放了约翰·列侬的反战歌曲《想象》，这首歌描述了物质主义、民族主义和宗教的力量，表现了对和平的渴望。在影片创作者手中，这首歌却完全变成了美国主义的宣言。通过迪克·卡维特对福雷斯特·甘的电视访谈，《想象》诋毁了中国的无神论和反物质主义，颂扬了阿甘对美国消费主义和基督教信仰的热爱。在阿甘的手中，革命的寓意变成了对遵从主流价值观的颂扬。"[①]显然，如果没有对真实的历史文本的参照，我们是无法来证实或证伪《阿甘正传》中这些"纪录片"（这些历来被视为历史的真实记录）和电影情节（这些往往被视为历史的真实"再现"）究竟是否是历史真实，如果不是，那导演的意图是什么？他要达到何种意识形态目的？等等。

对于老百姓，即"普通人"来说，他们是不大会在意这些"互文性"中所存在的价值评价意义的：一切都是"看看而已"，一切都是"权且利用"（对相关性意义的寻求与对文本间"互文性"意义的追求是两种截然不同的价值取向）。从这个意义上讲，也许那些坚持认为"戏说历史"会影响大众对历史真实的认识，导致历史虚无主义之类结果的专家是否显得杞人忧天了呢？

第二是"诠释"。对专家来说，"偏见"是客观的大敌。但是，偏见却是诠释的前提，任何理解与解释之前都有着已知知识储备的支撑，也就是海德格尔所说的"理解奠基于一种先行掌握"。[②] 伽达默尔所说的"理解甚至根本不能被认为是一种主体性的行为，而要被认为是一种置身于传统过程中的行动。在这个过程中，过去和现在经常被中介"。[③] 专家展开对文化的批评是通过语言进行的，其意义的生产正是通过诠释的方式。

在专家的诠释中，有两种现象特别值得关注。一种是诠释的焦虑，一种是过度诠释。所谓诠释的焦虑是指作为专家，在进行文化产品的研究（消费）时，有一种急迫的心态，即希望能够发前人之所未言。为此，他们一般会通过两种方式来克服这种焦虑。一种是"文本细读"，即全面、深入、事无巨细地反复阅读或观看，以期发现蛛丝马迹，获得新的意义的突破口；一种是"研究综述"，即通过资料检索的途径，将前人对这一文本的研究成果进行系统而全面地清理，从而辨析出哪些问题已被讨论过了，哪些问题还在争议之中，哪些问题则是还没被人发现过的，从而确定自己的研究方向。与这种诠释的焦虑相比，专家们对于过度诠释的恐慌则远不如前者强烈。相反，对于专家来说，皮尔士关于符号"无限衍义"的观念、布鲁姆关于"一切阅读都是误读"的理论、接受美学得出的"有多少读者就有多少莎士比亚"的结论都在为自己所从事的批评提供理论的依据和辩护。但是，

---

① ［美］J. 海兰·旺著，吕奇莹译：《〈阿甘正传〉中关于种族、性别，以及政治的回忆》，《世界电影》2001年第6期。

② ［德］海德格尔著，陈嘉映、王庆节译：《存在与时间》，三联书店1999年版，第176页。

③ ［德］伽达默尔著，洪汉鼎译：《真理与方法》上卷，上海译文出版社1992年版，第372页。

对于文本而言，对于视觉图像自身而言，究竟对诠释的容忍度有多大？当我们面对某幅名画长达成百上千年的阐释史的时候，当我们检索出一部影片会有成百上千篇评论文章的时候，我们该如何评价这种现象？这里是否存在着一种过度诠释的现象？"过度诠释"问题的提出者艾柯坚持认为，"一定存在着某种对诠释进行限定的标准。"①这种标准也许就是在"作者意图"、"文本意图"与"读者意图"之间寻求一种平衡。但乔纳森·卡勒却并不以为然，他认为，"正如大多数智识活动一样，诠释只有走向极端才有趣。四平八稳、不温不火的诠释表达的只是一种共识；尽管这种诠释在某些情况下也自有其价值，然而它却像白开水一样淡乎寡味"。②

也许，正是出于对这种"艺术不能承受意义之重"的抵抗，苏珊·桑塔格提出了"反对阐释"的主张。在她看来，"在一种业已陷入以丧失活力和感受力为代价的智力过度膨胀的古老困境中的文化而言，阐释是智力对艺术的报复"。因此，"现在重要的是恢复我们的感觉。我们必须学会更多地去看，更多地去听，更多地去感觉。我们的任务不是在艺术作品中发现最大量的内容，更不是从一目了然的作品中榨取更多的内容。我们的任务是削减内容，以便使我们看到事物本身"。③ 但是，专家如果完全拒绝了诠释，也就是拒绝了自己在整个艺术场域中所占据的位置，这意味着在推卸自己所应承担的责任的同时丧失了自己所拥有的权力，进而，也就失去了自身所存在的价值。也就是说，拒绝诠释，也就意味着专家文化再生产能力的丧失。而这无异于自杀。

---

① [意]艾柯著：《诠释与历史》，载于艾柯等著，柯里尼编，王宇根译：《诠释与过度诠释》，三联书店1997年版，第48页。

② [美]乔纳森·卡勒著：《为"过度诠释"一辩》，载于艾柯等著，柯里尼编，王宇根译：《诠释与过度诠释》，三联书店1997年版，第135页。

③ [美]苏珊·桑塔格著，程巍译：《反对阐释》，上海译文出版社2003年版，第9页。

第九章　对象论：从实体到虚拟

都市文化是都市文化主体创造的产物，是一种进入生产和消费过程之中的对象，它一般包括都市物质文化、都市精神文化、都市制度文化等方面。从对象的历史演进角度看，都市文化呈现出逐渐由实体向虚拟转化的趋势。在今天，都市文化已在较大的程度上被虚拟化了，如计算机网络、各种媒体意象、商品套系、数字世界等。本章将从认识论角度揭示和分析作为生产和消费对象的都市文化特征。

一、关于自然的三种界说

人类是由大自然中走出(由类人猿向人进化)，才发展建构起了"第二个自然"——人类社会。因此，在人类反自然的行程中，却往往要不断地回归自然，总无法抑制一种依恋和返回自然的冲动，中国的老庄、陶渊明、李白如此，西方文艺复兴时期的思想家，后来的卢梭、尼采，甚至也包括存在论哲学大师海德格尔，应该说他们都有着大致相似的回归自然的情怀。中国哲学中的"天人关系"、西方哲学的本体论、认识论，其实从某种意义上说，所涉及的都是人同自然(或外部世界)关系的这个宏大命题。中国的文学巨著《红楼梦》，除了家族和历史兴衰主题、宝黛爱情主题、情文化拯救主题等以外，其着意于表达人来彼大荒(自然)，又终应归彼大荒(自然)的主题也是十分明显的。

人同自然的关系同是中西文化的大命题，但两者却给出了不同的回答：中国所持有的是"天人合一"观，而西方则是"天人两分"观。"天人合一"强调人和自然的亲和关系，主张人应"师法"自然。如中国的儒家，认为人和天、地是平等并立的"三才"，坚信"尽性以知天"(孟子)，"能尽物之性，则可以赞天地之化育"，"则可以与天地参"(《中庸》)。因此，可以"仁者乐山，智者乐水"(《论语》)，"夫玉者，君子比德焉"(《荀子》)，主张"外师造化，中得心源"(张璪)，"天行健，君子以自强不息"(《易传》)。而中国的道家如老子则主张"人法地，地法天，天法道，道法自然"(《老子・二十五章》)，庄子则主张"吾丧我"，目的是要像自然那样做"逍遥游"(《庄子・秋水》)，"乘物以游心"(《庄子・人间世》)，达到一种像自然那样的自然而然的自由境界。“天人两分”，则主要是把自然看成是人的“对立物”，是纯粹的认识和改造对象，这样，原来附着在自然身上的“亲和性”、“神秘性”，甚至是“神圣性”，便被强行地予以拆解掉了，即马克斯·韦伯所说的“祛魅”。如古希腊的毕达哥拉斯学派把自然看成是一种纯粹的数量关系（数的和谐），形成一种数的哲学，代表西方哲学把自然对象化（认识的对象）的主脉，其要义是把自然“科学技术化”，即把自然转化成一个认识论的逻辑推理体系，或一种数理模型。罗蒂在《哲学和自然之镜》中把这种模式称为“表象思维”或“镜像认识”范型。后来，德国社会学家西美尔在《货币哲学》中把这种认识论的理性概括为“货币理性”，认为货币成了现代社会的宗教，金钱不仅成了物质—经济世界的流通物和统辖者，而且还成了精神世界的流通物，占据了精神世界的地盘。其精神结构因子是物化、理性化和世俗化的品性。“货币是不带任何色彩的，是中立的，所以货币便以一切价值的公分母自居，成了最严厉的调解者”，“一种纯粹数量的价值，对纯粹计算多少的兴趣正在压倒品质的价值，尽管最终只有后者才能满足我们的需要”。[①] 而马克斯·韦伯则把西方社会的演进过程看作是一个全面“理性化”的过程；美国当代社会学家乔治·瑞泽尔循着这一理路，把当代社会称为“社会的麦当劳化”，其特征是：强调效率，强调可计算性，强调可预测性，技术控制，理性的不合理性。[②] 需要特别指出的是，马克思的自然人化和人的本质力量对象化理论，也是这个大谱系的产物，只不过，马克思更强调人与自然的“相互作用”，或者说“互动、互化”。

无论是强调“亲和”还是“两分”，中西有关人和自然关系的论述，不同程度地彰显了人和自然关系的重要性，是我们研究都市文化应依赖的整体理论背景，也是合理评判由实体到虚拟的都市文化走向的宏观依据。若从人和自然的关系的视角，从生产—消费论、对象论的角度论，我们会看到在人类的文化演进过程中，依次出现了“三种自然”，其中后两种自然可为都市文化的生产、消费提供本体论的解释。

关于三种自然，直接的理论资源是英国科学哲学家波普尔的“世界3理论”。波普尔在《客观知识》中划分出了三个世界：

> 第一，物理客体或物理状态的世界；第二，意识状态或精神状态的世界，关于活动的行为意向的世界；第三，思想的客观内容的世界，尤其是科学思

---

① ［德］西美尔著，陈戎女译：《货币哲学·译者导言》，华夏出版社2002年版，第7—9页。

② ［美］乔治·瑞泽尔：《当代社会学理论及其古典根源》，北京大学出版社2005年版，第22—28页；第117—122页。

想、诗的思想以及艺术作品的世界。①

> 自主性是我的第三世界理论的核心；尽管第三世界是人类的产物，人类的创造物，但是它也像其他动物的产物一样，反过来又创造它自己的自主领域。②

这三个世界也可以说是三种自然，或自然的三种存在状态：物质态、观念态、知识体系态。

与波普尔的“世界3理论”相比，法国后现代理论家鲍德里亚的理论更有利于说明三种自然的内涵。在法国结构主义向后结构主义转向的具有标志性的年份——1968年，鲍德里亚出版了他的《物体系》一书，对发达资本主义社会的符号化和消费性特征，进行了初步的探论，其后又陆续发表《消费社会》(1970)、《符号政治经济学批判》(1972)、《生产之镜》(1973)、《象征交换与死亡》(1976)、《诱惑》(1979)、《仿真与拟像》(1981)、《最后战略》(1983)、《大众：媒体中的社会内爆》(1985)、《超政治、超性别、超美学》(1988)等，形成了比较系统的后现代社会理论，由于其理论的独到和深刻，他被一些学者誉为后现代理论教父。③ 鲍氏在《象征交换与死亡》中指出：

> 仿象的三个等级平行于价值规律的变化，它们从文艺复兴开始相继而来：——仿造是从文艺复兴到工业革命的“古典”时期的主要模式。——生产是工业时代的主要模式。——仿真是目前这个受代码支配的阶段的主要模式。第一级仿象依赖的是价值的自然规律，第二级仿象依赖的是价值的商品规律，第三级仿象依赖的是价值的结构规律。④

鲍德里亚对人类社会的生产品做过相似的区分：前现代的产品是“物品”，它突出的是物的使用价值，反映的是自然的价值规律；现代社会的产品是“商品”，它突出的是产品的交换价值，反映的是商品价值规律；后现代社会，或后工业社会、信息社会，产品是“符号”，它突出的是“产品”(符号)的形式品格、个性、趣味、品位和标志，反映的是符号内部的区分性，是其形式结构的价值规律。也就是说，在后现代社会，符号价值高于使用价值和交换价值，符号消费成了时代的本质特征。

---

① ［英］波普尔著，舒炜光等译：《客观知识》，上海译文出版社1987年版，第114页。
② ［英］波普尔著，舒炜光等译：《客观知识》，上海译文出版社1987年版，第126—127页。
③ 仰海峰：《走向后马克思：从生产之镜到符号之镜》，中央编译出版社2004年版，第3页。
④ ［法］鲍德里亚著，车槿山译：《象征交换与死亡》，译林出版社2006年版，第67页。

鲍氏的“三阶段论”，若从人同自然的关系看，则对应了三种不同的自然：前现代——主要是农耕社会，相对应的是纯粹的大自然，人们的生产和消费直接来自自然，如原始人的石器(石斧、石刀)、骨针等；封建社会中农民生产的谷、菽、麦、稻，麻、帛、丝、棉，车、舟、宫、室等，都依然以自然为“蓝本”、背景、依存的条件。比如，以中国的建筑为例，墙壁的土坯、砖、石，房顶的木椽、瓦等，都明显可以看出自然材料的原质，甚至原貌。到了现代，主要指工业社会，由于生产的机械化、自动化，人们不仅可以生产出一个以工业产品的生产和消费为基本构架的社会，也在相当大的程度上使大自然具有了工业化的品质，如科学育种、机械播种、收获，人造大棚生产，人工科学养殖，建筑业的各种科学合成材料的应用等，充分显示了不同于前现代社会的工业化特征。但在工业社会中，形形色色的“产品”仍然是“实体化”的，如高楼大厦、各种交通车辆、飞机、轮船等。当然，这时的“自然”，已更多的是人工自然，是不同于大自然的“第二种自然”。而到了后工业社会或后现代，除了上述“实体化”的产品世界(第二自然)依然存在和继续延续、发展外，一种符号性的商品开始大量涌现，如各种影像品、网络品、比较抽象或形式化、风格化的建筑、服装、生活用品，以至于虚拟的“社区生活”等。这可以相对地被称为是“第三种自然”，其实质则是一种文化符号，是人造“虚像”，是形式化的“抽象世界”。它使发达的当代社会在相当大的程度上“虚拟化”了，社会产品离自然实体越来越远，自然、社会、人，当然还有都市文化，都在相当明显的程度上被它改写了。人同自然的关系已在一定意义上被转换为人同符号(伪自然)的关系，都市文化也被引入实体和虚拟对峙、交错、融合的复杂形态，两者之间的暧昧、紧张、亲和、过渡、转换、结合交构，特别是由实体化往虚拟化偏移等，构成了发达国家、地区的都市文化的复合镜像。这是我们从对象论角度认识都市文化不能不面对的基本内容。

总之，按照鲍德里亚的观念：大自然为第一自然，人工实体产品为第二自然，文化符号为第三自然。从社会形态看，第一自然对应的是传统的农耕社会，第二自然对应的是近代以来的工业社会，第三自然对应的是当代后工业社会。从其每个阶段的典型成果看，第一自然的成果是以使用价值为追求的产品，第二自然的成果是以交换价值为追求的商品，第三自然的成果是以满足消费欲望的文化符号的结构价值为追求的符号。中国社会目前虽还正处在工业化建设之中，但受发达国家的资本、商品、文化的影响，加上本土的市场经济和消费文化的发展，特别是计算机互联网的广泛应用，在上海、北京、广州、深圳等一些发达都市，已在一定程度上出现了与欧美发达国家类似的图景，符号化的生产—消费现象已日趋突出，都市文化也同样呈实体与虚拟交杂并置状态。或者说，近年来随着城市化进程的迅速推进，第三种自然(文化符号)的生产—消费，已越来越成为都市文化中的主导性景观，在逻辑上，则是历史性生成于都市文化由实体到虚拟的纵向演进过程中。

二、从实体到虚拟的都市文化

作为实体性的都市文化，是比较容易识别和把握的，它几乎就是我们传统经验中都市的方方面面，比如餐饮，像北京的全聚德烤鸭、重庆山城的火锅、西安的羊肉泡馍、上海的西餐；建筑，像北京的故宫、天安门，上海外滩一带的西式建筑；商店，如北京王府井、上海南京路上鳞次栉比的高大商厦；娱乐休闲业，像如今遍布各大城市的歌厅舞厅、影剧院、酒吧、咖啡屋、桑拿、发廊、洗脚屋；还有各文化体育场馆，各城市的交通设施、线路、车辆，从轻轨、公交、出租，到地铁、磁悬浮、飞机等，它们都是都市中实实在在的生产和消费对象。但随着信息时代的到来，特别是电子媒介的深度介入，都市不仅出现了虚拟文化世界、虚拟文化生活，其实体文化也在一定程度上被“虚拟化”了。一句话，在一定意义上，当今都市已处于被虚拟改写、被虚拟重新编码的现实境遇之中。

都市文化的虚拟化，首先表现在其存在空间被虚拟化。如随着“汽车城市的兴起”，都市的空间位置、中心和非中心、空间距离等被大大地改变了，成为依主体的工作、生活、休闲娱乐的网络而建构起来的虚拟空间。正如意大利城市规划师贝尔纳多·塞奇所说：

> 总的说来，城市和领地已变成被默默地放在一起的巨大集合体。相似并不意味着就是邻近。每一个物体和空间都有不同的游线，它们的起点和终点都是具体而独特的。例如这是我的房子，这是我的学校，这是我工作的地方，离这儿不远是我妻子上班的地方；我常去的电影院、网球场和健身中心在城市不同的地方，在市区的另外的区域；周末时，每个人会到一个更大的区域，而假期的时候，这个区域会延伸得更远，甚至到了另一个洲。这种地区之间的联系网与我的邻居家、我同事的家、甚至我儿子的家之间的联系完全不同。①

也就是说，每一个城市居民，都会根据自己的活动轨迹，在心中形成自己独特的城市空间，这一空间是对实际的城市空间的个人性改写，同时，由于这一改

---

① ［荷］根特城市研究小组著，敬东译：《城市状态：当代大都市的空间、社区和本质》，中国水利水电出版社、知识产权出版社 2005 年版，第 45 页。

写得到发达的现代交通的支持,从而更具有个人性和“虚拟化”的意味。

> 在新兴城市中距离是用时间来衡量的,而不是用街区或英里。超市距这里有10分钟的路程,最近的购物中心在距此地反方向30分钟路程的地方,某人的工作点从另一条路走需40分钟。这些终点所形成的模式为特定的家庭和个人表现了“城市”的概念。某人越是可以通过多种途径到达终点,就越能说明这个人所处的城市复杂。而新兴的城市是一个汽车城市。
>
> 最新的运输方式和其他起决定性因素的转变(如新兴的通信技术、资本和投资的不断流动、劳工的分配以及更灵活的生产和消费体系)结合起来,有助于消除空间局限,并使城市环境符合大卫·哈维(David Harvey)所描述的“通过时间消除空间”(1988年和1989年a)的过程。
>
> 因而城市空间从一个本质上能确认的实体中渐渐分离出来,并适用于一个失去原来距离和临近意义的空间逻辑。①

这其中的意思很明显,发达的交通使实际的城市距离得到了极大的改变,变得小了,出现了虚拟化的不同的空间组合。这种不同的空间格局,由于是根据不同的城市居民的活动来组织的,因而决定了它必然是“流动”、“随意”、个人化和“主观”的,并最终是“虚拟”的。

都市文化虚拟化的第二个表现,是媒体意象对现实生活的大量介入,或者说都市生活在被媒介“殖民化”的过程中丧失了其传统的客观性。

媒介(媒体)种类是很多的,人类的生存也是以各种媒介为条件的。1964年,加拿大著名传播学理论家马歇尔·麦克卢汉,在其代表作《理解媒介》中曾分析了人类从古到今的26种媒介,如果算到现在应该更多。他认为媒介不是别的,而是人的延伸,电子媒介是人的中枢神经系统的延伸,其余一切媒介(尤其是机械媒介)则是人体个别器官的延伸,前者所维护的是整体的人、部落人,后者则把人变成分裂切割的、残缺不全的“非部落人”。此外,他还独到地指出:媒介即信息,它不是依赖其所负载的内容,而是依靠它自身就可以改变人类的感知和生存方式。② 如果说麦氏的着眼点是在建立一个媒介本体论的话,那么,美国当代学者道格拉斯·凯尔纳对媒介的探讨,则主要集中在分析其意义蕴涵及其对主体的建构作用上,对我们分析都市文化中的媒体意象有重要的参考价值。在《媒

---

① [荷]根特城市研究小组著,敬东译:《城市状态:当代大都市的空间、社区和本质》,中国水利水电出版社、知识产权出版社2005年版,第45、46页。

② 相关论述参见[加拿大]马歇尔·麦克卢汉著,何道宽译:《理解媒介》,商务印书馆2005年版。

体文化》中，凯氏详细分析了一些典型的媒体文本，如美国万宝路香烟上的广告、麦当娜现象等。针对万宝路的几个不同文本以及为什么会有这些变化，他作了细致深入的分析。如其分析的第一个文本是大自然、牛仔、马群和香烟的组合形象：

> 这一系统把万宝路香烟和男子汉气概、力量和自然等维系起来了。
>
> 由于西部牛仔的形象提供的是一种人们所熟悉的男子汉、独立和豪放等的标志，它就成了宣传中受宠的符号。随后，"万宝路男人"就变成了美国民间文化中的一部分，成了人们欣然认同的文化符号。广告中的这种符号化的形象试图在提供的产品和社会所欲求的、含义丰富的特征之间建立某种联系，以造就这样的印象，即如果人们想成为某一类的人——比如，成为"真正的男人"——那么，他就应该买万宝路香烟。
>
> 在后现代的图像文化里，个人就是从这样的形象中获取认同性的，因而，广告在控制消费者的需求的同时，也成了一种举足轻重而又被人忽视的社会化的机制。①

关于麦当娜，作者通过对这位美国"有史以来最伟大的公关机器之一"，这位"兼舞蹈家、音乐家、模特儿、歌星、音乐录像明星、电影和舞台女演员于一身"的"流行领域里的超级明星"、"美国最成功的女性实业家"在不同时期形象变化的分析，指出：

> 麦当娜形象与认同性的变来变去促动了人们对自身的时尚和风格的创造进行试验。她有时在形象和风格上的戏剧性转换表明了认同性是一种构建，是某种人为的东西，可以依照心意来改变。麦当娜利用时尚来构建其自身认同性的方式表明，一个人的外表与形象有助于塑造一个人本身，或至少有助于塑造别人看自己的方式以及与自己相联系的方式。②

从他的分析中我们可以看出，麦当娜是用性感、时尚、越界、跨种族、跨性别、女性强人等流行的形象塑造，引导了美国青年的不断变化的主体认同和塑造。上述广告和麦当娜形象其实已非实体，而是由媒体制造出来的媒体意象，或者说它们是一些"媒体形象"，同时其实质也主要是一种"图像符号"。当今都市在某

① ［美］道格拉斯·凯尔纳著，丁宁译：《媒体文化》，商务印书馆2004年版，第422页。

② ［美］道格拉斯·凯尔纳著，丁宁译：《媒体文化》，商务印书馆2004年版，第452页。

种程度上已被高度图像化了，成了图像符号的丛林，或者说已被图像所整形、包装，如高高悬挂的广告牌、电子屏幕、影讯、流行服饰海报、各种建筑装饰图案等，正是它们组成了一个缤纷多彩的都市图像世界；再加上大型的游乐场、微缩景观如深圳的“锦绣中华”、北京的“民族园”、美国的迪士尼乐园等，更是加强了都市这种虚拟的图像合唱，使当今都市越来越置于一种巨大的图像符号的网络之中。此外，还需特别加以注意的是电视节目、电视广告的强势引导，推波助澜。总之，这些媒体交相辉映地一起不断生产着五花八门的媒体意象，使都市生活越来越媒介化、虚拟化。

都市文化虚拟化的第三个表现是商品符号世界的形成，它的直线膨胀和对都市的“暴力殖民”。

今天都市里的商品不仅品类繁多，而且还高度“套系化”了，即形成了系列产品，出现了商品的巨型的套系结构、套系家族。鲍氏在《消费社会》中指出：

> 今天，在我们的周围，存在着一种由不断增长的物、服务和物质财富所构成的惊人的消费和丰盛现象。它构成了人类自然环境中的一种根本变化。恰当地说，富裕的人们不再像过去那样受到人的包围，而是受到物的包围。
>
> 我们处在“消费”控制着整个生活的境地。
>
> 在丰盛的最基本的而意义最为深刻的形式——堆积之外，物以全套或整套的形式组成。几乎所有的服装、电器等都提供一系列能够相互称呼、相互对应和相互否定的不同商品。……今天，很少有物会在没有反映其背景的情况下单独地被提供出来。消费者与物的关系因而出现了变化：他不会再从特别用途上去看这个物，而是从它的全部意义上去看全套的物。……它们不再是一串简单的商品，而是一串意义，因为它们相互暗示着更复杂的高档商品，并使消费者产生一系列更为复杂的动机。①

他还指出：

> 因此，我们在符号的掩护下并在否定真相的情况下生活着。……信息的内容、符号所指的对象相当微不足道。我们并没有介入其中，大众传媒并没有让我们去参照外界，它只是把作为符号的符号让我们消费，……消费者与现实世界、政治、历史、文化的关系并不是利益、投资、责任的关系——也

① ［法］鲍德里亚著，刘成富、全志钢译：《消费社会》，南京大学出版社 2001 年版，第 1—4 页。

> 非根本无所谓的关系：是好奇心的关系。根据这种简图，可以这么说，我们在此已经明确的消费尺度，不是对世界认识的尺度，也不是完全无知的尺度，而是缺乏了解的尺度。……因此，这也是我们这个"消费社会"的特点：在空洞地、大量地了解符号的基础上，否定真相。①

鲍德里亚的意思很清楚，在今天发达的国家已进入消费社会，其特点是商品极其丰盛，商品形成了庞大的套系结构，是按照套系本身的结构逻辑、结构价值在组织和演绎，以至于整个社会也被这种"物的符号逻辑"所组织和改写。它远离了真实的自然和生活世界，用自己的"物体系"、"符号体系"隔离了自然和生活的真相，使人们生活在这种越来越"仿象"性的"符号王国"之中，而社会也正是在这个意义上被严重"抽象化"和"虚拟化"了。

都市文化虚拟化的第四个表现，是网络生活和虚拟社区的出现。

互联网出现以来，极大地介入了人们的生活，它改变了人们的生活空间、生活内容和生活方式。据 2004 年的一则相关调查统计显示，"美国的网民人数最多，近 2.02 亿人；其次是中国，人数为 8 700 万"，网民数世界前十名的国家除了美国和中国外，依次是：日本、德国、英国、韩国、意大利、法国、加拿大、巴西。其中各个国家的互联网渗透率分别是：美国 68.8%，中国 6.8%，日本 52.2%，德国 57.1%，英国 58.5%，韩国 62.4%，意大利 49.3%，法国 40.6%，加拿大 64.2%，巴西 10.8%。前十位国家上网人数占全世界上网总人数的 69.0%。②

由于互联网的发展速度很快，对现实生活的介入、渗透的速度也远远超出人们所熟悉的习常经验。如今，网上阅览、网上写作、网上聊天、网上购物、网上交友谈恋爱，甚至出现网上的社区生活，包括虚拟的社区空间、居民、制度、法律、婚姻等虚拟生活世界的事情已为人们越来越多地熟知。今天，除低龄儿童和少数高龄老人外，绝大多数都市居民都有程度不同的网络生活经验，甚至不少人已变成网恋、网迷，对网络有了高度的依赖性、寄生性，甚至出现了网络病、网络人格。另外，还有手机短信，也构成了人际间的虚拟联系、虚拟交流的另一种声部。总之，虚拟的网络生活出现以后，极大地改写了都市人的现实生活，使都市文化的虚拟化程度越来越高。

三、都市文化虚拟化的最大弊端是导致人的异化

都市文化的虚拟化在其实质上，其实正是鲍德里亚所说的仿象、仿真和符号

---

① [法] 鲍德里亚著，刘成富、全志钢译：《消费社会》，南京大学出版社 2001 年版，第 12—13 页。

② 郭玉锦、王欢：《网络社会学》，中国人民大学出版社 2005 年版，第 80—81 页。

化。从一定的意义上说，符号化是人区别于动物的本质所在，甚至可以说，人的符号化程度越高，人离动物界就越远，人的人化程度也就越高。这是符号生产—消费的一个重要的正面价值所在。关于这一点，德国新康德主义哲学家恩斯特·卡西尔指出：

> 人不可能逃避他自己的成就，而只能接受他自己的生活状况。人不再生活在一个单纯的物理宇宙之中，而是生活在一个符号宇宙之中。语言、神话、艺术和宗教则是这个符号宇宙的各部分，它们是织成符号之网的不同丝线，是人类经验的交织之网。人类在思想和经验之中取得的一切进步都使这符号之网更为精巧和牢固。人不再能直接地面对实在，他不可能仿佛是面对面地直观实在了。……在某种意义上说，人是在不断地与自身打交道而不是在应付事物本身。他是如此地使自己被包围在语言的形式、艺术的想象、神话的符号以及宗教的仪式之中，以致除非凭借这些人为媒介物的中介，他就不可能看见或认识任何东西。人在理论领域中的这种状况同样也表现在实践领域中。即使在实践领域，人也并不生活在一个铁板事实的世界之中，并不是根据他的直接需要和意愿而生活，而是生活在想象的激情之中，生活在希望与恐惧、幻觉与醒悟、空想与梦境之中。正如埃皮克蒂塔所说的："使人扰乱和惊骇的，不是物，而是人对物的意见和幻想。"……因此，我们应当把人定义为符号的动物来取代把人定义为理性的动物。只有这样，我们才能指明人的独特之处，也才能理解对人开放的新路——通向文化之路。
>
> 符号化的思维和符号化的行为是人类生活中最富于代表性的特征，并且人类文化的全部发展都依赖于这些条件，这一点是无可争辩的。①

恩斯特·卡西尔说得很对，人同动物的最大区别、人同自然、社会的中介、人所赖以生存和生活的最重要的条件，正是人类所创造的一切文化符号。就此而言，符号的生产与消费对人来说是必不可少和极端重要的。

如鲍德里亚所说，符号生产的第二大好处是能够迅速地达到文化符号形式的内部增殖、"内爆"，使商品世界快速扩张、丰富，向无限化推进。这种高速度、高效率的扩张、发展，可以迅速地刺激人的需求，使人产生出新的欲望，同时也使人的消费欲望不断地得到满足，从中获得更多的享受。可以说，工业化以来，发达的人类社会所创造的高度的物质文明成就，在很大意义上同人类生产—消费

---

① ［德］恩斯特·卡西尔著，甘阳译：《人论》，上海译文出版社1985年版，第33—35页。

的符号化进程密切相关，或者说，它们本身就是人类社会高度符号化的产物。此外，互联网等虚拟生活的出现也给人们带来了许多积极的价值。有学者曾总结网络社会有八个方面的特质与功用：跨时空互动性；扁平化结构；信息共享；沟通中的过滤性；消解文化边界与张扬个性；记录性（可逆性）；开放性；自由性。①总之，互联网使信息的获得和人际交往都变得更加广阔和便捷。

但同时也要注意，都市文化虚拟化的符号生产—消费方式也必然带来许多负面的价值，这种负面价值用马克思的"对象化理论"来看是十分明显的。

都市文化从实体到虚拟的变化，正如本章在第一部分中所揭示的，在实质上反映了人和自然的关系，而关于人和自然的关系，马克思早在《1844 年经济学—哲学手稿》中就指出：

> 无论是在人那里还是在动物那里，类生活从肉体方面说来就在于人（和动物一样）靠无机界生活，而人和动物相比越有普遍性，人赖以生活的无机界的范围就越广阔。从理论领域说来，植物、动物、石头、空气、光等，一方面作为自然科学的对象，一方面作为艺术的对象，都是人的意识的一部分，是人的精神的无机界，是人必须事先进行加工以便享用和消化的精神食粮；同样，从实践领域说来，这些东西也是人的生活和人的活动的一部分。人在肉体上只有靠这些自然产品才能生活，不管这些产品是以食物、燃料、衣着的形式还是以住房等的形式表现出来。在实践上，人的普遍性正表现在把整个自然界——首先作为人的直接的生活资料，其次作为人的生命活动的材料、对象和工具——变成人的无机的身体。自然界，就它本身不是人的身体而言，是人的无机的身体。人靠自然界生活。这就是说，自然界是人为了不致死亡而必须与之不断交往的、人的身体。所谓人的肉体生活和精神生活同自然界相联系，也就等于说自然界同自身相联系，因为人是自然界的一部分。②

马克思在这里重点强调的是人对自然的依赖，以及人与自然的同一性关系，指出了人的发生的重要前提在于人的自然性，人的生活的自然性，人的世界的自然性。同时，马克思还指出，人和自然的关系应是和谐的辩证的统一，这具体体现在他的"人化自然"理论和"人的本质力量对象化"。马克思认为："动物只生产自身，而人再生产整个自然界"。③ "劳动的对象是人的类生活的对象化：人不仅

---

① 郭玉锦、王欢：《网络社会学》，中国人民大学出版社 2005 年版，第 46—53 页。

② 马克思：《1844 年经济学—哲学手稿》，人民出版社 1985 年版，第 52 页。

③ 马克思：《1844 年经济学—哲学手稿》，人民出版社 1985 年版，第 53 页。

像在意识中那样在精神上使自己二重化，而且能动地、现实地使自己二重化，从而在他所创造的世界中直观自身”。① 而且，人只能在同自然的辩证关系中全面建构和实现自己的本质：

> 人以一种全面的方式，也就是说，作为一个完整的人，占有自己的全面的本质。人同世界的任何一种人的关系——视觉、听觉、嗅觉、味觉、触觉、思维、直观、情感、愿望、活动、爱，——总之，他的个体的一切器官，正像在形式上直接是社会的器官的那些器官一样，是通过自己的对象性关系，即通过自己同对象的关系对对象的占有，对人的现实的占有；这些器官同对象的关系，是人的现实的实现，是人的能动和人的受动，因为按人的方式来理解的受动，是人的一种自我享受。②
>
> 我们知道，只有当对象对人说来成为人的对象或者说成为对象性的人的时候，人才不致在自己的对象里面丧失自身。……人不仅通过思维，而且以全部感觉在对象世界中肯定自己。③

马克思还指出：

> 只是由于人的本质的客观地展开的丰富性，主体的、人的感性的丰富性，如有音乐感的耳朵、能感受形式美的眼睛，总之，那些能成为人的享受的感觉，即确证自己是人的本质力量的感觉，才一部分发展起来，一部分产生出来。因为，不仅五官感觉，而且所谓精神感觉、实践感觉（意志、爱，等等），一句话，人的感觉、感觉的人性，都只是由于它的对象的存在，由于人化的自然界，才产生出来的。五官感觉的形成是以往全部世界历史的产物。④

由此可知，马克思认为人首先离不开大自然，自然是人类赖以生存和发展的最基本的条件，自然是人的“无机的身体”。同时他还认为，人和自然是辩证的互化互建关系，即自然的人化与人的自然化，也可以说，人在改造和建构自然的同时，也改造和建构了自身。同理，人的社会生产—消费活动，也应是人和自然互为主客体的对象化关系的生成及建构过程，即在这一过程中，自然在被人改造的同时，这改造的过程和结果也凝结、显现和确证着人的本质存在，同时，在人类的

---

① 马克思：《1844年经济学—哲学手稿》，人民出版社1985年版，第54页。
② 马克思：《1844年经济学—哲学手稿》，人民出版社1985年版，第80—81页。
③ 马克思：《1844年经济学—哲学手稿》，人民出版社1985年版，第82页。
④ 马克思：《1844年经济学—哲学手稿》，人民出版社1985年版，第83页。

身上，也植入了对自然的认识、理解、感情，这样一来，自然便成了第二个人类，或者说，人类生活变成了第二个自然。人与自然在这种互为主客体的创建活动中高度统一、亲和、洽适，它在使自然成了人追慕、爱恋、讴歌、礼赞的对象，成了人们可诗意栖居的家园的同时，在人身上也同时生成着来自自然的自由、活泼、天性、活力，或野性、野趣和旺健的感性生命活力、创造力。人与自然在本质上应该是这种同化亲和关系，而不应该是异化和敌对的关系。

但人与自然的这种理想关系，在当今都市文化虚拟化的符号生产—消费的现实中，却遭到了严重的扭曲和破坏。在都市文化现实中，自然转换为符号，实体成了虚拟的结构体系，文化符号本身成了生产—消费、再生产的直接对象，人同自然之间的联系被符号这个中间物拦腰斩断，其最大的恶果是导致人的异化，使人同自然的关系、人同人的关系、人同自身的关系发生了根本性的逆转，符号已非人的对象，人也无法从符号中直观自身。符号不仅不再表征人的本质力量，反过来还把人变成完全被动的欲望和消费机器，成为被任意牵制、摆布的奴隶。原本应是人的本质的符号，现在却成了人的异化物、敌对物。因此，这一文化异化的现实直接影响了当代人的主体认同、主体建构，影响了当代人自身的再生产。正如刘士林在研究当代中国文化消费时所指出的：

> 当代文化消费基本上停留在一种粗放经营的初级阶段，它的基本特征是在消费品的数量与消费者的真实需要之间、在消费品的质量与消费者的精神期待之间存在着严重的脱节与距离。也就是说，有大量的文化消费品与人们现实的文化需要是否可以得到真正的满足，这完全是两个层面的问题，也是不能混淆在一起的。对两者的关系可以这样来理解，首先，文化消费品丰富是文化消费得以进行的现实基础。要有文化消费与精神享受，首先就要有足够的消费对象。或者说，首先需要有人把文化消费的材料、对象生产出来，没有这个物质基础做前提，一切文化消费都无异于“墙上的画马”或“镜子里的烧饼”。在某种意义上讲，这个物质基础在当代解决得比较好，特别自 20 世纪 90 年代以来，随着消费社会在中国的逐渐形成与不断发展，文化消费品与人们消费需要的紧张供需矛盾已得到解决。从当下的文化消费现状看，它比起“文革”中“八亿人看八个样板戏”，比起文化生产与消费大权完全掌握在知识精英手中，而大众几乎没有什么自由选择的可能与空间的 80 年代，这当然是一个巨大的社会进步。但是另一方面，文化消费品的丰富及消费方式的增多，充其量解决的只是文化消费的物质基础问题，它与消费者是否可以在文化消费中获得心灵的自由与满足，是不能直接画等号的。与改革开放初期的一个怪现象——“端起碗来吃肉，放下筷子骂娘”相

类似，在当下也是这样，人们读书、看电视、听音乐会、看画展越多，就越是感到“书不像书”、“电视不像电视”、“音乐不像音乐”、“美术不像美术”，于是到处都可以听到此起彼伏的“文化骂娘声”。这在本质上正是由当代文化消费的“粗放本质”决定的。

……在当代文化消费中出现的是一种典型的异化关系，就是说，人们消费的低俗文化对象越多，他们实际上享受到的精神价值就越少；人们对这种粗放文化消费品占有得越多，他们人性中的文化就更加苍白。也可以说，他们越是消费，他们就越丧失消费的能力，并且在心灵上越来越饥饿。①

在这个意义上，如何使当代消费文化超越自身的低级阶段，一方面生产出大量真正有价值的文化消费品。另一方面通过学习、教育与有效的引导，提高消费主体的审美水平与精神境界，已成为当代都市文化建设在当下面临的最重要的问题之一。

四、都市文化虚拟化中的四种异化形式

都市文化虚拟化所造成的异化现象，在当下主要呈现为四种表现形式。对它们进行深入的剖析，有助于我们更全面地认识都市文化的内在问题。

一是自然维度的丧失。

自然维度的丧失是由生态的破坏、再生资源的日趋枯竭，以及仿真符号世界对自然的颠覆、解构共同造成的。符号生产与实体生产活动一样，也要消耗相应的原材料，并通过不断地增殖、内爆以刺激消费，这就必然出现都市文化生产—消费中的双高现象：高消费、高消耗。这是因为，符号化生产的逻辑不是以满足合理的需求为目的，而是以消费的高循环为深层逻辑和内在机制的。这样，与资本主义的工业生产一样，符号化生产同样要造成精神能源的高消耗和文化资源的严重透支、浪费，使自然的文化生态被极度割裂、肢解、扭曲、变形，并最终变成被掏空了生动感性生命的破烂空壳。另一方面，随着高科技手段的介入，符号生产的仿真程度越来越高，结果便是制造了一个鲍德里亚所说的庞大的仿象世界。如虚拟的网络世界、商品套系家族、人造景观（特别是那些以模仿为目的的各种微缩景观）、各种巨幅广告、电子屏幕图像等。对于消费社会中的“仿象”世界，当代法国思想家居伊·德波是用“景观”来表述的，在《景观社会》一书中，德波指出：

① 刘士林：《超越粗放的文化消费方式》，《解放日报》，2005 年 4 月 5 日。

> 在现代生产条件无所不在的社会，生活本身展现为景观（spectacles）的庞大堆聚。直接存在的一切全都转化为一个表象。
>
> 从生活的每个方面分离出来的影像群（images）汇成一条共同的河流，这样，生活的统一便不再可能被重建。重新将他们自己编组为新的整体的、关于现实的片断的景色，只能展现为一个纯粹静观的（contemplation）、孤立的（seule）伪世界。这一世界之影像的专门化，发展成一个自主自足的影像世界，在这里，骗人者也被欺骗和蒙蔽。作为生活具体颠倒的景观，总体上是非生命之物的自发运动。
>
> 景观成为主导性的生活模式。
>
> 景观的语言由主导生产体系的符号（signes）所组成，这些符号同时也是这一生产体系的最终的和最后的目标。
>
> 景观是对物的生产的真实反映，是生产者的虚假对象化。
>
> 景观关系的那种拜物教和纯然客观的表象，掩盖人与人之间和阶级与阶级之间的真正特性：一种带有其必然规律性的第二自然对我们环境的统治。
>
> 景观的社会功能就是异化的具体生产。
>
> 从他们的产品中分离出来的人们，以日益强大的力量制造他们世界的每个细部，同时他们也发现，他们与这个世界越来越分离。他们的生活越是他们自己的产物，他们就越是被排除于这一生活之外。①

在德波独到而深刻的论述中，可以说既揭明了现实生活的景观化、符号化，又强调了它的“虚假对象化”和深层的异化实质。于是我们看到，自然的维度先是被实体生产活动现实地破坏掉，接着又被虚拟的仿真世界、符号化的、物化的景观解构和代替了。

二是真实维度的丧失。

由于高科技使用的各种新技术、新材料，当代仿象品在仿真性上往往显得比客观的真实还要更加真实。在当下的感知中，我们可以说，作为美国文化仿象的迪士尼乐园，已在全球感觉中制造出比美国更像美国的效果，也可以说，由于迪士尼的巨大文化影响，作为其母体的美国已越来越迪士尼化了。特别是由于当代信息技术的突飞猛进，使符号世界的存在越来越庞大、强盛，还包括各种广告媒体铺天盖地和高时空化的反复“轰炸”，结果是在真实的世界之上，迅速建立起一种符号意识形态和媒体意象霸权，并使各种仿真形象，成为当代人在选择和决

① ［法］居伊·德波著，王昭凤译：《景观社会》，南京大学出版社 2006 年版，第 3—10 页。

定时唯一遵从的上帝。如人们的日常生活世界主要是依据流行杂志的封面人物、街头的巨幅宣传招牌、滚动的电子屏幕信息以及轮番播出的电视广告等建构起来,它们制造了一种比真实的东西更美好、更真实的新世界。这样,过去那种“艺术模仿自然”的原则便被彻底颠倒了,而是成了生活、自然都在模仿符号(艺术)、模仿媒体意象。真实的维度就这样,被虚拟的仿真世界所解构、所代替。但是,虚拟世界毕竟是虚拟的,它毕竟是文化工业化所制造的美丽的神话,因而本质上是一种“形象的异化”。

> 虽然它表面上与经济学哲学意义上所发生的“劳动异化”不同,不像后者那样痛苦、悲惨;但就其实质仍是人丧失自身、丧失其自由自觉的活动本质,是人变成与其自身相敌对的、异己的存在物这一方面,两者却是殊途同归的。“形象异化”甚至更深一层,因为它使主体已不能正确认识“画中人”与“画外人”哪一个是更真实的存在?①

三是对象化维度的丧失。

前引马克思关于人的本质力量对象化的论述,其一个基本的核心是人在同自然互化建构中直接确证和丰富了自身,但在当今信息社会中,面对非自然的符号丛林,主体已很难再看到自我的真实存在,而只有那个非人的符号结构体系在迅速地自我繁衍和自我增殖着。在以符号为对象的当代生命活动中,人同作为生产和消费对象的自然的联系已十分微弱,他的所有活动只发生在符号与符号之间,而被压抑和被刺激的欲望是串联符号的主要动力机制。在过去,为古代中国诗人反复动情吟唱的:“蒹葭苍苍,白露为霜。所谓伊人,在水一方”;“采菊东篱下,悠然见南山”;“相看两不厌,唯有敬亭山”;“我见青山多妩媚,料青山见我应如是”等,都统统不复存在了。现实中的“主体”们,在日益严重的符号化的城市化进程中,获得的是异己的符号家族,失掉的是他最重要的,与生命同体同源的“对象性世界”。没有了这个对象化的世界,人便成了无家可归的弃儿,只能终日流浪漂泊于没有归依栖身之地的符号物阵之中。这是因为:

> 在传统的再现论中,摹仿是否科学、客观、逼真与有意义,都要看它是否具有某种合目的性,这种活动规则要求必须存在着一个先验的图式、原本、标准、本质、意义、目的、真理或者终极答案,因为只有这样才使人类的精神活动获得一个可以围绕展开的核心。这个核心即最高的真理。建立了这一

① 刘士林:《苦难美学》,湖北人民出版社2004年版,第445页。

世界的最高尺度，也就为一切围绕着它所进行的建造活动奠定了秩序；而一旦取消了这个人类历史中的主体性结构，那么所有的一切都不再有真实性。问题的关键在于，并非人的生活世界失去了其客观性，而是由于人的视觉被抬高到本体论之后，它就只能反射出形象的实在性。其实随着封建田园诗和资本主义上升期的批判哲学在当代媒介社会的消失，人的生活世界正在越来越秩序化、理性化和非精神化，一切都变得坚硬如铁、牢不可破，一切都真实得不允许个体存有任何幻想。因此在后现代语境中出现的客观世界非真实化叙述，在这个意义上不过是"境由心造"的话语游戏之产物。它存在的全部合理性只能是在一片小小屏幕上做做白日梦而已。而那一片小小屏幕，无论它的尺寸再大，再清晰，它怎么能与现实世界那包容着它的母体相争高下呢？……一旦那屏幕上的世界形象同现实世界的星球相碰撞，那个建立在高度发展的电子传播技术上的后现代世界就会立刻变成一堆废纸或废料，充其量只能空留一些破碎的扭曲的形象而已。①

四是人的单面化(或单向度化)。

人的全面发展是人类的最高理想，但在丧失了真实的对象世界之后，人的片面化发展已成普遍趋势。具体说来，在这一异化中又经常表现为三种具体形式：

第一，人的单面化(或单向度化)。

单面化或单向度的人，是法兰克福学派思想家赫伯特·马尔库塞提出来的。其基本观点是：

当代工业社会是一个新型的极权主义社会，因为它成功地压制了这个社会中的反对派和反对意见，压制了人们内心中的否定性、批判性、和超越性的向度，从而使这个社会成了单向度的社会，使生活于其中的人成了单向度的人。

单向度的人，即是丧失否定、批判和超越的能力的人。这样的人不仅不再有能力去追求，甚至也不再有能力去想象与现实生活不同的另一种生活。这正是发达工业社会极权主义特征的集中表现。②

都市人的单面化，与马尔库塞单向度人相同之处在于，两者都丧失了"否定性、批判性和超越性"精神，而其不同之处在于，当今都市中的人的单面化，主要

---

① 刘士林：《苦难美学》，湖北人民出版社 2004 年版，第 416—417 页。

② ［德］赫伯特·马尔库塞著，刘继译：《单向度的人》，上海译文出版社 1989 年版，《译者的话》，第2 页。

是指物化性的异化现象。具体说来，它不仅仅表现为物化（以物质利益或货币价值为最高价值、唯一价值）、工具理性化（如各服务场所女服务生那种制度化的微笑等）、数理计算化，还集中表现为符号化和媒体化，形成了特殊的“符号人”和“媒体人”。所谓“符号人”是指受商品符号形式的包围、渗透、刺激、濡染，主体在对符号的过度消费中，一步步地对其产生痴迷、依赖，以至于形成“符号人格”。这种人格往往对商品的符号形式十分敏感、迷恋，深陷其中，难以自拔，其本质已被符号形式置换，或已异化为商品的“符号形式”。所谓“媒体人”，是指对大众传媒如电视、广播、计算机等产生强烈的依赖性、寄生性，他们沉浸在媒体制造的种种幻象中，长久浸淫其中，乐此不疲。媒体人格一般有两大特征：喜欢读图，喜欢追逐时尚。而其反面则是：没有理性沉思能力，没有独立的主体精神。符号人在当今的典型代表，主要是那些超前消费和疯狂购物者；媒体人的代表则是各种追星族、时尚青年，即每天以媒体为生活的都市消费者。但不管是符号人还是媒体人，都已绝对不是健康人、全面的人，而是被严重扭曲、变形了的单面化（或偏畸化为“符号”，或偏畸化为“媒体”）的新新人类。

第二，主体认同危机。

法国结构主义马克思主义理论家路易·阿尔都塞把人看作是天生的意识形态动物，同时也“没有不借助于主体并为了主体而存在的意识形态”，“所有意识形态都通过主体这个范畴发挥的功能，把具体的个人呼唤或传唤为具体的主体”。[①] 阿尔都塞认为：

> 意识形态对人的控制并不是公开的，而是隐蔽的，我们内化了意识形态，因此不能意识到它的存在和效果。意识形态是无意识的。
>
> 我们的无意识也是意识形态性的。意识形态从外部构筑了我们的“本质”和自我，因此我们所谓本质的自我不过是一种虚构，占据它的位置的实际上只是一个拥有社会生产身份的社会存在。
>
> 事实上，我们是依赖教育我们的语言和意识形态来看待自己的社会身份，来成为一个主体，我们对自我的看法不是由我们自己产生的，而是由文化赋予的。因而我们是文化的“主体”，但却不是它的创造者。在英文中，subject一词本身就含有“主体”和“屈从体”两种意思，这里的“主体”显然也应当从这两方面来理解，即所谓主体并不是独立自持的，而是由文化建构的。[②]

① 陈越编：《哲学与政治——阿尔都塞读本》，吉林人民出版社 2003 年版，第 361、364 页。

② 罗钢、刘象愚：《前言：文化研究的历史、理论与方法》，《文化研究读本》，中国社会科学出版社 2000 年版，第 12 页。

而反过来，从主体的角度看则必有一个"主体"对外部构筑的主观认同问题。在高度符号化的都市文化生产—消费中，主体认同却陷入了深重的危机。原因在于：首先，物化、符号化的都市社会现实，主体要么被异化为"物"、"符号"，即变成符号人、媒体人，要么拒绝符号、放弃社会认同而陷入被抛弃的孤独困境。其次，这是由于现代都市生活作为"现代性的载体"的必然结果。关于现代性的本质特征，波德莱尔认为："现代性，是过渡的，短暂易逝的，偶然的，是艺术的一半，它的另一半是永恒和不变。"①而戴维·弗里斯比在《现代性的碎片》中指出："齐美尔的'现实的偶然性碎片'，克拉考尔的'无关宏旨的表面显象'以及本雅明的'辩证意象'或者'单子'，都在日常世界里救赎了最微细、最琐屑的现代性痕迹。他们各自以不同的方式，试图去破译现代性碎片的秘密。"②现代性这种碎片性质，必然影响到作为其载体的都市。都市文化在一定意义上正等同于奇异、动荡、碎片化的现代性，它破坏的是宁静、稳定、整体、和谐，结果必然使都市主体——市民，处于严重的认同性危机之中。正如道格拉斯·凯尔纳指出：

> 依照人类学和社会学的一贯看法，在传统社会中，人的认同性是固定的，既坚实而又稳定。
>
> 现代的认同性则变得颇为动态、多重化、个人化和具有自我反省的性质，同时还受到变异和革新的影响。
>
> 现代的认同性变得越来越有疑问，而认同性议题本身也成了一个问题。确实，只有在一种对认同性焦虑不安的社会里，才有可能产生个人的认同性、自我身份或认同性危机等问题。③

在碎片化的都市文化中，主体的认同性的确成了严重的问题，主体成了由商品符号、媒体等塑造的、不断变动的"碎片"，道格拉斯·凯尔纳进一步指出："在第二次世界大战后出现的消费和媒体化的社会里，认同性已经越来越和时尚、形象的塑造以及人的外观等联系在一起。"④他还征引科罗克和库克的话说："电视自我(TV self)是一种典型的电子化的个体，他所得到的一切都是从媒体类像(simulacrum)中获取的：作为视觉缤纷的社会中的一个消费者所具有的市场认

① ［英］戴维·弗里斯比著，卢晖临、周怡、李林艳译：《现代性的碎片》，商务印书馆 2003 年版，第21 页。
② ［英］戴维·弗里斯比著，卢晖临、周怡、李林艳译：《现代性的碎片》，商务印书馆 2003 年版，第 359 页。
③ ［美］道格拉斯·凯尔纳著，丁宁译：《媒体文化》，商务印书馆 2004 年版，第 392—395 页。
④ ［美］道格拉斯·凯尔纳著，丁宁译：《媒体文化》，商务印书馆 2004 年版，第 395 页。

同性;大量精心编制成的体味……以及那种创伤累累的连续剧式的存在。”①总之,人的异化,在急剧变化的都市生活、都市文化中,直接表现为主体人格的“碎片化”或认同危机。

第三,他人引导性格的产生。

美国社会学家大卫·理斯曼在《孤独的人群》中区分了三种社会性格:会感到羞耻的传统引导性格,对应的是古代社会、封建社会;会感到负罪感的内在引导性格,对应的是市场资本主义社会;以整一性、无差别、无确定标准为特征的他人引导性格,对应的是后工业的当代社会。② 这里,我们完全可以对理斯曼的“他人引导性格”概念进行转换性借用,用来指代当今都市社会中失去“主体性”的一种“社会人格”,其典型特征是:没有独立的主体精神,为“他人”所引导,在这里,“他人”仅是个喻称,它可具体填充进:符号、时尚、媒体、明星等。或者,是这些选项的全部综合物。无疑,前述符号人、媒体人,就是属于这种“他人引导”的人格类型。2005 年 3 月,由湖南卫视和蒙牛集团联合打造的“2005 超级女声”赛事活动,就是这样的典型案例。在超女海选及整个比赛过程中,有众多的观众通过编发手机短信等形式参与,其后又形成了不同的“粉丝群”,如:

> 凉粉:“靓粉”的谐音,即张靓颖的粉丝。伪凉粉:指喜爱张靓颖,却拒绝为其投票的支持者。玉米:“宇迷”的谐音,即李宇春的粉丝。玉米教:即玉米真理教,因玉米的构成者表现狂热,被其他粉丝以此称号进行攻击。笔迷/笔亲:周笔畅的支持者。盒饭:何洁的粉丝。佳迷:纪敏佳的支持者。荔枝:“黄雅莉支持者”的谐音。1000:指叶一茜。其支持者被称为“茜迷”,因有人诋毁叶一茜为“二奶”,“茜迷”也被诋毁为“奶粉”。米饭:成都小吃联盟破裂后,“玉米”与“盒饭”联手,是为“米饭”。粉笔:总决赛后,凉粉笔迷惺惺相惜,出现不少与“米饭”对立的“粉笔”。鹰派盒饭:8 月 5 日何洁未能直接晋级从而向凉粉宣战的盒饭。成都小吃团:因张靓颖、李宇春与何洁都来自成都,凉粉、玉米与盒饭联合起来相互支持对方的选手。后因“sm 事件”而瓦解。内心纯洁,前途无量:原意为成都赛区评委科尔沁夫对张靓颖的高度评价。在“成都小吃团”分裂后,玉米和盒饭喊出口号“内心‘春’‘洁’,前途无‘靓’”,意为李宇春联合何洁挤掉张靓颖,此举对凉粉的心理造成了较大打击。
>
> 再如,BH:即剽悍之意,一般用来形容玉米,取自舒穆的名言“玉米的

① [美]道格拉斯·凯尔纳著,丁宁译:《媒体文化》,商务印书馆 2004 年版,第 397 页。

② 参看[美]大卫·理斯曼著,王崑译:《孤独的人群》,南京大学出版社 2002 年版。

人生是剽悍的，无须解释的”。HC：一为花痴之意，表示对偶像的欣赏，二为笔迷所发明，意在诋毁自己偶像的帖子里，用毫不理会主帖、单纯称赞偶像的方式大量跟帖，通常附上贴图，让主帖者哭笑不得。此方式后来被凉粉广泛使用。海豚：因张靓颖在五进三比赛中唱出三个海豚音，故凉粉将海豚视为图腾，并将网络通信软件的头像改为海豚，以示对张靓颖的敬仰。有人称张靓颖为“海豚姑娘”，以表示爱慕。也有人将凉粉称为“海豚神女教”，以表达讽刺之意。粽子：即混在己方阵营的敌方人员，一般通过制造谣言扰乱人心、打击士气。白骨精：意指白领、骨干、精英的缩写，据说是玉米对凉粉的讽刺。①

由此可对“他人引导性格”作进一步的解释，即在普遍“物化”的时代，一个孤立的个人要想“出人头地”、变得鹤立鸡群，就得靠“物化”，靠“媒体化”，靠被媒体引导、参与媒体活动。“好风凭借力，送我上青云”，明星要靠媒体制造；同时，即使成不了明星，也可以做粉丝，即借做星们的粉丝来达到对一种“伪主体”的“群体自我”的“降格以求”性的彰显。这就是“超女现象”及其为数众多的粉丝群现象的内在密码。一句话：超女及其粉丝们，正是主体丧失、他人引导的一个典型的时代症候，也是都市化过程中的一个显著的主体认同“镜像”，它说明了当今的主体异化已到了十分严重的程度。

总上所论，一言以蔽之：都市符号化生产—消费的最大弊端，是导致了人的异化或主体的消解。这是需要我们在都市化进程中高度关注的文化问题。要真正解决这一问题，必须从人同自然的关系的角度，从人的本质力量对象化的角度，去思考、筹划、治理、实践，以期使新的都市文化建设能够更趋于合目的与合理想，使都市主体能像马克思所期待的，得到全面、自由、和谐、健康的发展，以及诗意的栖居和幸福的生活。

① 见上海师范大学都市文化研究中心：《都市文化学科建设论坛暨都市文化原理编写学术研讨会》资料，第60页。

第四编　都市文学与艺术

第十章 都市文学

都市文学是都市文化生产与消费过程最直接、最重要的感性表现形态之一。与传统的模式与形态相比，当代都市文学在审美经验、审美趣味、创作风格、消费模式、价值判断、人文理想等方面表现出非常多的新特点。对都市文学的历史源流予以关注和研究，不仅有助于推动文艺美学、文艺理论等人文学术的学科更新与系统升级，同时也可以使“文学是人学”这个光辉理念更好地展示其时代意义。

一、中西都市文学的源流与新质

自18世纪中叶工业革命发生以来，席卷全球的城市化运动方兴未艾。城市化使人类社会的生产与生活方式从乡村向城市转化，城市(city)，尤其是在城市高度发展的基础上崛起的大都市(metropolis)，如伦敦、巴黎、洛杉矶、纽约、柏林、莫斯科、上海和东京等，在社会政治、经济和文化活动中成为举足轻重的决定性力量，并影响到人类精神生活的方方面面。城市和都市已成为人类生产、生活及其他社会活动的主要场所，成为越来越多的人别无选择的家园，也毫不例外地成为文学生产与消费的源泉和中心。

(一) 城市与文学

在对大自然漫长的适应、改造过程中，城市是人类脱离原始蒙昧状态、进入文明历史的最重要空间标志；而文学与城市的兴起几乎如影随形，文学伴随着文明进程的每一步，及时反映、表现着人类不断更新和丰富的经验、感受与情感，城市的发展反过来又会促进文学的变革与创新。

在世界各地区早期的文学中，都有关于城市的描述与想象。远在先秦时期，中国最早的散文总集《尚书》，便如实记载了夏商周三代都城迁移和兴建的情况，其中《商书》所记述的“盘庚五迁”，尤为著名。在中国第一部诗歌总集《诗经》中，大部分作品也涉及了周代人民的城市建设和城市生活。作为“王畿之乐”的《雅》(共105篇)和专门用于宗庙祭祀的《颂》(共40篇)本就属于周王朝京都的乐歌(主要由周王朝乐官制作或公卿、列士进献)；而《大雅》中对文王、武王和成王规划、兴建丰镐两城和东都洛邑过程,也有直接的记述和再现,到了汉代,则演化为以城市为题材的京都赋,风靡一时,从班固的《两都赋》、张衡的《二京赋》到左思的《三都赋》,以及杜牧的《阿房宫赋》等,是中国城市与文学的关系源远流长的直接证明。

在西方,由于自古希腊时代就形成了城邦国家传统,城市与其历史文化和社会生活的关系显得更为密切和广泛。城市不仅是最重要的文学生产与消费空间,同时也以不同的形式存在于各类文学作品中,极大地影响着文学主题、文学形象、文学类别和文学体裁、文学形式的兴衰变化。在《荷马史诗》及相关的古希腊神话和戏剧中,特洛伊等城市既是作品中人物活动的地点和场景,又是具有丰富蕴涵的象征。在西方文明的另一个源头——《圣经》中,更是充满了无数的建城和毁城故事,作为堕落之城的巴别城、所多玛、巴比伦和作为圣城的耶路撒冷,成为西方文化中"堕落之城"和"上帝之城"的想象原型,对西方人的文化观念、心理意识和文学传统产生了深远的影响。①

尽管文学与城市有悠久的渊源关系,但由于古代城市本身发展程度的有限,所以城市在早期的世界文学中并不具有主体性。如早期中国文学对城市的描写,或是为了"润色鸿业"、歌功颂德,最终落实到政治与道德的讽喻上;或是藉城市兴废抚今追昔,寄托或抒发作者的个人情怀和政治抱负。而这种情况直到唐代才有所改变。唐代是中国城市发展的一个崭新阶段。由于工商业的繁荣,中国和世界各国经济文化上的往来频繁,在唐代出现了长安、洛阳、扬州、广州、成都和凉州等非常繁华、富庶的大城市,城市居民大为增加,城市生活丰富多彩,这一切直接影响到文学的发展变化,并促成新的文学体裁——唐传奇的出现:同市民阶层的文化生活相适应,源于六朝志怪的传奇,转向更多地表现复杂的社会现实生活,流露出浓厚的市民生活情调与审美趣味。这种从"志怪"小说向"志人"小说的转变,相当于西方"骑士传奇"向"城市文学"的转变,使小说同纪实文学、抒情文学和戏剧的区别变得更加突出与清晰,所以说,唐传奇的出现标志中国小说的正式形成。而城市在这一发展中起到重要的推动作用。到了宋元时期,随着城市的进一步繁荣和市民阶层的进一步壮大,以市井人民为主要听众的"说话"业迅速发展,促进了小说语言的巨大变化。"说话"人和"书会才人"合作创造的"话本"——白话小说,开始取代文人写作的唐传奇等文言小说,成为中国小说的主流。及至明、清两代,除了在短篇小说方面出现更为成熟的"拟话本"《三言二拍》之外,宋元"话本"又进一步演进成章回小说,产生了《三国演义》、《西游记》、《水浒》、《金瓶梅》、《儒林外史》、《红楼梦》等许多伟大的著作,中国古典小说由此达到了艺术的巅峰。

---

① 陈晓兰:《文学中的巴黎和上海》,广西师范大学出版社2006年版,第1—2页。

中国文学与城市的关系，尽管在唐代以后日趋密切，但总体而言，中国古代城市在空间意识、文化品格、道德观念和精神趣味等方面所体现的还是农耕社会的市镇特点，所以并不能产生具有独立形态与性质的城市文学。这可以反过来解释深受城市民众喜爱的小说，为什么长期被作为“文类之末”而“不登大雅之堂”，处于中国主流文化的边缘和正统文学秩序之外。

与中国的情况大相径庭，西方城市因得益于乡村、城市并举的二元制社会体制，很早就获得了相当大的自由权和自治权，以及能够摆脱封建伦理、宗教和政治束缚而独立地发展，并培育出力量相当强大的新兴的从事工商业的市民阶层。与此相应，早在 11 世纪，西方便产生了侧重反映中世纪城市生活和新兴市民阶层思想愿望的“城市文学”，如著名的讽刺故事诗《列那狐的故事》以及不久以后出现的长篇故事诗《玫瑰传奇》等。当然，与中国相同的一点是，工商业的繁荣和城市的兴起对文学最直接的影响，是刺激了小说的产生与发展。虽然西方小说的诞生比中国小说晚了四五百年，但作为一种世俗化大众化的文学类别，小说借助于文艺复兴运动却得到迅速发展。自 14 世纪意大利作家薄伽丘的《十日谈》首开欧洲短篇小说先河，15 世纪法国作家拉伯雷的长篇小说《巨人传》成为欧洲通俗小说的滥觞，到 16 世纪中叶，城市发达的西班牙更是出现了《小癞子》等主要描写城市下层人民生活的流浪汉小说，其对欧洲近代小说的发展，特别是对长篇小说的人物描写和结构方法产生了积极而深远的影响。

（二）城市聚落、城市文学与都市文学

“都市文学”不同于“城市文学”，要对这两个观念做出准确的区分，必须综合社会学、历史学和人类学等多学科的研究成果，首先完成对“城市”概念的界定和阐释才行。

根据社会学家的观点，一般人讲的“城市”实质上应该称为“城市聚落”。在地球上，从小自然村（hamlet）、村庄（village）、镇（town）到城市（city）、大都市（metropolis）、大都市区（metropolitan Area）、集群城市（conubation）和城市群（megolopolis），从低级到高级，人类营建过很多形态各异、规模不等的大小聚落。但根据基本职能和结构特点以及所处地域的差别，聚落可分为农村聚落和城市聚落两种基本类型。城市聚落因为城市历史发展阶段的差异而形成了不同的聚落类型，如城市在农耕文明或前现代文明阶段便已存在，大都市却是工业化阶段人口和资本大规模聚集的产物，而大都市区和城市群的出现，则是 20 世纪 50 年代之后，人类进入后工业化阶段、信息社会以后发生的事情。①

① 参见陈立旭：《都市文化与都市精神》，东南大学出版社 2002 年版，第 10—11 页。

从社会聚落的意义上看,城市聚落既然有如此不同的类型和发展阶段的差异,作为其社会生活反映和精神生态表现形式的“城市文学”,在概念的内涵上也应该是多样化的。

首先,“城市文学”属于狭义的文学史概念,特指中世纪西方产生的一种与骑士文学相对立的市民创作,是 11 世纪开始、随着城市的出现和市民阶级的形成应运而生的文学。

其次,“城市文学”是现代城市文明、工业文明的共生物。因为城市化进程的发生和产生普遍的影响,始于资本主义的兴起、特别是工业革命的重要推动作用。在以第二产业为主导和中心的现代文明阶段,城市最终成为现代历史的主体,而真正现代意义上的城市文学正是这一社会阶段的产物。

由于特殊的历史背景,中国近现代的城市化曾昙花一现,特别是在 20 世纪中前期,中国城市化进程也有过较长时期的中断或徘徊,这种状况直到 1990 年代才被彻底改变,在经济全球化与世界城市化的大背景下,中国不仅城市化进程越来越快,同时也逐步融入全球性的都市化进程。尽管由于长期的农业社会传统以及农业人口的巨大,国内各地的城市化水平和程度并不平衡,但由于全球城市化运动呈现为愈来愈明显的都市化倾向,文学创作与审美表现中的城市化现象还是越来越明显。换言之,即使在现代工业文明阶段,真正对文学产生重大影响的,也多半是当时的国际化大都市——这一点只要看看巴黎、伦敦、纽约、上海等与近现代文学的特殊关系便可了然,因而,我们在当下完全有理由将“城市文学”的命名更换为“都市文学”。如果根据上述城市聚落的类型划分与人类社会文明阶段的划分,那么将工业革命和城市化运动以后,以国际性大都市为写作背景、审美对象和想象范围的文学定义为“都市文学”,也应该更为清晰和准确。这不仅便于与古代“城市”文学相区别,同时也能充分彰显当代文学的主流与特质。

(三) 现代都市文学的发生与流变

“都市文学”的出现离不开现代大都市的崛起和都市意识、都市文化的发生。

由于工业革命引起的社会生产力惊人的飞跃,越来越多的人口与资本向着城市转移与聚集,城市的数量、规模、形态与功能因而发生了前所未有的变化,呈现出愈来愈强烈的都市化特征。在此过程中,现代大都市很快取代乡村成为人类思想文化活动的起点与中心,以及文学想象的来源和焦点。现代都市的存在也极大地改变了文学的性质、功能及其形式,影响到文学生产、传播和消费流程的方方面面。

19 世纪以来,既是西方大都市迅速发展的年代,也是西方都市文学大发展的时代,无论是浪漫主义、现实主义和自然主义文学,还是现代主义文学,无一不受到现代都市发展的重大影响，其审美视域与想象范围也基本上不出现代都市的空间。尤其是影响巨大的现代派文学，几乎可以说就是都市文学的代名词。

工业革命和城市化进程在使人类对自然拥有强大的控制能力的同时，也打破了人与自然乃至人与人之间的古典和谐状态。在资本、人口大量聚集的都市，人的本能与欲望无限膨胀，资本贪婪无情地摧毁农耕时代自足宁静的田园生活，导致了贫富分化、道德沦丧、精神堕落等一系列可以称为"城市病"的社会与心理问题。因此，在以雨果、巴尔扎克、左拉、狄更斯等为代表的作家笔下，作为工业文明象征的都市往往被描绘为人间地狱。这与前现代文明阶段文学对"城市"的审美和乐观完全不同。现代意义上的"城市文学"——"都市文学"，是从对资本罪恶、拜金主义、道德堕落与人性异化等都市社会与精神生态的"审丑"开始的。到了20世纪的卡夫卡、乔伊斯、萨特等作家那里，对工业文明的"异化"的批判则更加内在化和更加哲学化，由非人格性的都市所导致的现代人精神异化的存在困境、时空错位和孤独、绝望等，一直是现代主义哲学、文学、艺术表现的主题和揭示的深刻内容。这一状况直到西方社会进入后工业化阶段以后，特别是随着消费文明对工业社会、后现代文化对现代主义文化的解构，新一代的作家们才逐渐开始认识到当代都市社会与文化的多面性，具体到文学创作上，对都市文化与生活方式也不再一味拒斥、批判，而是"有憎恨也有歌颂，有拒斥也有拥抱"，其情感取向和价值态度呈现出明显的多元化。

就中国而论，由于社会形态和历史进程的复杂性，其"都市文学"的发生与发展也相对要复杂得多。

众所周知，当19世纪后期欧洲各国城市化进程高歌猛进之时，中国的城市化才刚刚在沿海口岸城市起步，不久即由于战争和随后的意识形态冷战等原因长期陷入中断或徘徊不前状况，直到1980年代中后期，中国再次融入全球性的城市化进程中，特别是进入新世纪以来，更是以前所未有的速度、规模和效应，向着作为当今城市化进程最高标志的"国际化大都市"和"世界级城市群"的方向迈进。与发达国家相比，尽管中国的城市化水平较低，发展质量不高，各地区城市化进度也参差不齐，但由于"作为城市化最新特点与最高表现的都市化进程，恰好构成了推动当代城市化进程的核心机制与主要力量"。特别是由于近年来中国"城市化进程的飞速发展、大城市与城市群的风起云涌、人力资本与社会资源向都市空间的高度集中、城市群自身进入良性发展态势、辐射与带动力的提升，以及十一五规划的政策导向等，正在中国大地上汇聚成一种新的发展潮流，这是中国步入都市化时代的有力证明"。[①] 因而，作为当今世界发展方向的全球性的

① 刘士林：《都市化进程论》，《学术月刊》2006年第12期。

都市化进程,同样在越来越有力地影响着中国人的物质生活方式与精神文化消费,它们在带给人们以更加复杂的情感体验和价值观念的同时,也开始逐渐影响甚至开始主导当代文学世界的审美想象空间。

正如现代意义上的城市一样,中国之有都市文学,最初也是由于被迫开放通商口岸的结果。因为通商口岸,中国开始出现与传统城市迥然不同的现代都市,如上海、广州和天津等。在这些本质上倾向于西方化的口岸城市,产生了中国最早的现代工业和经济部门,孕育出现代的市民阶层;现代教育文化事业得以发展,造就出一大批新型的知识分子;现代印刷工业技术的引入,促成现代出版业和现代报刊业的发达,导致现代文学生产方式和文化市场的形成,文学艺术据此脱离了延续数千年的农耕文明基础,在新的都市环境中发生了根本性的变革,并日益表现出多元变幻的复杂面貌。无论是迎合市民读者趣味、以言情、武侠为主的现代通俗文学,还是标新立异、感应西方文学新潮的现代海派小说、象征派诗歌、新洋场小说、现代主义诗歌,甚至"左翼"文学等,都是在现代化的都市中通过竞逐争锋、聚散分合而发展起来的,它们一起丰富着都市文学崭新的内涵。

当然,与西方都市文学对工业化、都市化进程的焦虑反应与审美批判不尽相同,中国现代都市文学表现出更多的政治化、伦理化倾向和强烈的民族国家意识,交织着中国人耻辱的殖民记忆及其对现代化的特别想象和期待。

1949 年以后,由于多种原因,中国的城市发展丧失其应有的多元特性。由于在阶级论观点下批判城市文明,将城市生活的商品化和消费主义性质等同于资产阶级反动腐朽思想或小资产阶级低级趣味,在其后相当长的时期内,描写城市日常生活的作品相当稀少。都市文学因而被工业文学取代,工厂、工地、车间等代表国家工业化的公共空间与有觉悟的产业工人之类国家主人等形象,构成20 世纪中期城市题材作品的主要内容。这种情况一直延续至 1980 年代,并经历了伤痕文学、改革文学、寻根文学等阶段。

自 1980 年代中后期开始,随着中国城市化进程的重新启动,特别是随着城市生活日益恢复其多元特性与丰富内容,文学的都市化倾向也渐露锋芒。王朔、池莉等不仅因为表现鲜活的城市生活及其崭新的审美意识引人瞩目,同时借助文学市场化的进程还大大改变了此前的文学生产与传播方式,对传统的文学观念和作家身份产生了相当强烈的冲击。特别是进入 1990 年代以后,随着中国城市化进程的不断加速,特别是在新世纪中国加入 WTO 之后,西方大都市的生活方式与文化风俗在国内迅速传播,前所未有的都市化浪潮极大地刺激和改变了当代文学的话语与价值谱系,文学的都市化倾向也随之突现:都市题材风靡一时,都市文学的时尚性、狂欢化和私语等特点很快渗透到各种题材的文学创作中,酒吧、股市、网恋、跨国恋、同性恋、性超人等都市符号与表象,不仅充斥于上海、北京、深圳和成都等地年轻作家的小说中,同时也极大地影响了其他城市的文学书写者。继台湾、香港等地之后,"都市文学"在大陆也表现出蓬勃发展之态势。

(四)当代都市文学的审美新变

尽管都以国际大都市为写作背景、审美对象和想象范围,但与现代都市文学相比较,当代都市文学发生了重大甚至革命性的变化。其中最重要的原因在于,两者所依存的都市文化语境存在着根本性的差异。如果说,现代意义上的都市文学是以作为经济实体的工业城市为审美视域与想象空间,在文化机制上带有现代资本主义性质,同时其叙事话语在中国又受制于民族国家意识形态的话,那么,随着经济、文化全球化进程的加快和超越国家的全球性"都市"、"世界城市"的出现,特别是因为卫星技术、互联网、手机等高科技媒介的发展,都市文学的历史文化语境在今天已发生了根本性的变化,一种更为强调文化功能的国际化大都市取代了现代意义上的工业化大都市,一种具有后现代特征的"都市文化"也深刻地影响到社会生产与精神生活的方方面面,一种以信息化为标志的人类新文明已经开始。在此基础上,当代都市文学在很大程度上成为后现代都市社会文化的集中展示,并表现出与传统文学乃至现代都市文学在审美价值、审美趣味和文化理想上的巨大差异:

第一,在审美观念和审美意识上,精神性、理想性、精英化与商品化、世俗化、大众化的差异。

与传统的乡村社会不同,都市是社会交流的枢纽,劳动分工最复杂也最精细,因而也是商品生产与交换最频繁、最集中的人类聚落,具有强大的无可取代的人类思想文化集散地功能。在都市文化语境中,建立于交换基础之上的市场关系、经济——商业利益主导的价值观念,使得传统的明心见性、自志自娱的文学,转变为面向社会、面向大众、供人们挑选和购买的都市文学,都市文学的生产和消费越来越体现出对商品法则的接受和服从——它不再仅仅是纯粹的精神行为,而首先是一种价值交换行为。

在生产力低下、信息传播与交流困难的传统乡村社会,大众的审美欲望受到抑制,大众的审美观念对文学的反馈与影响极其有限,整个社会的审美取向以士大夫精英的审美趣味为主导,表现出求虚求雅的精神性、理想性;但在人口聚集的现代都市社会,大众识字率高,流动速度快,与现代传媒接触频繁,传统的按身份归属来区分不同活动区域和活动方式的游戏规则已经被打破,都市生活带有"超级民主"的浓重色彩——文学语言、样式、形式上的民主特征。[1] 因此,文学

---

① 张凤阳:《现代性的谱系》,南京大学出版社 2004 年版,第 485 页。

的大众化是当代都市文学的显著特点，大众口味影响往往会决定文学的生产观念与写作实践。在大众化、商品化的冲击下，传统文学那种自志自娱的创作或载道式的写作不同程度地被现代作家扬弃和消解，媚悦大众、转向世俗，成为都市文学重要的审美观念和审美意识。

第二，在审美取向和美学风格上，审美性、道德化、政治化与娱乐化、欲望化、个性化的差异。

在传统社会，文学主要是加强和巩固政治威权的一种手段，服从于国家意识形态，或作为礼仪规范、道德训诫的工具，或作为“理念”、“天道”的演义手段，发挥着强大的“诗教”功能和“兴观群怨”作用，表现出鲜明的道德化、政治化特征；而个体的价值、意志与欲望等，特别是读者大众个体生命的感性欲望及其审美要求，长期被窒息——或只有在不登大雅之堂的民间文学中有所表露，而在“士大夫文学”中则经常被“移情”于自然对象。从审美本质上看，建立于农耕文化基础之上的传统美学注重审美超越、关注精神空间的开拓，以无私无欲的宁静、安详与和平为最高境界；而当代都市美学则注重感性层次的心理愉悦和自我满足、关注情感化的所谓“个性”选择与貌似无意识的所谓“契合”。

如果说，前现代的社会生活限制了个体的外部行动和联系，将个人桎梏在宗法半宗法的社会组织，为个体的自我独立和分化树立了难以逾越的屏障，那么，当代都市化车轮的飞速旋转，则彻底碾碎了这一人为的屏障，特别是由于平权观念的深入，极大地刺激了大众寻求感性快乐的渴望，使他们开始分享尼采酒神精神的贵族式特权。都市社会从社会结构、价值观念和物质条件上，为个体放纵欲望的自由提供了基础。随着约束性的禁忌、戒律被打碎，感官冲动一步步消解精神情愫，感性的解放与肉身的放纵不分彼此地熔为一炉。渗透着大众文化审美趣味的都市文学，日益摆脱了因因相袭的群体的“形而上”沉重，转而走向个性化的轻松的生理快感体验。

第三，在美学风格和审美境界上，和谐、精致、含蓄、淡远与紧张、快速、新颖、奇俏、突兀的差异。

在传统社会，人与自然、人与人之间处于相对和谐的状态，而节奏缓慢的农耕生活和确定的信仰也天然具有安宁、悠闲的审美特征。到了现代社会，在陌生人倏忽聚散的都市中，混凝土的街道、楼房，机械化的交通工具、熙熙攘攘的广场、商场和娱乐场所，与农村的田园阡陌、小桥流水与花草树木相比，都是非人格化的无机体；摩天楼的高挺、高速公路上的车流、霓虹灯的旋转多变、知识、信息的激增与爆炸……一切都是快速、流动、紧凑，一切都与精致、和谐、优雅、含蓄无缘。这种都市特有的生活方式也直接影响到当代都市文学的创作，使艺术上的求新求变或实验性，成为都市文学的一种独特品格。

在当代都市中，上帝等神秘、缥缈的形而上信仰已经销声匿迹，失去价值依傍和信仰庇护的都市人如无根的浮萍，在激烈的生存斗争中产生无边的困惑、怀疑和焦虑。如果说前现代社会的封闭常常意味着某种内在的精神自足，那么，当代都市社会的技术进步则打破了传统社会的封闭、促进了更加丰富的都市性社会关系的生成，其巨大的物质成就由于将“生活外在化”而使对新奇事物的贪婪乘虚而入，都市人只能依靠“震惊”、新颖平衡心理，去营造一种单纯依靠外物的生活方式，因而使平面化、无深度和刺激感成为都市文学的审美表征。

第四，审美方式上，静观、冥想与“图像化”直观、技术化再现的差异。

在大众传媒普及的都市社会，现代传播科技的巨大力量，使得以影像为中心的感性主义文化形态对传统的以语言文字为中心的理性主义文化形态构成了颠覆性的挑战，前者日益成为我们生存环境的更为重要的主体部分。都市社会，在某种意义上正如詹明信(杰姆逊)所指出的那样，已成为一个由电影、电视、摄影等媒介的机械性复制以及商品化的大规模生产所构筑的“仿像社会”[①]。实际上，早在1930年代，海德格尔就曾警告说，我们正在进入一个“世界图像时代……世界图像并非意指一幅关于世界的图像，而是指世界被把握为图像了。”[②]换言之，在日趋都市化、大众化的当代文化中，人类把握世界的方式越来越依赖于图像而非文字。丹尼尔·贝尔认为，“群众娱乐(马戏、奇观、戏剧)一直是视觉的……现代世界是一个城市世界。大城市生活和限定刺激与社交能力的方式，为人们看见和想看见的(不是读到和听见)事物提供了大量优越的机会”。[③]

都市大众社会需要大众消费和娱乐，都市文学的审美方式也主要是视觉的图像的。在都市生活中，面对汹涌而来的视觉洪流，大众根本不可能再以静观、冥想等传统方式去细细体悟对象，对“韵味”的审美追求更多地被“震惊”、“惊艳”的审美感受所代替。都市文学越来越与影视、网络视频等艺术形式相结合，通过改编、声像合成等手段，表现出综合性的艺术特征，以适应都市人群的消费生活方式与以享乐主义为中心的文化消费方式。

第五，文本风格和特征上，地域性、民族性与全球性、世界化的差异。在大众传媒与现代交通高度普及和便捷的都市社会，在国际政治、经济和文化上处于中心地位的当代大都市，其日益强化的全球商品流通和国际文化交流，迅速改变了封闭自守的传统小城镇生活方式，文学的互文性特征日益增强，文学的题材内

---

① [美]詹明信著，张旭东等编译：《晚期资本主义的文化逻辑》，三联书店1997年版，第37页。

② [德]海德格尔著，孙周兴译：《林中路》，上海译文出版社1997年版，第86页。

③ [美]丹尼尔·贝尔著，赵一凡、蒲隆、任晓晋译：《资本主义的文化矛盾》，三联书店1992年版，第154页。

容、思想主题和语言形式、风格特征,也越来越淡化了其固有的地域性和民族性,并深刻地打上了全球化和世界性的审美烙印。

二、当代都市文学的生产与传播

20 世纪中后期以降,伴随着现代高科技的革命性进步,特别是信息技术的出现与迅速发展,人类文明发展由传统的线性稳态递增型摇身一变为跳跃式的快速演进模式。信息技术的发展带来传播方式的革新,在此基础上,当代大众传播媒介与交通运输革命进一步消除了社会的隔离状态,增大了国家、民族和个人相互间的影响和联系,使人类的生存方式和认知世界的方式发生了重大改变。

信息化生存作为当代文明的主题之一,对当代都市文学的影响更是不容忽视。由于当代都市社会深度的信息化,使文学生产与消费方式发生了重大改变,并借助新的信息技术生成了许多新的文学形态。

本来,中国传统文学向现代文学的转型就是在都市化影响下的产物。在这一转型过程中,当时的大众传媒起到了关键性的作用,如现代报刊、影视等传播媒介和传播手段,使传统的文学生产、传播和消费方式受到前所未有的冲击,并发生了巨大的变化。可以说,没有现代传媒,就没有大众文化,没有现代传媒,也不可能有现代都市文学的诞生。加拿大传播学家麦克卢汉曾认为:"媒体会改变一切。不管你是否愿意,它会消灭一种文化,引进另一种文化。"①中国现代文学的发生与成长已充分证实了这一点,而当代都市文学则更加强烈地体现出这一特征。在经历过现代报刊、广播、电视等大众传媒的影响和改变之后,当代文学正面临着新的传播媒介特别是被称为"第四媒体"的互联网(Internet)的全面挑战。互联网作为当代信息社会最重要的媒介之一,在一定程度上已将当今都市社会变成网络化的都市,而处身于网络都市的文学,特别是与都市社会关系最为密切的都市文学,也必然要随之发生深刻的变革。

互联网对当代都市文学的影响首先表现在文学生产的网络化趋势上。互联网使当代都市文学生产出现了一系列不同于传统写作方式的特点,并促成了以电子信息为媒介的众多新文学形态的出现。

(一) 文学生产者的身份发生重大改变

相对于纸介质载体版面的限制和传统编辑审查制度的束缚,网络是一个非

① [加]埃里克·麦克卢汉著,弗兰克·秦格龙编,何道宽译:《麦克卢汉精粹》,南京大学出版社 2000 年版,第 248 页。

常自由的文化空间,它使文学作品的发表变得非常容易、非常简单。网络的这种开放性,打破了传统文学生产方式对文学的束缚,神奇地解放了文学的生产力,满足了主体与生俱来的言说欲与交流欲,让越来越多的人能够直接参与到文学的生产与创造过程中来,在知识化程度越来越高的大都市,更是掀起了一种可以称之为文学生产的大众化运动。同时,这也使传统文学作者的地位与身份发生了很大的改变,在传统作者与读者之间主要是一种单向性的"创作—接受"或"生产—消费"关系,借助于网络空间,这两者之间的身份界限日渐模糊,文学艺术生产的权力也由少数人的垄断转移向多数人的众声喧哗,意味着更多的人由此获得更多的表达权力或接受的机会。而在传统社会分工和角色定位中十分明确的"作家",其身份也有出现了网民化的转变趋势,如当代文学作品的生产不再全部由传统意义上的专业作家完成,姓名、身份、性别、年龄与职业都不确定的网民,开始以单独个体或交互协作的方式参与到当代都市文学的生产与创造中。这在某种意义上直接打破了文学创作为少数人所垄断的书写传统,是自由表达的进步,也是文学话语权、书写权让更多人分享的表现。网络在扩大文学爱好者和业务创作队伍的同时,也在很大程度上拓展了文学生存的空间和发展的基础。正是借助于网络,当代都市文学有了痞子蔡、安妮宝贝和慕容雪村等,他们都是不同于传统文学制度的当代网络空间培养出来的作家,同时在网络文化越来越繁荣的时代,也显示出不同凡响的生命力和影响力。

(二) 跨地域的网络"文学群落"的形成

由于网络本身具有跨地域性,层次、志趣相同或相近的文学爱好者可以很方便地利用网络建立自己的"文学群落",通过自己的网站、网页、电子公告牌(BBS)和博客等进行样式繁多、丰富多彩的文学创造与交流活动。如"病孩子"、"翼"和"诗江湖"等,都是在文学观念、艺术趣味和写作风格上带有一定群体性或流派特征的"文学群落"。除了这些私人和自愿团体性质的"文学群落"之外,像"诗生活"等一些公共性、公益性的大型综合文学门户网站,在媒介社会中应运而生,成为哈贝马斯所谓的"公共领域"的重要组成部分——不过,与传统的带有"硬件"性质的"公共领域"不同,这是一种经由电子传媒为文化信息传播敞开的一个前所未有、无限开放的"公共领域",或者说是一种基于当代互联网技术之上的"赛伯空间"(Cyberspace)、"虚拟空间"。在某种意义上,这一空间有利于文学生态的良性建设培养和可持续发展:在这个空间中,没有人为设置的种种清规戒律,作者可以非常自由地进行各自喜爱的文学试验。网络"文学群落"的兴起,打破了地域的隔绝和限制,极大地改变了传统的以纸介质报纸杂志为中心所形成的文人活动方式和文学生产方式，使作家之间的联系进一步得到加强，文学的空间进一步拓新；正是因为不同层次、不同志趣的文学爱好者结成不同的“文学群落”，每一个文学创作者都能找到适合于自己的生产和交流空间，非常有利于提高文学生产的专业质量，缩短文学更新换代的周期。同时，文学产品的种类也因此更加丰富，并给予文学爱好者以更多的自由选择。可以说，网络“文学群落”的兴起，使当代都市文学开始出现新的组织形式和资源配置方式，日常的文学生活也以这些“文学群落”建立的网站、网页等为中心组建起来，形成了不同于传统文学体制的“虚拟文坛”。

（三）生产方式的多媒体化与交互性特征

由于互联网能够将网络技术、多媒体技术和超文本技术融为一体，文学创作者可以很容易地在文字叙述的过程中，插入音乐、图片、影像资料等，将它们以无限多的方式组合在一起，构成一种具有超文本性质的多媒体艺术。同时，因为音乐、图片、影像等作为一种更具直观性的感性符号，也愈来愈受到当下创作者和欣赏者的欢迎，使越来越多的网络作品开始从单一的文字表达向集光色声像于一体的多媒体综合表达靠拢。这些具有即时性与现场感的多媒体复合符号，以画面、声音等形式全面诉诸人们的视听感官，在很大程度上对传统文学形式产生了革命性的冲击。随着互联网技术的不断发展与普及，可以预见，这种超文本的多媒体艺术将成为当代都市文学的主要形态。换言之，在当代都市文化生态中，以单一的印刷文字为表达方式和存在方式的传统文学观念，正在受到以计算机语言为基础的网络写作与传播方式的严峻挑战。

开放的网络结构还提供了一种更为广泛的交流互动模式，使网络文本具有了真正的开放性和更高的交互性。在网络空间中，文学文本可以由原创者与网民共同完成，不同的网民可以参与同一文本的创作，对不同的文本发表意见，乃至于按照自己的意图修改作品，从而真正实现了网民之间的交互化。此外，在互联网上还出现了由软件设计师专门设计制作的多媒体光盘文本，其重要特征是与传统小说截然不同的“非线性”，并拆穿了故事只能沿着“发生、发展、高潮”然后向结尾发展的经典叙事模式。这种非线性文本没有结尾，只有更多的环节在不断地展开或翻新，每个多媒体文本（甚至每个词）都可以作为通向其他数字化地点的电子门厅。在这种情形下，创造性叙述的核心就从作家转到设计文本联系的制作者手中，或是利用这些联系的读者手中。毋庸讳言，在描绘场景，叙述情节，尤其是还原生活的原初细节方面，这种交互式超文本写作所具有的优势是任何传统的文学形式无法比拟的。

（四）文学生产的技术性因素增强

无论是作家身份的民主化，还是网络写作的多媒体化，都离不开信息技术的支持与参与，技术性因素在当代都市文学生产中的作用越来越大。各种文字输入法的发明和不断改进，使苦役般的“码字儿”变成轻松的键盘输入、语音输入；电子技术的成熟，使海量的文本以软载体形式存储于电脑、光盘中，传输在互联网上；软件技术的发展，能够实现随机创新、人机共同思维，通过编译程序与计算机相连的高级语言，电脑程序可以辅助网民编制情节曲折的小说、冲突尖锐的戏剧、语言“陌生化”的诗歌……科学技术对当代文学艺术生产的作用如此巨大，充分印证了雅斯贝尔斯的论断：技术正“以自然科学为根基，将所有的事物都吸引到自己的势力范围中，并不断地加以改进和变化，而成为一切生活的统治者，其结果是使所有到目前为止的权威都走向了灭亡”①。信息技术的发展，确实带来了文学艺术的日益生活化和民主化，技术手段、技术材料、技术方法等从文艺生产的操作层面不可抗拒地渗透到文艺生产的观念层面，支配着当代文艺特别是当代都市文学生产的方方面面。由于当代都市文学的生产对科学和技术的依赖，不知不觉间，传统的、手工艺性质的文艺生产活动和鉴赏型的文艺消费行为逐渐消失，对文艺创造性的追求渐渐变成了对技术和工具革新的追求。②

（五）空前便捷、低廉、平等的信息传播自由

在传统的文学传播过程中，读者（受众）的地位是被劝服或单向接受性质的，没有反馈与表达不同意见的自由。在有了网络这一新的传播媒体后，读者（受众）几乎获得了与职业传播者平等的传播权利。以“转发”、“转贴”、“回复”、“跟帖”等形式进行的网络传播，直接改变了传统媒体“从点到面”的单一传播方式，增加了“点对点”、“面对面”的相互传播，任何一个人只要进入网络传播空间，都可获得空前的信息传播自由。借助网络，文学作品取得了纸介质媒体无法比拟的传播效果。不仅如此，由于网络文学的流通是通过“比特”这种软载体在网络中实现的，与传统以书报杂志等物态化硬载体形式的流通方式相比，这种流通、传播方式具有耗材少、传输快、辐射广阔、准确性高、易于检索、复原和复制等优势，从而极大节约了时间和空间，降低了文化传播与消费成本。马克思、恩格斯在《共产党宣言》中预言的——“各民族的精神产品成为公共的财产，……许多种

① ［德］雅斯贝尔斯著：《何谓技术》，载于《文化与艺术评论》（一），东方出版社 1992 年版，第 201 页。

② 参见陈定家：《赛伯空间中当代文学艺术的命运》，《社会科学辑刊》2000 年第 3 期。

民族的和地方的文学形成了一种世界的文学”①，在某种意义上，这种预言正在电脑网络时代变成现实。

（六）网络文学、手机短信文学等新的文学形态的出现

在个人电脑和手机等高科技电子产品越来越普及的都市社会，普泛意义上的写作变得越来越简便快捷，又因为都市大众的受教育程度普遍较高和闲暇时间大大增加，在此基础上，都市文学的生产和消费越来越脱去贵族化、专业化的精英烙印，成为一种大众化、世俗化的日常行为而不再神圣、神秘。在此情形下，一些迥异于传统文学的新文学形态开始发育，如网络文学——网络小说、网络诗歌、网络剧本、网络多媒体艺术、手机短信文学等。所谓网络文学主要是指在网络上发表、交流的文学作品。写作者主要是一些习惯于网络生活的中青年网民。网络文学带有非功利性的特点，写作常常是即兴的，非常自由的。作者以一种自娱娱人的心态参与创作，兴之所至便思如泉涌，行于其所不得不行，止于其所不得不止。写作者的目的大多是出于自我表达和发表欲的满足，或是情感的宣泄，或是自娱自乐，或是其欲望赤裸裸的表达。比之于传统纸面文学，网络文学更具私人性、匿名性，形式更加自由丰富。目前网络文学的发布方式主要有这样几种：网上文学期刊发表、个人网页或博客发布、讨论区张贴、电子邮件传播等，其中绝大多数不需要编辑处理，或是由主编和文化官员加以审查和批准。

网络文学是信息技术与文学结合的宁馨儿，是一个在全新的生长空间中诞生的新文学形态，尽管它尚未对传统纸面文学制度与格局构成颠覆性的挑战，但其为文学提供了新的动力与新的要素是不言而喻的。特别是近年来，随着手机短信日益深入普通百姓的生活、工作中，借助手机短信这一信息传播平台，文学与新技术、新形式联姻，导致了一种新的文学品种——“手机短信文学”的出现。“手机短信文学”与当代娱乐生活的日益丰富多彩、网络和电信的普及、图书市场读者的日益年轻化密不可分。同时，“手机短信文学”以它内容的生活化、创作的快捷化、载体(手机)的普及化、传播的方便化，将会具有愈来愈强的生命力。虽然目前手机短信带有很大程度的快餐性质，几乎是看完就扔，其作品往往带有刺激、调侃、幽默、滑稽、娱乐性的“段子”色彩，而且多属于文学与审美之外的东西，但由于它非常适应快节奏的都市生活，因而可望为文学生产带来了新的自由表达空间。

（七）信息化和城市化对当代都市文学生产方式的影响还表现在商品化与产业化上

由于都市特有的商品生产与交换功能以及都市文化具有的消费性质，都市

---

① 《马克思恩格斯选集》第4卷，人民出版社1972年版，第255页。

文学生产也必然要成为商品生产,并逐渐演变为一种都市特有的规模巨大、组织严密的文化工业。其核心是以出版商为主导的畅销书机制,如近年来"雪米莉"的作坊式言情小说创作,"小妮子"的青春小说系列,"雪米莉"、"小妮子"等都不是作者的名字,而是文学创作团队或创作工厂的名字。它们的出现表明,经济因素和市场价值在都市文学生产中正在发挥越来越大的作用,甚至直接影响到作品的取材、结构、主题和语言等,成为文学生产的重要原则。同时,随着文学生产采用一般商品生产的价值尺度,文学的概念和命名与一般商品广告也越来越相类同,作品的营销策略与手段日益发达,文学生产作为文化产业的存在方式与特征也越来越明显。

三、当代都市文学的消费方式变迁

在信息社会、网络技术和大众文化的影响下,当代都市文学在消费方式上表现出与传统文学的巨大差异。

(一)当代都市文学消费方式的改变表现在越来越明显的视觉化倾向上

这种视觉化倾向主要是电子信息技术带来的。电子信息技术带来了现代影像技术和音像技术的革命,并使得文学这种单一的语言艺术相形见绌。都市大众越来越不喜欢用文字表达自己的思想,越来越注重视觉的传达与接受。

由于视听产品在传播上具有保存信息全面、直观、易识、形象生动等特点,随着数码成像技术和电子传播技术的发展、应用和普及,视觉化的"观看"作为一种优点显著的文化信息接受方式,越来越成为当代都市文学消费的主要方式。与以语言文字为单一媒介的传统文学相比,当代都市文学更适应"逻各斯中心主义"解体之后的后工业社会,适应于以感性文化为主导的当代消费文明,适应于尼采美学所预示的后现代审美取向,其生产和消费也日益转向以直观感性的声音、图像为中心。

如果说在农业—手工业时代,囿于聚落方式和技术的限制,人们对文学的感受和接受方式只能依靠慢节奏的、需要时间、耐性和想象力的(文字)阅读,在现代尤其是后现代都市社会,因为广告、商品和都市传播媒介的反复刺激,人们的感官、欲望充分膨胀起来,那些无法刺激和满足感官、欲望的文字,则日益为大众所疏远。特别是在多媒体技术所引发的视觉快感生产越来越快捷、便宜和简单的当下,在电影、电视、网络和画报等视觉媒体无所不在的都市社会,视觉信息的泛滥直接刺激并再生产出消费者的视觉欲望,培养了习惯于"观看"而非阅读的大众接受心理。“读图”、读“屏”成为普遍流行的文学消费方式,而传统意义上的读者变成了观众,阅读变成了观看,审美变成了消费。事实上,自 1990 年代以来,从蔡志忠、朱德庸到吉米的漫画,一直到日本和欧美等国的卡通、动漫和网络游戏,那些直接刺激人们视觉快感的纸介质图像书刊和电子介质书刊,越来越受到读者大众特别是青少年的喜爱,在市场上占有的份额越来越大,并成为一种流行的阅读风尚、新的阅读习性和文化消费方式。受此冲击,读者大众对以文字为主的纸介质书刊,特别是文学作品的阅读兴趣逐渐减弱。许多文学作品,包括文学经典,也越来越依赖于影视、网络等视觉媒体的改变和传播,才能实现它们固有的文学价值。或者说,只有通过影视、网络等视觉媒体,文学文本的接受群在数量上才会大大扩展,文盲或半文盲往往也能通过观看而在一定程度上理解影像文本的文学意义。所以,“触电”才成为当下文坛最热门的语汇。

(二)当代都市文学消费方式的改变表现在电子化、数字化趋势上

在当代都市社会,信息技术的发展与普及构成前所未有的数字环境,信息化的当代都市社会也培养出了数字化的一代新人。数字化生存直接影响到大众的生活与心理,人们对文学的生产与消费也越来越多地发生在由电子数据库、网络文件、电脑图像组成的“赛伯空间”里。在那里,几乎所有的文学艺术符号(文字、图画等)都是电子化、数字化的,以及通过互联网传播的。任何一个人,只要轻点几下鼠标从任何一个计算机终端进入这个空间,就可以非常快捷、方便地欣赏到他所希望的作品。

在这种情况下,文学的消费(接受)方式不再是单向的,借助于多媒体技术,文学消费者(接受者)同时还可以是文学的创作者和传播者。传统的“读者”概念几近消失。在电子化、数字化的“赛伯空间”里,文学消费者(接受者)的主动性越来越大,恰如尼葛洛・庞帝所言,“在数字化世界里,所有的媒介都由比特(bit)组成”,所以媒体之间都可以相互转换。“在更遥远的将来,当比特离开传输端时,将不局限于任何具体的媒介。”“传送信息的传播者根本不知道传送出去的比特最终会以何种面目——影像、声音,还是印刷品——在接受端出现。这由你决定。”①这在某种意义上,意味着消费者(接受者)可以自由决定采取何种形式接受包括文学在内的信息。另一方面,由于恰恰是在信息接受上,消费者(接受者)还不得不依靠电子装置,“需要一些能以关键词语描述故事的比特、表达内容的数据以及参考资料比特”②,以便在一个信息过剩的世界中,找到自己感兴趣的

① [美]尼葛洛・庞帝著,胡咏、范海燕译:《数字化生存》,海南出版社 1997 年版,第 70 页

② [美]尼葛洛・庞帝著,胡咏、范海燕译:《数字化生存》,海南出版社 1997 年版,第 209 页。

资料。由此可知,在当代都市社会,无论是阅读还是观看,都离不开多媒体技术特别是电子技术提供的“物质条件”。

与传统文学消费方式相比,当代都市文学越来越依赖于必要的电子设备和计算机存储检索技术,也越来越依赖于通过电子媒介找到自己的接受者。比如说,因为几乎所有网上的文学网站、网络图书馆、电子文库,都毫无例外地、自觉地把经典的中外文学作品作为主要内容,在网上找一本严肃文学或经典文学作品,比到充斥着铺天盖地的通俗作品的书店去找要容易得多。所以,越来越多的读者倾向于去网上寻找和浏览。从这个意义上说,电子媒介为当代都市社会培养了更多的文学接受者。

当代都市文学消费方式的电子化与数字化趋势,还表现在网络读书频道的崛起。据统计,现在很多稍具规模的新闻网站都开设有自己的读书频道,其中新浪、搜狐、腾讯、千龙网、TOM 等网站的读书频道颇有影响。网络读书频道在国内的历史虽然不长,但凭借海量、互动性强的优势,已成为读书人获取图书信息和出版社捕捉图书热点的重要平台。流量是最好的说明,如新浪的读书频道曾有日浏览人次上千万的纪录,在新浪所有频道中排行前五位。

(三)当代都市文学消费方式的改变表现为快餐化、时尚化

在世界很多国家,都出现了国民阅读率、阅读时间与传统阅读兴趣急剧下降,青少年读者趋向于读图、读网、看电视和“速读”、“缩读”等问题。据统计,2005 年我国识字者的图书阅读率仅为 48.7%,这是自 1999 年以来首次低于 50%。而在“没时间读书”的群体中,也主要是青少年,其中 20 岁至 29 岁的年轻人最多,占 54.2%。更多的人的阅读目的不再是增长知识和解除疑惑,而主要是为了单纯的娱乐和消遣。昔日灵智的追求让位于感官的刺激,阅读退化为文化快餐消费,显示出趋时性、易变性,以及追求直观易懂、轻松休闲和感官刺激等特点。这使得好莱坞大片、泡沫电视剧、武侠电影、言情小说等,成为人们的首选。拿起插图书,就着插图看完旁注,就算读完一本书。在当代都市社会,市场、科技与传媒的发展,社会竞争的激烈,人们生活节奏的加快,带来了快餐化生活方式和快餐文化的流行,也导致都市审美文化及都市文学阅读/消费的日益快餐化、时尚化。

当代都市文学生产和消费的快餐化,是指文学选题的批量化生产和文学依附于声像及图画以迁就“读图时代”的文字阅读。这是高度信息化的都市社会形态与生活方式使然,是文化与大工业生产及各种现代传媒手段一体化发展的必然结果。在市场经济时代,原本属于个体的文艺活动成为一种综合性的社会化大生产,以及一种或直接或间接地体现商品化的生产和消费意念的过程。正如

马克思主义批评家伊格尔顿所指出:“文学可以是艺术品,社会意识产品,世界境象;但它也是工业品。书,不但是意义结构,也是出版商生产、为赢利在市场上出售的商品。……作家不但是超个体精神结构的转换者,也是出版机构雇用的生产赢利商品的工人。”①在都市社会中,文学作品制作者们出于商业利益的目的,对社会脉动的变化特别敏感,依靠熟练的策划、营销技巧和媒体宣传,成为阅读潮流的制造者和引导者、出版市场的操盘手,不停地制造一个又一个的市场“热点”。随着电视在消费市场上走向强势,过去由文学改编剧本的习惯也颠倒过来,使文学成为电视剧的附庸,由剧本简易改造而成的小说随着电视的热播,往往在一定时间里可以成为图书市场的抢手货。在快餐化的都市文学生产与消费中,消费者的阅读时尚变成首要的审美风向标,很多习惯于跟随潮流的读者,也把读书当成一种追随时尚的行为,而不再把读书当成一种自我提升和满足内在需要的精神活动。在这种情况下,具有快速与批量生产特点、兼具文化与娱乐两种品格的快餐文学,在所有文化门类中,不仅商业化最强,也最有卖点,因此也最受商家的青睐。

当代都市文学消费上的视觉化、电子化和快餐化、时尚化,是快节奏的都市生活的必然产物,是眼花缭乱的数字技术和新媒介迅速改变人们认知习惯、生活和学习工作习惯的结果,也是数字时代个人和社会心理反应的外在症候。它既是电子化、快餐化的都市社会的文化现象,又是消费主义时代“精神生活快餐化”的主要现象之一。

四、都市文学批评的一般原理

都市文学是人类社会日益都市化,人类的生存方式和感受方式、表达方式等发生根本性变化的结果。现代高科技的突飞猛进,人类文明的突变式发展,都市大众文化、网络文化等的方兴未艾,特别是电子媒介引起的传播革命,不仅改变了文学的内容与形式、审美形态和存在方式,导致一大批新型的都市文学样式如电影文学、电视文学、网络文学、手机短信文学甚至广告文学的崛起,还引发了传统文学生产与消费方式的深刻变革,导致文学的性质与特性发生新的变化。面对日新月异的当代都市文学的挑战,传统文学批评暴露出捉襟见肘的窘迫,急需调整自己的话语谱系,提出全新的解释框架与批判理论。概观当代都市文学的崭新特征与变化,需要新的批评范畴。鉴于当下审美的日常生活化和艺术与美

① [英]伊格尔顿著:《马克思主义与文学批评》,伦敦,1977年,第59页。转引自昌切:《王朔一群:从创造者到生产者》,《通俗文学评论》1993年第1期。

的大众化，都市文学批评有必要从当下社会的总体性、制度性现实出发来应对现实的提问，确定自己的基本范畴。

（一）私语

私语，主要是指繁衍于都市日常生活之中的个体性话语，一种有别于具有统摄性的现代性宏大叙事的都市日常性叙事。它偏重于对都市物象、个体心理感知和私人性身体经验的时尚化书写，表现出全球消费主义语境中中产阶级日常生活的各个层面及其物欲化的生活趣味。

不同于传统以小乡村为特征的“共同社会”、“礼俗社会”或“熟人社会”，在以大都市为其特征的“利益社会”、“法理社会”或“陌生人社会”中，人们生存的含义发生了重大变化。越来越复杂的社会分工使所有都市居民获得了越来越大的自由，使他们在生活中能够进行更多的选择。血缘、地缘、文化传统上大相径庭的各色陌生人因为都市而聚合，却又因为工作地点和生活区域的彼此分离而在行为上表现为“离散化”和“客观化”；都市生活有逻辑的、理性的而非情感的交往方式，使得都市人比以往更加孤独。分崩离析、肆无忌惮的个人主义和自私自利，甚至相互敌对，成为都市生活的特点。① 在都市社会，人们不再有传统社会那样的共同利益、共同目标、共同语言和传统以及共同的信念，因此也不再有全社会的狂热行为，取而代之的是私人生活和私人领域的扩张。因为这种都市化对公共生活的巨大改变，文学生产机制也发生了重大变化，创作的“私人化”倾向在都市文学中更为突出。

因为遭遇都市生活欲望洪流与大众文化的巨大冲击，今天的文学越来越边缘化，它在公共领域的影响力越来越被一些更为广义的“写作”所取代。在这种情况下，都市文学对社会现实、公共话题的关注日益减弱，那些个人化和私人性的体验成为文学赖以生存的土壤和写作所围绕的中心。私语化在某种意义上已经成为当代都市文学的主导。中国当代都市文学延续了先锋文学对固有的一切关于人、历史和意义的解构，以及对个人经验的重建，不管是王小波还是后来的林白、陈染、池莉、朱文，甚至是更后期出现的卫慧、棉棉、慕容雪村、安妮宝贝等，都不可避免地走向解构现实、极端私语化的写作道路，他们对私人性的身体经验的叙述和重建为文学走向真正的多元化提供了最大的可能和必要的探索。当代都市文学的私语化，也在一定程度上恢复了艺术作为私人事业最古老、最具字面意义的形式特性，有利于培育一种独特性、个人性、分离性的意识，使人从一个社会动物，转变为独立自主的“我”。而网络上私人与公众空间界线的含混不清，及

---

① 参看陈立旭：《都市文化与都市精神》，东南大学出版社 2002 年版，第 20—21 页。

其匿名性,又为作家抛开任何中介,直接与自己的知音或粉丝私语,提供了必要条件和充分的自由。

(二) 狂欢化、肉身化

“狂欢化”是前苏联文论家巴赫金针对传统诗学而提出的一种崭新的诗学理论。在狂欢的节日广场,人们从以往森严的等级差别和清规戒律中解放出来,在彼此自由平等的亲昵关系中,纵情欢笑,肆意宣泄现实中压抑的心理和情感;人们无拘无束的颠覆一切,经常将神圣与滑稽、高级与低级、伟大与渺小、聪明与愚蠢等对立比较,肆意破坏官方与民间、高雅与粗俗的界限,从而制造出谐谑喧闹的喜剧效果。狂欢化文学在体裁修辞上普遍发扬根植于民间笑文化的讽刺摹拟体裁,传统的高雅体裁受到戏仿并被颠覆,诙谐滑稽、粗俗鄙陋是其总体风格。在狂欢化的文学作品中,小丑、傻瓜、骗子、疯子成为最活跃的人物,“一切高级的、精神性的、理想的和抽象的东西转移到整个不可分割的物质—肉体层面、大地和身体层面”①,人的肉身、人的下部器官以及与之相关的食色本性受到格外地重视、强调和夸张,整个世界被物质化、肉身化,表现出源于几千年民间笑文化的一种特殊的审美观念。

狂欢化的潮流给整个文学带来了重要变化。狂欢化文学在肉身化的狂欢嬉闹中创造出的浓烈喜剧效果,狂欢化文学在喧闹场面、热烈氛围和斑驳绚丽色彩基础上的“多音齐鸣”,这种大俗大雅、超越常伦的狂欢化美学境界,以及其中所包含的酣畅的自由感受,与后现代文艺作品中对传统、经典、权威的无情解构,那种新颖奇特的兴奋感、欣快感以及“歇斯底里的崇高”(杰姆逊语),具有微妙的相通之处:强烈、新奇、热闹、直接、浅显、平面,不靠理性大脑,全靠肉体感官来获得。狂欢化境界和解构主义,在精神气质上可以说是息息相通。可以说,由于消费模式的影响和传播媒介、电子信息等高科技的渗透,常常被称作消费社会、信息社会或高技术社会的当代都市消费社会,文化—文学的生产与消费,狂欢化势所必然。

中国当代都市文学的狂欢化,最早开始于1980年代国家重启现代化进程之后。包括刘索拉的《你别无选择》、徐星的《无主题变奏》、莫言的《红高粱家族》和余华的《鲜血梅花》等在内的具有先锋探索精神的青年作家,或以对精英意识、国家意识形态禁忌和社会道德规范的消解,或以对传统文学叙事模式的戏仿与颠覆,或以狂欢色彩的小说话语,或以对狂欢性的民间节日、场景和狂欢式人物的描写,在不同程度不同侧面表现出狂欢化的诗学取向。到了1990年代出现的王

① [俄]巴赫金著,李兆林、夏忠宪等译:《巴赫金全集》第6卷,河北教育出版社1998年版,第24页。

朔现象,更以"我是流氓,我怕谁"的反英雄面目"躲避崇高",对传统价值规范和旧意识形态进行了彻底的摧毁;与此同时,深受奥维德、薄伽丘、拉伯雷、塞万提斯等欧洲作家影响的王小波,则以"有趣"为自己的文艺观念与美学追求,以民间狂欢节立场在小说中肆意拆解固定的社会意识形态和等级制,遵循"快乐的相对性精神",尽情使用狂欢体小说的一些具体元素(殴打、辱骂、恶作剧、怪诞、狂欢节道具、"粪的形象"、"正反同体"等),从而呈现出一种狂欢节式的渎神表演。这种带有解构主义性质的狂欢化色彩,正是王小波小说最大魅力之所在。在王朔、王小波之后,韩东和朱文等新生代的"捣蛋鬼"文学更将那种狂欢化的世俗性倾向推到了极致。

1990 年代以来,受到包括法兰克福学派"启蒙辩证法"在内的各种西方理论和"哲学的肉身化"运动的影响,身体化的非理性叙事或者说"欲望叙事"蔚然成风;同时,随着中国都市化、商品化和信息化进程的加速,包括狂欢化的网络生活在内的大众文化日益凌越、同化了精英文化而成为社会文化的主潮,都市商业社会的物质利益原则、消费原则、交换原则对社会各个领域的渗透加剧,审美文化领域也不例外。正是在这种社会文化语境下,那种无视旧道德、有意提高性意识的普遍的狂欢化心态几乎横扫文坛,在推动人性解放与自由的同时,也显示出后现代都市化价值逆转后的负面效应。

（三）时尚化

时尚化是都市文学的重要审美范畴。时尚本身是指都市大众生活和大众文化的商业化风气,这种风气影响到都市文学领域,使文学这种精神生产活动也出现了商业化的写作意识和表达方式,以争夺市场和谋取利润为主要特征的新的生产与传播方式。其具体表现是:在文学的表现内容上,多以时装表演、酒吧、网吧、桑拿按摩、夜生活、选美大赛、同性恋、招标竞聘等都市社会时尚为主,作秀、扮酷、泡吧、网恋、搞掂等时尚的词语充斥其间;文学作品生产采取时尚化或商业化的运作方式;对作家的宣传与评论,对作品进行的各种手段的炒作,一些新的文学命名和概念如"美女作家"、"70 后"等,都带有时尚包装的性质。

时尚化是文学商业化(消费化)趋势的典型体现,是都市社会消费主义意识形态对文学渗透的结果,带有大众文化生产和消费的机制特征。因为有都市强劲的文化消费市场的支持,时尚化已经成为当代都市文学的核心要素。

处于社会文化变革前端的都市总有着时尚的面貌与特性,当代都市社会信息一体化和信息量的激增导致的文化更新,大众媒介普泛性、快捷性、时效性的传播特征,市场文化所特有的流行性品行,更使得包括审美关系在内的所有物质的、精神的关系越来越带有临时的性质。杰姆逊曾经描述过都市消费社会或媒体社会在欧美国家出现的历史状况，认为时尚和风格的急速变化是其基本特征之一。在审美领域，对某种普泛性的时尚追求或时髦追逐，代替了对理想与完美的永久性执著追求，当代都市消费社会使得先锋派“惊世骇俗”的艺术创新，很容易转变为大众化的“流行时尚”，同流行音乐、时装表演、影视广告一样，以其新奇怪异的形式引领各种文化新潮，表征生活的变化趋势和方向。

在后现代、全球化、大众消费欲望和信息化浪潮汹涌而来的都市文化语境中，当代都市文学既是“旧价值体系崩溃下所形成的解构潮流”[①]，又意味着一种全新的生产、生活和文学存在方式。尽管它附带着后现代都市社会的种种问题和弊端，但也蕴含着一种人们过去未曾经验却代表着新的文明进度的价值准则和精神品格，给人类带来一种完全不同于匮缺年代的审美视域与审美维度。都市在按照人自己的一种更为实在的人性理由而向前发展，都市文化在对人类原有的价值系统乃至人性本身做着新的注解与阐发，都市文学也将守望着都市的日日夜夜，在高度发达的科技手段辅助下，奔赴每一个人真正全面发展的自由之境。

---

① 林耀德：《80年代的都市文学》，转引自朱立立：《台湾都市文学研究理路辨析》，《东南学术》2001年第5期。

第十一章　都市艺术(上)

艺术是高级的精神活动,既需要客观上较为雄厚的物质基础,也需要主体很高的精神素质。在这个意义上,城市、特别是高度发达的都市,恰好为艺术本身的良性生产与消费提供了丰富的土壤。这是讨论艺术与都市的基本前提。由于艺术种类繁多,本章首先讨论的是音乐、绘画与舞蹈。

一、都市音乐艺术

都市音乐在整个都市艺术中有着举足轻重的地位,都市音乐对整个都市文化的基本面貌有着重要影响。都市音乐并不是一种既定的形态,而是在历史进程中不断发展变化的。在长期的历史进程中,都市音乐的欣赏主体逐渐由虚设的神灵发展为世俗的王公贵族,然后再发展为一般的平民百姓,而其内容也由歌颂神灵发展为歌颂统治者的功绩,再到抒发普通人的情感。下面我们从三个历史阶段来分析都市音乐。都市音乐艺术主要经历了古典城邦音乐、近代市民城市音乐、后现代都市音乐三个阶段,其发生和发展与城市形态的演化有着密切的内在关联。

(一)古典城邦音乐

无论是中国古代城邦还是西方古代城邦,都极为重视音乐的社会作用,城邦音乐是城邦社会文化形态的一个重要组成部分。

1. 中国古典城邦音乐

早在先秦时期,中国城邦音乐就达到很高的成就。在理论上,已经总结出一套完整的音乐理论,对音乐的功能、本质、本原、内容、形式等均有清楚的认识。在实践层面,当时的人们已经自觉地将音乐当作礼敬神灵的工具,同时也注意到音乐对世俗世界的作用,尤其是维护现行统治秩序的作用。人们很早就意识到音乐具有娱乐性,但娱乐的对象或欣赏音乐的主体却不是现实世界中的人,而是神灵,如祀天神,“乃奏黄钟、歌大吕、舞《云门》”;祭地示,“乃奏太簇、歌应钟、舞《咸池》”(《周礼·春官》)。世俗的统治者之所以热衷于祭祀神灵,还因为祭祀的礼仪能够凝聚人心,强化对作为主祭者的统治者地位的认同。

统治者很早就自觉地运用音乐作为治理国家的手段。据记载,周代统治者以礼、乐、刑、政四术作为统治臣民的手段。其中,刑、政两项主要对付下民,礼和乐则专为统治阶级内部而设。礼可以分别贵贱等级,乐可以使人互相和敬;两者结合起来,就能够维护贵族的等级秩序,巩固统治阶级内部而更有效地统治人民。同时,音乐也是统治者地位、权力的象征。不同场合、不同身份的人,不但礼仪有别,所用音乐也不一样。两君相见,例用大雅《文王》,诸侯设宴招待他国使臣则用小雅《鹿鸣》、《四牡》、《皇皇者华》(《左传·襄公四年》)。天子祭祖用《雍颂》,士大夫则不能用。春秋时候,鲁国大夫孟孙氏、叔孙氏、季孙氏三家,因为不遵守这个传统,在祭祀结束时用了《雍》这首颂歌,孔子就批评说:"'相维辟公,天子穆穆',奚取于三家之堂?"(《论语·八佾》)。关于乐队和歌舞队的编制,也有严格规定,如乐队规模有"王宫县"、"诸侯轩县"、"大夫判县"、"士特县"之分,而歌舞队也有天子用"八佾"、诸侯用"六佾"、卿大夫用"四佾"、士用"二佾"之分(《周礼·春官》)。总之,所有这些关于礼乐的规定,都是为了加强人们的等级观念,最后达到巩固其统治的政治目的。先秦城邦音乐在中国礼乐文化基本品格的形成过程中有着重要作用。

秦汉时期,中央政府设置有专门的音乐创作和管理机构,在秦是乐府,在汉则是太乐署和乐府。汉代的太乐署主要管理的是宫廷的雅乐,即政治性和宗教性音乐,而乐府的主要职责则是收集、整理和演奏民间的音乐,流传到今天的许多优秀的乐府诗篇如《上邪》、《陌上桑》等在当时都是可以歌唱的名篇,所收集的歌曲以"郑声"居多。所谓郑声,简单地说,是指流传于今河南郑州一带的旋律优美、风格婉约、长于抒情的民歌,在春秋战国时期,它曾经是儒家所口诛笔伐的对象,但到了汉代已经成为一种官方认可的音乐了,应该说,这是一个大的进步。

魏晋时期,中国城邦音乐出现了一个早熟现象,这就是文人音乐家的出现,最著名的是阮籍和嵇康。阮籍曾有"夜中不能寐,起坐弹鸣琴"的诗句,相传《酒狂》就是其作品,他还有理论著作《乐论》问世。嵇康不仅善于弹奏著名的《广陵散》琴曲,还是著名的音乐理论家,其《声无哀乐论》虽在回答问题上不无偏颇之处,但其问题的提出本身就有着重大价值。阮籍和嵇康的作品都是没有政治和宗教内容的,他们不追求他人对自己的作品的欣赏,而强调音乐的自我宣泄功能,从而赋予了音乐更深刻的内容,促进了音乐的发展,也为古典城邦音乐的解体积累了条件。

中国古代城邦音乐的发展在隋唐时期可谓达到鼎盛。隋及初唐的宴乐按地区或国别分为九部乐,后增为十部,高宗时又以音乐歌舞的特点和表演形式分为"坐部伎"和"立部伎"两大部。"坐部伎"最多 12 人,最少 3 人,优雅抒情,表现细腻,注重个人技巧;"立部伎"规模宏大,最多可至 180 人,场面宏伟,气势磅礴,注重整体配合。《破阵乐》、《庆善乐》、《上元乐》等都是当时著名的大型乐舞。唐代还新设了宫廷音乐机构"教坊",专管雅乐以外的音乐、歌舞、百戏的教习、排练、演出等事务;玄宗还设"梨园",选乐工子弟三百及宫女数百学习音乐歌舞。唐代王公贵族们也多有私人的乐舞班子,其娱乐性为后来的近代市民城市音乐的出现奠定了基础,但这种没有人身自由的表演主体和非商业性的演出显然与后来的近代市民城市音乐还有很大差距。

2. 西方古典城邦音乐

西方古典城邦音乐始于古希腊时期,历史悠久,成就辉煌。虽然我们今天更多的是通过雕塑、建筑等古代遗物了解古希腊艺术的,但从遗留下来的古希腊文献资料来看,音乐在社会生活中的重地性一点也不比造型艺术逊色。从古希腊思想家留下来的理论可以看出,当时的人们重视音乐是因为其道德感化作用。思想家柏拉图认为教育是国家的第一要务,从《理想国》的描述中我们可以看到,教育的内容只有两科:音乐和体育。体育用以磨炼人的意志,造就强壮的体魄以应付打仗,但是过于强壮就会鲁莽,所以要学习音乐,以陶冶人的性情,变得温柔,最终成为一个既有强壮体魄又有高尚情操的人。古希腊的音乐传统非常久远,早在公元前 10 世纪,盲人荷马就创作了《伊利亚特》和《奥德赛》,这两部伟大的史诗既是文学作品,也是音乐作品,因为它们需要诗人边弹琴边吟唱。这对后来的希腊音乐影响很大,希腊人的音乐以单音的声乐曲为主,伴奏为合唱服务。这种音乐形式主要应用在祭祀场合。另外,古希腊发达的戏剧艺术也离不开音乐,合唱和乐器伴奏是戏剧的重要组成部分。古罗马的音乐基本上是古希腊的翻版,在规模和娱乐性两方面向前发展了一步,大合唱的演出者可多达数百人,这是古希腊所没有过的,这可能与更加强大的国力有关。

中世纪以后的欧洲社会,音乐开始出现分化,大体可以分为两种形式:一是对应于贵族文化的宫廷音乐,一是对应于世俗文化的市民音乐。欧洲中世纪贵族文化中把音乐看作是一种科学,所有贵族子弟都必须接受良好的音乐教育,音乐成为贵族阶层间往来的一种身份标识。同时,受基督教教会影响,中世纪欧洲的音乐从一开始就处于基督教崇拜活动的核心,无数音乐天才为基督教会的活动创作了大量优秀的音乐作品,颂歌、赞美诗、清唱剧以及其他题材多样的宗教音乐影响了欧洲几个世纪的音乐创作,而教堂也成为城市音乐活动的一个主要场所。在一定意义上可以说,整个西方音乐史就是一部宗教音乐史。另一方面,在宗教、宫廷音乐的强势之下,民间的世俗音乐文化就显得相当薄弱且地位低下,那些供职于王公贵族门下之外的艺人们,以音乐作为谋生手段,而且成立行会,但这样一批市民文化的"吹鼓手"往往是受到贵族阶层的排斥的。15 世纪初,英国下议院曾谴责威尔士艺人的市民音乐是“弄神弄鬼、造谣惑众”的种类。①

无论中国还是西方的古典城邦音乐,都是为政治、道德教化和宗教服务的,相对而言,中国的古典城邦音乐较早从为宗教服务摆脱出来进入为政治和道德教化服务,而西方的古典城邦音乐则经历了一个与此相反的过程:较早时为政治和道德教化服务,但后来却长时间为宗教服务。

(二)近代市民城市音乐

近代市民城市与古典城邦相比,在商业性、世俗性、享乐性等方面有所发展,城市的这种发展也影响到城市音乐,城市音乐吸收了更多的市民社会的特点,从此,音乐不再是为政治和宗教、道德教化的工具,而成了娱乐和审美的手段。在中国,大概从宋代开始就有了近代市民城市,因而也有了近代市民城市音乐,而在西方,文艺复兴标志着西方城市逐渐发展为近代市民城市,其音乐形态也转变为近代市民城市音乐。

1. 中国近代市民城市音乐

中国近代市民城市音乐始于宋代,这与宋代城市的市民化有关。与西方社会同时期相比,市民音乐在中国传统社会城市中的发展则比较活跃。以宋代为例,由于商品经济的发展,唐代及其以前封闭式的坊、市分开制的都城格局日益瓦解,坊墙被打破,宋代开始实行坊巷聚居制,于是城市里出现了以酒楼茶肆为中心的街市,城内外还出现了许多商业集会场所“瓦肆”、“勾栏”。瓦肆,又叫瓦市、瓦舍、瓦子,是宋代大型娱乐场所集中之所,相当于今天的娱乐区;勾栏,是百戏杂剧的演出场所,大体相当于今天的单个剧院。在“瓦肆”、“勾栏”中设有各种音乐表演形式,如杂剧、南戏、影戏、诸宫调、鼓子词、唱赚、散乐等,有的勾栏还经常只作为某一种剧艺的固定演出场所。同时,艺人们还有自己的行会组织或职业性的演出团体,称为“社”,这就使得民间音乐开始向专业化、职业化发展。市民音乐文化的繁荣,对于之后中国民间曲艺、戏曲的发展起到了积极的作用。

发源于隋唐而流传到宋代的曲子词是宋代最重要的音乐样式,其突出特点是文学性强,具有抒情色彩,是文学和音乐的统一。曲子词包括两个组成部分:一部分是固定的曲子,在当时叫做词牌,如《调笑令》、《浪淘沙令》、《声声慢》等,在当时有多达 1 000 个这样的词牌;按固定的曲子填写的词,既可以按照词牌规定的音乐进行演唱,也可以不合音乐诵读,具有很强的文学性,宋词在中国文学

① [美]保罗·亨利·朗著,顾连理、张洪岛、杨燕迪、汤亚汀译:《西方文明中的音乐》,贵州人民出版社 2001 年版,第 110 页。

史上是继唐诗后的又一文学高峰,与曲子词这一音乐艺术样式的繁荣昌盛密不可分。虽然宋词有豪放与婉约两种风格,但作为正宗的却是以柳永等为代表的婉约派,这派词更好地表现出文人与市民的狭小的个人空间与情感世界,与诗的追求政治与道德价值的取向拉开了差距,成为当时的流行歌曲。苏轼等开创的豪放词则更强调文学性,与音乐的结合不够紧密。

到了元代,由于文人失去了进身之阶,因而居于社会的底层,大量文人的创造力只能表现在杂剧和散曲的创作上,使得"元曲"这一艺术样式得到昌盛。元曲包括杂剧中的曲和作为独立的艺术歌曲的散曲。元杂剧由曲、宾白和科三者组成。曲是歌唱部分,既可用来叙事,也可用来抒情,还可代他人说话。中国古代的戏曲总体上不以情节的曲折和人物的个性为所示目标,而以情感的传达为其目标,让人动情的主要手段就是"曲"所隐含的情感内容。重要的元曲作家有关汉卿、王实甫、马致远、白朴等。

明清时期的市民城市音乐的成就主要有以下几方面：一是小规模演出的自弹自唱的说唱艺术,以弹词、鼓词和牌子曲为代表。弹词主要流行于江浙地区,唱腔婉转优美,韵味绵长;鼓词流行于北方地区,其语言艺术的成分更多一些;牌子曲是各地流行的将民间小调串起来的套曲,表演形式活泼。二是"四大声腔"的形成。这个时期北方的杂剧逐渐衰落,而南方戏剧得到充分发展,形成了以南曲为主体的南戏,其突出成果是"四大声腔"：海盐腔、余姚腔、弋阳腔、昆山腔,这四大声腔都兴起于长江中下游地区,反映出明代以来经济和文化中心南移的事实。四大声腔中的昆山腔又叫昆曲,始创于元末昆山附近的顾坚,明代中期又由魏良辅等人进一步完善,从而逐渐成为影响很大的声腔剧种。昆曲的代表性剧目有汤显祖的《牡丹亭》、洪升的《长生殿》、孔尚任的《桃花扇》等,均具有很高的音乐成就。三是清代初期,"乱弹"诸腔的兴起,"不仅品种繁多,而且流行地区广泛",至18世纪中叶,形成了由乱弹诸腔组成的花部与以昆腔为代表的雅部对立竞争的局面,最终以花部胜利,而昆曲则走向衰落。① 花部中的皮黄腔在后来的发展中影响很大,为清末京剧的形成奠定了基础。四是独立的器乐艺术的发展,又包括两个方面：独奏和合奏,独奏的主要成就集中在琵琶和古琴领域,前者如明代出现的《十面埋伏》,后者如《平沙落雁》;合奏如西安鼓、福建南音,还较多地保留了唐宋甚至更早时期以来各个历史时期的一些艺术传统,而流行于江苏地区的"十番鼓"和"十番锣鼓"更具时代特色,前者以打击乐器为主,后者则变化更加丰富,这两种器乐合奏都可以奏出富于变化的节奏,并能传达出非常丰富的艺术效果。

---

① 刘再生:《中国古代音乐史简述》,人民音乐出版社1989年版,第403—404页。

2. 西方近代市民城市音乐

西方市民城市音乐始于文艺复兴时期。文艺复兴是指自14世纪以来发生于欧洲的思想文化解放运动,其核心是人文主义,以尊重人性、人权和人的价值对抗基督教神学的贬抑人性、忽视人权和蔑视人的价值。文艺复兴最先发起于意大利,后来才逐渐扩散到整个欧洲,因此意大利是文艺复兴的中心。

文艺复兴的一个分支是宗教改革运动,宗教改革中,原有的宗教音乐获得了改革,同时宗教对音乐的依赖也大大削弱,这就使得音乐可能独立出来,具有世俗的享乐性。这种可能性在意大利16世纪的牧歌中得到了实现。这种牧歌吸收了来自民间的音乐传统的影响,歌词多采用彼特拉克和塔索的爱情诗,音乐具有强烈的感情色彩和戏剧性效果,与宗教性音乐拉开了距离。这种世俗的抒情音乐很快由意大利而传播到欧洲其他各国,但在16世纪后,逐渐被人遗忘。

随着音乐对宗教的依附性的削弱,音乐的形式也获得进一步发展,原来的以人声演唱为中心的音乐形式逐渐淡化,逐渐出现了纯器乐作品,当时的器乐曲分为即兴演奏、声乐改编曲和创作乐曲三类,后两类都有作品流传下来。器乐曲的出现,进一步淡化了音乐的宗教内涵,在纯粹娱乐和审美方面前进了一步。

17世纪,意大利音乐出现了巴洛克风格,这种风格与正在兴起的歌剧热结合起来,使得歌剧艺术的情感内涵更加丰富。实现这种统一的是威尼斯歌剧学派,其代表人物有蒙特威尔地、卡瓦里和切斯蒂等人。这种歌剧强调演出的娱乐性和华丽的场面,较少宗教色彩。巴洛克时期,意大利音乐的另一成就是器乐合奏获得了空前未有的发展,形成了"通奏低音"的演奏风格。

到18世纪,巴洛克音乐迎来了迟到的辉煌,"巴洛克音乐晚期三杰"既是这一音乐思潮的顶峰,也是这一运动的代表。"三杰"是:法国的D.斯卡拉蒂,其奏鸣曲构思巧妙,长于抒情;德国的亨德尔,他创作了大量的意大利歌剧和器乐曲,其作品处处洋溢着欢乐的基调;德国的巴赫,他在复调艺术上来了一次大总结,其赋格曲是巴洛克时期复调艺术的最高峰。在音乐的抒情性、娱乐性方面他们有着重大贡献。

18世纪中期,古典主义音乐崛起,巴洛克音乐走向没落。海顿和莫扎特的出现标志着古典主义的顶峰,在他们的努力下,古典交响曲的形式得以完善,古典主义的至善至美的理想得到了体现。"和谐、对称、自然、纯真以及高度的有序性、彻底的世俗性、超越种族界限的世界主义,这些都成为古典主义的特性表征。"①海顿作品富有幽默、愉悦的情趣,充满着旺盛的生命活力。莫扎特的作品天真、亲切,体现出他善于从自然中发现美表现美的过人本领,无论是歌剧、钢琴

① 刘经树:《简明西方音乐史》,人民音乐出版社1991年版,第56—57页。

曲还是室内乐、交响曲，莫扎特的成就都堪称前无古人。

古典主义之后，西方音乐进入了浪漫主义时期，这是西方音乐的最高峰，在世俗化的基础上，浪漫主义的突出特点是情感的强烈宣泄。浪漫主义音乐产生了一批成就卓著的大师，舒伯特、门德尔松、舒曼、肖邦、柏辽兹、李斯特、瓦格纳、勃拉姆斯等灿若星辰的名字让人们记住了音乐史上这段伟大的历史时期。贝多芬无疑是浪漫主义音乐最杰出的代表，甚至也是整个西方音乐史上最伟大的音乐家，也是德国第一个不依附于宫廷或教会的自由作曲家。虽然他在事业的盛期遭遇耳聋之苦，但他顽强地与命运抗争，为人类创作了大量优秀的音乐作品。贝多芬比莫扎特只晚了 20 年，但在音乐史上他却实现了一个重要的转折：莫扎特活跃的“18 世纪音乐是属于社会的”，而贝多芬活跃的“19 世纪音乐是属于个人的”。① 贝多芬的作品具有强烈的个人主义倾向，它那轰鸣般的音乐之流为人类提供了全新的审美体验，使音乐与人的内心的情感交流更加深入和持久。

19 世纪末 20 世纪初，法国出现了音乐的繁荣，这种繁荣首先表现在法国浪漫主义大歌剧上，产生了像比才这样的大师，其《卡门》是世界上演出次数最多的歌剧作品。同时，受当时盛行的“印象主义”风格影响，法国音乐也出现了“印象主义”音乐，代表人物有德彪西、拉威尔等人，德彪西使法国音乐摆脱了浪漫主义的音乐模式，在一定程度上又回到了古典主义的宁静与和谐风格，但这种宁静与和谐的支撑点却是象征主义，这暗示着一种新的时代风格的即将到来。

进入 20 世纪后，现代音乐有了长足的发展，音乐创作中的个性化更加自觉，“20 世纪音乐总的是在反叛浪漫主义传统的旗帜下，对各种可能的新风格作大胆探索。”②俄罗斯作曲家斯特拉文斯基在《春之祭》等作品中反对浪漫主义的灵感论，而主张理性地组织乐音，反对表现自我，表现出现代音乐的新的精神，从而被认为是现代音乐的开始。勋伯格则创立了以半音为基础的音列，从而摆脱了传统的调性体系，创立了新的表情体系。

美国在古典音乐方面可以说毫无成就，但 20 世纪以来却在通俗音乐方面取得了一定成就，成为 20 世纪西方近代市民城市音乐发展的一个亮点。通俗音乐的典型代表是爵士音乐，它源于美国的新奥尔良，是在欧洲的拉格泰姆舞曲和黑人音乐布鲁斯的基础上发展起来的，1917 年左右，爵士乐走出黑人的生活圈，逐渐走上商业化道路，后来爵士乐又扩展到欧洲甚至整个世界，成为一种重要的文化现象。虽然爵士乐在很多正统音乐评论家眼中地位不高，但作为一种“美国文化”，其影响是客观存在的，其旋律和节奏也曾给古典风格的音乐家以启发。

---

① 刘经树：《简明西方音乐史》，人民音乐出版社 1991 年版，第 69 页。

② 刘经树：《简明西方音乐史》，人民音乐出版社 1991 年版，第 133 页。

从20世纪50年代开始，电声技术使得音乐创作有了一些新的途径，如直接借助录音技术对自然界的声音进行复制和剪辑而形成作品，通过振荡器产生音响进而形成作品，在音乐会中直接使用电子音乐合成器而更自由地表达创作的理念等。这些技术上的创新反过来促进了音乐观念的发展。

对中外近代市民城市音乐的简单回顾表明，近代市民城市音乐具有如下特点：一是自由性，音乐家的人身是自由的，他不再依附于某个个体或某个团体，可以自己选择其人生道路和音乐创作之路，而音乐作品也从政治和宗教中摆脱出来，成为独立的艺术，音乐自身就构成了自己的目的。二是世俗性，音乐逐渐由贵族的享受变成了大众的享受，由宗教的附庸变成世俗生活的反映，越来越多的平民百姓获得了欣赏音乐的机会。三是商业性，近代市民城市的发展为近代市民城市音乐的产生提供了土壤，这种音乐当然也就带有近代市民城市的商业性这一特点。正是商业性或音乐作品的商业化使得音乐创作与表演成为一种自由的职业，音乐的自由性来源于音乐的商业性。四是娱乐性，音乐之所以能成为商品的原因就在于它能给人带来审美享受，能让人获得娱乐，音乐的娱乐功能使它自身可以不依赖其他外在之物而存在。但是也应该看到，音乐的商业化也会束缚音乐的发展，也许正是基于对此问题的认识，使得“后现代”都市音乐的出现成为必要了。

（三）后现代都市音乐

西方社会自20世纪50年代陆续进入了后现代，相应地，也就有了“后现代都市音乐”。无论是中国还是西方，这都还是正在发生的过程，由于时间的切近性使得我们研究城市音乐这段最新的发展时有“不识庐山真面目，只缘身在此山中”的感觉。在此我们也只是大体勾画一下后现代都市音乐的一些特点。

那么后现代都市音乐有何特征呢？

在音乐主体方面，后现代都市音乐打破了欣赏者与演出者之间的界限、也打破了专业演员与业余爱好者之间的界限，演出成为众人的狂欢，成为无距离的交流。国内流行的诸如“超级女声”之类的不设门槛的选秀节目，其表演主体正是消除了专业与业余界限的，从大量业余选手中选出的“专业级”的选手让那些曾与之竞争的选手感到亲切，从而成为“平民偶像”。而“平民偶像”甚至以一种极端的情况出现，如在美国的某大型选秀节目中，一位音乐表演的门外汉以其稚拙的表演、朴实的语言而获得全美电视观众的认同，从而迅速走红。显然这类节目的主要任务不是发现传统意义上的音乐人才，而是催生出具有亲和力的后现代音乐主体，或者说就是典型的爱好音乐的普通人。既然音乐在一定程度上被消解了，音乐主体的能力结构也相应发生变化，后现代的音乐主体比他的“现代”前辈在控制和引导表演厅中的观众的气氛方面要技高一筹,古人所说的"未成曲调先有情"的调动欣赏者情绪的本领在今天的演员这里是最基本的功夫。

在音乐内容方面,后现代都市音乐主题更加随意,更加坦率,且题材更加多元化,没有任何禁忌。在消解政治和宗教等对音乐的影响方面,后现代都市音乐经常走到另一个极端:将政治、宗教等重大主题消解,从而获得一种反讽的效果。如1992年的"红太阳热",虽是一种"返潮",却将原来那些充满革命斗志的黄钟大吕和金声玉振,用邓丽君式的低迷声带和流行音乐舒缓的节奏再次演唱出来,原来歌曲的政治性、革命性彻底消失,人们带着一种欢快的回忆甚至是调侃的心情来接受它,也预示了下一个全面开放的流行歌曲时代的到来。①

在音乐表现手段方面,后现代都市音乐善于剪切和拼贴既有的音乐材料,善于将不同时代、不同民族、不同风格的作品糅合在一起,善于对经典音乐作品进行改造和创造性的表演。在后现代都市音乐中,有时表现手段比要传达的内容更加重要,内容不再是目标反而蜕变成一种载体,如当代中国摇滚歌手在唱革命歌曲时,其用意当然不是宣传某种革命理念,而是让人认同其独特的表现手段。

在音乐风格方面,后现代音乐不追求古典音乐所特有的和谐与优雅,也不刻意强调旋律,但特别重视节奏,注意与历史上已有的音乐风格拉开距离。从音乐演出风格来看,后现代都市音乐具有综合性,它善于以变幻莫测的声、光等后现代技术手段影响欣赏者的情绪,而且它的表演一般都离不开舞蹈。从古典音乐的角度来评价后现代都市音乐,往往会得出浅、露、杂、吵等印象,但从当代欣赏者尤其是生活压力大大超过自己的先辈的青年欣赏者的角度,这正是他们的内心躁动与不安的写照,是他们逃避现实的最简单有效的手段。

在音乐的传播媒介方面,后现代音乐不再刻意追求音乐会的现场效应,转而依靠光电传媒与互联网等后现代媒体,具有传播速度快、传播范围广的特点。与以前的音乐相比,从来没有哪个时代的音乐像今天的音乐这样普及,而这种普及很大程度上影响了当代都市文化的基本面貌。走在都市大街上,我们随时能听到各种音乐的声响,也随时能看到插着耳机听着音乐匆匆而过的年轻人。可以说,在都市中,音乐无处不在,这不能不归功于先进的传媒手段。

在欣赏者的欣赏接受方面,后现代都市音乐的接受者一般不具备古典音乐的欣赏能力,因而从古典音乐欣赏的角度他们可能是不懂音乐的,但在后现代音乐这一领域,他们俨然又是专家。但是绝大多数后现代都市音乐的欣赏者对音乐的欣赏往往盲从于音乐风云榜之类的舆论引导,在某种意义上,后现代都市音乐欣赏者更关心的不是自己听到的某种音乐,而是自己是否也像他人一样听过

① 刘士林:《对当代歌曲中审美趣味变迁的一种描述》,《音乐艺术》2001年第2期。

某种音乐。虽然“争先”有难度，但“恐后”的心理在后现代都市音乐的欣赏者中还是很普遍的。

后现代都市音乐是一个正在发展中的文化现象，也是当代中国都市文化建设的一个重要内容。虽然后现代都市文化越来越具有全球性，但在全球化的过程中，如何保持着中华民族文化的优秀的本色，使之不致在“多元”化的格局中逐渐沉沦，这是当代中国的知识分子和音乐爱好者的共同使命。

在中国后现代都市音乐的发展中，有两对关系是应引起特别的注意：

1. 传统与现代

中国悠久的历史积淀了无数优秀的文化传统，这些传统能够穿透历史的演进仍然保持不息的生命力，必须具有再造的能力和再造的内在机制。随着我国现代化建设的高速发展，传统音乐已面临着日益加剧的生存危机，不少传统音乐品种已后继无人、濒临失传。城市中越来越少能够听到传统的声音，流行音乐占据了大众消费的主要市场。如何在既发展经济的同时又能保护传统音乐文化遗产不受影响呢？

对于传统音乐文化的保护，可分为三个层面：一是保存，这是静态的，即利用记谱、录音、摄像等方式记录下最原始的音乐文化形态，作为音乐档案加以保存。20 世纪 50 年代一大批中国音乐学者所做的“民间音乐集成工作”就属此类。二是保护，这是活态的，不仅涉及传统音乐文化自身，还涉及政府、企业、群众等各个方面，包括政策的鼓励和经济的支持，以提供传统音乐文化一个继续生存的土壤。21 世纪初由联合国教科文组织举办的申请“世界非物质文化遗产”活动就是保护传统文化的一个例子，中国的昆曲、古琴、十二木卡姆及蒙古族长调先后被成功申报为“人类口头非物质文化遗产”。三是发展，这是可持续性的，包括媒体的宣传、把传统音乐文化纳入学校教育体制、倡导文化旅游等，以及在以传统音乐文化精神为内核的基础上进行新形式的创作，如以“十二女子乐坊”为代表的经过商业化包装、产业化加工、市场化推销之后形成的“新民乐”，由于其作品均改编自中国传统民乐，并且拥有庞大的受众群体，因而可以说是用一种新的形式发展了传统音乐文化。

当然，对于传统文化在现代社会的保护，各种手段均是有利有弊，例如文化旅游，一方面有助于传统音乐文化得到更广阔的传播和交流，并且作为当地重要的旅游资源，能够引起地区政府的重视，投入资金对其进一步发掘和保护，同时也有助于提高传统音乐传播艺人的社会生活质量及声誉名望，鼓励其将这种传统音乐文化传承下去；但另一方面，旅游业带来了异地风情、异国传统，不同意识形态和生活习俗的介入，会使本地传统音乐脱离原有的文化土壤，其文化特质也会被冲淡、同化甚至消失。而商品化、市场化的宣传，也会对传统文化带来负面影响。

2. 本土与西方

全球化带来的一个普遍现象就是西方化。欧洲工业革命之后开始的政治、经济、文化的全球扩张,以西方价值观为标准在世界范围内实施一体化,对音乐文化的影响也是巨大的。一方面,"复制技术"使得音乐作品可以批量生产,录音、录像、磁带、光盘让古典时代音乐的"一次性"演奏不复存在,借助跨国公司、大众媒体(电视、广播、音像产品、因特网等),音乐开始向产业化发展;另一方面,全球一体化也带来了音乐创作的同质化,用西方作曲技法、西方乐器来表现民族音乐的手法屡见不鲜。因此,如今我们面对的是两种文化态势的不平衡现象,一是西方音乐在其经济与政治的强势态势中成了国际性的"主体文化",另一是世界各地的各种传统音乐由于在西方经济与政治强势态势的冲击下,呈现出弱势文化属性的"亚文化"。

有学者曾论述道:"当今全球互动的中心问题是文化同质化(一体化)与文化异质化(多元化)之间的冲突。全球经济一体化,却带来了世界政治多极化的局面,在许多国家出现了民族认同、文化认同的潮流,即寻求自己民族、文化的标识,以证明自身存在的价值,不至于为经济一体化的潮流吞没而成为大国强权的附庸。在这一认同的潮流中,人们发现音乐是一种很有特色的标识。"①

我国本土的音乐文化在外来文化的冲击下,选择了一条融合与发展之路。自"五・四"新文化运动以来,我国的音乐创作就有洋为中用、中西合璧的传统,从"学堂乐歌"的创作,到"国乐改进"的尝试,一方面吸收了西洋的和声、配器、乐器演奏等技法,同时也保留了民族的传统特色;而今天在借鉴西方现代作曲手法创作现代作品时,同样也不忘采用具有民族特色的文化标识作为作品的主题内核。许多优秀的现代作品如谭盾的民乐合奏《西北组曲》、郭文景的《滇西北土风组曲》就分别采用了西北和滇西的民间音调,陈怡的《如梦令二首》、陈其刚的《水调歌头》则吸取了汉语的吟诵、戏曲的韵白、唱腔等发声法。

应该说,作为一个民族,首先应该保持的是自己本土的音乐文化,因为只有民族的才是世界的。在音乐发展的道路上,我们要不断地继承和发扬本民族的优良传统,在此基础上进一步吸收世界各国的优秀音乐文化,融合新的音乐因素,成为本民族的财富。

二、都市舞蹈艺术

舞蹈是用身体动作来反映社会生活传达人类情感的艺术样式,而都市舞蹈

① 汤亚汀:《城市音乐景观》,上海音乐学院出版社 2005 年版,第 9 页。

是指自从有了城市之后，舞蹈的场所、观众、观念及表现手段等打上了城市的烙印之后的舞蹈艺术。我们将都市舞蹈分为三个大的历史时期：古典城邦舞蹈、近代市民城市舞蹈、当代都市舞蹈。应该指出，这里的古典、近代、当代与人类历史上的古典、近代、当代有一定的对应关系，但不能严格等同。一方面，中国所代表的东方和欧洲所代表的西方在这三个阶段的具体进程显然是不一致的，另一方面，各门艺术自身发展的相对独立性也使得各自进入古代、近代、当代的时间并不一致，这就导致古典、近代、当代等虽然是一些时间概念，但更是一种文化上的概念，构成区分不同艺术的发展阶段的不仅有时间，更要看具体的艺术发展特征。

整个人类舞蹈在其发展过程中表现出惊人的相似性，这种相似性在其源头表现得尤其突出：所有的人类都以对劳动的模仿为手段、以对神的礼拜为内容而形成了原始的舞蹈。随着人类社会由原始社会进入奴隶社会，古代城邦也逐渐成为文化的中心，舞蹈的发展重心也由农村向原始的城市——古代城邦转移，相应地也就有了古代城邦舞蹈。

（一）古典城邦舞蹈

古典城邦舞蹈的突出特点是对政治和宗教的依赖，而这种依赖，由于中西方不同的宗教与政治的结合背景而有所不同。粗略地说，中国古代城邦舞蹈对政治依赖得较多一些，而西方城邦舞蹈对宗教依赖得更多一些。

1. 中国古典城邦舞蹈

对于中国古代城邦舞蹈来说，它所面对的政教背景经历了一个由原始宗教对世俗政治的主导到世俗政治对原始宗教的主宰的发展。从文字记载的历史来看，现存的最早留下文字记载的中国古代朝代是商代，这是一个崇尚鬼神以巫术为治国术的时代，其创始人商汤就是最高的巫师。在商代，古代舞蹈的主要内容是巫舞与祭祀之舞，前者有一大批观众，但其舞蹈者却只有王或王委托的最高祭师一人；而后者则以王为主持，由专门的舞蹈者群体表演，重在渲染一种神秘的气氛。正是在一种神秘的巫术氛围中，这种沟通神人的独舞成为凝聚一个王国人心的最重要手段。因此，这个时期的舞蹈的地位是崇高的，其主题则是为宗教服务的，其目的也是非常现实的：消灾、祛魔、祈求风调雨顺、国泰民安。传说商汤曾命伊尹作《大濩》，这一时期的舞蹈还有《隶舞》、《皇舞》、《羽舞》等。

到了周代，立国之本从开始的学习商代发展到后来的独立成型，世俗的政治逐渐占统治地位，并最终左右了整个中国古代历史的政治格局。虽然也有民间的巫术和原始的宗教信仰，但其地位已不足与世俗政治相提并论。原来的巫舞和祭祀舞从生活中趋于消失，取而代之的是群体性的政治舞蹈。王虽然也可能参与舞蹈,但主要是以主持人的角色出现,而群体性舞蹈的步调一致成为凝聚人心、协调行动、强化对现行政权的认同的重要手段。西周在总结历代舞蹈成果的基础上形成了“六代舞”:黄帝时的《云门舞》、唐尧时的《大咸》、虞舜时的《大韶》,夏禹时的《大夏》,商汤时的《大濩》以及周武王时的《大武》,这些舞均有象征政治清明之功能,主要用于大型的祭典,以感发志意,形成一种政治向心力。另外,周代还有一些舞蹈,被称为“小舞”,包括《帗舞》、《羽舞》、《皇舞》、《旄舞》、《干舞》、《人舞》,虽有继承商代乐舞之处,但更多地还是自创的一些新舞蹈。这些舞蹈,加上凯旋时所奏《凯乐》、宴饮时所奏《四裔乐》、《散乐》,以及体育性舞蹈《象》、《弓矢舞》等,构成了周代城邦舞蹈的基本内容。另外,这时还设立了专门的乐舞管理机构“大司乐”,体现出舞蹈的意识形态性。

虽然舞蹈是礼乐的重要组成部分,但随着社会生产力的发展和社会资源的日益丰富,舞蹈的世俗的享乐功能日益显现出来,而其政治功能也被逐渐淡化,到了春秋战国之交,舞蹈已经开始沦为一种享乐工具,并成为孔子所认定的当时社会“礼崩乐坏”的一个重要标志,人们(主要是贵族)欣赏舞蹈的态度也逐渐忘掉其政治内容而以一种娱乐的态度去欣赏它。应该指出,孔子对当时的“礼崩乐坏”是深感痛恨惋惜的,但他这一态度其实是一种保守的态度,因为他的理想是他所设想出的周初时周公以制作礼乐导致天下归心的政治局面,乐舞与礼虽然也曾有过严格的对应关系,但其实不足以构成理想社会的一个特征。因而对礼与乐舞的分离所导致的“礼崩乐坏”也就无须紧张与哀惋,其实这正是古代城邦舞蹈自身发展的一个重要环节。这个时候舞蹈发展的另一个重要方面是由于传统的政治性舞蹈不能充分满足人们的欣赏要求,于是乎一种从民间兴起的乐舞逐渐向城市贵族渗透,并成为这些贵族新的赏玩对象,这就是与“郑卫之音”对应的舞蹈。“郑卫之音”所对应的舞蹈在舞蹈发展史上的一个重大转折是它的表演主体由阳刚的男性转为阴柔的女性,而且相应地独舞的机会在逐渐增加,而群舞的机会在逐渐减少。

秦汉之际,城邦舞蹈的突出特点是民间舞蹈向宫廷的渗透,原来的“六代舞”已经失去了对统治者的吸引力,他们所需要的,正是来自民间的乐舞。汉高祖刘邦,爱好民间的楚声、楚舞,并以此取代传统的政治性舞蹈,而成为新的宫廷祭祀舞。汉武帝时,大力采集民间歌舞,并形成技巧性的“百戏”。民间舞蹈进入宫廷,反映出此时的城邦舞蹈已失去了政治的内涵,而成为审美娱乐的对象。另外,这时的宫廷产生了一些因善舞而获宠幸的嫔妃,她们堪称是中国最早的留下姓名的舞蹈家。

魏晋时期的政治动荡为古代城邦舞蹈的发展带来了新的契机,一方面是中原舞蹈与边陲舞蹈的结合,产生了《西凉乐》之类的新型乐舞,另一方面,及时行乐的思想在统治阶级当中普遍流行，从而形成享乐主义思潮，贵族欣赏乐舞成为一件平常之事，这对当时的舞蹈的繁荣起了重大影响。

中国古代城邦舞蹈在唐代得到了空前发展，也可以说到达了它的终点。唐代继承了魏晋以来的养伎之风，有宫伎、官伎、营伎、家伎，歌舞仍然是豪门贵族的专利。唐代舞蹈种类繁多，有供娱乐的表演性舞蹈如健舞、软舞，有结构严谨的大型套舞，有以少数民族乐舞为主体的宫廷乐舞如十部乐等。唐代宫廷乐舞代表着唐代舞蹈的最高水平，能兼顾观赏性与政治性，体现出宏大华丽、兼容并包的审美风尚。关于唐代舞蹈，根据王克芬为《中国大百科全书·音乐舞蹈卷》撰写的条目，"唐代舞蹈"主要有以下几个方面的特点："① 继承传统，广采博收，富于创新。② 形式多样。大型舞蹈，人数多至数百人，远远超过古制'天子用八佾'——64 人的惯例，服饰豪华，场面富丽堂皇、宏伟，目标壮观；小型舞蹈，技艺精湛、表演水平高，引人入胜。③ 唐代舞蹈虽形式多样，风格各异，但总的说来，具有开朗明快、健康挺拔的基调。这一定程度上反映了强盛的唐帝国朝气蓬勃、昂扬向上的时代风貌。④ 创造了特有的舞蹈分类，如燕乐、健舞、软舞、大曲、歌舞戏……⑤ 对邻国的影响深远。唐代舞蹈曾流传至日本、朝鲜、越南、印度等国。"

在唐代都市中，已有一定数量的艺人在公共场所靠演出谋生，但就舞蹈而论，其规模和水平还远不能与豪门贵族家中的乐舞相比，并且尚无专门的商业性演出场所，因而从其舞蹈艺术全局着眼我们还是将其定位于古典城邦舞蹈艺术的范畴。

2. 西方古典城邦舞蹈

在西方进入有文字记载的历史之前，巫术也是支配着古代西方人的精神支柱。但在西方社会进入文明时代以后，其舞蹈就由巫舞转化为祭祀之舞了。西方古典舞蹈的重要成就是围绕祭祀与礼赞酒神狄奥尼索斯而展开的。这与中国古代舞蹈较多地是礼赞古代英雄或自己的祖先有所不同。酒神的迷狂，正是古希腊人可以在迷狂状态中舞蹈的最好理由，而舞蹈者对酒神的迷狂状态的模仿，分明又有古代巫舞的影子。古希腊每年春冬两季都要举行祭祀酒神的大典。在春季举行祭典时，有人化装成酒神的伴侣，众人载歌载舞，称颂酒神的功绩，这就是"酒神颂"。在冬季举行祭典时，人们化装成鸟兽，狂欢游行，形成"狂欢者歌舞"。前者后来演化成古希腊悲剧，后者则演化成古希腊喜剧。而其中的歌舞部分则逐渐演变成古代西方的宫廷歌舞。虽然今天已无法想象早期希腊罗马的舞蹈的具体形态，但有一点是可以肯定的：古希腊罗马舞蹈的主要目的不在于娱乐，而在于祭祀。

进入以基督教为主导的中世纪后，由于反对偶像崇拜，古希腊罗马人民热爱舞蹈的传统逐渐失传了,舞蹈只能在基督教统治相对薄弱的民间还有发展,而这些民间舞蹈的突出使命是娱乐:每逢大的节日或与农业生产转折点直接相关的某个日子,一村人齐聚一起,享受着舞蹈的快乐。而这些民间舞蹈到了中世纪末期又成了宫廷舞蹈的直接取材对象。

古典城邦舞蹈在中国和西方的发展,都可以分为两个大的阶段:先娱神,后自娱。相对而言,西方娱神的传统比较久远。在进入自娱阶段后,两种不同的舞蹈又找到了相似之处:自娱的主体首先是贵族。

(二) 近代市民城市舞蹈

近代市民城市给舞蹈带来的一个重大变化是舞蹈的职业化和商业化,商业演出取代宫廷皇家与贵族的私家舞蹈团体的表演和民间的自娱自乐。由于商业竞争的加剧,近代市民城市舞蹈有了较大的发展。

1. 中国近代市民城市舞蹈

在中国,由于在宋代就出现了职业的乐舞团体,因而我们将近代市民舞蹈的开端推到了这个时期,这可能与一般所理解的"近代"有所不同。但正如马克思所说的中国是一个早熟的民族,而按我们的理解,这种早熟,可能主要还是一种文化上的早熟,早熟的结果,是早就进入文化的发展高峰,但却长期停滞不前。明清两代近 600 年的发展,并没有给中华民族文化艺术的发展带来质的飞跃,在某些门类甚至于有倒退的迹象,舞蹈艺术就是一例。

在北宋的京城汴梁和南宋的京城临安等重要城市,瓦舍和勾栏等综合性文娱场所遍设于城区,与各类商货彩棚毗连成市,在这些可容纳数千人的演出场所,民间舞蹈与杂剧、傀儡、武术、曲艺等多种文娱形式荟萃一处,各擅其胜,夜以继日地开展营业性演出活动。① 尤其是春节期间,民间演出更是精彩非凡。在宋代民间乐舞中,代表性的舞蹈有《村田乐》、《舞鲍老》、《划旱船》、《舞判》、《踏歌》、《狮子舞》、《腰鼓舞》、《耍和尚》、《扑旗子》、《蛮牌》等,这些舞蹈具有很强的娱乐性,特别适合于活跃气氛。有些舞蹈来源于农村生活,这与中国古代社会以农业为本的状况有关,市民们虽然离开了农村,但其根基却还在农村。舞蹈的表演者有的就是市民的业余组合,有的则是专业舞蹈演员所为。

但是"自宋以后,元明剧曲盛行,在都市中戏剧代替了舞蹈,舞蹈艺术也融合在戏剧表演艺术之内,成为演剧的一部分,因此不居于主要地位"。② 戏剧而兼

---

① 侯硕平:《宋代有哪些民间舞蹈?》,载于上海古籍出版社编:《古代艺术三百题》,上海古籍出版社 1989 年版,第 575 页。

② 常任侠:《中国舞蹈史话》,上海文艺出版社 1983 年版,第 81 页。

有舞蹈的元素，是中国艺术不同于西方艺术的一个突出特点。西方的戏剧有话剧与歌剧之分，话剧是与音乐、舞蹈无关的，起源于意大利的歌剧则与音乐有关，但谈不上有专门的舞蹈动作。然而中国戏剧无论大小剧种，都有舞蹈的成分。中国戏剧中的四个要素“唱、念、做、打”中的“做”与“打”都与舞蹈有关，是舞蹈性动作，是来源于生活而又高于生活的身体表演。而戏剧艺术的兴盛，与中国封建社会后期的城市化进程直接相关。大量城市居民的聚居正是戏曲社团能够稳定下来得以生存发展的基本条件。

戏曲中的中国封建社会后期的市民城市舞蹈有如下特点：① 舞蹈动作从总体上服从于情节的需要，舞蹈动作要为推进故事情节的展开服务；② 舞蹈动作要为性格表现特别是情感表现服务，舞蹈是演员情感的外在载体；③ 舞蹈具有程式性，某类既定的舞蹈动作所传达的意义相对稳定，但其中的奥妙的表演差异是构成艺术感染力的重要因素；④ 舞蹈具有相对独立性，在戏曲表演中固然有唱、念、做、打全能的演员，也有长于唱、念或做、打的演员，后者则以舞蹈为其表演特色，相应地也有适合后者表演的剧目或折子戏，观众可在基本游离于剧情之外的一个时间中欣赏演员的舞蹈动作，这实际上是对个别演员的舞蹈技巧的欣赏；⑤ 演员的舞蹈动作在不同类型的戏中有不同的节奏，如在文戏中动作舒缓，而在武戏中则动作急促。⑥ 中国古代戏曲中的舞蹈动作的难度不如西方舞蹈，这是它有待发展的一个方面。

中国近代市民城市舞蹈随着传统戏曲的传承而流传下来，在电影电视艺术没有普及之前一直是舞蹈艺术存在的主要形态。

2. 西方近代市民城市舞蹈

西方近代市民城市舞蹈的发展分为两个阶段：一是芭蕾的形成与发展；二是以邓肯为代表的现代舞的蓬勃发展。

芭蕾舞形成于文艺复兴时期。文艺复兴的舞蹈有两个传统：一是舞蹈家们臆想的古希腊传统的舞蹈，人们根据残存下来的绘画和雕塑来推测以前的舞蹈形态，从而形成以希腊的合唱剧为目标，追求舞蹈与歌唱艺术的统一的舞蹈形式；二是民间舞蹈，自由而欢乐的民间舞蹈是宫廷舞蹈模仿的重要对象。这两个要素的结合，逐渐形成了文艺复兴的宫廷舞蹈，正是在此基础上逐渐形成了早期的芭蕾舞。“芭蕾”源自拉丁文“ballo”，本意为舞蹈，而西方的舞蹈与中国式的舞蹈一个重要的差异是中国式的舞蹈即“手舞足蹈”，“手臂的舞动作比脚下动作要多而复杂，身体呈下沉状态”。西方的芭蕾以腿部的跳跃动作为主，“是跳和跃的综合体，舞蹈动态呈上升趋势”。[①] 芭蕾舞历史上最早的舞剧代表作《皇后喜

① 金秋：《外国舞蹈文化史略》，人民音乐出版社2003年版，第167页。

剧芭蕾》,于1581年首演于巴黎,所体现的正是这两种风格的融合,该剧被认为是最早的芭蕾舞剧。早期的芭蕾舞的一个重要特点是由贵族所组成的业余演员来进行表演,其自娱自乐的成分更多一些。芭蕾舞的这个特点随着时间的推移终于导致西方近代城市市民舞蹈的分化:强调舞蹈技术的专业舞台演出发展为现代的芭蕾舞,而强调自娱自乐的业余舞则发展为后来的交谊舞。

在芭蕾舞的形成与发展进程中,有如下重要发展步骤:首先是芭蕾的舞台由向少数贵族观众开放变得如同剧场一样向更多的观众开放。其次是演员的职业化,贵族和国王逐渐退出舞台,出现了专业的芭蕾舞演员。再次是舞蹈技术的长足进展,演员服饰的简化使得女性的双脚得到展露,由此推动了脚尖舞技术的突飞猛进。到17—18世纪,西方的芭蕾舞已经形成。

自娱自乐的交谊舞前身是宫廷礼仪舞,到了16—17世纪,宫廷礼仪舞已经具有明显的特征,它讲究高贵的风度、优雅的动作,基本上成为一种地面舞蹈,与向空中发展的芭蕾拉开了差距。17世纪后,宫廷礼仪舞变得灵活了,舞蹈中有了一些跳跃动作和旋转动作,以小步舞为特色。19世纪,宫廷礼仪舞又有进一步发展,它以节奏自如活泼的集体舞形式区别于它以前的时代,以华尔兹为代表的舞蹈动作朴实无华,音乐旋律动听迷人。① 宫廷礼仪舞与芭蕾舞分离后,其娱乐性和社交性、业余性日渐突出,舞台表演的任务就完全落在芭蕾上了。

兴起于18世纪大盛于19世纪的浪漫主义运动影响到西方芭蕾舞的发展。浪漫主义的一方面是以中世纪为理想的范本,“很容易看到这种方法尽管最可能虔诚而笃实,却轻易就会在颓废中堕入多愁善感和故作神圣的深渊。”②浪漫主义的另一方面是对大自然的尊重,并且关注百姓生活和农民风俗。在这场浪漫主义芭蕾改革运动中,J.-G.诺韦尔贡献很大,他提出了“情节芭蕾”的主张,强调舞蹈不只是形体的技巧,更属于戏剧表现和思想交流的工具。芭蕾也因此与歌剧分离开来,成为独立的剧场艺术。浪漫主义芭蕾是芭蕾舞发展史上的黄金时代,从舞蹈技巧、编导艺术以及演出形式等方面都经历了一个灿烂辉煌的阶段。根据骆璋为《中国大百科全书·音乐舞蹈卷》抒写的条目,“欧洲芭蕾”的特点可概括如下:① 内容和题材的变化。超凡脱俗的仙女、幽灵代替了古代英雄故事中的人物。② 舞蹈技巧和表演都有了重大的发展。脚尖舞技巧成为女舞蹈家表现手段的一个重要因素而出现,男子舞蹈技巧也有了进一步提高。③ 在演出形式方面,由于采用瓦斯灯的照明和大幕,改革了芭蕾舞服装与舞鞋,产生了一种诗意轻盈的风格。在浪漫主义舞蹈运动中,出现了像塔里奥尼这样的巨星,她

---

① 金秋:《外国舞蹈文化史略》,人民音乐出版社2003年版,第160页。

② [美]约翰·马丁著,欧建平译:《舞蹈概论》,文化艺术出版社2005年版,第127页。

被认为是第一位在脚尖上翩翩起舞的芭蕾舞演员，她表演的《仙女》开脚尖舞之先河。

到了19世纪70年代以后，浪漫主义传统的芭蕾主题与题材枯竭从而变成了技巧的炫耀，古典芭蕾脱颖而出。古典芭蕾的典型成就是在俄国取得的。其里程碑是《睡美人》、《胡桃夹子》和《天鹅湖》，而编导这三部作品的是佩蒂帕及其助手伊凡诺夫，他们共同创立并丰富了双人舞固定程式和性格舞宏大华丽、有机统一的场面，对古典芭蕾的发展居功至伟。而著名音乐家柴可夫斯基为这三部作品谱写的乐曲也成为音乐史上不朽的杰作。

西方现代芭蕾的发展归功于福金和佳吉列夫。福金曾对古典芭蕾后期出现的种种弊端进行了批评，他认为要在古典芭蕾传统的技术技巧基础上注入新的思想内容、新表现力和心理上的真实性，在某种意义上他是在向浪漫主义芭蕾传统回归。佳吉列夫的贡献则是作为一个优秀的芭蕾舞艺术的组织者使得当时最优秀的芭蕾舞艺术家与音乐家、美术家融为一个有机整体，从而为传播现代芭蕾文化作出了卓越贡献。当然，与之相伴的是商业的成功，佳吉列夫俄国芭蕾舞团也使得作为一门现代艺术的芭蕾舞成功地走向商业化市场。

在佳吉列夫的芭蕾舞团中，拥有像尼金斯基、巴甫洛娃这样伟大的芭蕾舞演员，前者被称为“芭蕾史上最伟大的男演员”，其技巧达到了能在一次腾入空中做14次两腿前后交叉动作的高度，他同时还有卓越的编导才能。巴甫洛娃则被称为“不朽的天鹅”，其塑造的“白天鹅”、“黑天鹅”形象成为芭蕾史上不朽的经典。巴甫洛娃是芭蕾史上最具献身精神的女演员，她立志“要为世界上所有人跳舞”，并自行组团演出，为现代芭蕾舞的发展作出了重大贡献。

西方近代市民城市舞蹈发展的另外一个重要途径是由美国的邓肯发起的。美国是古典芭蕾传统相对薄弱的国家，加上美国人更加自由的个性，因而也最有可能形成一种新的舞蹈风格，而在邓肯这里实现了。而同样是古典芭蕾传统比较缺乏的德国，也出现了现代舞。由伊莎多拉·邓肯创造的现代舞最初叫自由舞，其起源是“对极端封闭保守、形式主义泛滥、毫无个性生气的古典芭蕾之全盘否定”。其总体特征是“探索与时代同步的舞蹈观念和表现手段，侧重于传情达意，反对一味的技术炫耀和装饰性动作，笃信新的舞蹈动作只能产生于自己内在生命力与自身创造的外部形式之有机的融合，而决不同外在的因袭传统和内在的精神体验之相加”。①

在邓肯看来，那些过分追求技巧而没有精神内容的芭蕾舞一点也不美，她所

① 王昌国：《什么是现代舞?》，载于上海古籍出版社编：《古代艺术三百题》，上海古籍出版社1989年版，第621页。

追求的是一种肉体与灵魂相结合的自由的舞蹈,为此她从大自然和古希腊民间舞中去寻找灵感,重视灵感的创作使得她的舞蹈与程式化的芭蕾舞拉开了差距,长期束缚舞蹈演员的古典芭蕾紧身衣和脚尖鞋也被她抛开了,舞蹈真正成为了身体的艺术。她也因此被称为“世界现代舞之母”。

在现代舞发展中另一对立下汗马功劳的是美国丹尼索斯和肖恩夫妇,丹尼索斯从东方的祭祀舞蹈和印度的瑜伽中获得灵感,肖恩则创建了“男人舞团”,编排了一系列充满阳刚之气的男子舞蹈,改变了舞蹈艺术舞台上的男女失衡格局。

在德国,魏格曼对情感的特别重视使得她丰富了现代舞蹈的内容,并从训练方法和音乐伴奏中获得了新的突破。在她这里,“对感情的训练和对身体的训练得到了同样的重视,甚至从主观冲动产生动作,比单独任何一种成分得到了更多的重视。”①而她在处理伴奏音乐时,也非常激进,她认为,舞蹈音乐的本质是节奏而不是旋律,因而她几乎完全采用了非管弦乐器,而用锣、鼓等节奏乐器。在魏格曼的舞蹈生涯中,较多的表演的是女巫、命运等神秘题材,体现出舞蹈向其历史源头与心灵源头的回归。

(三)当代都市舞蹈

西方自 1960 年代以来进入到“后现代”,这也是西方当代艺术的最新发展形态,其都市舞蹈也相应获得“后现代”的定性而成为“后现代”都市舞蹈。但在中国都市舞蹈这一领域,可以说基本上还没有后现代风格的舞蹈。从中国都市舞蹈的发展来看,它主要还是在做消化吸收西方现代舞和古典芭蕾舞以及整理传统民间舞的工作,还不具有“后现代”的特点,因而我们将最近 20 年来中国都市舞蹈定性为“中国当代都市舞蹈”而不是“中国后现代都市舞蹈”。

1. 中国当代都市舞蹈

虽然当代中国社会已经在某些局部具有后现代的特点,但就舞蹈艺术而言,中国当代城市舞蹈还没有进入“后现代”,这里有四个方面的原因:首先,当代中国城市舞蹈真正有自己的特色的是对来源于民间和少数民族地区的民族舞蹈的改造,较早的如刀美兰、陈爱莲等老一辈艺术家,新近的如杨丽萍等舞蹈家都是因改造传统民间舞蹈而取得重要成就的。其次,当代中国城市舞蹈的一个重要任务是消化西方现代舞蹈和西方古典芭蕾。中国现代舞的先驱吴晓邦先生于建国之前就致力于中国现代舞的建设,但因为各种原因收效甚微,西方现代舞在中国并没有获得充分发展,而且吴先生的现代舞与西方的现代舞走的也不是同一

① [美]约翰·马丁著,欧建平译:《舞蹈概论》,文化艺术出版社 2005 年版,第 263 页。

条路,“中国现代舞更多的以理性精神为旗帜”①。新时期以来,新一代中国现代舞的建设更多地强调对西方现代舞的“拿来主义”态度,发展中国现代舞成为像陶金、金星等年轻的新锐舞蹈家的共识,不过他们很清楚自己首先要做的还是学习西方的现代舞蹈,而不是学习西方的后现代舞蹈。至于芭蕾艺术,即使在西方,好像也还没有与“后现代”直接联系起来。再次,中国当代城市舞蹈的独立性还没有得到充分显现,专业的舞蹈家作为一个职业在中国还远没有形成气候,目前的城市舞蹈更多地是充当歌唱艺术的附庸,以丰富歌唱艺术的舞台表现力为主要使命,这与依附于戏曲的古代舞蹈有些相似,如果说舞蹈连自己的独立王国都不能建立,那么所谓后现代城市舞蹈根本就无从谈起。最后,当代中国城市舞蹈还受到政治因素的影响,为政治服务的舞蹈在整个当代舞蹈中占的比例还相当大,这与当代中国城市舞蹈家的生存形态有关,舞蹈还没有充分走向市场,其生存必需的经济来源通常不是普通观众,而是政府或军队。所有这些都意味着在走向后现代城市舞蹈之前,中国当代城市舞蹈首先需要接受现代城市舞蹈的洗礼。

尽管随着时代的进步,特别是改革开放以来,后现代主义因素逐渐渗透到中国现代舞中但却主要停留在技法层面。而从深层精神层面上看,20 世纪 80 年代以来,当代中国城市舞蹈中的现代舞,在强调舞蹈的创造精神、关注人的价值和情感、强调身心合一、强调内容与形式统一等方面,与西方现代舞仍可谓一脉相承。“中国现代舞对西方后现代艺术接受的重心仍然在于形式、技巧及手段的运用,而基本上不反理性、反美学、反文化、反人类,并且大都不溢出艺术之容器。”②

2. 西方后现代都市舞蹈

与中国当代城市舞蹈基本上还停留在西方现代舞的观念相比,西方的现代舞在某些方面进一步发展为后现代舞蹈。应该说与其他艺术门类的突破性转折相比,发生在舞蹈领域的这场变化并不明显,这与舞蹈特有的载体——人自身的躯体有关,音乐可以容纳更多的声响,绘画可以引入更多的造型手段,但舞蹈的变化总不能离开人体的物理存在。因而在西方现代舞和古典芭蕾达到一个高峰之后,西方当代城市舞蹈的发展确实遇到了极大的挑战。就当代西方的城市舞蹈的最新发展而言,它明显分为两翼:其一是业余化无主题的自娱自乐的街舞;其二则是以拼贴与融合为特色的专业舞蹈。

西方当代城市中流行的街舞的后现代性表现为以下方面:① 非精英性,或

① 刘青弋:《走向家园——中国的现代舞与后现代舞》,《上海艺术家》1996 年第 2 期,第 27 页。
② 刘青弋:《走向家园——中国的现代舞与后现代舞》,《上海艺术家》1996 年第 2 期,第 29 页。

者说大众性,从前的舞蹈是少数精英分子所从事的一项职业,而现在则成了众人都能从事的一项活动。② 非舞台性,从前的舞蹈是需要在专门的舞台上进行表演的,而现在的舞台可以是城市广场、天桥下面或街道的一角,舞蹈者自娱自乐,相互欣赏,而不追求特定的观众。③ 宣泄性,舞蹈以高节奏的动作来发泄舞蹈者自己的情绪,而不是现代舞所追求的情感的表现或神秘的气氛、哲理的传达。对于舞蹈者来说,舞蹈本身的作用首先体现在其肉体上,其次是他的心理上的最基本的层次,后现代舞蹈并不需要深度内涵,也不需要观众的深切感动,但它并不反对观众对其技术和技巧的赞赏。④ 快节奏性,街舞的节奏一般很快,从而有别于传统的交谊舞和专业表演的舞蹈,也不大讲究"一张一弛"以获得很强艺术感染力。

专业化的后现代舞蹈演出仍然存在,20 世纪 60 年代初,纽约的贾德逊教堂成为"后现代舞蹈"的大本营。其代表人物有崔士·布朗、特怀拉·萨普、梅雷迪斯·芒克等人,崔士·布朗的"纯舞蹈"在随心所欲的背后隐藏的是严格的"数学编舞法",才女特怀拉·萨普的作品则是不同时代的多种风格的融合,看似信手拈来,却不乏原创性,梅雷迪斯·芒克更是善于突发奇想,她的《容器》在纽约三个不同的地方演出,观众也跟着坐大巴从一个地方转到另一个地方,从而形成对此作品的独特印象。而自 20 世纪 80 年代起,美国又兴起了所谓"后后现代舞",其实是其"后现代"风格的新的发展与延续。其特点是拼贴与融合,以"通俗而不庸俗,流行却很严肃"为准则,其鲜活的生命力赢得了不俗的票房收入。有趣的是,这批舞蹈演员的生力军一般都不是舞蹈科班出身,舞蹈只是其选修课程,但因其视野开阔,因而题材更加多样,也更能贴近生活,并有轻松幽默和雅俗共赏的审美效果。德国的当代城市舞蹈受美国"后现代舞蹈"的影响,于 20 世纪 70 年代形成"舞蹈剧场",代表人物是曾留学于美国后返回德国的皮娜·鲍希,其创作冲动来自女性自父系社会以来所遭受的压抑及古典芭蕾的形式主义倾向,其作品具有很强的戏剧性冲突。[①] 法国后现代舞蹈也是在美国后现代舞蹈的影响下形成的,其代表性成就是"新舞蹈","一般来讲,美国的后现代舞较注重动作本身的意义;而法国的'新舞蹈'则倾向于赋予动作人性和情感的力量"[②],与德国后现代舞蹈相似,他们也注重作品的戏剧性,并以此来表现其情感依托。法国"新舞蹈"也有拼贴融合的特点,并且富有创造性和法国民族特有的浪漫性,在专业团体与业余爱好之间并无天然鸿沟。

都市舞蹈固然可以在高雅的演出厅让观众受到审美熏陶,但在当代生活中

① 欧建平:《现代舞: 全球大扫描》,《中外文化交流》2003 年第 3 期,第 10—12 页。
② 王红川:《法国当代舞蹈》,《舞蹈》1998 年第 3 期,第 43 页。

就其对普通市民的影响而言，还有一个不可忽视的部分是体育健身舞蹈，这种遍布都市各个角落的健身舞蹈的价值是显而易见的，大家可根据本节的一些理论对其自行分析。

三、都市绘画艺术

城市绘画对城市文化的内涵影响很大，一个收藏有名家绘画作品或有著名画家活动于其中的城市，其文化底蕴显然比一般的城市要深厚得多，因此，西方很多城市慷慨地为优秀画家开辟展览馆和博物馆，并以之为城市的骄傲。在都市艺术研究中有必要深入研究都市绘画。从总体上看，都市绘画艺术主要经历了古典城邦绘画、近代市民城市绘画和后现代都市绘画这三个历史阶段，对它们的存在方式进行深入研究，可以帮助我们更好地理解都市艺术的内涵。

（一）古典城邦绘画

古典城邦绘画在古代中国和西方都有着悠久的历史。中国的先秦时期和西方的古希腊时期，都出现了古代的城邦制度，其绘画也进入到古典城邦绘画时期。古典城邦绘画的突出特点是绘画自身没有独立性，并依赖于绘画以外的政治、道德、宗教和巫术。

1. 中国古代城邦绘画

中国古代城邦绘画从先秦一直延续下来，大体上可分为两大历史时期。

(1) 从先秦到汉代

这段时期是中国城市绘画艺术发展的起步阶段，绘画的方法和技巧还处于探索中，绘画的主题以追求升天成仙、政治和道德教化为主，作品已有一定的现实性，但显然还有待提高。

中国古代城邦绘画可追溯到商周时期，商纣王在其鹿台宫墙上曾绘有装饰画，周代的明堂壁上也曾画有古代帝王像，以借鉴国家治理的得失。

战国时期的绘画，可借助新出土的地下文物而窥知一些情况。长沙楚墓先后出土了两幅旌幡性质的帛画，一幅叫《人物龙凤帛图》，画一贵族女子侧身而立，双手正做祝祷状，画面有一龙一凤，似是在引导着该女子升天。另一幅叫《人物御龙图》，画一侧身男子手持宝剑，由一条大龙载着正在通往天国。这两幅作品都以人物升天为题材，反映了楚地当时强盛的巫术之风。作品中的人物比例匀称，仪态肃穆，线条流畅，反映出当时绘画已达到较高的水平。

秦汉时期，在宫殿和贵族墓室壁上多绘有壁画，如在咸阳秦宫遗址中就发现有壁画，以车马出行、仪仗人物、楼阙、树木等为题材，“壁画人物形象稍嫌粗犷拙稚,但总体气势颇为煊赫壮观”①。到了西汉,由于统治者注重壁画的政教功能,宫殿壁画大兴。如武帝时曾在麒麟阁绘制霍光、张安石等功臣像;东汉明帝时,在河南洛阳南宫云台绘制的“云台二十八将”。

两汉时期,巫术仍然盛行,并构成了绘画的一个主要内容。很多豪门显贵都在自己的墓室绘有相关图饰,如洛阳出土的西汉卜千秋墓,绘男女墓主在持节方士与仙女的引导下、由仙禽神兽护卫升天的情形。这类画在东汉墓室壁画中也有发现。长沙汉代墓出土的“T”形旌幡帛画,以引魂升天为主题,结构严谨,分地下、人间、天上三段,重彩华丽,反映出当时的原始宗教观念和早期工笔重彩人物画的艺术水准。在汉代流传下来的画像石、画像砖中,也有大量反映民间宗教信仰和神话故事的作品。

此外,在汉墓壁画和画像石、画像砖等的绘画中,还有历史人物和历史故事画,以及反映当时社会生活的门卒属吏、车骑出行、男墓主家居饮宴等新内容,代表着绘画艺术发展的又一个方向。

(2) 从魏晋到唐代

这是中国古典城邦绘画发展的一个非常重要的历史时期,这个时期的中国人物画已完全走向成熟,官僚和文人的参与,使得绘画成为一门广受尊敬的高尚职业。也是从这个时期开始,中国人物画远离了升天成仙等观点与主题,逐渐形成了以政治和道德教化为主要功能的人物画艺术。同时,反映当时社会生活的作品增多,世俗性题材逐渐成为画家主要的关注对象。此外,绘画与文学的联姻,从这个朝代开始也逐渐形成一种时尚。

魏晋时期顾恺之等的出现,标志着中国人物画的成熟。顾恺之流传下来的作品有《列女传》、《女史箴图》、《洛神赋图》的宋摹本,前两件作品是以劝谕为宗旨的历史题材的人物画,而最为后人所称道的是《洛神赋图》,作品以绘画的方式,真实再现了曹植《洛神赋》的情境,作品的两个主人公——曹植和洛神的刻画极富神采,整个作品弥漫着浓浓的悲剧气氛,具有很强的艺术感染力。

唐代是中国文化发展的高峰,也是人物画的高峰。初唐的阎立本,盛唐的吴道子、张萱,中唐的周昉,他们的作品构成了这个伟大时代在人物画方面的标志性成就。阎立本是唐太宗时的大臣,由于特殊的政治地位,他的创作主要限于重大政治题材,如反映唐太宗会见松赞干布的使节禄东赞、答应吐蕃国请求和亲要求这一史实的《步辇图》,反映助太宗开创唐王朝的《秦府十八学士图》、《凌烟阁二十四功臣像》,以及反映不同君主的个性气质以供统治者借鉴得失的《历代帝

① 中央美术学院美术史系中国美术史教研室编著:《中国美术简史》,高等教育出版社1990年版,第41页。

王图》等。吴道子活跃于唐玄宗开元年间,是中国绘画史上不可多得的全才,代表着唐代绘画的最高成就,其人物画多取材于佛教和道教故事。其人物形象衣带飘举,富有动感,被称为"吴带当风"。吴道子用笔简略而具有概括性,与顾恺之的"密体"——线条组合比较密集形成相比,代表了一种更加豪放和更具艺术感染力的风格。张萱是玄宗天宝年间活跃的一位画家,长于仕女画,重要作品有《虢国夫人游春图》、《捣练图》等,其笔下的人物有一种盛唐特有的乐观精神。周昉也是一位仕女画家,活跃于唐代中期,代表作品有《挥扇仕女图》等。但经过了安史之乱后的唐人,明显没有了那种昂扬向上的精神,从其作品中看到的是空虚无聊的后宫生活。

从先秦到唐代,中国人物画逐渐达到了顶峰。作为中国古典城邦时期绘画艺术最典型的题材,这一时期人物画的突出特点是艺术的独立性不明显,或为巫术服务,或为宗教服务,或为政治和道德教化服务。

2. 西方古典城邦绘画

西方古典城邦绘画从古希腊一直延续到中世纪末,大体上可以分为以下三个阶段。

(1) 古希腊城邦绘画

绘画在整个古希腊艺术中的地位远不如建筑和雕刻重要,但古希腊最早取得艺术成就的却是绘画。在公元前7—前6世纪的古风时期,绘制于古希腊陶瓶上的绘画,对整个西方绘画艺术发展有着重要意义。瓶画先后出现了三种风格:东方风格、黑绘风格、红绘风格。东方风格是指受埃及和两河流域影响的兽首人身像和植物纹样的瓶画式样;黑绘风格是把主体人物涂成黑色、背景保持陶土的赭色的瓶画式样;红绘风格则是在背景涂上黑色、留下主体部分的赭色并在细部略加勾线的瓶画式样。瓶画作品多取材于古希腊神话故事,线条流畅,红黑色块面对比强烈,代表性作品如《阿喀琉斯与伊阿宋玩骰子》等。

(2) 古罗马城邦绘画

与古希腊时期相比,古罗马城邦绘画在整个艺术中的地位大大提高。庞贝古城在近代被发掘出土,使我们有机会接近古代罗马的绘画艺术。古罗马绘画的主要形式是壁画,作品题材广泛,写实技巧有了很大的提高,人物形象具有鲜活的生命力和现实生活气息。与古希腊瓶画以线条和平涂的块面造型方法相比,古罗马的绘画使用了与生活世界近似的多种色彩,同时,还学会了以阴影来塑造人物的立体感,呈现出与中国古典绘画完全不同的西方绘画形态,并直接影响到后来的文艺复兴绘画。其代表作品有《面包坊老板夫妇像》、《少女像》等。此外,宗教性绘画仍然是此时绘画的重要内容。

(3) 中世纪城邦绘画

中世纪城邦绘画的典型样式是教堂内的各种镶嵌壁画,其内容以基督教人物和世俗统治者为主,反映出欧洲中世纪政教合一的社会局面。其人物形象的塑造基本上是勾线平涂,只是各色的玻璃片和小石片取代了古希腊罗马时期的颜料和油彩。以这种方法塑造出来的人物形象是类型化的,谈不上鲜活的生命力和现场的生活实感。代表性作品有由圣维他尔教堂内的《查士丁尼皇帝和廷臣》、《皇后提奥多拉和女官》等。

从总体上看,古典城邦绘画早期受神话和原始宗教影响很大,后期则受到了政治的较多影响,但中国城邦绘画较早地摆脱了宗教的束缚,西方则一直受到宗教的束缚,同时,政治对于西方古典城邦绘画的影响也远不如宗教。

(二) 近代市民城市绘画

中国绘画从五代开始、西方绘画从文艺复兴开始,逐渐进入了近代市民城市绘画阶段,形成市民城市绘画的标志主要有以下几方面:一是绘画的独立性,指绘画不再受政治、宗教、道德等因素的主导,自身获得了存在的合理性,从此为自身的独立发展奠定了基础;二是绘画的世俗性,指绘画不再以神佛和帝王将相为对象,而是主要表现生活世界中的平凡之人、平凡之景;三是绘画的娱乐性,指绘画不再追求崇高的政治伦理使命,转而以娱乐和消遣为目的。无论中国和西方,其近代市民城市绘画或多或少都具有上述特点。但在绘画的近代转型中,中西方也有不同的发展趋向。首先是题材与主题的区别,中国绘画以山水、花鸟为题材,赞美画外能欣赏这山水和花鸟的高尚人格,山水、花鸟是中国近代市民城市绘画的主要题材;西方绘画借宗教题材表达歌颂人性这一世俗的主题,人物画是西方近代市民城市绘画的主要形式。其次是画家身份与创作模式的区别,中国的画家多是业余画家,其创作是一种业余爱好;西方的画家主要是职业画家,其创作是专业创作。再次是与绘画有关的文化背景不同,在中国,绘画与文学中的抒情诗歌、书法等关系密切;但在西方,绘画更多地与文学中的叙事传统、建筑和雕塑、自然科学等相关联。

1. 中国近代市民城市绘画

中国近代市民城市绘画以山水画和花鸟画的成熟为标志,这可以追溯到宋代以前的五代十国。尤其是南方的西蜀、南唐两个小朝廷,它们自上而下的享乐主义倾向推动着山水画和花鸟画走向成熟。中国近代市民城市绘画的发展,可以分为三个大的阶段:

(1) 上升期:从五代到元代

尽管隋唐就有山水画传世,但从流传下来的展子虔、李思训、李昭道父子的山水画来看，还谈不上是成熟的形态，在山水的空间、质感的刻画上有欠缺，艺术感染力也不强。唐末五代的荆浩是山水画走向成熟的标志。其《匡庐图》采取全景式构图，创造性地使用了皴法，很好地表现出山石的质感和层次感，开创了北派山水画的传统。南唐的董源生长于江南，乐于表现眼前常见的江南之景，并发展了披麻皴和点子皴等绘画技法，其作品以平淡天真见长，平远开阔，传世名作有《夏山图》、《潇湘图》等，他开创了南派山水画的传统。

花鸟画在西蜀和南唐走向了成熟，其标志性人物是黄筌和徐熙。黄筌长期为宫廷服务，图写宫苑中的奇禽名花，作品富丽精工，生动传神，流传有《写生珍禽图》等。徐熙以江南常见的花鸟虫鱼为题材，以水墨为主要手段，形成与黄筌一派不同的风格，时人以“黄家富贵、徐熙野逸”概括两家风格的不同。

宋代的文人画和画院画家画相互渗透，在绘画艺术上达到了中国古代绘画的最高峰。其成就突出表现在山水画和花鸟画方面。

北宋山水画的最高成就是李成。他人品高逸，师法自然而风格脱俗，尤善画寒林平远之景，传世作品有《窠石读碑图》、《寒林平野图》等。范宽师法前人而有突破，风格雄强，使全景山水画达到了一个高峰，代表作有《溪山行旅图》、《雪山萧寺图》等。郭熙则以移情的眼光观察和表现山水，其山水画具有他人作品所不具备的生命活力，著名作品有《早春图》、《关山春晓图》等。米芾以文人身份创作山水画，善于独辟蹊径，以较湿的拖笔横点积染成江南云山之形，饶有情趣，开创了文人画对随意性水墨效果追求的传统。

南宋山水画的代表是“南宋四家”：李唐、刘松年、马远、夏圭。李唐活跃于南北宋之交，其山水画更多地带有北宋山水画的印记：全景构图、大气磅礴，代表作有《万壑松风图》等。刘松年学李唐，但其表现对象却是平远的江南景色，其《四景山水图卷》描绘了西湖景区贵族别墅四季不同景色，风格清新。马远善用大斧劈皴刻画奇峭坚实的山石，并敢于在章法上大胆取舍，在藏与露的矛盾冲突中营造出深邃的意境，代表作有《踏歌图》等。夏圭善于表现山水之一个角落，作品清新可人，江南风光呼之欲出。

宋代花鸟画的领袖是宋徽宗赵佶，以皇帝身份从事绘画，所画者不过是花鸟之属，而毫无政治寓意，这也正是此时绘画代表着市民观念的一个表现。除了在对花鸟的写生传神上取得了前无古人的成就，宋代花鸟画的另一个重要发展方向是水墨写意，并已基本形成了“梅、兰、竹、菊”四君子题材，像苏轼、文同、杨补之、赵孟坚、郑思肖等，都是此中高手。

元代市民城市绘画的主要成就在山水画，“元四家”——黄公望、倪瓒、吴镇、王蒙是当时的山水画大家。黄公望是中国近代市民城市绘画的一个转折性人物，自他之后，中国山水画基本上以披麻皴为主要造型语言，其代表作《富春山居图》展示出的是中国山水画发展后期的披麻皴的抒情意味。倪瓒是后期中国市民城市绘画的精神领袖。从整体风格看,他善于以立式构图塑造三段两叠的平远山水。在技法上,他的绘画语言纯净、简洁而有效,由他创立的“折带皴”,突出山石中的水平方向的棱线,与整个作品中的水平线平行,形成很强的秩序感。倪瓒的创作观念对后世的影响也很大,他认为创作不过是抒写心中的“逸气”,同时他对那些命题作画也很反感,是中国近代市民城市绘画强调自我表现的突出代表,其代表作是《六君子图》。相对而言,吴镇个性不太突出,喜以《渔父图》为题创作,代表了古代文人深层的隐逸心理。王蒙的《春山读书图》、《夏山滴翠图》等作品,构图饱满、造型语言丰富而有新意,具有很强的视觉冲击力。

(2) 沉降期: 明清两代

明清两代,山水画与花鸟画逐渐走向了成成相因,“玩”得多,“画”得少,“小品”多,“杰作”少。在明代早期山水画中,一个重要画家是“浙派”宗主戴进,其作品既不乏院画的结实造型,又不乏文人画的空灵意境,但在当时却受到文人画家的攻击。作为明代绘画正统的“明四家”,是指文徵明、沈周、仇英、唐寅。文徵明虽然开创了“吴派”,但作品风格过分中庸,缺乏激情,老而不辣。沈周的《庐山高图》堪称后期中国山水画的杰作,气势磅礴,在明清两代是不多见的。仇英的造型能力冠于有明一代,山水、人物精致而典雅,善于用色。唐寅诗风颓唐而画风严谨,其山水画不见游戏痕迹,更像是宋人的复活。明末的画坛领袖是董其昌,绘画语言娴熟而纯净,达到了很高的境界,但其成就主要在形式方面,可以看作是正统山水画的终结形态。

清代山水画和花鸟画的成就是由“四僧”——朱耷(八大山人)、石涛、弘仁、髡残,以及“扬州八怪”取得的。四僧中除朱耷外,均是山水画家,“扬州八怪”多以花鸟为题材,是绘画高度商品化的一种自然选择。“四僧”与“八怪”的成就,一是在彰显自我个性方面,二是在绘画语言的提炼方面,但要与宋元画家相比,似乎还有一定的差距。

(3) 转型期: 鸦片战争以来到 20 世纪 80 年代中期

1840 年以后,中国近代城市绘画的中心转移到上海,产生了以任伯年、吴昌硕等为代表的“海上画派”,这是一个受近代资本主义工商业影响而形成的绘画流派,它没有严格的行动纲领,也没有具体的组织,只是在绘画价值取向上有很大的相通性: 绘画要走出象牙之塔,赤裸裸地面向市场。任伯年是中国近代市民城市绘画在后期少有的全才,他技术精湛,笔墨简洁,生动传神,适应了新兴工商业成功人士的需求。吴昌硕以石鼓文书法入画,笔走龙蛇,力透纸背,辅以艳色,雅俗共赏。与此同时,在广东产生了“岭南画派”,代表人物有高剑父、高奇峰、陈树人等。他们自觉地向日本画学习,在色彩的运用上突破了传统文人画的陈规,在用笔上也不再拘泥于文人画的书法用笔,使艺术形象更加准确生动。

20 世纪以来,中国近代市民城市绘画沿着两条路线向前发展:一条是在传统文人画的框架内向前发展,立足于传统而走出创新之路,另一条则是取法西方,从西方绘画中获得营养,以西方的造型方法和绘画理念来改造中国画。此外,西方的油画在中国也获得发展,西方油画的中国化成为转型期中国近代市民城市绘画的又一任务。

立足于文人画的传统框架内发展中国画的主要代表有齐白石、黄宾虹、潘天寿等人。齐白石来自民间,大胆地运用西洋红等艳色,与明清文人画的用色拉开了距离。齐白石以篆书的慢速行笔组织画面,注意墨色的浓淡、干湿对比,以极精练的用笔获得极充沛的"力场",作品虽多留白,却有以少胜多的艺术效果。与齐白石大量使用空白相比,黄宾虹的山水画以不同墨色的线条层层叠加,使画面非常饱满,很好地传达出自然山水深厚华滋的特点。在笔墨的反复叠加过程中,黄宾虹总是有意无意地留下一些空白,使其山水画空灵而不沉闷。潘天寿的作品,有设色和不设色之分,设色的山水和花鸟画色彩自然明丽,清新可人;不设色的水墨画则墨色苍茫,富有重量感,气势逼人。潘天寿对山水花鸟画的一个重要贡献,是将山水与花鸟统一起来,形成充满生机的具有新的时代特色的艺术品。

从西方绘画获得营养改造中国画的典型代表有徐悲鸿、刘海粟、林风眠等人。他们都在欧洲接受过较长时间的西方绘画训练,有感于文人画的末流导致了中国绘画的萎靡不振,他们希望从西方绘画中吸收营养来改造中国画。这三人当中,以徐悲鸿影响最大,正是他使得现代中国画的面貌一新。其主要贡献是将西方的严谨的造型技巧和训练方法引入中国绘画,使绘画的关注对象由山水花鸟重新转到人物和动物上。他的人物画和动物画,造型准确严谨,生动传神,具有阳刚之气。刘海粟的主要成就是其后期的山水画,能运用泼彩之法表现出云气浮动的山峦,具有雄强之风。林风眠的水墨之作洁净而灵动,其赋彩之作则能让色彩很好地达到画龙点睛的艺术效果。虽然他的线条没有传统文人画所追求的书法味,但流畅的曲线强化了其作品的形式美意味。

西方的油画在 20 世纪之后逐渐在国内传播开来,早期重要的油画家有颜文梁、李超士、潘玉良及徐悲鸿、刘海粟、林风眠等人。与灰蒙蒙的中国传统绘画相比,西方的油画确实让人耳目一新。但对于早期中国油画家来说,他们接受的传统主要是印象派和后期印象派,而缺乏对西方油画纵深的历史的掌握,因而他们的主要贡献是介绍与传播,严格意义上的创造,特别是可与西方油画名作相媲美的作品,还没有真正出现。

2. 西方近代市民城市绘画

西方近代市民城市绘画的发展从 15 世纪意大利文艺复兴开始,一直延续到

20 世纪 50 年代,这是西方绘画史上最辉煌的历史阶段,大家辈出,名作迭现,流派纷呈、思潮频变。其发展大体可分为两个时期:

(1) 14—17 世纪,以意大利为中心的欧洲文艺复兴绘画

意大利的文艺复兴最早出现在佛罗伦萨,佛罗伦萨画派的创始人乔托是 14 世纪意大利文艺复兴艺术的伟大先驱者之一,其"艺术是中世纪与文艺复兴的分水岭,他不仅表现出卓越的绘画技巧,同时也奠定了文艺复兴艺术的现实主义基础"。①

从 15 世纪末到 16 世纪中叶,意大利文艺复兴达到全盛时期,活动中心也转移到罗马。罗马画派的代表是广为人知的文艺复兴三杰:达·芬奇、米开朗基罗和拉斐尔。达·芬奇的重要作品有《岩间圣母》、《最后的晚餐》、《蒙娜丽莎》等,前两幅作品都是宗教题材,却具有世俗化的倾向,《岩间圣母》歌颂了纯洁的母爱,这一主题后来在拉斐尔那里得到进一步发扬光大;《最后的晚餐》成功地塑造了生活中的矛盾冲突,刻画了典型环境中的典型人物,使宗教传说中的人物具有了鲜明生动的个性;《蒙娜丽莎》是一幅直接表现世俗女性之美的作品,其神秘的微笑令无数观赏者为之着迷。在"三杰"中最富于激情的是米开朗基罗,其激情往往转化为作品中的悲剧性冲突,给人以心灵的强烈震撼。其大型天顶画《创世纪》、《最后的审判》都是人物群像作品,但在众多的人物形象中,几乎找不到一个有笑意的人物,这背后隐藏着画家对生活的态度。在"三杰"中作品最具亲和力、让人感到轻松和亲切的是拉斐尔,他的《雅典学院》也是群像作品,但与米开朗基罗作品中的冲动和不安不同,让人感受到的是一种和谐的气氛。拉斐尔为后人称道的是其圣母像,他以圣母为题材,歌颂了人间美丽善良的女性,歌颂了人间伟大的母爱。

文艺复兴绘画的成就,在意大利之外还有尼德兰(相当于今天的荷兰、比利时、卢森堡以及法国东北郊的一些地区)绘画,其 15 世纪早期代表人物是凡·埃克兄弟,代表作是《根特祭坛画》,作品人物形象端庄自然,栩栩如生,花草景物绚丽多姿。16 世纪后期的重要代表是老彼得·勃鲁盖尔,其作品塑造了许多农民的形象,这在当时的绘画中还不多见。17 世纪的佛兰德斯(荷兰从尼德兰独立出去之后余下的尼德兰南部地区)的巴洛克风格绘画,可以看作是文艺复兴的余波,并产生了鲁本斯、伦勃朗这样的伟大画家。

(2) 18—19 世纪中后期,以法国为中心的欧洲写实性绘画

到了 18 世纪,西方市民城市绘画的中心由意大利转移到了法国。在 18 世

① 中央美术学院美术史系外国美术史教研室编著:《外国美术简史》,高等教育出版社 1990 年版,第 51 页。

纪形成的洛可可绘画,标志着法国绘画艺术在欧洲主导地位的确立。洛可可绘画的主要代表有华多、布歇和弗拉戈纳等。他们以明亮的色彩和细腻的笔调再现当时上流社会生活的时尚,表现了一种轻松愉悦的情调,这在以悲剧为主导的西方艺术传统中要获得赞誉并非易事,洛可可艺术因而经常是被作为批判的对象而“青史留名”的。今天看来,洛可可绘画在强调绘画的娱乐性方面,不仅对绘画的进一步独立是有意义的,同时也是市民城市绘画的重要代表。

古典主义在19世纪登上法国画坛。古典主义是市民阶级与其时尚相当强大的封建贵族之间相互妥协的艺术反映。古典主义的重要代表先有大卫,后有安格尔。大卫在《荷拉斯兄弟的宣誓》、《苏格拉底之死》等作品中歌颂了古代的英雄,在《马拉之死》中则以严谨的手法表现出马拉遇难的情景。他是一个有思想、有激情的画家,作品内容是当时的社会生活的写照。大卫的学生安格尔丧失了老师的激情和理想,其贡献是将绘画发展得更加典雅精美,在他的作品中,优美的曲线与人物个性达到了完美的统一,成为继拉斐尔之后古典美的典范。

比古典主义稍晚一点登上法国画坛的是浪漫主义。浪漫主义与国王的复辟和市民阶层的苦闷直接相关。浪漫主义绘画的主要代表有借里柯和德拉克洛瓦。借里柯的代表作是《梅杜萨之筏》,这是一件反映现实冲突的巨幅作品,但何以是“浪漫主义”的却有些让人费解,其原因可能与作品中的强烈的批判精神有关。1824年德拉克洛瓦的《希阿岛的屠杀》标志着浪漫主义盛期的到来,其《自由引导人民》更是鲜明地体现出浪漫主义的重理想、重想象的特点,现实人物与上界人物在此画中得到了和谐统一,其原因除了画家的高超的技巧,还与画家的崇高的艺术理想有关。

19世纪中后期,法国画坛上出现了批判现实主义,其主将是库尔贝。他的《画室》与《奥尔南的葬礼》是批判现实主义的重要作品,前者是他的生活环境的集中反映,也是他十年生活之路的浓缩;后者则是一幅极具讽刺意义的“人间喜剧”。此外,这个时期的现实主义成就还表现在风景画上。对法国枫丹白露森林的小镇巴比松景观进行写生的画家群形成了“巴比松画派”。该画派的主将是卢梭,善于表现树木的性格和森林沼泽的幽深。杜比尼则在水色天光的描绘中营造出一种诗意。柯罗的风景具有抒情诗的意境,其《蒙特芳丹的回忆》充满了梦幻般的色彩。同是对巴比松的写生,米勒的对象是勤劳朴实的农民。他的《簸谷者》、《拾穗》、《晚钟》表现出画家对农民生活的深切同情,具有绵长的艺术感染力。

19世纪60—70年代,印象主义出现在法国,它所反对的是当时的浪漫主义和古典主义的末流。印象主义从巴比松画派中获得启发,并吸收了当时的光学研究的最新成果,在创作中注重对外光的研究和表现,以户外写生为主要创作方法,逐渐形成独特的印象主义风格。印象主义是西方绘画进一步独立的重要步骤,画家从此脱离了文学的影响,更多地注意到绘画语言自身。印象主义的精神领袖是马奈,他是"最早打破传统的棕褐色调,使画面明亮、有外光新鲜感的画家"[①],代表作有《床单》、《莫奈在船上作画》等。莫奈是印象主义的主将,其风景画《日出·印象》是使"印象主义"得名的作品,他的重要风景画还有《草垛》、《卢昂教堂》等,与传统的作品相比,这些作品最重要的变化是淡化或模糊了景物的外轮廓线,注重表现光影瞬间的美,而不追求文学的意境。印象主义画家还有西斯莱、毕沙罗、雷诺阿、德加等。在印象主义之后,又出现了"新印象主义",他们受更先进的光学理论的影响,在绘画中将不同的纯色块并置在一起,从远处看就形成具有过渡性的色调。新印象主义画家有修拉和西涅克,代表作是修拉的《大碗岛的星期天下午》。

西方的近代市民城市绘画发展到新印象主义,意味着以客观对象为中心的绘画体系已走到了尽头,再向前发展就要变成主观性的绘画了,如"后印象主义"的塞尚、凡·高和高更等,以及 20 世纪初在西方绘画中出现的野兽派和立体派,前者以马蒂斯为代表,后者以毕加索、布拉克为代表,他们大都偏离了西方近代市民城市绘画方向的主观性绘画,因而也就不在我们的讨论范围之内。

(三) 后现代都市绘画

后现代都市绘画,是指自 20 世纪 50 年代以来欧美各国(主要是美国)继现代主义之后出现的先锋绘画。后现代都市绘画出现的标志是"波普"(Pop,英文"Popular"简写,意为大众的)艺术。从西方绘画自身的发展看,以波普艺术为代表的后现代绘画的出现,是在抽象绘画走到极致之后的必然转折,绘画重新走向了对客观的重视,尽管在理念和方法上,它与 20 世纪以前的具象绘画很不一样。关于后现代主义绘画,有学者将其特点总结如下:"① 企图突破审美范畴,打破艺术与生活的界限;② 从传统艺术、现代主义艺术的形态学范畴转向方法论,用艺术表达多种思维方式;③ 从强调主观感情转身客观世界;④ 对个性和风格的漠视或敌视;⑤ 从对工业、机械社会的反感到与工业机械的结合;⑥ 主张艺术平民化,广泛运用大众传播媒介。"[②]从中不难看出,20 世纪以来迅速的城市化进程,是推动艺术变革与发展的主要原因。

中国的后现代城市绘画是在西方影响下逐渐发展起来的。1985—1989 年

---

① 中央美术学院美术史系外国美术史教研室编著:《外国美术简史》,高等教育出版社 1990 年版,第 177 页。

② 中央美术学院美术史系外国美术史教研室编著:《外国美术简史》,高等教育出版社 1990 年版,第 252 页。

期间兴起的“八五”美术新潮，是当代中国画家全面学习西方现代主义和后现代主义绘画的一次尝试，在一定程度上形成了中国绘画的后现代主义。但是应该指出，自20世纪90年代以来，中国绘画的主流并非是后现代主义的，这与中国绘画的固有传统有关，在中国最重要的画家和作品仍然是在传统的中国画领域中，这些画家心目中的偶像仍然是传统中国画的大师。但在油画领域中，画家更具开放性，因而中国的后现代都市绘画，主要是在油画领域中表现出来，即使如此，当代中国油画的主流仍然是写实性传统。“从‘八五新潮美术’起，中国的艺术界就已经出现了后现代艺术品，当时比较重要的是浙江‘池社’举行的具有波普性质的行为艺术及‘厦门达达现代艺术展’和‘北京观念21·艺术展现’活动。”“在1989年举行的‘中国现代艺术展’中，吴山专的《大生意》、张念的《孵》、李山的《洗脚》及唐宋、肖鲁的《枪击事件》均可以说是后现代艺术品的典型代表。”“进入90年代以来，徐冰的《鬼打墙》与《文化动物》、吕胜中的《招魂红人》、邸乃壮的《明朝走红》等作品同样是对中国后现代艺术的推进。”①

后现代都市绘画在以美国为代表的西方得到了充分的发展。“波普”绘画是后现代都市绘画的第一个孩子。它最主要的手段是拼贴和直接利用现成物，而这又是从“达达主义”吸收过来的。“波普”绘画也被称为集合艺术，严格意义上讲，它是各种现成材料(绘画、雕塑、广告、包装物、出版物等)的集合，因此带有具象性。由于它与“达达”的联系，因此也被称为“新达达主义”。在对“现成物”的认识上，“波普”绘画有自己的认识，只有与大众文化直接联系在一起的东西才是他们的素材：“它们是机械的、大量生产的、广为流行的，是低成本的，是借助于大众传播工具(电视、报纸、印刷物)的力量普及的。”②第一件“波普”绘画是英国画家查理·哈弥顿的《是什么使今日的家庭变得如此的不一样，如此的有吸引力?》与传统绘画相比，给人的感觉是不协调的，这与它大量地采用了一些现成的图像有关，但这幅画确实是具象的，反映出画家对城市文明的赞赏态度。在美国，劳申伯格和琼斯开创了“波普绘画”的传统，但他们还带有抽象表现派的因素，真正典型的“波普”派画家是沃霍、利希滕斯坦等，前者代表作品是《绿色可口可乐瓶》，作品内容是七排可口可乐瓶的集合，说不上什么深意，更像是一个广告，而这种无深度的绘画正是后现代都市绘画的一个特点；后者代表作是《结婚戒指》，直接借鉴了漫画的画法，将人物的想法用文字的形式反映出来，构成了生活中的一个断面。

1965年，继“波普”绘画之后，美国又产生了“欧普”绘画，“欧普”是“Optical”

① 黄丹麾：《论当代中国油画创作中的后现代倾向》，《西北美术》1999年第1期，第16页。

② 邵大箴：《西方现代美术思潮》，四川美术出版社1990年版，第305页。

的音译，意为光学的，“欧普”绘画的意译是光效应绘画，代表人物有艾伯斯和瓦沙罗，他们善于运用各种错觉效应，以引导欣赏者对作品产生持久的关注，作品并无现实内容，只是一种特殊的视觉经验(视错觉和幻觉)的传达。在 20 世纪 60 年代，美国还产生了超级写实主义，它是从波普绘画派生出来的，与传统的写实绘画不同，这派画家自认为自己的创作是不带任何感情色彩的纯客观绘画，因为不带情感的主客观关系，会使人与对象之间产生一种“距离”，并使对象呈现出它的真实性，这可看作西方认识论美学在当代绘画中的一个回响。代表画家有艾斯帝斯、史札特等。

到了 20 世纪 80 年代，欧美国家产生了“新表现派”。有人认为这是 20 世纪初兴起的表现主义的复活，但其产生的直接原因却是“对欧洲及美国 60 年代至 70 年代艺术中欠缺感情的冷漠表现的一种反抗，画面洋溢着热烈的激情，充沛的生命活力，甚至达到粗暴情绪的煽动性与攻击性”。[①] 这股思潮先出现在德国，以巴塞利兹、贺锹克、科伯林等人为代表，随后迅速传到美国，出现了沙勒、施拿柏、加内等画家。这股潮流的出现，标志着绘画本体重新向主观性的回归。

后现代都市绘画仍在发展之中，复杂性是后现代都市绘画的总特点，对当代社会的赞赏和否定的不同态度(包括对机器文明的不同态度)的同时存在、反映并干预现实生活的作品与远离现实生活的作品的同时存在、崇高主题与解构崇高精神的主题的并存、题材的多样性、创作方法与创作理念的多样性、绘画材料的多样性、抽象与具象的竞争共存等，都是这种复杂性的表现。

---

① 何政广:《写给大家的欧美现代美术史》，湖南美术出版社 2005 年版，第 192 页。

第十二章　都市艺术(下)

人类社会发展总体上经历了三个阶段：农业社会、工业社会和后工业社会，其分别对应农业文明、工业文明和后工业文明三种类型。这三种社会条件下的城市雕塑、建筑和景观艺术反映着各自时期的人文精神，所以都市中的雕塑、建筑和景观是都市文化的重要组成部分。

一、都市雕塑艺术

无论是古代中国还是古代西方，都市雕塑都取得了辉煌的成就，但在雕塑的具体形态上，两者却有着根本不同。大体而言，中国古代城邦雕塑更加抽象、更倾向于形式化，更具象征意味，而西方古代城邦雕塑则更加现实、更倾向于实体化，更具模仿意味。

（一）古典城邦雕塑

中国古代城邦雕塑的早期典型代表是青铜器雕塑。而青铜器中的礼器又最能体现出古代中国城邦的文化特点。古代中国的青铜礼器或者具有象征神秘的天帝的功能，或者具有象征神秘的王权的功能，都不离“神秘”这一意义内涵。由于青铜器并不直接模拟现实生活中的人和物，而是对现实中的人和物进行高度抽象和变形然后再进行局部的拼合，因此对于中国古代青铜器而言，它的审美注意点不在于如何逼真地模仿生活形象，而在于体现出古代中国人对天人关系的独特理解。早期天人关系的核心是神人关系，因而很多青铜器都有着沟通神人的神秘功能，是一种作法的礼器。到了周代，周公制作礼乐，孔子倡导仁义，传统的神本观念逐渐被人本思想所取代。青铜器也逐渐由象征神人关系走向象征世俗王国的政权和礼制。对青铜器来说，虽然也有整体的拟形器，如鸟、猪、年等形状的，甚至于也有人形的，如四川广汉三星堆出土的青铜像，但它们都不以逼肖生活原型为出发点，带有强烈的主观化色彩和抽象化形式化意味，几何形式在古代青铜器的形制很常见，如方形、圆形等，而表面装饰的纹样则以雷纹、云纹、饕餮纹、龙纹等常见，反映出青铜器的塑造与日常人类生活之间的比较疏远的距离。

中国古代城邦雕塑的中后期雕塑仍然不以模仿见长,并且也不追求公共的审美性,而是与一种实用的观念联系在一起,服务于富豪家庭和皇室的各种石雕或者具有驱邪镇魔之功效,或具有象征地位和权力的意义。与早期的青铜器不同,这个时期的城邦雕塑主要是石雕。在皇室的雕刻艺术中,常见的雕刻是龙的形象,这个多种动物形象的组合体被认为是最有灵性的,也被看作是皇权的象征。在现在的古代宫殿中,大量地保存着这类雕塑。而在民间富豪家庭的雕塑中,石兽则比较多见。狗、狮、虎等形象都曾出现在中国城乡的大户人家的门口,但最常见的还是高大威武的石狮。这类雕塑都毫无例外地突出石狮的威风和力量,带有强烈的类型化意味。显然,与西方雕塑的以人为本相比,中国古代城邦雕塑具有抽象化、类型化、形式化的特点,并不追求鲜明的个性,而更看重这种形象背后的几乎是约定俗成的象征意义。中国古代也有非常精彩的人像雕塑,但或者埋在地下,或者摆在山野,不能算是城邦雕塑。

西方古典城邦艺术的典型首推古希腊雕塑,这在人类艺术史上是一座无法逾越的高峰。马克思曾说过:希腊人是正常的儿童,其艺术至今仍给我们美的享受,希腊艺术代表了“一种规范和高不可及的范本”。希腊艺术的这种优美和谐,崇尚自然的美的法则反映在雕塑艺术中,充分体现了农业社会条件下人与自然的和谐关系。对于古希腊人来说,最美的最和谐的存在是神,但神到底是怎样的并无人亲见,幸而人是神的摹本,因而对理想的人性美的表现在一定程度上是能传达出对神性美的讴歌的。在表现神之美的作品中,有两类值得特别注意,一类是表现阿波罗的,一类则是表现维纳斯的。18世纪德国美学家温克尔曼这样分析阿波罗雕塑:“男性青年美的最高标准特别体现在阿波罗身上,在他的雕像中,成年的力量与优美的青春期的温柔形式结合在一起。这些形式以其充满青春活力的统一显得雄伟……”①他接着这样描述他认为几乎是人类本性无法创造的优美雕像:“假如在梦中出现了天使,他的面庞为圣光照耀,他的身材似从最高的和谐中产生,这形象提供给装满了自然的身体美的想象力,提供给从观赏衰老美的神祇转向观赏有青春的神灵的想象力,……可以说,大自然在神的认可下,创造了这种美,它类似天使的美。”②而女性美的典型则体现在维纳斯身上,今天保存下来的米洛的维纳斯这一雕像具有永恒的魅力。这尊雕像充满了希腊艺术家和希腊人对自然的钟爱和崇敬,生命之血液在雕像的筋肉中奔流不息。正如罗丹所赞誉的那样:“瞧,这是神品中之神品!美妙的节奏有如我们刚才看

① [德]温克尔曼著,邵大箴译:《希腊人的艺术》,广西师范大学出版社2001年版,第131页。

② [德]温克尔曼著,邵大箴译:《希腊人的艺术》,广西师范大学出版社2001年版,第132页。

到的那雕像,但这个还有思索的形态。因为这个女神的身上有如基督教雕刻家的微向前俯,可是绝无不安、烦闷的情调。这件作品全然得之于古艺术的感应:这是中正和平的肉感,经理智熏染过的生之喜悦。"①除了神以外,人自身也是古代希腊和罗马雕塑艺术的对象,英雄人物因较多地具有神性而被经常表现,帝王像则是古代雕塑中一个非常重要的类别,高大、威武的君王形象同样具有一种象征功能,只是其象征意义较为直接。

古希腊雕塑艺术因城邦与神庙建设而繁荣。雅典卫城的雕塑,广场中心的持矛雅典娜铜像,巴特农神庙的山墙、檐壁、陇间壁的浮雕以及厄瑞克忒翁神庙的女像柱,胜利女神像,遍布城邦的优胜运动员和英雄的雕像则体现了城市雕塑的政治伦理功能。

西方古代城邦雕塑的另一重要历史时期是意大利文艺复兴时期,这座历史丰碑是由米开朗琪罗树立的。米开朗基罗集绘画、建筑、雕塑才华于一身,但对世界艺术影响最大、最深刻的还是其雕塑。他的雕塑产生于这样的背景:意大利文艺复兴时期的雕塑已经不再像从前那样只是建筑柱子或门口的装饰附属物,或者是教堂或陵墓的附属物,而发展出了大量的独立式的"立体"雕像。于是雕塑就从单纯的建筑装饰的束缚中解放出来,从而奠定了雕塑作为一门频频致力于世俗目的的独立艺术地位,这预示了雕塑艺术从神圣走向世俗生活的来临,标志着雕塑艺术这种宗教象征物逐渐进入了贵族日常生活,即雕塑艺术的审美功能进一步凸显出来。米开朗琪罗的雕塑作品就是对这种文化转型的反映,在其作品中反映出文艺复兴时期人的意识的全面觉醒。他认为,雕塑是最为崇高的艺术,它允许艺术家完全仿效上帝那样重塑人体形象。因此米开朗琪罗轻视缺乏创造性的自然主义雕塑,而主张充满灵感、富有创造力的雕塑。他在雕塑上所遵循的是一条从古典主义到反古典主义的道路,即从和谐的造型到戏剧性的夸张变形。如他早期的著名作品《大卫像》,这件作品原计划作为教堂的装饰雕塑,但是由于这个体格健壮、肌肉紧张而且发达的形象,饱含着巨大的内在力量,体现出一种顽强、坚定和正义的精神,从而政府决定把它安放在韦吉奥宫正门前,作为佛罗伦萨民主政府的象征。这标志着雕塑在城市中由宗教象征向政治象征的逐渐转变。

(二) 近代市民城市雕塑

中国近代市民雕塑始于明代,伴随着资本主义生产关系的萌芽而逐渐得到发展,与以前的雕塑不同的是,近代市民雕塑已经由独立的主题雕塑沦为一种装

① [法]罗丹、葛赛尔著,傅雷译:《罗丹艺术论》,人民日报出版社 2000 年版,第 111—112 页。

饰手段,原来具有蓬勃生机和旺盛活力的雕塑失去了自身的野性、神秘性和独立性,变成了世俗市民生活中的小玩意。从形制上看,近代市民雕塑多以平面雕或接近平面雕的镂空雕为主,较少有浮雕作品;从存在方式上看,它们一般不具有独立的存在价值,而往往是附着于房屋和家具之上的;从材料上看,木材为多;而从题材上看,或取材于家喻户晓的民间故事,如八仙过海、牛郎织女等,或取材于吉祥命兆;从艺术表现上看,它们往往显得小巧、精致,充满了匠心,但也经常流于程式化。近代中国的市民雕塑反映了市民的生活情趣和审美情趣,他们比较容易安于现状,对现实比较乐观,注重享受,只对世俗生活本身感兴趣,而较少有崇高的精神追求和使命感。中国雕塑艺术的这种发展有其历史的合理性,但客观上讲,其艺术成就不能与较早的雕塑作品相提并论。应该指出的是,这种审美倾向虽然延续了很长的历史时期,但它基本上是一种民间的意识形态,不像此前的雕塑那样具有一种官方地位——虽然官方的家居设计也吸取了这些雕塑的元素。鸦片战争以后,这种市民的审美取向因受到西化的趣味的冲击而逐渐消失。

与中国的近代市民社会没有得到充分发展就夭折了的情况相比,西方的近代市民社会一直延续到 20 世纪后期。在西方,工业文明的到来,根本上改变了人与人、人与自然的关系。农业文明时期人与人、人与自然的那种和谐、亲和的关系已经变成了对立、冲突的关系。人们美的观念以及艺术的传统观念被颠覆了,因此本时期城市雕塑就呈现出两个主要特点:形式上的反古典、反美、反和谐、反自然及反理性;功能上的世俗化倾向。

工业化生产一方面给人类带来了巨大的物质财富,使人们对自然和他人的依赖性大大减弱,而另一方面,单调的机器生产也把人们异化为马尔库塞所说的"单面人"。马克思说:"工人生产得越多,他能够消费的越少;他创造价值越多,他自己越没有价值、越低贱;工人的产品越完美,工人自己越畸形;工人创造的对象越文明,工人自己越野蛮;劳动越有力量,工人越无力,劳动越机巧,工人越愚笨,越成为自然界的奴隶。"[①]马克思的精辟论断揭示了工业生产对人的异化。艺术家们为了反映这种异化和城市状况、市民精神生活、各种心灵体验,从而运用了各类恐怖怪诞的形象,所以工业文明时期的雕塑艺术主流就走向了反自然反和谐反伦理甚至反美的道路。

20 世纪以来,在现代工业生产方式的冲击下,雕塑艺术发生了天翻地覆的变化,雕塑家们不断突破古典雕塑的规范,尤其是后期的野兽派、立体派、未来派、构成主义、达达主义、超现实主义的雕塑家们,他们各自在雕塑材料、雕塑空间和雕塑语言等方面作了大胆的尝试,创作出丰富多样的雕塑作品。这些作品

① 马克思:《1844 年经济学哲学手稿》,人民出版社 2000 年版,第 53 页。

不但颠覆了雕塑艺术真善美的观念，把“丑”这一范畴也纳入了艺术的范围，而且雕塑已不再只是少数人享受的高雅艺术，更多地被安置在公共场所，市民可以在城市公共空间或者是私人空间看到各类雕塑。如巴黎随处可见的广场雕塑、公园雕塑。在众多的雕塑作品中罗丹的作品具有划时代的意义，他是古典主义雕塑的终结者，同时也是现代主义雕塑的开启者。他的作品大多充满动感，并反映出人类在思考其存在的意义和本质，如著名作品《思想者》。这是一件具有强烈象征性的作品，他或象征诗人但丁或罗丹自己，或者象征人类思想本身，蜷曲的身体每一块肌肉都充满力量，每一根血管都在涌动，神情沉重；他有着发达强健的体魄，但是内心又被某种强大的思想所钳制，内心充满激烈的矛盾或困惑，似乎正为寻找人类最终的出路而苦苦思索。另外，罗丹的雕塑作品中还有大量反映性爱主题的作品，这些作品不只给人强烈的视觉冲击，而且更多的是对传统守旧思想的抨击；如果以传统的眼光来看，这些作品无疑是冒犯神灵和颠覆伦理的，但是这一特点也体现了人类本真的情感——那就是人类需要幸福、需要快乐。最后，罗丹还把现实生活中丑陋无比的形象用雕塑体现出来，如他的作品《欧米哀尔》就体现了这种创作思想。他认为：平庸的人总以为凡是现实中丑的，就是艺术的表现材料，平庸的人们想禁止艺术家表现自然中使他们感到不愉快的和触犯他们的东西；实际上，自然中的丑在艺术中能变成艺术美。

总之，工业社会的到来改变了整个资本主义社会结构，物质文明和精神文明都发生了天翻地覆的变化。从雕塑形象来看，虽然人体雕塑还占很大的比重，但表现人体的手法已经改变了，为了摆脱单调枯燥的生活，艺术家们常用抽象的、变形的、极度夸张的形象来反映他们的艺术理想，并与现实生活尽量拉开距离，并用独特的表现手法来反映出社会对人类精神的影响；除人体以外，各种抽象变形的几何体也频频出现在艺术馆、广场、公园空地或车站广场以及各种商业大厦旁，这一现象不但出现在 20 世纪后的西方各国，而且也出现在亚洲的很多城市中。

（三）后现代都市雕塑

虽然中国在整个 20 世纪一直都在进行着“现代化”的努力，但由于“现代”本身也是一个流动的时间概念，因而“现代化”的目标和结果也在不断变化。在西方，20 世纪 80 年代以来，逐渐获得了一种“后现代”的定性，这股潮流也相应地影响了当代中国的现代化进程，使得中国的“现代化”在一定程度上变成了“后现代化”。虽然当代中国还没有充分“现代化”，但当代中国又确实具有了一些西方社会所具有的“后现代”的特点。因而中西方艺术在这个暂且被称为“后现代”的时代中，时代的共性超过了两大民族文化间的个性差异，而均带有“后现代性”，这也就意味着,当代中国是有堪称"后现代"风格的雕塑艺术品的。

后现代的雕塑艺术在大都市中的意义和形态都发生了根本的变化,它不再像古典城市中的雕塑那样具有那么强烈的宗教色彩,仅仅扮演艺术形象的角色,同时它也不像近代市民城市雕塑那样仅反映一种世俗化的倾向,后现代都市雕塑又一次转向了自然,转向了更高的理性。

后现代雕塑呈现出两种主流倾向:第一,雕塑中已没有一种永恒的主题,而是呈现一种多元共存的状况,雕塑形式瞬息万变;第二,后现代都市雕塑不再是单纯的艺术形象,而是作为一种"都市意象"傲然矗立在都市的广场或商业中心或者其他显要的地方。它与建筑和景观一道,成了现代都市参与国际竞争的一个重要品牌。

具体而言,与农业社会和工业社会城市雕塑艺术相比,后现代都市雕塑大致具有以下特点:

一是由精英走向大众。那些曾经只能在高雅的艺术馆、博物馆才能瞻仰的或者只能被少数有钱人所拥有和欣赏的雕塑,如今也不再那么神圣和傲慢,而是已经走出象牙塔,随意矗立于广场、公园的草坪、湖畔、商业步行街边、酒店的门前和大堂以及公司大楼的广场甚至中产阶级的庭院。在一个信息社会、消费社会,大公与精英的审美趣味因为现代传媒的功效而逐渐模糊了界限,如今的都市空间的变化已发生根本的变化,它既是"你"的,也是"我"的,既属于精英和富豪,也属于凡人和平民。一个人在自家庭院建一座雕塑,也希望其他人都来欣赏。

二是后现代主义风格的作品大量出现。这些作品反映了社会对美的观念的改变,传统意义的美的观念已经被打破,道德、伦理观念也同样被打破,于是变形的、抽象的雕塑大量出现。与传统的雕塑作品具有相对稳定的内涵不同,后现代的雕塑的内涵取决于观众的欣赏和理解,其作品的内涵往往具有流动性和多元性,而其表现手段则往往偏离传统的再现手法,而多取抽象的几何形式。对于这些高度形式化的雕塑作品,其具体内涵到底是什么,可以说是仁者见仁、智者见智的。从审美取向上看,后现代雕塑是以一种传统雕塑所不具有的形式来传达这个时代的人们对和谐与交流的渴望。

三是新技术、新材料和新工艺的发明及使用,使得艺术生产、传播和接受以及艺术本身都产生了颠覆性变化。随着从木刻到石刻到现在的激光复印等复制技术的发展,大量艺术品都再不可能是独一无二的,而是可以轻易复制的;摄影技术、广播、电影电视技术的发明和广泛运用更是完全改变了艺术生产、传播、接受,以及消费的模式,也从根本上改变了艺术样式。长期制约雕塑艺术的技术因素不再是一个问题,这也为雕塑的传播和普及提供了极为便利的条件。

四是艺术与经济的关系已经由"敌对关系"发展成"一种亲密暧昧的关系"。

雕塑一直被认为是一种纯粹艺术类型,而在较早时代中纯粹艺术都被认为是非功利的、与经济目的不相干的甚至与经济目的相互否定的。但随着都市里集中了大量的物质财富和文化精英,加之知识经济与消费文明主导了都市生活,在最新的城市艺术发展中,艺术与商业、艺术与经济的关系由原来的敌对性关系变成了一种共生互促的关系。就雕塑艺术而言,一方面,都市强大的经济实力催生了都市标志性雕塑;另一方面,都市标志性雕塑也为都市参与国际经济竞争提供了极大的支持。在都市社会中,艺术家创作的主要目的是要让作品走向市场,而不仅只是为了个人娱乐;在大量公共雕塑和各种组织或公司的雕塑设计,都采用招投标的方式来决定最终的设计者,虽然可能每位设计师都有其独特的审美能力,但每个人都必须考虑经济因素。

五是艺术真、善、美的观念已被打破。在艺术身上承载着人类的三种价值追求:求真、求善、求美。但是,以技术复制为特色的艺术使得艺术与真、善、美的关系发生了变化。对于雕塑来说,“真”曾意味着与生活原型的符合,在多大程度上它反映了生活它在多大程度上就是真的。而后现代艺术追求一种更高的真实,这是一种象征性的真实,它在多大意义上传达出它背后的象征意义,它就是真实的,而这种象征意义并不是客观自在的,而总是向个别的欣赏者因人而异地敞开着的。判断对象是否具有真的标准就由一个客观的尺度转向了一个主观的尺度。很长时间内“善”在雕塑中是通过服务于一定的政教目的和实用目的而实现的,但到了后现代,雕塑不再追求这种政治的、宗教的和实用的目的,而与一种城市意象的传达、企业和团体的形象传达联系在一起,经济的和文化的价值超过了曾有的政治的、宗教的价值。“美”的价值曾与“真”、“善”直接联系在一起,它曾被认为是“真”和“善”的象征,但在后现代艺术中,“美”的地位更加重要,更加独立,“美”自身就可能独立构成为艺术的内容。同时与传统的美重在展现艺术家的创造力不同的是,后现代雕塑中欣赏者的创造性变得尤为重要,美不再是雕塑艺术品的自我展现,而是欣赏者对雕塑艺术中的自我确证性的对应点的发现。

二、都市建筑艺术

建筑是一切造型艺术之源,“是一部石头垒就的史书,它博大精深,时刻反映出一个时代的政治、经济、文化和技术背景,传达出丰富的历史文化信息。”①我们进而可以说,建筑是市民精神的一种体现,是城市的一种形象。

① 汝信主编:《全彩西方建筑艺术史》,宁夏人民出版社 2002 年版,前言。

(一) 古典城邦建筑

中西建筑是有差异的,首先从建筑赖以形成的材质来看,中国建筑可以说是一部刻在木头上的历史,西方的建筑则可以说是写在石头上的历史。中国建筑以木材为主要材料,西方建筑则以石材为主要材料。其次从建筑的外在形态来看,中国式的建筑基本上以方形为主,屋顶夹角相对平缓,整体造型显得比较舒展,而西方建筑则大量采用圆形,屋顶夹角相对锐利,整体造型显得紧凑挺拔。再次从建筑背后的文化内涵来看,中国的建筑强调人与周围世界的共存共处,将整个自然看作是自己的居住环境的一个延伸;西方建筑则强调人与上帝的同在,将建筑看作是现世的人向上飞升的一个场所。中国人以建筑为归宿,将"家"看作最重要的价值追求,留恋和赞美此岸世界;西方人以建筑为手段,将"神"看作最重要的价值追求,赞美和向往彼岸世界。

1. 中国古代建筑

中国古代城市建筑主要有两种类型:一种是以政治和宗教为目的的宏大的宫殿,一种是以日常居住为目的的成片的民居。中国古代城市建筑有其独特的文化内涵,最主要的有三个特点:

一是强调人与自然和谐相处,具有"天人合一"的时空意识。"天人合一"源自神人合一,但其内涵更具理性,体现出我们的祖先用系统的观点来解释世界的统一性特别是人与周围世界关系的自觉。"天人合一"既有超越层面的意义,这与"天"的本体地位甚至于隐含着"神"这层意思有关,在这层意义上,"天人合一"指人与自己的最终根源和根据的统一。"天人合一"还有现实层面的意义,它指的是人与自然的和谐统一,又包括两个维度——自然的人化和人的自然化。而西方文化则强调人与自然的对立,强调人对自然的改造、征服,建筑作为一种人化产品,它必然要体现人对自然的征服和战胜。

二是注重伦理疏淡宗教。与以古希腊为传统的西方建筑文化相比,中国建筑并不像西方建筑处处渗透着浓烈的宗教情怀,而是处处体现出浓烈的政治和伦理特色。中国古代建筑的这种倾向不仅体现在占绝对统治地位的象征政治、伦理的宫殿建筑中,也体现在官僚士大夫的庭院建筑中,这些建筑无论是历史的悠久还是其辉煌成就及其对后世的持久影响都是那些寺、塔所望尘莫及的。中国古代也有大量的宗教建筑,如寺庙和道观,但它们只能成为城市建筑中的一种点缀,而不构成一种主导因素。

三是布局结构上的中轴线布局设计理念。这一布局理念使得建筑对称均衡、秩序井然、有条不紊,这一思想在几乎所有中国古代建筑中都有所表现。

这三个特点在北京故宫得到了鲜明体现。

故宫又称紫禁城,在中国人的神话传说中天帝所居之天宫曰“紫宫”,而帝王又被称为“天子”,他是天帝在人间的代表,加之古人认为天宇有三垣二十八宿,其中“紫微垣”位于北斗星的东北方,为传说中玉帝居所,故其名中用“紫”字是天人合一、天人相应、天宫与王宫同构的文化思想体现。这就体现出一种“天人合一”思想。

紫禁城的“紫”字,对广大臣民而言所显示的是皇家的尊严、崇高与神圣。“禁”字则在天子与臣民间划出了一道不可逾越的界线,是封建社会最重要也是最明显的等级差别的体现。而从其内部格局来看,也体现出等级和伦理观念。故宫分外朝和内庭两部分。外朝附会古之“三朝”礼制,于是分为太和殿、中和殿、保和殿。三者中以太和殿为尊,它是盛典(如即位、大朝、颁发诏令)之地。太和殿采用地位最尊的重檐庑殿屋顶,赤柱黄瓦,额枋青绿,屋顶走兽与斗拱出挑的数目最多,雕刻精美,彩绘以龙凤为主题,着以象征帝王的金黄色。太和殿前视野开阔,建设了广场,没有绿化,占地 2.5 公顷,是规整的方形,庄严肃穆,有天子“极目千里”之意。其左右前后布置了错落有致、秩序井然的建筑群,对称分布并有簇拥之意,又保持一定距离,有对帝王敬而不可近之意。中和殿位次太和殿并坐落其后,是帝王准备出朝和视政的地方;保和殿屋顶用歇山式,这种建筑礼制与此殿仅供帝王欢宴或举办朝考的作用是相配的。内廷是皇家居所,主要建筑包括乾清宫、交泰殿、坤宁宫。三殿两侧为东六宫、西六宫,是嫔妃居住之地。东西六宫之后,又建有专供皇族太子们居住的住所,其等级更居其次。这些都体现出古代中国建筑注重伦理的倾向。

故宫在平面布局上追求中轴理想,形成了以从太和门到太和殿、中和殿、保和殿,再到乾清门、乾清宫、交泰殿最后到坤宁宫为对称轴的分布,无论是主题建筑内部结构、陈设还是外部结构、装饰都不例外,此外,两侧的建筑群布置、门庭设置等也都是对称的。

中国古典都城主题建筑具有强烈的伦理色彩,其间不乏神权的威慑、王权的煊赫、族权的冷峻与父权的威严,它不但是政治伦理的象征符号,而且还是中华民族典型的审美文化意识的物化,它是儒家之礼乐观与和谐思想的体现。

2. 西方古代建筑

古代西方建筑具有两个大的发展阶段,为后世提供了两种不同类型的范本:古希腊建筑和哥特式建筑。古希腊建筑可以说是西方建筑艺术的源泉,而中世纪哥特式建筑则在对此传统形成很大冲击,并在很长的历史时期内占据统治地位。

公元前 449 年,希腊取得了希波战争的胜利。自此古希腊进入了一个政治上空前团结,经济上全面繁荣,文化艺术全盛的时期,史称“古典时期”。于是,各城邦为了讴歌他们伟大的胜利兴建或重建了众多的神庙、露天剧场、竞技场等建筑。经典之作如雅典卫城、帕提农神庙、厄瑞克忒翁神庙、埃比道拉斯剧场等。这些建筑摆脱了古埃及建筑的那种对立冲突的“象征”风格,避免了那种过分追求力量的象征的规模宏大而离奇的结构特征,而通过精微细致的结构反映着古希腊时期人们的细腻精神,表现出希腊建筑艺术庄严宁静、匀称优美、典雅精致、完美和谐的神韵。

古希腊建筑之所以如此和谐优美,正如丹纳所说:是由于希腊人“把许多平面角度,加以交叉,变化,屈曲,使建筑物的几何形体像生命一样的妩媚,多样,推陈出新,飘逸有致”。① “他们最美的神庙所以其美无比,是由于水平线的向上提起和垂直线的向外凸出,……在他们面前,我们好像一个普通的听众面对一个天赋独厚,经过特别培养的音乐家;他的演奏有细腻的技术,精纯的音色,丰满的和弦,微妙的用意,完美的表情;……希腊的建筑是健全的;单靠本身就能存活;不需要像哥特式大教堂那样,养着一大堆泥水匠经常修理;不需要借助于外方扶壁支持穹窿;用不到铁的骨架来维护雕刻精工,高入云霄的钟楼,帮助那些奇妙繁复的花边,脆弱的镂空的石头装饰勾住在墙上。希腊的建筑不是兴奋过度的幻想的产物,而是清明的理智的产物,能单独存在,不依靠外力。”②我们看了比例和谐的线条感到愉快,并惊叹于那些线条的永存和拜服于这些线条所拥有的永恒的艺术魅力。

古希腊城邦建筑具有如下主要特点:① 具有和谐统一、庄严宁静之美,反映出人与自然的和谐关系;② 宗教性色彩浓烈,伦理色彩淡化,体现了一定的民主性。西方社会具有强烈的宗教情怀,神庙和教堂是农业社会条件下最主要的城市建筑,它们都具有庄严神圣的象征意义;③ 希腊建筑既有高度的合目的性又不失完美的艺术性,既高雅素朴又装饰得精巧美妙;④ 古典建筑总体上达到了美的理念和感性形象的完美结合,具有一种理性美,这种理性美来自古希腊的理性精神,其哲学、逻辑学、物理学和数学的发达为这种理性美提供了丰富的理论基础。

从中世纪到文艺复兴时期,西方城市建筑最突出的是以哥特式风格为主导的宗教建筑和宫殿建筑,“哥特式”一词本有“怪异”、“野蛮”的意思,与古希腊建筑对比我们就不难发现,它打破了古希腊建筑中的和谐与宁静,而呈现出一种强烈的动感与冲突。哥特式建筑的突出特点是强调上帝的至高无上的权利和神圣的宗教权利,从造型上看,瘦高而尖锐的屋顶在当时尽可能地缩短了人与天国之

① [法]丹纳著,傅雷译:《艺术哲学》,人民文学出版社1963年版,第273页。
② [法]丹纳著,傅雷译:《艺术哲学》,人民文学出版社1963年版,第273—274页。

间的距离，因而让人容易产生向上升腾的心理暗示，其最高境界则是神人合一。这些宗教建筑带给人的感受不同于希腊神庙的豁然开朗，而是一种收敛心神，与外在自然和一般世俗生活绝缘的心灵肃静。在教堂里，人们所需要的东西不是外在自然所能提供的，只有诉求于人的虔诚默祷，自由升腾。建筑的功能在于净化人的心灵，把人从世俗的世界隔离出来。

无论是古希腊建筑还是哥特式建筑，所体现出的西方古典文化的精神与中国古典文化精神明显有别：在引导人与一个外在于自我的超越者方面，西方建筑引导人所进入的是实在性的上帝和神，而中国建筑所引导的则是抽象的天和道；西方建筑所追求的是神人合一，中国建筑所追求的则是天人合一；西方建筑在造型上更加内敛，自身具有严密的完整性，与周围环境关系不大；中国建筑则比较外向，自身虽有一定的独立性，但更大的统一体现在自身与周围环境的统一上。

（二）近代市民城市建筑

与西方近代市民社会的充分发展相比，中国市民社会的发展是不充分、不全面、速度缓慢的，在封建社会的包围中，它虽然也试图独立出来，但最终还是依附于封建社会。因而中国近代市民城市建筑只在江浙沿海商品经济比较发达的地区有一定的表现，不具有全局性意义。中国近代市民社会的建筑以江南城镇中的民居聚落为典型，以流经城市的河流为中心，自然形成一排排民居和一条条商业街道。生活区与商业区合而为一，城与市走向统一，初步具有了一些现代城市的特点，而与传统的封建城市有了一定的差距。这些建筑的艺术性显然取决于一种集体的力量，个别的建筑的审美魅力是很有限的，但一排房子、一片房子所带给人的无疑是一场视觉的盛宴。一座又一座、一排又一排的黑白分明（黑瓦白墙）的房子在有节奏的重复中形成了审美所需要的秩序和韵律，它并不像现代城市规划那样注重规范的几何线条和几何图形，但环水而居所形成的民居群落却别有一番“道法自然”的韵味。

在西方，从 18 世纪以来兴起的工业革命在欧洲大地迅猛蔓延，并导致西方传统的社会结构的根本变革。以农业和手工业为主的经济模式逐渐被以城市工商业为主的经济模式所取代，从而进入了一个以机器生产占统治地位的时代，科学技术的广泛运用是这一时期社会发展的强大动力，它根本改变了整个西方社会。工业时代的到来的确改变了西方社会，并彻底改变了城市生活以及市民精神。这种完善而发达的市民社会在建筑上也有新的反映。

商业空前繁荣、城市人口急剧膨胀，城市空间和城市建筑随之发生革命性的变化，人类开始向现代化大步迈进。经过设计改革和现代主义洗礼的近代欧美

建筑,逐渐形成了独特的语言范式,并为世界其他各国所仿效。此时城市建筑的特点是:

第一,工业生产的标准化、高效率对建筑样式提出了新的要求,于是“效率、实用、功能、简单”逐渐取代了古代那种“和谐”、“优美”、“崇高”、“自然主义”、“人性化”的审美标准,其设计的核心理念也不再是“审美至上”而是“功能与效率至上”。

第二,新材料与新技术的应用不仅节约了建筑成本而且大大提高了效率,同时也改变了传统的造型手段。钢筋、水泥、玻璃和各种合金成为现代建筑的主要构成元素,传统的砖瓦在现代建筑中逐渐消失。

第三,城市工业生产使市民对建筑的依赖大大加强,人们越来越重视建筑设施的舒适、方便,并将功能与审美结合起来,在实用的基础上发展出对美的要求,于是“功能美”成了建筑设计的一个重要理念。

第四,工业生产那种单一、程式化也导致了人类生存环境的变化,人类精神逐渐异化,于是人们追求个性解放和渴望自然的感情更强烈。

以巴黎为例,出现了几种新的建筑形式。

一是路易·菲力浦时期巴黎居室文化的兴起。对个人来说,生活空间与工作空间有了重大区别,个人办公时注重的是实际,而对居室的要求则是要有助于幻想。本雅明对这种居室文化有深刻的解析,他说:“居室的瓦解发生在本世纪(20 世纪)初前后的青春派艺术中,然而,按他的意识形态来看,青春派艺术是为了使居室布置走向完善。它的意旨似乎是为了美化孤独的心灵,它信奉的是个人主义。在王德威尔得(Vandervelde)那里,房屋成了对人个性的表现。装饰物对这幢房屋来说具有着像画家签名对一幅画那样的意义。青春派艺术的真正意义并没有在这种意识形态里得到表达,它实际体现了被技术囚禁在象牙塔里的艺术所进行的最后一次突围尝试,它动员起了人内心世界里的全部积蓄,在媒介化的线条语言中,在作为植被自然——由技术装备起来的环境对立面——赤裸裸之象征花卉中,这些内心继续得到了表现。像钢铁构架、大型梁柱这样的新要素使青春派艺术困惑不解,它企图通过装饰为艺术挽回那些失落的形式。”①

二是新的建筑样式的出现,这种全新的建筑引起了一种全新的都市心理体验,如本雅明所观察到的“巴黎拱廊街”②的拱廊建筑。这些拱廊建筑是工业文明的产物,这种钢铁构造的建筑把艺术远远地抛在后面,它为本雅明所说的“休

① [德]本雅明著,王才勇译:《发达资本主义时代的抒情诗人》,江苏人民出版社 2005 年版,第178 页。

② 巴黎拱廊街是 19 世纪上半叶出现在巴黎城内的步行街,其格局是在街道两旁建造带有拱形走廊的建筑,这些建筑最初是用来储藏纺织品设施的,巴黎拱廊首次把行人与车辆分开并具有很强的商业目的,所以巴黎拱廊街是今天商业步行街的前身。

闲逛街者”提供了合适的场所，也反映了人们对技术崇拜的建筑理念。从建筑形式本身来看，这是新材料和新工具运用的结果；从文化上看，这是社会精神的物化反映，本雅明通过“拱廊街”和“休闲逛街者”揭示出资本主义社会当时城市人的心理机制的秘密，这种心理机制就是他所说的人们对“惊颤体验(chockerfahrung)”的处理能力。

此外，从现代主义建筑所呈现的风格上我们也能看到现代人注重效率与实用的精神特质。现代主义建筑是西方工业文明时期的城市建筑典型，它从19世纪末开始萌芽，到了20世纪五六十年代异常活跃，建筑样式呈现出多种流派，第二次世界大战前夕，现代主义建筑已成为欧洲建筑的主潮，其间著名的作品有新精神馆、萨伏伊别墅、马塞公寓大楼、巴塞罗那世界博览会德国馆等，这些建筑追求工业化、模块化、几何形体化、有限生活空间化、高层和多层化、理性化，这一切都是为了追求效率与功能的统一。第二次世界大战后，现代主义建筑的中心从欧洲转到了美国，开始了“国际化”运动，此时建筑设计的原则是突出结构、强调简单和适合工业化生产的功能，反对一切装饰；此外还产生了诸如粗野主义、典雅主义、有机功能主义。著名的现代主义建筑如纽约西格拉姆大厦、法国朗香教堂、纽约联合国总部大厦、芝加哥西尔斯大厦、纽约古根海姆美术馆、纽约世界贸易中心等。

（三）后现代都市建筑

后现代都市建筑是都市文化的又一载体，它体现着后现代都市文化多元性特征。这主要体现在：居民住宅迁至郊区，人们在居住环境的选择上体现着对回归自然的渴求；都市商业金融中心大厦、星级酒店等既是企业的象征也是都市的象征；艺术馆、博物馆、艺术中心等公共建筑也不只是为了满足其原来的功能，而更多地被赋予了一种都市象征功能。

对于中国而言，虽然已在很多方面呈现出类似于西方“后现代”的特征，从全局来看，中国的都市建筑理念构成还相当复杂，就作为都市的象征的建筑(标志性建筑)来说，当代中国建筑已经具有了后现代建筑的一些特点，这也正是后现代的全球性的体现。但从日常居住建筑来看，中国的建筑和居住水平还比较落后，这首先体现在多数都市居民的基本居住条件还停留在一个较低的水平上，短期内难以由安居发展为康居；同时，城市居住条件两极分化的另一极——富裕阶层的居住理念还相当落后，先富起来的这部分市民热衷于在都市最繁华的地段购置房产或在市区建造私人别墅，他们更希望让其他人知道他们的富裕，他们所看重的与其说是房屋的居住功能，还不如说是它的象征功能。这与现代中国的富裕市民多数并不具备很高的文化素养和艺术品位有关，但可以预料，随着越来越多的知识分子加入到富人的行列和城市中产阶级的崛起,这种以露富为目的的居住理念将会逐渐失去市场。

对于都市建筑艺术而言,后现代建筑与现代建筑和古典建筑的差异不只是外观的差异,而是深层的文化差异。古典城邦建筑(工业社会以前的建筑)是宗教、政治、权利的象征,工业社会时期的建筑是高效、实用、完美功能的象征,而都市后现代建筑是货币的象征,是都市的形象。

杰姆逊对现代主义和后现代主义建筑做了比较后说:"在现代主义里,有这样一个关于预言家和天才的观念,而且所有现代主义者都具有这样一个特点。而后现代主义宣布:我们不需要天才,也不想成为天才,我们不需要现代主义者所具有的个人风格,我们不承认什么乌托邦性质,我们追求的是大众化,而不是高雅。我们的目标是给人愉悦,因而我们不反对装饰,恰恰相反,我们喜欢雕饰。"①精英艺术与大众艺术的差异在一定程度上也就是现代主义建筑艺术与后现代建筑艺术之间的差异。后现代所追求的大众化倾向,体现的是人类思想中的民主平等观念的更加深入人心这一时代特征。比如在那充满古典文化气息的巴黎城区,建造了惊世骇俗的蓬皮杜艺术中心(1977),它的钢柱、钢梁、桁架、拉杆、电梯、电缆、上下水管都是暴露的,并且特意涂上对比强烈的红色、绿色和黄色。这是为大众建起的博物馆,每天有成千上万的人去参观。

后现代主义建筑是后工业时代的产物,它是20世纪60年代以来在美国和西欧出现的一种反对或修正现代主义建筑的设计思潮的产物。从思想观念上看,它是对现代主义形式化和严肃化建筑的批判。现代主义建筑强调纯净,后现代主义建筑则力求混杂;现代主义主张理性,可以说是理性发展到极点的产物,后现代主义则开始转向强调感性,是对传统理性的反叛;现代主义主张标准化、程式化,后现代主义则强调多样化、矛盾化的折中;现代主义强调"房屋是居住的机器",因此功能性被极端地强调,后现代主义主张"建筑是思想的容器,是人类生活的精神家园"。总之,后现代主义建筑是对现代主义建筑在人类精神生活、人性方面全面失败的深刻反思,是对现代科技、激进理性主义全面涉及建筑的激烈反叛。在形式的创作上,后现代主义设计者采取折中理性的办法,似乎更注重人类的感情,力图达到理性与感性的融合。

后现代建筑最为明显的特征体现在两个方面:艺术与生活的融合、多元化。

都市建筑中艺术与生活的界限正在消解,如纽约现代艺术博物馆、百老汇、好莱坞、迪士尼等都成了精英文化和世俗文化的象征,其艺术性与日常生活性之间的界限几乎完全消失了,正如丹尼尔·贝尔所说:"新的革命已经以两种方式

① [美]杰姆逊著,唐小兵译:《后现代主义与文化理论》,北京大学出版社1997年版,第164—165页。

开始了。第一，文化自治。这在艺术上已经实现，目前它也转入生活领域。后现代主义趋势要求以前在艺术狂想中已经耗尽的东西必须在生活上加以实现。艺术与生活没有区别，艺术所允许的事生活也允许。第二，文艺小社团曾经实践过的生活方式。……变化的规模之大给 20 世纪 60 年代的文化运动带来了特殊的声势。伴随而来的是，一度现于少数名流的波西米亚生活方式如今广泛地在大众传播工具的巨大的屏幕上展现出来。”①

这种后工业革命下的文化转型的直接后果是艺术与生活混一，具体表现为：一是现代都市建筑、都市景观、都市雕塑、都市影视艺术以及各种视听、广告，已经消除了传统意义上的艺术与生活的界限；二是艺术家可以随意用生活中的事物来表现其艺术理想，也就是艺术家可以自由地用生活物品作为其艺术媒介和符号。传统的艺术观念经受了西方人严酷的审视后，已经不再具有权威性，因为在生活与艺术进入互渗之后，丑、怪诞、滑稽、非理想化已经被纳入审美范畴体系中来。建筑艺术也同绘画艺术一样，体现着一种无意义感、无深度感(即机械感)，人们诗意的精神家园正在被一种狂放不羁、冷漠无情的建筑泯灭。曼哈顿那些高耸林立的摩天大楼无疑是都市中的典型代表，它在艺术领域和公众印象中都占有重要地位，但是它并未得到现代主义的赞赏，就像现代主义建筑的主将柯布西耶所说的，纽约只不过是“一台迷人的机器”、一个“灾难性的仙境”(catastrophe féerique)。② 与此相反，库哈斯在《错乱的纽约》一书中为曼哈顿忙乱的文化欢呼，并在该书出版十年后，他在为自己的畅销书写后记的时候，再次指出，此前的城市已经发生了巨大的变化，“今天已没有建筑能与纽约的建筑相媲美，因为纽约的建筑能从突变和速变出发并影响当代建筑的发展”。③

与曼哈顿相比，洛杉矶的城市建筑则体现了后现代建筑的多元化特点。

洛杉矶作为美国战后城市典范同时又是最杰出的无中心城市，其中心商业区正以引人注目的高层建筑群落形式发展，这些建筑体现着科技的进步，经济的发达。洛杉矶的多元文化无疑是当代都市文化多元性的典型，多元文化不但体现在不同民族不同阶层的生活方式、生活习俗、消费观念、价值观念这些非物质形态上，而且还体现在与不同民族和阶层紧密相关的建筑、雕塑等物质形态上。洛杉矶建筑的这种多元性被查尔斯·詹克斯称为异质性建筑，其最主要的特点是：接受关于营造一座城市的不同观点，不禁止任何一种，并从它们相互作用、

① [美] 丹尼尔·贝尔著，赵一凡等译：《资本主义的文化矛盾》，三联书店 1989 年版，第 101 页。

② [荷] 根特城市研究小组著，敬东、谢倩译：《城市状况：当代大都市的空间、社区和本质》，中国水利水电出版社、知识产权出版社 2005 年版，第 12 页。

③ [荷] 根特城市研究小组著，敬东、谢倩译：《城市状况：当代大都市的空间、社区和本质》，中国水利水电出版社、知识产权出版社 2005 年版，第 29 页。

相互影响之中得出一种更为重要的对话。

如保尔·盖蒂艺术博物馆(The Getty Museum),这座精美绝伦、气势恢宏的博物馆可算是洛杉矶的标志建筑之一。它坐落在俯瞰洛杉矶市景和太平洋海滨的圣塔·莫尼卡山顶,进入博物馆需先搭乘造型怪诞的高科技电车,仿佛不经过一番朝圣般的旅行,就不能悟到现代艺术的真谛。向来被纽约人和波士顿人称为"文化沙漠"的洛杉矶似乎也因盖蒂艺术博物馆的落成洗清了罪名,一向以"高品位"自居的《纽约人》杂志也说:盖蒂艺术博物馆的落成"将高雅文化带到了洛杉矶"。这座后现代主义建筑给人的印象是如此深刻以至于人们参观结束以后的感受是:不是艺术馆里的艺术品而是艺术博物馆本身使人接受了艺术的洗礼;给人印象深刻的不是那些穿越时空与观众交流的艺术精品,而是充满曲线、用巨大的玻璃、金属板和意大利精美石材组合而成的建筑本身。这座后现代主义建筑规模宏大、功能齐备,诸如体现21世纪的高科技电车、艺术品、声像设备、咖啡馆、餐厅、广场花园、喷水池、宽大的平台等,构成了一个梦幻的空间。

还有洛杉矶市中心波那梵切酒店(Bonaventura Hotel),杰姆逊游历这座酒店之后对后现代主义建筑的基本特征做了总结,他在《后现代主义或晚期资本主义逻辑》一文中指出:后现代主义建筑摒弃了现代主义建筑以直冲云霄的摩天大楼突出其崇高的精英主义,转而认同城市的总体氛围和通俗文化逻辑。它不以令大众望而却步的森严与伟岸为设计理念,而是企图营造一个五脏俱全、广延伸展的微小城市,吸引大众长时间的徜徉其间,尽情享受后工业社会的商业文明。

后现代都市建筑多元共存性的要义在于,不因有了某种新的形式而完全排斥另一种形式;它也没有永恒不变的主流和主题,建筑样式经常处在一种快速变化中;它反映的社会心理主要就是前面所说的两种倾向,即回归自然返璞归真和更抽象、更理性。

三、都市景观设计艺术

所谓都市景观是指在都市社会中与市民关系密切,能够体现都市主流文化诉求,象征都市精神的都市形象。不同时期、不同国家,城市景观的规模、功能、艺术风格、空间位置等都是不同的,不同时期的城市景观反映出不同时期的社会心理。

总的说来,传统农业和手工业时代,由于城市规模有限,人类物质生活水平较低,因此每个城市一般只有一个较大的活动中心,它是市民从事政治活动、商贸活动、宗教活动以及体育竞技活动的场所,这种活动中心在古代西方多以中心广场的形式出现，而在中国则没有这类中心广场，广场的功能被分解为衙门、城的外围“市”、庙宇等城市要素。工业时代，城市规模发展迅猛、经济商贸活动频繁，人们从事经济、政治、宗教活动的场所逐渐有所分离，城市空间根据功能有了不同的分区，于是同一个城市出现了多种广场、公园、花园，但这个阶段在中国没有真正展开，只是在局部地区带有一些早期工业化的痕迹。后工业时代，信息技术的普及、经济全球化的出现从根本上改变了整个都市(城市在后工业时代的高级空间形态)空间，都市人口急剧膨胀、规模空前宏大，都市广场、花园分布在都市的不同位置，这些原本神圣庄严的广场、公园让每个普通市民都能自由感受。

一般来说，古代和近代都是与时间相关的概念，从时间序列来看，是古代在前，近代在后。但就中国城市景观艺术而言，古代形态和近代形态却在很长一段历史时期内并存，这与中国特别漫长的以农业为主导的封建社会有关，也与个性自由的思想较早就产生但却从未占据主流意识形态有关。中国古代的皇家园林和私家园林，从时间上看，前者早在商代就已经出现了，商纣王的鹿台就是一种皇家园林。此后历代君王中只要是注重享乐的，无不大兴土木，建立起大规模的皇家宫殿和园林，著名的如秦始皇的阿房宫、汉武帝的上林苑等。与皇家园林相比，私家园林无疑是一种新兴的城市景观。但在早期，私家园林多为达官贵人所造，其奢华和规模堪比皇家，真正典范性的私家园林是从文人园林开始的，此后随着富裕的商人阶层的出现，又出现了一些商人的私家园林，这已经是明清时的事情了。从功能上看，凡园林都有休闲的功能，但皇家园林与私家园林的一个重要区别在于：前者还有象征皇室权威的功能，后者则没有，但到了商人所有的园林这里，它也有象征功能，不过所象征的是商人所拥有的财富。清代皇家园林虽然具有集大成的性质，盛极一时，但却是皇家园林的终结形态。私家园林中文人园林和商人园林的出现有着与皇家园林不同的新的文化意义，文人园林追求的是一种人格上的自由和独立，而商人园林则在此基础上又多了一层对金钱的歌颂，这是一种有广阔前景的新的时代精神——虽然在很长的历史时期它们并没有导致社会形态的根本变革。如果将私家园林的这两种内涵统一起来看，那么说自明代以来的私家园林具有与西方近代城市景观相通的某些特质也未尝不可。因此可以说明清两代同时存在着的皇家园林和以文人、商人为主体的私家园林，代表的却是两种不同历史发展阶段的城市景观，前者是古典时期的，后者则是近代形态的。

（一）古典城邦景观

1. 农业社会时期的中国园林景观

中国古代的古典形态的城市园林和建筑(尤其是宫殿建筑)一样，它不像现代都市公园广场那样是面向市民开放、供市民休闲娱乐的场所,而是皇室或达官贵人的私家园林。主要元素包括亭、阁、廊等建筑物,山水树木,假山,道路及精心设计的桥等。它既具休闲功能,又具象征功能,因而往往规模宏大,极尽奢华,以奇花异石、古树名木、亭台楼阁等诸多元素的繁复组合为特色。

中国古典园林中最典型的两个就是圆明园和颐和园。

圆明园是清朝所建的规模宏伟,景色秀丽的皇家园林。包括圆明、长春、绮春三园,早在元代,此地就已是京郊游览胜地,那时就有达官贵人在此建造私园。明万历年间,武清侯李伟首建“清华园”,随后有著名书法家米万钟于清华园之东建一小园——“勺园”。但明清之际均被毁。清初,康熙于清华园旧址重建畅春园,又于其北修圆明园。此后又修建了清漪园、静明园、静宜园,合称“三山五园”。圆明园可谓中西文化与各民族文化的和谐统一的产物。清高宗在位时期可说是太平盛世时期,他六次南巡,并为江南文化倾倒,在园林上表现最为显著,如清漪园(光绪十四年重检时改称颐和园)中的谐趣园就是仿造无锡寄畅园,避暑山庄的烟雨楼就是仿建嘉兴烟雨楼;明代耶稣会教士的东来为西方文化的融入打下了基础,传教士以天文历算甚至艺术为饵,在博得皇帝欢娱之后,西方的喷泉、建筑以及铜版画就渗透在中国的造园艺术中。比如当时的“谐奇趣”、“方外观”、“海晏堂”等都是西方风格的建筑,不但建筑用承重墙、平面布局、立面柱式、檐板、玻璃门、窗及栏杆扶手采用西方做法,而且绿化与花坛也融入西方手法。长春园的宫苑更具欧式特色,它是由耶稣会传教士仿照巴黎凡尔赛与圣克陆而建成的,可谓东方的凡尔赛。

颐和园建于清代,是中国现存保留最完整的皇家园林。面积约为 290 公顷,园之北是万寿山,山之南是昆明湖,西面与玉泉山和西山遥相呼应;园内各种建筑 3 000 余间。康熙年间此地被辟为行宫,乾隆年间建为清漪园,咸丰十年清漪园毁于英法联军入侵之战火,光绪中叶,那拉氏慈禧挪用海军建设费用 2 000 万两白银修复,光绪十四年更名为颐和园。颐和园作为帝苑,其文化观念中又明显强调了封建政治因素和伦理秩序,从建筑部分看,它虽是园林建筑,但它与浸透着浓烈的道家美学思想的私家园林建筑不同,颐和园的建筑沾染了浓重的宫殿建筑的政治色彩。从整个园区来看,颐和园中有大量“宫殿建筑”,如从主入口向东,有万寿山以东的东宫门、仁寿殿等所构成的所谓“宫廷”区及居住供应类建筑。这些建筑布局严谨规整,具有宫殿气概,不像一般园林建筑那样活泼多变。如仁寿殿就经常是慈禧接见大臣、议政的地方,所以显得十分庄严。然而它毕竟又是园林中的“宫殿”,所以又融汇了园林文化的审美理想。仁寿殿面阔为七间制,四周有回廊,灰瓦屋顶,取单檐卷棚歇山式,虽殿前平台设有铜鼎和铜龙纹,但与故宫太和殿相比,其政治规格显然已经降低了。另外,为了体现太和殿那种严厉、崇高、神圣的封建政治王权风度，殿前设有开阔空地，不种草木；而仁寿殿不仅尺度大减，庭院中布置了湖石，并栽种了花木，在严厉的政治氛围中显示出一丝亲和。仁寿殿西北面的乐寿堂是慈禧的寝宫，也有前述文化特点。

在中国园林史上，一般园林及其建筑文化的基本属性是道家之“道”，少数寺观园林则是庄禅合一。颐和园并非寺观苑囿，但是它渗透着儒（封建政治）、道（回归自然）释三种文化思想，但是以儒家思想为主导。和圆明园一样，颐和园中也建有更为触目的佛教建筑，如佛香阁、后湖区长桥之南的喇嘛庙（现只遗残址），这些都说明颐和园是多种文化融合的体现，如：崇尚厌世的佛家“色空”观、热衷政治的儒家“入世”观、亲和自然的道家“出世”观被完美地结合起来。从审美角度看，颐和园规模宏伟，山水相映成趣。园内约四分之三的水域使其具有开阔的视野，园中建筑风格多样，分布在不同的区域，既有庄重的宫殿建筑，也有曲线缠绵的私家园林建筑和幽深的道路布局。

总之，颐和园是儒、道、释文化的统一体，在总体设计上，它适度采用了宫殿文化及其宫殿建筑的轴线理念，比私家园林庄严，但又不失私家园林的优美，整座园林优美中透露出庄严，庄严中体现出优美。颐和园可说是“宫殿园林化，园林宫殿化”的表现。

皇家园林，虽然也有些道家文化的影子，但更多地却是受儒家文化的影响，政治情结、伦理观念在这类园林的建造中居主导地位。

2. 农业社会时期欧洲古典城市景观

欧洲古典城邦景观的典型主要是广场。

古典城邦广场的主要作用是为市民提供娱乐、宗教活动和民主政治等活动的公共场所。其主要构成元素有教堂、市政大楼、广场空地、雕像等；其艺术特征主要还是体现着人与自然以及神圣世界和谐相通的古典美。如古希腊城邦的中心广场（aroga），它集宗教建筑、雕像、各种活动场地于一体，它是城邦公民从事宗教活动、政治活动、经济活动的集中场所，因此在人们生活中，城邦中心广场是神圣的、庄严肃穆的，是人们净化心灵、使灵魂通向天国的圣地，虽然人们可以在那里举行民主的政治活动及各种庆典活动和竞技活动，但它始终不是日常生活的、世俗的，而是宗教的、艺术的。

即使到了文艺复兴时期，城市景观也仍然以广场为主。从艺术设计角度来看，文艺复兴期间，人文主义运动大量采用古典主义元素，设计更加理性化，透视法的发现也使设计家的空间概念发生了变化，壮丽均衡的街道、整齐匀称的景观就出现在城市中央。如米开朗琪罗设计的罗马市政厅广场，这一广场的主要元素包括开阔空地、教堂及其大量附属雕像、市政大楼、纪念柱、独立雕像、喷水池等，但没有大片绿地和树木。从其中的建筑和雕塑风格上来看，它体现的是古典建筑和雕塑的自然和谐的古典美;从功能上说,它是市民从事宗教活动和政治民主生活的场所,是人与神交互的神圣之地,而不是人们回归自然的娱乐之所。所以它不是为了满足人们休闲愉快之需,而主要是为人提供净化灵魂通向彼岸天国之用。这是它与现代景观最本质的差别。

凡尔赛宫是农业社会后期西方古典建筑艺术和景观艺术的完美集合的一个典型。凡尔赛最初是离巴黎 20 多公里的一个不起眼的小村落,路易十三常到那里打猎,由于那里风景宜人,所以,1624 年路易十三下令修建了一座打猎用的城堡,1631 年经过了一次扩建,此后他常在此居住、开会和阅兵。到了路易十四执政期间,他决心把凡尔赛宫建成欧洲最宏伟最壮丽的宫殿,这座宏大的宫殿占地 110 万平方米,建筑面积 11 万平方米,园林面积 100 万平方米。它拥有约 2 100 件雕塑,约 20 万棵树;庭院里有 50 处喷泉,35 公里水管引导的水路。凡尔赛宫经过路易十四和路易十五的扩建后规模更加空前。这座伟大的宫殿可以说是法国的一部史书,它处处显示着王权,处处显示出王宫贵族的豪华奢靡生活。它拥有庄严宏伟的宫殿、教堂,精美绝伦的雕塑,开阔美丽的广场和美不胜收的园林、花园,变化无穷的喷泉和水景。

凡尔赛宫的建筑和国王雕塑可以说体现了皇权的威严和皇室贵族生活的奢靡;但是其美轮美奂的园林则体现着国王及贵族对自然的热爱,那些神祇雕像也呈现出希腊雕塑那种和谐优美的特点。这座主要由著名园林设计师安德烈·勒诺特设计的园林处处体现着国王的意志,处处体现着人对能给予他们愉快感的自然的热爱,处处体现着人们的自然和谐的审美观;放眼望去,这座辽阔的园林气势恢宏,辽远无边。园中的道路、树丛、水景、喷泉、雕像、花坛、柱廊等都严格按照几何图形以复杂而又和谐的方式排列起来,有纵横主轴和次轴,整齐划一犹如一个美丽的棋盘。

勒诺特设计的这座体现着国王意志的园林,首先开创了全园布局以主题建筑为中心,园林的规模、尺度、外形均服从主体建筑;其次,为了能在室内一览花园全貌及在花园中也能看清宫殿,所以他布置了低矮的、便于修剪的树种,以使整座园林主题突出、过渡自然、层次丰富、错落有致;为了创造一种秩序和均衡美,他布置了一条贯穿整个园林的中轴线,园林中的重要花坛、喷泉,道路雕塑大都布置在中轴两旁,这样园林就有了一种均衡和强烈的节奏感。这座严谨、和谐、理性的园林,既体现着政治的含义,也呈现出自然和谐之美;既表现了皇权至上的理念,也表现了王公贵族对自然之美的追求。路易十四对这座园林倍爱有加,从他亲自编写的那本《进入凡尔赛庭园之方法》中,我们可以窥见他对自然对人的愉悦作用的重视,同时也透露出凡尔赛宫作为一种都市景观所体现出的人与自然神性的和谐亲近。

（二）近代市民城市景观

严格意义上的近代市民城市景观在中国并没有形成，但中国明清时期蓬勃兴起的文人园林和商人园林却具有一些近代城市景观的特点。其典型代表是苏州园林。苏州共有大小园林 200 多处，其中沧浪亭建于宋代，狮子林建于元代，其他如拙政园、留园等大多建于明清两代。由于年代久远，苏州园林各园多数易其主，一代又一代的主人与匠师的合作使得苏州园林形成今天的样子。苏州园林一般都讲究园与宅的统一，注意充分调动树、石、亭、水等造园要素，以小中见大、曲径通幽为布局的指导思想，形成了小巧、自由、精致、淡雅、写意的特征。园林的主人，有官僚、有文人，也有富商，但占主导的造园思想是文人意识，所追求的是文人画的意境。苏州园林建设在人口密集和缺乏自然风光的商业性城市，商业的繁华与尘世的喧嚣使得其中的居民更加依恋自然，向往与自然的统一，因而建造了一个又一个的园林景观。苏州园林建在当时全国商业最发达的城市，具有一定的商业文化的象征功能，从这个意义上讲，它有些近代市民城市景观的特点。

近代市民城市景观的典型是以巴黎为代表的。

巴黎无疑是近代工业城市中一个最典型的城市，无论是工业社会时期还是如今的后工业社会时期，她都是当之无愧的艺术之都。早在 12 世纪和 13 世纪，巴黎就建造了罗浮宫、巴黎圣母院和巴黎大学；16 至 18 世纪，虽然市内的大部分街道景观与中世纪相比并没有大的改造，但香榭丽舍大道的开辟却深刻影响了巴黎几个世纪的文化，时至今日它仍是巴黎的象征性标志之一。也是在同一时期，巴黎还建造了多菲内(Dauphine)广场、皇家(Royale)广场(现在叫孚日广场 Vosges)、胜利广场(de Victoires)、旺多姆(Vendome)广场和协和广场(de la Concorde)五个置放国王雕像的广场，但严格说来，这些广场并不是大众的公共空间，因为虽然市民能在这些地方举行各种集会，但这些广场和雕像都是帝王权力的象征，从这个意义上说，它仍是一种精英文化，而不是大众文化。皇家广场是巴黎的一个大型广场，可以说它是本时期一个时髦的集会地点，人们在此举行各种比赛和集会，是一个居住性广场的典范。路易十三的雕像矗立在广场中央，周围是风格一致的建筑，它与现代和后现代都市广场那种文化多元性体现出的风格多样性形成了鲜明的对比。同时期一个最重要的景观是凡尔赛宫，它完全是皇家文化的体现，是帝王的象征，而不是一种大众文化。从 1668 年开始，凡尔赛宫由建筑师路易·勒沃(Louis Le Vau)和园林设计师安德烈·勒诺特雷负责为路易十四建造。它第一次将一个超过 610 米长的大型综合性建筑直接放入自然中，并与之形成鲜明对照，它在视觉上统领着周围广阔的空间和森林绿地；另外其园林景观中的对角线道路及焦点形成了庄严壮观的形式。

19 世纪巴黎是规划最好的城市典型,它有着悠久的建筑、魅力十足的景观、神圣优美的雕塑。它对欧洲,美洲乃至世界的都市景观产生了重要的影响。

19 世纪后期出现的"巴黎拱廊街"在当时是一种全新的景观,它反映了当时市民的文化心理,它也是今天我们司空见惯的商业步行街的前身。一张 1852 年的巴黎导游图这样写道:"这些拱廊街是豪华工业的新发明,它们用玻璃做顶,地面铺的是大理石,这些大理石过道通向整个一大批建筑群,那些建筑的主人们就以这种方式协同经营。通道两侧尽是些最高雅豪华的商店,灯光从上面照射下来,因此可以说这样的拱廊街是一座小型城市,甚至是一个小型世界。"①

埃菲尔铁塔可谓巴黎也是法国最明显的象征,如果说塞纳河流动着巴黎的记忆和蕴藏着人们渴望撩开巴黎神秘面纱的心愿,那么埃菲尔铁塔则凝聚着巴黎的历史和法国的文化。这座由建筑工程师古斯塔夫·埃菲尔设计的全钢结构铁塔,是 1884 年法国政府为举办世界博览会和纪念法国大革命而建造的永久纪念性建筑。这座高达 300 米的铁塔创造了前所未有的高度。它是工业文明时代城市景观艺术的一项伟大杰作。铁塔初建伊始,遭到了大批文化精英的激烈反对和嘲笑,他们将铁塔说成洪水猛兽,荒诞不经。莫泊桑、大仲马带头怒吼,并致信承办者,说这个高大的铁家伙是在给巴黎毁容,呼吁当局立即停建。但是当铁塔落成典礼之日,巴黎人潮水般涌来观看,并且被大多数人接受,那批反对的文人、精英最终还是露出了自嘲的笑容。如今,埃菲尔铁塔已成为法国的象征,成为巴黎这座历史名城的标志和象征,它那宏伟的气势和优美独特的造型,时刻诱惑着世界各地的人们,任何一个到巴黎的游客都会急不可待地奔向这座具有非凡艺术魅力的景观。

20 世纪以后,巴黎的规划又有了更大的变化,开放广阔的广场,宽阔的林荫大道、配有餐馆和咖啡馆的美丽公园,这些景观更加开放,更加世俗化。如今的巴黎给人们传达的是浪漫自由的感受,那连接着辉煌的纪念碑和开阔公园的林荫大街,浓缩了法国人对优雅浪漫艺术的追求。

(三)后现代都市景观

随着人类个性的解放、个性不断得到张扬,后现代都市景观体现了人们对回归自然的向往,对愉快生活的渴求。在后现代经济全球化的大背景下,中国的都市景观艺术基本上被西方的景观艺术所同化,因而后现代的都市景观没有明显的中西差异,故本小节的问题也只能一概而论。

---

① ［德］本雅明著,王才勇译:《发达资本主义时代的抒情诗人》,江苏人民出版社 2005 年版,第33 页。

如果说近代都市景观中特别看重的是具体可感的一些都市风貌如街道、广场、建筑物等的话，那么后现代的都市景观还要强调一些无形的难以言说的城市印象，这是居住者或旅游者在大脑中对其所在的城市形成的感知定势，后者显然带有强烈的主观差异性。这一发展与其他艺术领域中所实现的由现代到后现代的主体性转移是一致的，在现代的艺术观念中，艺术的主体性主要是在艺术创作者那里，它一旦固化在作品中就相对稳定，等着欣赏者去发现；而到了后现代，艺术观念发生了根本性的变化，艺术的主体性更强调的是欣赏者的主体性，是欣赏者真正使得艺术品摆脱封闭性，而向欣赏者开放，并因此具有丰富多变的内涵。在现代主义设计中，"设计师"、"建筑师"因其作品而广为人知，创作方法往往比较理性，其作品的意义内涵也相对明晰，而到了后现代设计，"设计师"、"建筑师"逐渐退居幕后，传统的理性方法受到了新的设计方法的挑战，"无名设计"大行其是，作品的意义内涵也相对模糊而易变，在城市景观中亦是如此。在当代都市中，传统的等级已经被抛弃，继而反映出的是一些感性认知方面的问题。正如拉班论述的那样："城市的社会多样性，曾使 18 世纪的市民生活充满欢乐，但这种欢乐到了 20 世纪后成倍增长，以至于不能形成一个总体的看法。今天的伦敦与其说是一部百科全书，不如说是一位疯痴者的剪贴簿。"①

国外学者托德·瑞尔夫对 20 世纪的现代与后现代景观的特征分别做了如下概述，值得我们借鉴：

现代主义的城市风貌具有五个特征：

① 巨型大厦之庞大性，街道很少留有通往建筑物的进出口，在建筑风格上缺乏细节上的处理；

② 笔直或广阔而缺少树木的空间，城市中心峡谷，无止境的郊区狭长通道；

③ 合乎理性的秩序与灵活性，在总体上合乎秩序的风貌，近乎厌倦和乏味；

④ 僵硬死板与不透光性，包括高速公路对自然界的喧宾夺主；

⑤ 源于机动车对城市主宰而形成的一系列非连续景观。②

相反，后现代都市景观更注重具体细节、精湛的手工艺、玲珑别致的建筑风格。它们崇尚差异性、文化多元性、多变性与时尚性。它们的特点是：

① 离奇有趣的空间，匠心独具的创意景色；

② 有纹理感和凹凸不平的表面，通常饰以貌似"古朴久远"外表，以取得雅淡、富于细节变换的效果；

---

① Rban, J., 1974: Soft City, New York: E. P. Dutton, p. 93.

② Relph, E. C., 1987: The Modern Urban Landscape, Baltimore: Johns Hopkins University Press, p. 213.

③ 时尚性,以新颖、别致、流畅来获取感染力;

④ 重新与乡土地域本色的糅合,故意贴近历史和地域的建筑风貌;

⑤ 行人与机动车辆的分离,修正和改变现代主义原本对小汽车所持的偏见。①

我们认为,后现代都市景观具有如下特点:

第一,都市景观所具有的象征作用是与经济活动联系在一起的。当今大都市里的中央广场、公园、迪士尼乐园以及摩天大楼、艺术馆、博物馆、雕像甚至教堂等都可成为都市形象。各种壮观形象被用于商业中心、购物中心和旅游中心,隐藏在这些形象背后的就是现代都市文化——消费文化,这种文化体现在建筑艺术、景观艺术和雕塑艺术中就是它们作为都市象征的强大的经济动力。如果我们说各公司的形象代言人为该公司带来了巨大的财富,那么我们也可以说都市形象为都市带来了富可敌国的财富。比如纽约的中央公园、时代广场、自由女神像,拉斯维加斯的曼哈顿大厦和迪士尼乐园,巴黎的香榭丽舍大街、凯旋门、罗浮宫、协和广场,上海的外滩、东方明珠塔、经贸大厦等,都成了这些城市的文化象征和经济象征。

第二,都市景观特别强调休闲娱乐空间的作用。当今世界不仅已进入知识经济的时代,而且已经进入创意经济的时代,对一个城市来说,创意经济的主要类型是艺术、娱乐、休闲、旅游等。显然,新时代的城市景观只有以创意经济为特色才能真正具有先进性。因此,都市景观要给市民提供广阔的休闲娱乐空间,不仅本地居民住得满意,还要使外地游客流连忘返。在后现代都市,文化与艺术消费普遍出现在市民生活中,都市广场、花园、商业步行街等景观、标志性建筑、艺术馆、博物馆等已成为都市吸引大众旅游的一张“王牌”,文化产业和大众旅游必然会促进都市经济的快速发展。在这种利益的驱动下,都市之间从此展开了激烈竞争,各大都市纷纷建设代表自身形象的景观、雕塑和建筑,并极力向外推销。各中小城市之间、大都市之间都纷纷树立各自的形象品牌来吸引社会中产阶级和受过良好教育的人群和文化精英。城市管理者和规划者们也纷纷打起文化这张王牌,建设规模宏大兼具审美和娱乐功能的中心广场、花园来吸引旅游者和投资者。在此背景下,都市景观成了营造都市文化幻象的主要载体。

20 世纪 90 年代后期在拉斯维加斯落成的投资 4.6 亿美元的曼哈顿酒店和赌场就是个典型的例子。“伫立在梦幻般的逃避现实主义风格的埃及金字塔形建筑物(罗浮宫扩建的金字塔式的玻璃建筑)、罗马式宫殿或 17 世纪的私人游艇

① Relph, E. C., 1987: The Modern Urban Landscape, Baltimore: Johns Hopkins University Press, pp. 252 - 258.

当中,一个用苯乙烯泡沫棉制成的轻巧而扭曲的曼哈顿景观为拉斯维加斯耀眼的风景平添了绚烂的一笔。这个酒店包括了自由女神像、帝国大厦、克莱斯勒大厦的上半部分、还有许多其他的纽约景观。"①

第三,都市景观是一种综合性立体的意象,是声、光、色的统一体。城市意象不仅是人们看到的,更是人们全方位感受到的,听觉、嗅觉、触觉和味觉等都要在城市印象的构造中发挥作用。据悉,美国国家广播公司(NBC)在纽约的洛克菲勒中心建立了一个路边工作室,每天在那里播出它的节目"今天",所传达的就是纽约这个都市所给人的城市印象,这是一个热闹的、动态的、嘈杂的、充满风险的都市。它将这个城市环境中吵吵嚷嚷的场景都录下来,"街边剧院"办得相当成功,以至于它的竞争对手美国广播公司(ABC)和哥伦比亚广播公司(CBS)也已在时代广场租下了工作室,以支持他们各自得意的节目"早安美国"和"今日早晨"。②

第四,随着人们对生态和环保问题的重视,绿色都市、环保都市成为都市景观建设的追求目标,植物在城市景观中的重要性得到了空前的强调。纽约中央公园是纽约市的一个标志性景观,它拥有数十公顷遮天蔽日的茂盛林木,也成为城市孤岛中各种野生动物最后的栖息地。公园中有总长 93 公里的步行道,9 000 张长椅和 6 000 棵树木,正是这块钢筋水泥丛林中的绿洲使得人们还能在城市的喧嚣中感受到一丝温馨和少许宁静。它为生活在紧张气氛中的纽约人提供了放松身心愉悦休闲的环境。虽然它的建成已有上百年历史,但它所扮演的现代都市的功能却是近几十年才被自觉重视,堪称都市与自然的完美结合。一直以来,纽约城市公园被誉为纽约的绿肺,也因此让周边地区成为了富人区居住区和各种金融商业区。在很大程度上,正是这片绿色让它成为纽约的中心。城市中央公园是自然精神与社会思维共融的体现。它屏蔽了过多的城市喧嚣与污染,它是将城市精神映射至心灵深处的形象载体;它给市民带来了更多的幸福感和愉快感,它是"城市让人类生活更加美好"的又一种完美体现。与这种最先进的都市景观意识相适应,我国现在一些经济条件较好的大中城市也越来越重视城市绿化带在塑造都市意象中的重要性,像上海、深圳等城市正在积极将绿色都市的观念付诸实施并取得了实效。

构成绿色都市的景观要素主要有:大型的城市公园,主要为了景观体验以及缓解城市的人工感受和城市生活的压力;"公园道",即我们常说的公路的绿化

---

① [荷]根特城市研究小组著,敬东、谢倩译:《城市状况:当代大都市的空间、社区和本质》,中国水利水电出版社、知识产权出版社 2005 年版,第 108 页。

② [荷]根特城市研究小组著,敬东、谢倩译:《城市状况:当代大都市的空间、社区和本质》,中国水利水电出版社、知识产权出版社 2005 年版,第 145 页。

带,它们将公园连接起来,并进一步发挥了整个城市的公共绿地的优点;公园系统,为城市的所有居民提供了多种多样的公共娱乐设施;风景保护区,这是使特别优美的风景免于破坏和商用开发的保护区;郊外住宅区,将工作与居住区分开来,并创造了一种社区氛围和家庭生活的环境;机关、厂矿和企事业单位的花园庭院;私人住宅的庭院等。以上这些都市园林景观形式都在不同程度上塑造着当代都市生活中积极、健康、生态的一面。可以预料,未来和谐的、文明的都市将会拥有越来越多的绿色植被。一座具有竞争力城市,一座能使人感到幸福快乐的城市,不但要有安全的环境、发达的物质文明,而且还要有能给人带来愉快和自由的精神文明,也就是要有能满足人的高层次需要的艺术。要有反映本民族文化历史的艺术,也要有能使多元文化和谐共存的城市精神。人类的艺术活动要能正确认识人性,尊重人性;认同自然,尊重自然,使人与自然相互协调,和谐共存;使人的感性和理性和谐发展。

总体而言,都市雕塑、建筑和景观艺术与都市发展有着重要的关系。古希腊雕像和建筑反映了人们在矛盾中寻求宁静幸福的快乐生活,古希腊人的思想被深深地刻在了雕塑中、柱子上和庙宇中,这些艺术反映着人与自然的和谐关系,反映着人们对自然、和谐完美的审美理想;到了工业社会时期,人与自然以前的和谐关系被工业文明打破了,工业生产给人们带来了丰富的物质基础,但未给人带来真正的快乐和幸福,于是人们更需要艺术来填补精神的空虚,人们仍需要艺术给灵魂提供一个诗意栖居之所,仍需要艺术以使人得到完善。后工业社会的雕塑建筑和景观更加注重人们的日常生活,这些艺术与人们的生活更接近、更密切,人们对工业文明条件下的生活感到厌倦,于是要追求一种更适合人性的生活方式,越来越多的都市人喜欢到自然中去寻找快乐,古典艺术的魅力在向现代人发出强烈的召唤,所以当代都市艺术一方面在回归自然,另一方面则追求更高的理性,因此以和谐自然为最高审美目标的艺术与以追求更抽象的艺术共存。

第五编　社会的都市化

第十三章　社会的都市化及其问题

美国未来学家托夫勒曾指出，在工业革命以后，一种"工厂化原则"在现代社会各方面迅速展开，"甚至在艺术中也发现了工厂的原则"。[①] 但在精神生产与文化消费不断走向产业化、商业化的今天，这种"工厂化原则"早已成功地取消了来自民族—国家、种族—阶级、伦理—审美、文化—心理等方面的障碍，成为全球性的主流与霸权话语。另一方面，由于它们的"批量生产"与"批量消费"都以大都市为中心，因而在这一层面所出现的新特点正可以称为"精神生产与文化消费的都市化"。它表明，在当代城市化进程中出现的"都市化"新特点，其范围已超出了经济社会领域，并深刻地影响到精神生产、文化消费乃至于审美趣味等方面。因而，研究与都市化进程相关的社会与文化变迁问题，也就成为都市文化学在"外部研究"上一个重要的领域与方向。此外，都市文化学本来就具有重要的现实功能，理论联系实际的方法也是我们研究都市及都市文化的重要方法之一。一方面是理论研究必须要结合现实实际来进行，而不是空洞的思辨与遐想。离开实际现实的理论研究从来都虚假的没有任何价值的。一方面研究理论成果也转化为现实需要，为现实实践做出指导。都市研究就是要通过理论与实践相结合的办法，总结都市发展过程中的经验与教训，为当代都市及都市文化的建设与发展提供系统的理论阐释，为当下都市发展文化实践提供具有针对性的规律认识和理论参考。

一、都市规模扩大的双重文化意义

当斯宾格勒说"世界的历史就是城市的历史"的时候，他的确已经找到了理解文明发展的一个重要线索。没有城市对人类文化活动的聚合、结晶、生长和辐射扩散作用，不要说现代文明，即使古典文明的产生都是不可思议的。斯宾格勒说"底比斯就是埃及，罗马就是世界(orbis terrarium)，巴格达就是伊斯兰教国

① [美] 托夫勒著，朱志炎等译：《第三次浪潮》，三联书店 1984 年版，第 83 页。

家，巴黎就是法国”。[1] 其实我们同样也可以说，长安就是盛唐，临安就是南宋，而南京和北京两个都城则是明王朝政治、经济、社会文化兴衰的根据。

斯宾格勒认识到文明发展离不开城市的发展。但他同时又忧心忡忡地担心，大都市的发展是城市发展的极致也是末路，因而也是文明的末路。他认为每一种文明都有自己生长、繁荣、衰落的周期，就像一年四季的更替一样，而这种演变是以城市的发展为标志的：每一个文明发展到最后他称为“冬季”的时候，一个基本的标志就是发展出了大都会。所以在他看来，都市规模的扩大是文明发展的不祥之征。

人们对城市规模扩大的忧虑从上古时代就有了。老子的治国之道是小国寡民：“甘其食、美其服、安其居、乐其俗。邻国相望，鸡犬之声相闻。民至老死不相往来。”小国寡民的核心意义就是不要有人际交往热闹、商品贸易丰富的大城市。老子的政治理想通常被认为具有退行的倾向，缺乏现实性。但即使是现实的政治家，对城市的建设规模也是很谨慎的。周代对于城市建设的规划十分严格：

> 匠人营国，方九里，旁三门。国中九经、九纬，经涂九轨。左祖右社，面朝后市，市朝一夫……王宫门阿之制五雉，宫隅之制七雉，城隅之制九雉。经涂九轨，环涂七轨，野涂五轨。门阿之制，以为都城之制。宫隅之制，以为诸侯之城制。环涂以为诸侯经涂，野涂以为都经涂……(《周礼·冬官考工记》)

当然，这样严苛的规定未必能够或适合实施。《管子》就说过，城市建设应当“因天材，就地利”，所以“城郭不必中规矩，道路不必中准绳”。尽管如此，《管子》仍然强调城市建设要有尺度规矩：“五家而伍，十家而连，五连而暴，五暴而长，命之曰某乡。四乡命之曰都，邑制也。”(《管子· 乘马》)

这是关于城市规模的典型观念。即使在西方历史上，哲人们的见解也类似于此：

> ……一个城市就像一个生物体，有一个适当的规模，在那个规模上它会平稳发展。这个思想从知识史中进行追溯。柏拉图提出，好的城市应该有由 5 040 个土地拥有者或公民组成的人口，其数目的稳定依靠移民和继承权法令来保持。他没有解释为什么就是这个数字，但我们猜想他可能认为一个阶乘数是理想的，因为它能被灵活地等分为各种各样的组(也许还有更

---

① ［德］斯宾格勒著，齐世荣、田农等译：《西方的没落》，商务印书馆 1963 年版，第 207 页。

多神秘的数学原因)；另外，在他看来，6的阶乘(即720)太小，而8的阶乘(即40 320)又太大。亚里士多德在其《政治学》中，审慎地提到“十人无以立城，十万人则令城不再”。“在政治社会的形态下，能自给自足地让人过好日子”，这个城市就足够大了，不能大得使公民不再有个人间的相互接触，因为“要决定是非曲直和根据各人的长处分配公职，公民间互相了解彼此的个性就是必要的了”。①

无论希腊还是中国，古代哲人关于城市规模的见解大抵如此。简单一句话，就是要有节制、有秩序。古典时期的雅典可以作为这种城市规模理想的范例。

然而哲人的观点和历史之间的脱节是十分明显的：尽管所有的哲人都在推崇雅典式的城市，但这类小城邦到了希腊化的时代就无可挽回地衰落了。取代它们的是亚历山大里亚和罗马那样的超级大都会。与古人相比，现代人不得不面对的事实是，城市更加快速而无休止、无限制地扩张着。剩下的问题只是如何解释这些现象了。

德国学者斯宾格勒认为，城市是一种后起的文化形态。在城市文化之前存在的是乡村文化。他把乡村和古代小市镇称作是一种“植物性的存在”，而城市则在破坏着人与自然的这种古老的联系。

挖土和耕地的人不是要去掠夺自然，而是要去改变自然。种植的意思不是要去取得一些东西，而是要去生产一些东西。但是由于这种关系，人自己变成了植物——即变成了农民。

这是每一种文化的先决条件，文化本身也是依次从一种故乡景色中生长起来的。它不断地更新并加强人和土地的亲密关系。……只有在拥有大城市的文明中，我们才重新轻视这类根源，把自己从这类根源中解脱出来。……在那里，由于脱离了土地的力量——甚至脚下的铺地材料也割断了和土地的联系——存在变得越来越衰弱，感觉和理性变得越来越有力。……随着文明而来的是危机时期。存在的极古的根源在城市的石堆中干枯了。

但是，随之而来的是——这是最主要的一点——如果我们不认识到城市由于逐渐地脱离了乡村并最后使得乡村破产，成为高级历史的进程与意义所一般地依从的决定性的形式，我们就根本不能理解政治与经济的历史。世界的历史就是城市的历史。②

① ［美］凯文·林奇著，方益萍，何晓军译：《城市意象》，华夏出版社2001年版，第170页。
② ［德］斯宾格勒著，齐世荣、田农等译：《西方的没落》，商务印书馆1963年版，第198—206页。

看起来,他在这里肯定了城市文明的历史必然性。但他在分析文明的发展趋势时,把大都会的产生称作文明的“冬季”。在他看来,每一种文明都好像有机体一样,有自己的诞生、成长、衰老到死亡的周期。他用春夏秋冬四季来表示这个完整的过程。文明的历史是城市的历史,同时也就意味着城市的最后发展形态大都会就是文明的末日。

斯宾格勒承认了城市规模的扩大是不可避免的历史趋势,然而他也认为这种趋势将导致文明的衰亡。他的这种城市发展理论可以称为“末世论”。

美国学者刘易斯·芒福德关于城市发展的观点与斯宾格勒不同。他并不像斯宾格勒那样认为城市文化与传统的乡村文化之间是断裂的。相反,他认为自新石器时代开始,城市就从村庄文化中开始萌芽了。

> 城市,作为一种明确的新事物(emergent),开始出现在旧—新石器文化的(Paleoneolithic)社区之中……在这种新的水平上,村庄原来那些构成因素都被保存下来,并且被组合在新的城市的原始机体中;但在一些新的外来因素作用之下,这些因素又被重新组合,成为比村庄更复杂更不稳定的形式,然而这种形式却能促成进一步的过渡和发展。在这种新实体中,人类的组织也变得更复杂了:除猎民、农民、牧民外,其他各种原始类型也开始进入城市并为城市生活作出了各自的贡献。①

可以看出,芒福德认为城市文化不是什么断裂的产物,而是人类文化发展连续体的自然阶段性产物。按照这种城市发展理论,城市和城市文化的发展当然也就具有了历史的正当性。

不过和斯宾格勒一样,芒福德也认为城市规模的过度发展是文化的衰落之征。他在分析古罗马时,就突出地强调这个城市无节制地发展(患了“特大城市象皮病”②)导致了自己的毁灭。而他从古罗马城市发展中引出的教训就是城市发展需要自我节制。换句话说,他并不以为城市的无限制扩张和走向灭亡是文化发展的必然归宿。他的观点和斯宾格勒的末世论显然还是有所不同,可以称作“节制论”。

20世纪70年代以后,人们对传统的社会发展模式带来的生态危机越来越关注,表现于城市发展理论,就是对过度膨胀的城市规模造成的生态问题进行检讨,并提出

① [美]刘易斯·芒福德著,宋俊岭、倪文彦译:《城市发展史》,中国建筑工业出版社2005年版,第31页。

② [美]刘易斯·芒福德著,宋俊岭、倪文彦译:《城市发展史》,中国建筑工业出版社2005年版,第254页。

了新的城市发展模式。美国学者理查德·瑞吉斯特的《生态城市》一书中提出的建设与自然平衡的人居环境的"生态城市"理念可以说是一个有代表性的观点。

> 为什么我们可以赢得如此多的战争,而在面对自然这一真正重要对象的时候却束手无策,失去了这场战争?
>
> 答案对于我来说并不神秘,我们从来没有参加过那场史无前例的战争。问题在于我们反自然的城市发展模式。我们努力使汽车性能更好而不是减少其数量;我们只是尽力减慢城市蔓延的速度而不是从机制上去逆转其膨胀过程并缩减其生态足迹的影响;我们把马路修得越来越宽,越来越长,憧憬"智能化"的高速公路,而不是缩减汽车车道,用轻轨、乡村小路和自行车道来代替;我们给石化能源供给部门提供所需的种种财政补贴和政策倾斜。毫不奇怪,按这种发展模式,我们永远不会赢得这场战争。①

他的观点和斯宾格勒、芒福德都不同的是,他基本上相信城市高速扩张带来的问题是可以通过"生态城市"建设而逆转的。我们不妨把这类观点称作"生态论"城市发展观念。

诸如此类的城市发展观念和理论还可以找到很多。尽管种种理论各有不同,但在有一点上是共通的:没有一种理论观念是对城市规模扩大的趋势持肯定态度的。对于城市在人类文明发展中的意义,不同的学者站在不同的立场上,因而评价各有不同。但当谈论大都市时,则都持批判态度。这表明,大都市的文化意义中消极的一面是很突出的。

尽管自古以来中国和西方的哲人学者们几乎都对都市规模的无限制扩大持否定的立场,都市规模却从古至今都在无可遏制地膨胀。都市规模为什么会无限制地膨胀?这个问题的答案可能很复杂。

《晏子春秋》中说,晏子使楚,楚王见晏子身材矮小,便讥笑齐国无人。晏子当即反驳说:"临淄三百闾,张袂成阴,挥汗成雨;比肩继踵而在,何为无人?"这里对临淄的描述当然是夸大其词了。但这种夸大其词的描述却表明,至少在晏子看来,一个人口众多的繁荣都市是一种优越,一种骄傲。芒福德在谈到城市向大规模发展的趋势时说:

> 大城市之所以有催眠术般的吸引力,原因有两点,一是它是国家的工具手段,二是它是最高权力的象征,这是一切城市功能中最早的功能之一。除

① ［美］理查德·瑞吉斯特著,胡聃、王如松译:《生态城市》,社会科学文献出版社 2002 年版,第2页。

了华盛顿与堪培拉之外，一些国家或帝国的首都带头杂乱无章地盲目发展起来。这些首都通过其庄严宏伟的景象和豪华的气派，以及它们的巨大财富，把较小城市的人口和贸易都吸引过来，这些较小城市的传统生活方式被迫屈服于帝王和宫廷的显赫威望。①

从最早发展起来的超级大都会来看，都市规模的扩张有政治需要的刺激。比如像古罗马这样的帝国首都建设就可能有政治上的意图，即统治者希望把自己的国都变成帝国世界的强大中心。至于晏子吹嘘临淄之大，显然也是出于政治目的，即为齐国争政治地位。

但一个大都市所显示的权力、气派毕竟主要是对统治者而言有意义。实际上使都市得以迅速扩张的更重要的驱动力还来自使都市形成越来越大规模的那些不断涌进城市的市民。大都市对普通的市民来说，也具有特殊的吸引力。古罗马不仅是皇帝和贵族的乐园，城市里建设的大型供排水系统、巨大的公共浴室、竞技场和多层公寓，也为市民提供了生活和娱乐的空间。城市生活因此而具有了特殊的魅力。

中国古代宋元时期的杭州，被当时人称为“销金锅儿”。也就是说，这是一个纸醉金迷的消费城市。马可·波罗对杭州的描写是：“行在(按指杭州)之大，举世无匹。一个人可以在那里寻到这么多的乐子，简直恍若步入天堂。”②这种“天堂”式的享受并非仅仅属于特定社会阶层。周密《武林旧事》中曾讲到南宋时期杭州人所享受的种种好处：

若住屋则动蠲公私房赁，或终岁不偿一环。诸务税息，亦多蠲收，有连年不收一孔者，皆朝廷自行抱认。诸项窠名，恩赏则有黄榜钱，雪降则有雪寒钱，久雨久晴则又有赈恤钱米，大家富室则又随时有所资给，大官拜命则有所谓抢节钱，病者则有施药局，童幼不能自育者则有慈幼局，贫而无依者则有养济院，死而无殓者则有漏泽园。民生何其幸欤！

一般民众(包括乞丐)都会或多或少地从都市生活中得到好处，亚里士多德早就这样说过：“人们聚集到城市里来居住；他们之所以留居在城市里，是因为城市中可以生活得更好。”③

---

① [美]刘易斯·芒福德著，宋俊岭、倪文彦译：《城市发展史》，中国建筑工业出版社2005年版，第546页。
② 引自[法]谢和耐著，刘东译：《蒙元入侵前夜的中国日常生活》，江苏人民出版社1995年版，第29页。
③ 引自[美]刘易斯·芒福德著，宋俊岭、倪文彦译：《城市发展史》，中国建筑工业出版社2005年版，第118页。

大都市提供给人们的不仅仅是物质意义上的享乐。罗马时代的学者里巴尼乌斯曾经这样描述当时的一个大都市安条克的街景：

> 沿这类街道行走，你会看到绵延不断的各种公共建筑，这儿一所庙宇，那儿一处澡堂子，分布很均匀，使每个居住区都距其不远。每座公共建筑的入口处都在柱廊里。这意味着什么呢？在我看来，城市生活最令人愉快、最有益的一面在于交际和人类交流；说实在话，有交际有交流的地方，那才真正是一座城市哩！①

从这段话中可以看出，都市的一个独特魅力还在于它具有无可替代的公众交往功能。英国社会学家吉登斯在研究现代社会结构时提出，社会结构的最基本特征就是人与人之间的日常接触与交往：

> 即使是最复杂的社会组织形式，从根本上说也是由日常生活的例行常规构成的。个体在日常活动过程中，在具体定位的互动情境下，与那些身体和自己共同在场的他人进行着日常接触。②

城市规模扩大的意义从社会结构来讲，就是促进了这种人与人关系的发展。

德国学者哈贝马斯指出，欧洲社会的公共领域由上流社会统治的“代表性公共领域”转向现代民主社会的“资产阶级公共领域”，造成这种转变的社会形态根据就是“城市”的社会功能和地位取代了宫廷的传统地位。③ 实际上就是说，城市社会中市民阶层的扩大和社会交往的增加促成了社会交往关系的变化，正是这种变化体现了现代文明向民主社会发展的一个重要趋势。

总之，城市规模的不断扩大造成了高度发展的公众交往关系，促进了人类文明的物质和精神各个层次的飞跃发展。从这个意义上讲，都市规模不断扩张发展的内在力量就是人类文明本身发展的需要。都市发展的活力就是文明自身的活力。

> 人们修建并热爱城市的真正原因是：城市是人类想象力的物质表现。从古代的尼尼微到现代的纽约，所有的城市都具有一个共同的特点，那就是

---

① ［美］刘易斯·芒福德著，宋俊岭、倪文彦译：《城市发展史》，中国建筑工业出版社 2005 年版，第 227 页。

② ［英］安东尼·吉登斯著，李康等译：《社会的构成》，北京三联书店 1998 年版，第 138 页。

③ ［德］于尔根·哈贝马斯著，曹卫东译：《公共领域的结构转型》，学林出版社 1999 年版，第 36 页。

> 它反映人们对超越自然、死亡、知识和财富的力量的追求。城市的真正主宰是人类自己，正如Don Marquis所写的那样，当人类弯着腰，站在祭坛前鞠躬时，他以为自己是在向神礼拜，而没有意识到，这实际上是在对他们自己进行膜拜，因为人类才是真正的超人。①

辩证地看，对于人类社会的发展而言，都市大规模扩张的意义具有双重性：它既是文明发展的必然趋势，同时也是人类文明的潜在危机。

二、都市的吸引力与辐射力

一位中国学者在比较研究中世纪欧洲的威尼斯和同时期中国的开封时注意到，这两个城市都是商业城市，而且开封比威尼斯要大很多，但开封很快衰落了，威尼斯却成为早期资本主义发展的一个典范。这位学者指出了这两个城市经济结构方面的重要差异：

> 开封是一座消费型的商业城市。威尼斯也是商业城市，但威尼斯的商业城市是贸易型的，即威尼斯是作为沟通东西方贸易的中心城市而发展起来的。消费型城市所依赖的是这座城市中的达官贵人和城市平民，一旦达官贵人变成平民，平民中又有大批人纷纷离去(可能是战争的原因，也可能是其他原因)，这座城市便会迅速衰落下去。贸易型商业城市依赖的是不断发展的地域贸易和国际贸易。只要贸易的需求存在这座城市仍然能够发挥沟通贸易的作用和职能，城市就会不断发展下去……②

从这种比较中可以看出，同样是商业城市，开封主要是在城市内部进行商业贸易活动，而威尼斯则是在广阔得多的空间进行贸易。也就是说，后者的经济联系是在大得多的范围内进行。

关于威尼斯繁荣的原因，美籍学者黄仁宇则更注重作为资本主义商业的彻底性。他把威尼斯说成是个“商人共和国”，政府是个股份公司，统领就是总经理。同时平民也可以参加股份投资。③ 无论是国际贸易，还是平民参股，都表明这个城市在经济活动方面具有广泛的辐射和吸引力。总之，城市的经济、文化活

① [美]理查德·瑞吉斯特著，胡聃、王如松译：《生态城市》，社会科学文献出版社2002年版，第73页。

② 徐康宁：《文明与繁荣》，东南大学出版社2003年版，第22页。

③ 黄仁宇：《资本主义与21世纪》，北京三联书店1997年版，第59—67页。

动辐射范围越广，城市的发展潜力就越大。

芒福德把城市形容为巨型容器，因为在城市里集聚了大量的人口、财富和文化活动。但城市这个容器中怎么会汇聚起越来越多的内容？这意味着城市不仅能够容纳，而且更重要的是能够吸引大量的人口和经济、文化活动汇聚到城市中来。所以芒福德又把城市称作磁体，意思是它对资源、财富和城市之外的人们具有强大的吸引力。

古老的城市在作为统治者政治权力象征的同时，也具有安全保障的意义，所以城市曾经作为躲避侵害的庇护所而吸引人们进入。城市在建设中发展起来的交通手段吸引了贸易和消费，成为经济活动的汇聚之地。随着人口的增加和居住、交往的密集化，城市的公众文化活动也随之增加，从而使城市又成为文化活动的汇聚点……城市就这样吸引和集聚起越来越多的生活内容，并且不断生长，成为越来越大的文化容器。

但实际上城市的吸引和容纳作用并不只是简单地汇聚人口和各种经济、文化活动。更重要的是，这个汇聚过程同时又是不断地重组的过程。农民和流浪者进入城市后逐步转变成了城市生活结构中不同类型和阶层的市民。城市中的经济活动因为高度的密集化，形成了完全不同于乡村社会集市贸易式的经济活动形态：从常设的贸易市场一直发展到金融信用关系的建立。文化生活也因为高度密集的人口和消费环境而产生着形形色色适应城市生活需要的新形态：从早期城市的街、坊、市、宫结构形成的以政治权力为主的城市管理和生活秩序，到后来因为经济贸易和市民社会的扩大而产生的商业、金融、交通、信息方面的结构发展和公众卫生、教育、娱乐等方面的发展。

城市的物质和文化汇聚过程是一种结晶化作用。① 换句话说，汇聚的结果不是简单地累加某些东西的数量，而是在汇聚资源的基础上进行着物质产品和精神产品的再生产，从而生成更高级、更复杂的社会经济、文化结构。更高级、更复杂的社会结构又意味着更高水平、更高密度地凝聚物质的和文化的能量——城市里拥挤的楼房和公共服务设施，比村舍能够容纳更多的人口而且使他们生活得更方便；工具、技术和高效率的组织，使得城市对资源的吸取、开发和转化利用不断产生革命性的飞跃；高度密集的人群造成了城市特有的人际交往和社会生活方式，从而诞生了形形色色的大型公众活动。

结晶化的结果是使得城市具有了更强的力量不断延伸获取周围资源的广度和深度，尤其是大都市，那种汇聚作用变成了强力的泵吸作用。大都市因此而越来越强，而被抽吸了资源的乡村和小城镇则越来越弱，城乡发展的剪刀差由此产

① 高小康：《游戏与崇高》，山东文艺出版社 1999 年版，第 11 页。

生并日益扩大。

大都市对资源的抽吸越来越强的同时,向外辐射的能量也随之而越来越大。从古代帝国首都的政治、军事力量的对外辐射,到近代商业大都会在产业、贸易、技术、文化等方面对乡村和其他城市的辐射,都使得大都市的影响力进一步扩大,从而更加强化了大都市在整个社会中的重要性。可以说,真正使城市,尤其是大都市具有强有力的地位、竞争力和发展潜力的决定性条件就在于它对于外部世界的影响辐射力。

具体地看,每个城市的影响辐射内容和形式都有不同,但有一点是共同的:无论任何意义上的影响发生,都最终体现为在接受者心目中形成的对这个城市的整体印象和想象。古罗马的第一个皇帝屋大维自诩把泥砖的罗马变成了大理石的罗马。他耗费国帑进行大量铺张豪华的工程建设,这些辉煌宏伟的建筑产生的效果就是拔高了罗马的形象,从而强化了罗马对世界的影响辐射。

宋代的《鹤林玉露》中记载了这样一件逸事:才子柳永写了一支咏唱杭州景色的词《望海潮》,"此词流播,金主完颜亮闻歌,欣然有慕于'三秋桂子,十里荷花',遂起投鞭渡江之志。"如果以这段不审虚实的记述来推测金国南侵的动机,显然太鲁莽了。但有一点是可以肯定的,就是这件逸事无论在当时还是后世,一般读者都觉得是可以接受的。换句话说,《望海潮》描述的杭州美景激发了人们关于这个人间"天堂"城市的想象。金主当然不大可能仅仅因为一支词而发动一场大战,但战争的动机永远和关于利益的想象联系着,金国南侵的动机当然与美丽富庶的江南想象对他们的吸引力有重要的关系。

到了近代,城市社会发展的速度大大加快,城市与乡村、大都市与中小城市之间的物质实力和文化形态的差距拉大,大都市对社会的吸引力和辐射力更加强化,突出地表现为都市想象的戏剧化。比如在美国作家德莱塞的小说《嘉莉妹妹》中通过一名乡下姑娘的眼睛描绘出了一座19世纪末期开始崛起的现代工业城市芝加哥的形象:

> 1889年,芝加哥显示着蒸蒸日上的生气,即使是年轻的姑娘也敢于冒险到这里来,试一试命运。日益增多的许多经商机会使它的声名远扬,把它构成一块巨大的磁石,从四面八方吸引了有前途的和没希望的人们……在她毫不理解的这些显赫的权势中,她真觉得孤苦无依。这些高楼大厦,是什么地方呀?这些奇怪的事业和巨大的公司是做什么用的?她能懂得哥伦比亚城里小石工场的意义,雕凿小块的大理石自有它的用处,可是,当她看见庞大的石料公司,铺着轻便铁道,载着平车,码头一直穿入河心,高架着木

制、钢制的大起重机，这些，她从自个儿的小世界看来，就全然是不可捉摸的东西。①

在这段描写中，现代大都会文化与乡村的、传统的文化之间的差异通过嘉莉姑娘的眼睛和感觉，变得高度戏剧化了。在中国作家茅盾的小说《子夜》中，同样通过乡下人与都市文明的冲突而表现出大都市的戏剧化形象：

汽车发疯似的向前飞跑。吴老太爷向前看。天哪！几百个亮着灯光的窗洞像几百只怪眼睛，高耸碧霄的摩天建筑，排山倒海般的扑到吴老太爷眼前，忽地又没有了；光秃秃的平地拔立的路灯杆，无穷无尽地，一杆接一杆地，向吴老太爷脸前打来，忽地又没有了；长蛇阵似的一串黑怪物，头上都有一对大眼睛放射出叫人目眩的强光，啵——啵——地吼着，闪电似的冲将过来！近了！近了！吴老太爷闭了眼睛，全身都抖了。他觉得他的头颅仿佛是在颈脖子上旋转……机械的骚音，汽车的臭屁，和女人身上的香气，霓虹电管的赤光——一切梦魇似的都市的精怪，毫无怜悯地压到吴老太爷朽弱的心灵上，直到他只有目眩，只有耳鸣，只有头晕！②

书中的吴老太爷固然是个可怜而又可笑、可鄙的人物。但这段描写在文化方面的重要性却在于表现出社会对高速发展中的现代大都市充满了戏剧性的想象。都市想象的戏剧化，使得都市的社会影响辐射力和冲击力变得比传统的城市更强，而且也更加复杂了。

自 20 世纪 80 年代到 21 世纪，中国的城市化进程越来越快，而在这个过程中，城市对整个社会的影响辐射也越来越突出，越来越戏剧化。从 80 年代开始，这种影响辐射的效果具体地表现为越来越多的农民离开乡土走进了高速发展中的大都市。这就是农民工现象。

农民从偏远、贫穷的乡下或小城镇来到经济发达而富庶的大都市，当然有很实际的理由，就是为了找到较好的发展机会，获得较高的收入。但在这样一个看来很现实的动机背后，还存在着一种普遍的关于经济发达都市的想象。例如在珠江三角洲都市带，每年都有上亿的劳动者从外地到这里来打工。从贫困地区到珠三角来务工的人当然是为了挣钱谋生，但同时也是在追逐着一种由都市想象构成的梦想。

---

① ［美］德莱塞著，裘柱常、石灵译：《嘉莉妹妹》，上海译文出版社 1980 年版，第 14—15 页。

② 茅盾：《子夜》，人民文学出版社 1952 年版，第 10—13 页。

一位香港社会学研究者深入外来务工人员比例最大的广东省东莞市，对外来民工进行调查。他从香港来到东莞，看到的是豪宅和破屋混杂的乡村、在高速公路上随意停车揽客的“小巴”和风驰电掣般穿行在街巷中的摩托车的士。但在调查民工时他注意到，这个城市对民工来说提供的是另外一种不同的想象：

> 打工有点像朝圣，没有到过长城不单不是好汉，甚至还会遭到别人歧视。“没去过广东的人，我们叫做‘山龟’，即是养大了没有下过大海。有些走路不正常的人，找不到工作，都要出来闯一闯，为了了结个心愿。”“年轻人如果不出去打工，到外面看一下，亲人们都看不起你，好像没本事一样。不出去会有压力，不管做什么事，做杂工都要找点事做。”
>
> “外面”是一个神奇的名词，民工在乡间时对“外面”没有亲身的经历，也没有准确的认识，但都一心想着往外闯，就像一个被困屋里的人，老是怀念着窗外明媚的风光。然而，外面的世界并不一定是想象中那么美好。
>
> “外面是大城市，车水马龙，灯红酒绿的世界，很繁华，电视上看到就很漂亮。那夜景拍出来很靓，来到就不是，真正也不是怎么靓。”①

民工们不仅仅是为了赚钱，似乎更重要的是到“外面”的大城市去“朝圣”。显然，大都市向世界辐射出的影响不再是单纯物质性的，而是变成了与乡土世界形成戏剧性对比的想象中的世界。

这种想象不仅造成了传统的乡村和小城镇与现代大都市的戏剧性对立，而且造成了想象与现实的对立。当民工们来到了想象中的伊甸园时，却发现“来到就不是，真正也不是怎么靓”。这不仅是指都市的景观，而且是指真正作为日常接触的时空关系时，都市的现实和民工们的想象之间的差异。随着现代社会城市化的进展，越来越多的人从乡下来到都市，希望给自己圆一个想象的梦。但最多的情况却是失落。

都市在给人们创造想象的空间时，也在制造着现代社会的矛盾。都市的强大吸引力有可能像“黑洞”一样把乡村和中小城镇的资源泵吸抽空，导致农村的衰败甚至破产。

三、都市的文化交流

城市对社会的影响并不仅仅表现为城市（尤其是大都市）与乡村以及小城镇

① 马杰伟：《酒吧工厂：南中国城市文化研究》，江苏人民出版社 2006 年版，第 274 页。

之间的关系,而且还包括城市与城市之间的关系。

《史记》上记载了孔子"堕三都"的故事,是说孔子在鲁国任司寇时,曾打算把鲁国的三家大夫为自己建的城拆毁,最终功败垂成。他之所以要拆这三家的城,理由是:"臣无藏甲,大夫毋百雉之城。"所谓"百雉之城"是说城墙长度三百丈的城。孔子担心的是,大夫的城邑规模太大会对国君不利。这当然只是一种担心,但在《左传·隐公元年》记载的"郑伯克段于鄢"的故事中,大夫之城与国君之城的关系就变成了实实在在的冲突。郑庄公的弟弟共叔段靠着母亲的帮助得到了一座大都京城作为封邑,大夫祭仲为此警告庄公:"都城过百雉,国之害也。先王之制,大都不过参国之一,中五之一,小九之一。今京不度,非制也,君将不堪。"结果真的发生了内乱。在这里,城市之间的关系就是政治角力的关系,所以什么身份地位应该拥有多大规模的城池便成为十分敏感的政治问题。

在古希腊,城市(城邦)之间因为政治原因而形成或对峙或结盟的各种关系,比如公元前 5 世纪的波斯战争之后,希腊的各个城邦分别加入到提洛同盟和波罗奔尼撒同盟中,两个同盟形成了政治和经济上的对峙,而同盟内的各城邦也相互处在既联合又冲突的复杂关系中。到了中世纪,封建领主的城邑之间仍然是以政治和利益斗争而形成的关系。

西方自中世纪后期资本主义发展起来后,以市民为主体的商业城市之间,则更多地形成了商业竞争的关系。如意大利的热那亚、比萨、威尼斯等城市之间,就突出地表现为贸易竞争的关系。

城市之间的关系并不都是以冲突甚至战争的方式进行的竞争。实际上,自中世纪以来兴起的以市民为主体的自治的商业城市,市民对自己城市的荣誉感和自豪感的表现往往成为城市之间竞争关系的重要特点。哥特式建筑的兴起,就带有表现城市荣誉感的意味。有研究者把哥特式教堂建筑称作城市的纪念碑:

> 作为装饰和赞美城市的纪念碑,哥特建筑外部更多地体现着以工匠和小商人为主体的市民们对现实生活的热爱,炫耀着工匠们的卓越的技艺和城市的富足、独立。①

这种表现城市荣誉感的方式带来的是中世纪后期许多城市在哥特式教堂建设中竞相攀比高度的热潮。

有的学者在研究意大利文艺复兴的社会背景时也注意到了城市荣誉感的作用:

---

① 陈志华:《外国建筑史》,中国建筑工业出版社 1979 年版,第 85 页。

> 在中世纪晚期的意大利，人们之所以异乎寻常地大量投资于文化事业，是因为城市荣誉感的增强和人均财富的集中。虽然这两种倾向有些重叠，但多数学者趋于同意，普遍性的城市为了公众利益资助文化事业的阶段首先于约1250年出现于意大利……最富有的一些城市竞相兴建辉煌的公共纪念性建筑并资助作家，这些作家的任务就是尽可能地用文辞夸张的西塞罗风格的散文在文学作品中颂扬城市共和国。①

荣誉感推动着市民建设城市的热情，而城市的发展和财富的增长又更加提高了市民的城市荣誉感。换句话说，城市荣誉感的形成与城市财富的增长是互为因果的。

这种城市荣誉感的存在和发展使得城市之间的竞争关系越来越多地带上了文化形象和情感色彩，从政治、经济方面的竞争逐渐转向了文化生活的质量和影响力的竞赛。意大利文艺复兴时期的各个城市共和国之间在文艺活动方面的竞争就是典型的例子。这是城市之间的交流关系走向近代的一个趋势。

自20世纪以来，世界城市发展的一个重要趋势是由单体大都市发展到若干个大小不等的都市通过交通和信息网络结构成的大都市带(megalopolis)。传统的大都市有点像大海中的一个个岛屿那样被农村隔离开来。而现代的大都市带由于快速交通和信息系统的联系，把一系列都市以及都市之间的郊区连成了整片。都市的文化交流也因此而产生了新的特点和意义。

处在同一个都市带中的各个大小不等的城市，由于相互之间的各种联系变得空前密切，因而相互之间的竞争和交流也更加复杂。在这样的都市环境中，文化交流具有了新的形态和意义。当戈特曼提出大都市带(megalopolis)这个概念时，在他心目中这种新的都市形态意味着人类文明进入了一种全新的更美好的阶段。但芒福德则相反，他怀疑被他称之为“神话”的这种大都市带现象可能是文化崩溃的最后阶段。② 这两种评价从相反的立场和角度揭示了大都市带在当代文化发展中的重要性。重要的是，都市变成了与郊区、乡村和其他城市结合为一的大型文化连续体时，都市之间的文化交流也产生了重要的变化。

传统的互相分离的都市之间，往往因为空间联系的障碍而相互隔膜；或因为政治经济利益的冲突而形成竞争的甚至敌对的关系。而在一个联系空前密切的大都市带中，城市与城市之间、城市与郊区之间的关系变成了相互影响、相互依

---

① [美]菲利普·李·拉尔夫著，赵丰等译：《世界文明史》上卷，商务印书馆1998年版，第816页。

② [美]刘易斯·芒福德著，宋俊岭、倪文彦译：《城市发展史》，中国建筑工业出版社2005年版，第538页。

赖的关系。无论是戈特曼还是后来的大都市带形态研究者，首先关注的都是这种特大城市群落在经济方面的密切联系乃至一体化趋势。戈特曼所关注的大都市带，从美国东海岸到中国的长江三角洲，都体现了这种通过超大规模的空间联系而造成的特殊经济发展条件。芒福德没有戈特曼和后来的研究者那么乐观，他强调的是这种他认为是畸形发展的大都市带"神话"的危险后果：对大量人口的奴役、官僚制度的发展、取消规模限制后变为机械系统的盲目扩展……①

关于大都市带的功能、作用和评价问题是个比较复杂的问题。芒福德、戈特曼以及后来的许多研究者，他们谈论大都市带时，所着眼的角度往往有很大差别。把大都市带理解为超大的城市团块，大都市带的文化问题就是大都市文化问题的畸形和极端化发展。这是芒福德的基本观点。不过，单纯集中和扩大规模而形成的超大城市团块，这主要是自19世纪后期以来随着工业化的加快而产生的都市膨胀趋势。20世纪50年代以后产生了另外一种大都市带形成的方式：不是单纯的团块集中，而是有集中有分散，即城市郊区化和郊区城市化这样的双向进程。

由于大都市带把若干个城市以及郊区都拉入便捷的交通系统中，使得城市与城市、城市与乡村之间的关系变成了人与人之间更加直接地相互接触和交往的关系。这样一来，使得许多城市中的人口不是更加集中，而是相反，变得分散了：人们的居住、工作、交往和休闲的空间通过便捷的交通系统而扩展到了一个城市之外。市民活动空间的扩大带来的是新的交流关系。个人生活空间由传统的单一轴心逐渐扩展为多轴心：早期生活环境与获得职业的环境分离、居住地点与工作地点分离、家庭生活与社会交往区域分离、工作日生活环境与周末休闲生活环境分离……这种分离对于社会交流的意义突出表现为个人的现实活动和交流空间扩展，并因此而形成了个人社会经验的多样化。

在大都市带中，城市对乡村、大都市对小城镇的关系中后者不再仅仅是泵吸、集聚前者的资源，而是更加突出了合作和对后者的"反哺"：大都市的技术和商业资源、生活方式通过交流而注入农村和小城镇。在城市之间相对独立和隔膜的环境中，城市之间的关系以竞争为主；而在相互联系变得非常密切的大都市带环境中，城市之间的合作关系就显得更加重要。从这个意义上讲，大都市带的形成和发展使得城乡之间、城市之间的差距趋向缩小，不同社会群落的社会经验趋向了多样化和相互交融。

但另一方面，芒福德所警告的危险也实实在在地存在着。当大都市带造成

① [美]刘易斯·芒福德著，宋俊岭、倪文彦译：《城市发展史》，中国建筑工业出版社2005年版，第538页。

了更大范围的联系和更大规模、更高效益的经济活动后,随即可能产生的问题就是更大规模的人口集聚和随之产生的更强烈的对经济扩张的需要;而进一步的发展又会刺激进一步的人口集聚和经济扩张。虽然戈特曼提到的世界各大都市带中,大多数并没有表现出无限扩张的趋势,但中国不同。在中国当代的现实环境中,连锁反应式的无限制扩张趋势可能带来无法驾驭的社会后果。因此,在中国当代城市发展的环境中,大都市带建设既是历史的机遇,又是新的挑战。

第十四章　都市生活方式与生活理想

都市化进程的影响并不限于数量有限的都市人口或几个国际化大都市，在现代化的交通与信息技术条件下，当代都市及其生活方式早已成为一般中小城市乃至乡村竞相模仿的主流与中心①，因而，都市生活方式以及作为其最高价值形态的都市生活理想，必然构成了都市文化研究的一个重要领域。对都市生活方式及其理想形态进行探索，不仅有助于都市社会与文化生态的建设，同时对中小城市和广大农村也会起到积极的示范与引导作用。

一、当代都市的文化群落及其生活方式

所谓生活方式即是指与他人的差异性的生活风格。

关于生活方式的研究在西方学术界中已经比较充分。马克思、马克斯·韦伯、凡勃伦(Thorsten Veblen)等社会学大师等都对生活方式的研究作出了可观的贡献，在当代西方，随着城市消费研究的展开，生活方式在消费文化的意义上得到了进一步的拓展。如今，关于生活方式的概念已经达到十几种之多，可谓众说纷纭，莫衷一是。② 虽然如此，在西方学术界关于生活方式的种种论述中还是存在着共识性的，那就是都认为生活方式是文化群体或个体与他人构成差异并以此确认自身身份的独特风格。比如凡勃伦在其名著《有闲阶级论》中论述盛行在18世纪末19世纪美国的“休闲”生活方式时，他认为：

> 明显地不参加劳动就成为金钱上的优越成就的习惯标志，就成为声望所归的习惯指标；正相反，从事于生产劳动既然是贫困与屈服的标志，它同在社会取得崇高地位这一点就冰炭不相容了。③

---

① 刘士林：《都市文化研究的马克思主义理论基础》，《文学评论》2007年第3期。

② 参见高丙中：《西方生活方式研究的理论发展叙略》，《社会学研究》1998年第3期。

③ [美] 凡勃伦著，蔡受百译：《有闲阶级论》，商务印书馆2004年版，第33页。

“有闲”在此意义上成为一种在社会层面上区别于他人以获得尊荣的生活风格。

当西方关于生活方式的研究推进到消费文化层面时，生活方式的差异性、风格性内涵就更加突出了。马克斯·韦伯在其《新教伦理与资本主义精神》中区别了资本主义的资本积累时期两类截然不同的消费观念，一类是加尔文教派禁欲主义主张只创造、少消费或不消费，另一类则是清教徒企业家所主张的奢侈性消费。韦伯指出，正是后一种奢侈性的消费观念而不是前者真正刺激了工业革命的发展，其中的秘密不仅仅在于奢侈性消费加快了资本流通，更是因为奢侈性消费促生了广泛的“社会模仿”，而这种“社会模仿”的动因就在于“保持自己跟上潮流”，奢侈的消费方式无疑是被看作了上流社会的风格性标志。

这种以“风格”为内涵的消费观念随着资本主义工业生产的发展而日益普及和成熟，最终在当代法国著名社会学家布西雅(Jean Baudrillard)那里得到了充分揭示。他认为，消费不是以实物消费为目的欲求满足，而是构成差别性关系的符号象征系统：

> 为了成为消费的对象，该对象必须变成符号；也就是说，它必须以某种方式超越它正表征的一种关系. 正是通过这种方式，它变成个人化的，并进入所属的系列：它之被消费，绝不在于其物质性(materiality)，而是在于其差别性(difference)。

总之，生活方式即是与他人构成差异性的生活风格，这是我们讨论都市生活方式的起点。

(一) 乡土社会的生活方式

生活方式作为一种与“他人”构成差异的风格特征，所以在具体的文化语境中某一文化群体或个体与之形成对照的“他人”之间的关系是形成此一文化群体或个体之生活方式特征的决定因素。我们以此将生活方式分为两类，一类是整体化的生活方式，另一类是群落化的生活方式。

整体化的生活方式产生于乡土社会。

乡土社会在经济上以小农经济为主，日出而作日落而息，循天而动的生产方式决定了在乡土社会中社会结构、文化形态以及价值标准都是相对统一的，人与人、群体与群体因为共同的社会认同和价值指向而产生了相互认同。因此，在乡土社会中，“他人”的形象不是隔膜的、陌生的，而是亲切的、和谐的，“有朋自远方来，不亦乐乎”，“海内存知己，天涯若比邻”，“他人”在乡土社会文化中被体验为是亲密无间的。在这样的“他人”体验中，文化群体或个体与他人之间的差异性不是求异，而是存同，“异”的差异性距离只是一次为增加“同”的亲密和谐的有益游戏，这就是孔子在《论语》中所说的“和而不同”。因此在乡土文化中，生活方式是以“和”为特征的生活风格，这就是一种整体化的生活方式。

（二）都市社会的生活方式

乡土社会的整体化生活方式来自乡土社会本身的稳定性，但乡土社会进入都市社会后，社会的各个方面，包括社会结构、文化形态以及价值标准等各方面都发生了巨大的变化，社会的稳定和统一态势已是江河日下，挽而不返，这造成了都市社会的生活方式从整体化向群落化的变迁。

都市社会的巨变包括以下四个方面：第一，在经济上，在都市社会中产生了越来越细致的劳动分工，这使得人们在劳动合作上产生了一定的距离；第三产业逐渐取代了农业，这使得人们可以脱离土地的束缚，但同时也放弃了人们以土地为契机建立起来的稳定关系；消费经济的兴起使得人们在物质欲望的表达上更具有个体性。第二，在政权构成上，乡土社会中的宗族集权和传统社会中的政治集权全面崩溃，代之以民主制度，人人都被许以政治上的主人地位，这激发了都市社会中个体的自主精神。第三，在思想观念上，个体、自由、平等观念成为都市社会中文化精英们的口号和文化大众们的自觉意识，乡土社会中那种“君君臣臣父父子子”的观念在都市文化语境中已是风流云散。第四，在价值层面，因为以上我们所指出的个体意识以及个体欲望的觉醒，最终导致了先前普适性的超验价值的全面破产，出现了个体化、感性化的价值。

都市社会的巨变导致了社会形态的群落化，原先那种以一元标准为核心的中心型社会已成历史，人人各行其是，各自认同于自己所从属的社会群落，是其所是，非其所非，而对于他人的价值标准始终保持拒斥和接受的权利。因此，与乡土社会相比，都市社会是一种群落化的社会，在群落化的都市社会中，“他人”的文化属性变得复杂起来，在乡土社会中他人是一个保持着亲密关系的朋友或兄弟，而在都市社会中，文化群体或个体与他人的关系是张力性的，这张力关系体现在以下两个方面：

一方面，“他人即地狱”。存在主义哲学家萨特的名作《禁闭》是反思当代文化中他人哲学的最佳文本。在这部剧作中，描写了三个死后进入地狱的人，地狱是一个狭小的永远亮如白昼的封闭空间，而三个人都被去掉了眼皮而永远无法入睡，因此他们相互之间只能被迫相互面对，在相互面对中交织着的是欲望、猜忌、仇恨，每一个人都是他人痛苦的来源，同时又从他人身上获得痛苦。因此《禁闭》宣扬的主题是：他人即是地狱。“他人即地狱”在当代都市社会中有其现实正确性。都市社会是一个群落化的社会，每一个文化群落都各是其所是，都有一套自我合理化的价值标准，在这个意义上任何他人都是这一自我合理化价值的颠覆者和质疑者，是具有威胁性的和令人不安的来源。“他人即地狱”说出了在都市社会中“他人”在文化属性上的陌生与疏远。另一方面，活在“他人的眼光”中。在都市社会中，他人一方面是疏远的，但这种疏远又绝不是老死不相往来，因为不管何种意义上的认同从根本上说都同时包含着自我认同和他人认同两个方面，都市社会群落之群落价值的自我认同使之疏远他人，但群落价值的他人认同又必然使之需要他人的协助性认同，因此，在都市社会中，群落化的文化群体或个体是无法避免生活在他人眼光中的命运的，因为只有在他人的眼光中才能完成自身的价值认同。

因此，在都市社会中文化群体或个体与他人既疏远又靠近的关系所形成的文化群体或个体的差异性风格，即生活方式，就不是乡土社会中以“和”为内涵的整体性风格，而是以“炫耀”(conspicuous)内涵的群落化风格。“炫耀”一词出自凡勃伦的《有闲阶级论》，他用“炫耀”来指一种微妙的差异性对比，在这种对比中，他人作为参照物具有存在的价值，但这价值也仅在于凸显参照者自身的存在或认同。新生代作家棉棉在《我是个坏男人或者生日快乐》中有这样一段描写：

> 在上海时大家就说好生日派对结束后一起去中山陵的。可最后只去了七个人。我们到了一个亭子，这个亭子长得像公共汽车的脸，这个亭子前有一大片完美的草地，有斜坡的，我就躺了上去，先坐后躺。接下来露水把我和草地接触到的地方都弄湿了，天是阴的，我看着这个天，耳朵里就出来了很多莫名其妙的音乐，我发觉每一个声部和每一种乐器都是立体声的。陈松开始用啤酒瓶在垃圾筒上面敲，敲碎了很多瓶子，差不多是敲一个碎一个。我跟着他的鼓点自己在唱歌。接下来那个人就在我身上了，他说什么我忘了，反正是想和我做爱的意思。我觉着做爱好就好在莫名其妙地做。可我回答他什么我也忘了，当时真的很想和他做，但是我没力气脱衣服，他当时如果脱我衣服的话，我肯定会和他做。后来他走了，我就想撒尿了。后来我选了一块地方，我觉着这是一块沼泽地，我有一些犹豫，到底是尿还是不尿，这时他说没有人会来看你你尿吧。我当时想有你这句话就行了，看不看我也管不到了。

正如有论者对此的分析：“这段叙述中有两个引人注目的地方：一是叙述中人物对自己和朋友们违反社会习俗的行为故意表现出的漠然或无所谓的态度；二是对自己行为的周围公共环境故意表现出的忽视或无动于衷。之所以说是在

'故意表现',是因为虽然叙述者的语气尽管是无动于衷的,但对事件过程的叙述却很仔细,由此可以看出这种'无动于衷'其实正是叙述者的兴趣所在。这种故意表现的无动于衷对于其他文化背景的读者构成了一种挑衅,这种对其他文化群落的挑衅反过来说就是对自己所归属的文化群落的有意显现。"[①]在这段论述中,"他人"是隐藏的,但不可或缺,因为正是不同文化群落的"他人"使叙述者的炫耀性关系得以达成,使叙述者完成了自身的群落认同,形成自身独特的生活风格。

二、都市文化群落与当代都市生活理想

生活方式是与他者构成差异性的风格,但生活方式的差异性归根结底总要指向文化群落或文化个体的自我价值认同,生活理想即是人们在差异性的生活方式中所表现出的价值认同。与生活方式的差异性内涵相比,生活理想所强调的是在都市社会中人们积极能动性的发挥。在都市社会生活方式的考察中,如果只有与他者之差异性的对比,那么都市社会将会是一盘散沙,生活理想所体现出的价值认同体现了都市社会中充满希望、生机勃发的一面。

(一) 乡土社会中的生活理想

生活理想是生活方式的一个方面,因此有什么样的生活方式就有什么样的生活理想。在乡土社会中,"他人"是无所差异的,文化群落或文化个体与"他人"共同为一种超验的整体价值所统摄,因此在这样的生活方式中,所产生的价值认同必然是向整体价值做出的认同,所体现出的生活理想即是整体价值在个体精神世界中的向下落实和内在化。

应该注意,这里所谓"整体价值"并非是绝对超越、与现实人间隔绝的超验真理,而是内涵丰富、包含多个层面的"地方性知识"(Local knowledge 格尔兹)。它既可以指向抽象的精神认同,同时更包含只在特定语境中具有凝聚价值的礼俗、仪式以及观念。鲁迅先生在《祝福》中塑造了一个历经人生苦难,最终将自己的人生寄托在未来鬼神世界中的祥林嫂形象。在通常意义上,祥林嫂是被作为一个愚昧无知的形象来刻画的,通过祥林嫂的愚昧无知进一步来谴责造成这种愚昧无知灵魂的封建制度。这种刻画和批判的立场从现代启蒙的角度来看是没有问题的,然而,如果从乡土社会的生活理想角度而言,这应该是对于祥林嫂形象的误解。因为,从祥林嫂作为一个乡土生活世界的文化个体的角度而言,她对

① 高小康:《文学想象与文化群落的身份冲突》,《人文杂志》2005 年第 4 期。

于鬼神世界的皈依在根本上乃是个体生活理想的构建，鬼神世界虽然虚无荒诞，但对于祥林嫂而言是一种可以寄托精神的超越世界，这与封建制度的迫害并没有直接的关联。

（二）都市社会中的生活理想

前边已经指出，都市社会在生活方式上所出现的最大的变化在于："他人"从根本上决定着每一文化群落或个体的生活方式的内涵，都市生活方式是一种追随他人而动的炫耀式风格。因此与乡土社会相比，在都市社会中每一个具体的"他人"取代了抽象的整体超验价值，成为都市社会中文化群落或个人之价值认同的激情与来源，在此意义上，"他人"塑造了都市社会中的生活理想。

德国音乐家瓦格纳曾经写过一篇小说《朝见贝多芬》，这是一篇颇能折射出当代都市社会生活内涵的理想内涵的作品。小说写了一位对于贝多芬无比崇拜的年轻音乐家，为了能见上贝多芬一面，他开始了朝圣之旅。在旅途中，他碰上了一群流浪艺人，他们一起演奏贝多芬的七重奏，"演奏得那么纯正、准确，怀有一种深沉的感情，那些最出色的演奏家也很少能做到这点"。在他们演奏的过程中，一个商人出现了，他也是要去见一见贝多芬的朝圣者，他同样也很执著，但是这种执著显得有些变味，他为了要见上一面贝多芬竟然不惜使用诡计和手段，最后以至于贝多芬在他献上请教的乐谱封面上画了一个大大的叉号，将其赶了出来。这在那个年轻的音乐家看来，这无意是一种再严厉不过的来自大师的责备了，但是这位商人却不这样认为，他认为他的目的已经达到了，故事写道：

> 当我离开旅馆时，我看到我的这位同行伙伴进入了车厢。
>
> "再见！"他朝我喊道，"您给了我很大的帮助。认识贝多芬先生，使我太高兴了。您要同我一道去意大利吗？"
>
> "您到那里做什么？"我问道。
>
> "我要去认识罗西尼先生，他是一位非常有名的作曲家。"
>
> "一路平安！"我喊道，"我认识了贝多芬，我一生就足够了！"①

在这篇作品中，通过青年艺术家和商人的对比，呈现出两种价值认同：青年艺术家对于贝多芬的朝拜是将其看作超越现实世界的"神"，他对于贝多芬价值的认同来自对其音乐的个体体认和把握；但在商人那里，对贝多芬的朝拜则是慕名而来，贝多芬之于这个商人的价值就在于贝多芬"有名"，"有名"所指示出的是

① 杨武能编选：《德语国家短篇小说选》，人民文学出版社 1981 年版，第 257 页。

来自“他人”对于贝多芬的认同行为而绝不是商人自身的个体体认，因此商人的价值认同从根本上说就是对他人价值认同的认同，是“他人”决定了他对贝多芬的仰慕，因此他才在故事结尾的时候才要去拜访另一个“有名”的音乐家，而这一点是深为真正懂得和热爱贝多芬的年轻艺术家所不理解的，同样也是鄙弃的。

“他人”塑造了当代都市社会中的生活理想，这一点体现在都市生活世界的诸多现象上，而这些现象从乡土社会的生活理想观念来看是几乎不可理解的，比如流行在都市社会中的种种时尚。德国社会学家齐奥尔格·西美尔(Georg Simmel, 1858—1918)对于“时尚”有这样的看法：

> 时尚的本质存在于这样的事实中：时尚总是只被特定人群中的一部分人所运用，他们中的大多数只是在接受它的路上。一旦一种时尚被广泛地接受，我们就不再把它叫做时尚了；一件起先只是少数人做的事变成大多数人都去做的事，……这件事就不是时尚了。①

“时尚”是具有特殊文化逻辑的文化现象，它的生命力正在于它的少数性，而它的发展壮大却正是它消失的前奏。事实上，时尚的这种特殊的文化逻辑正在于时尚是一种以“他人”价值认同为核心的价值认同之律动——时尚的魅力正在于它在庸常无奇的都市生活中扮演了一个从天而降的“他人”的角色，这个“他人”使得都市社会中的价值认同得以释放。

“他人”的价值认同塑造了当代都市社会的生活理想，反之，当“他人”从都市社会生活空间中缺失的时候，将会引起都市社会中价值认同的崩溃，生活理想将无从建立，人的生存状态亦将因此而受到威胁。美国著名导演库布里克(Stanley Kubrick, 1928—1999)的名片《闪灵》(*Sharling*)即是对这一问题的深刻探讨。《闪灵》讲述的是一对美国中产阶级夫妇因为厌倦了都市社会的喧嚣，带着自己的女儿来到了与世隔绝的“远景”度假饭店准备度过一个无人打扰的假期，但当周围的人一个个离开他们以后，身处绝对孤独中的丈夫开始出现种种幻觉，这些幻觉折磨着他，最终使他成了一个杀人的恶魔。这不是一部单纯的恐怖电影，在电影中“恐怖”来自人之内在价值认同的空虚，而电影向我们所要揭示的正是：人之内在价值认同的空虚在根本上是因为“他人”在我们社会中的缺席。在乡土社会中奉为楷模的隐士生活在当代都市社会中变成了恐怖、紧张的来源。

---

① [德]齐奥尔格·西美尔著，费勇等译：《时尚的哲学》，文化艺术出版社 2001 年版，第 77 页。

（三）都市主流文化圈

都市生活的生活理想来自“他人”的价值认同。这个“他人”的内涵层次各异，产生的社会影响力也是大小不同，当在某一特定都市社会语境中，“他人”作为一种为大多数人所认可、并且形成了一种具有强大号召力的文化形象时，我们说，这种意义上的“他人”就构成了这一特定都市社会语境中的主流文化圈。主流文化圈是一个都市社会中的超级“他人”，它塑造着这一都市社会中的总体价值认同，即都市生活中的主流生活理想。下面我们即以发生于 20 世纪六七十年代上海的一种都市现象为例来说明都市主流文化圈对于都市生活理想的塑造。

20 世纪六七十年代的中国，红色风暴席卷神州，但在上海，在当时普遍被认为是资产阶级生活象征的咖啡却是大行其道，为上海市民普遍接受。孤立地看，这没什么，但放在当时特殊的文化语境中来看，就很值得深思了。首先，上海人喝咖啡这件事不是因为身体生理的需要，在饥肠辘辘的六七十年代，咖啡的醒神去腻的功用派不上用场；其次，喝咖啡也谈不上当时所认为的反党反政府的政治内涵。事实上，上海人喝咖啡这种生活方式其中所寄托的是一种生活理想和价值认同。正如有的论者对此所做出的分析，“上海自 20 世纪二十年代前后中国资本主义兴起之日起便成为中国资产阶级的大本营。由资产阶级和早期商人、士绅等‘社会名流’融合形成的上海社会的主流文化圈不仅影响着上海的经济、市政乃至政治生活，更重要的是在整个城市社会中人们的观念里，这个主流文化圈成为社会文化的代表，他们的价值观念和趣味标准成为社会公认的标准。这样一个主流文化圈尽管在后来从政治和社会结构的意义上消失了，而他们作为上海文化、尤其是上海趣味的象征却一直潜藏在上海人观念的深处”①，而喝咖啡这种生活方式被大多数人认为是专属于这个主流文化圈的，这个主流文化圈就是上海这个城市中的超级“他人”。他们为占大多数的芸芸众生所钦羡，他们塑造着这个城市中大多人的生活理想，而喝咖啡这种生活方式就成为主流文化圈向多数人施动和多数人向主流文化圈靠拢的媒介，这个城市大多数人的生活理想就在喝咖啡这种生活方式中得得到了塑造。

《儒林外史》第二十九回“诸葛佑僧寮遇友　杜慎卿江郡纳姬”中有一处描写同样说出了都市主流文化圈对于生活理想的塑造。书中讲到安徽天长才子杜慎卿与友人同游雨花台，“坐了半日，日色已经西斜，只见两个挑粪桶的，挑了两担空柄。歇在山上。这一个拍那一个肩头道：‘兄弟，今日的货已经卖完了，我和你到永宁泉吃一壶水，回来再到雨花台看看落照。’杜慎卿笑道：‘真乃菜佣酒保都

① 高小康：《时尚与形象文化》，百花文艺出版社 2003 年版，第 181 页。

有六朝烟水气，一点也不差。'"[①]按照书中描述，一个卖粪的以到永宁泉吃茶，到雨花台看落照为生活理想，这在今天看来的确令人惊奇，但寻绎全书，我们就会发现这种生活理想其实乃是当时南京主流都市文化圈陶冶铸造的结果。《儒林外史》所描述的乃是明成化年间的南京，作品向我们指出，此时在南京都市社会中最有号召力的乃是一班"名士"，这些名士奇情异行，情趣高雅，迥异于时流。例如书中最大的名士杜少卿就曾大醉之后，"竟携着娘子的手，出了园门，一手拿着金杯，大笑着，在清凉山冈子上走了一里多路"，而书中第三十三回"爱少俊访友神乐观　逞风流高会莫愁湖"则描述了众名士齐集莫愁湖，评点花魁的盛事。而耐人寻味的是如此"名士"行为在当时都市社会中所引起的民众的反应不是反感，而是钦羡：面对杜慎卿的行为，众人的反应是"背后三四妇女嘻嘻笑笑跟着，两边看的人目眩神摇，不敢仰视。"而众名士高会莫愁湖之后，"自此，传遍了水西门，闹动了淮清桥，这位杜十七老爷名动江南。"于是，这些"名士"在某种意义上就成了都市社会中的超级"他人"，成为众人达成自身价值认同，塑造生活理想的标的，"菜佣酒保都有六朝烟水气"就是如此形成的生活理想。

主流文化圈作为一个超级"他人"，它的价值认同对于都市生活理想的塑造不同于一般时尚那样即逝、无常，而是具有久远性和生产性，它在最终意义上塑造着人们对于自己所身处的城市的文化认同和这个城市的精神与形象。

三、都市公共设施与公众活动

都市生活世界中包含着形形色色的要素，其中都市公共设施和都市公众活动是其中具有标志性的两个要素。

公共设施指的是设置在公共场合中为公众共同使用的物质文化设施。

（一）都市公共设施的文化属性

乡土社会与都市社会中的公共设施各自具有不同的文化属性。

先说乡土社会中的公共设施。乡土社会中的公共设施在其文化属性上具有自然性或历史继承性。乡土社会是人类文明开化程度较低的社会类型，在乡土社会的生活世界中，靠山吃山，傍水吃水，大部分日常生活器具，其中包括公共设施便大多取之于自然，比如场圃、水井等。乡土社会中公共设施的自然属性还体现在它的随机化成，比如街头巷尾、古树巨石等皆在人们的参与中成为乡土社会公共设施的一部分。

---

① 吴敬梓著，李汉秋辑校：《儒林外史》（汇校汇评本），上海古籍出版社 1999 年版，第 364 页。

与自然性相关的是乡土社会公共设施的历史继承性。乡土社会是以血缘、家族为本位的社会形态,所以乡土社会在各个方面特别体现历史继承性,其中包括在公共设施中体现出的历史继承性。乡土社会中最重要的公共设施可以说是祭祀设施,比如宗庙、社稷等,而这些祭祀设施无一不是乡土社会中人们历史理性的寄托和体现。不仅如此,在乡土社会中,在那些特别体现出自然性的公共设施中,“自然”的内涵也是一种“自然而然”,是一种包含着历史久远性的自然。

乡土社会公共设施的自然性和历史继承性,在价值认同的意义上最终指向乡土社会中公共设施的神圣性。

在自然属性层面上,人类学家已经指出,在以自然万物为主要内容的文化中,存在着万物有灵的观念,一草一木皆有精魄,因此,乡土社会公共设施的自然属性中其实包含着一种对于弥漫在万物生灵世界中之超越价值的尊奉。在历史继承性的层面,乡土社会公共设施的历史继承性内涵绝不是既往的陈迹,而表达的是一种起源意义上的神圣,同样是一种超越价值的体现。

而在都市社会中,公共设施的文化属性发生了巨大的改变,体现出人工性、非神圣性以及形象性的特点。

第一,人工性。

与乡土社会公共设施的自然性与历史继承性相比,都市社会中的公共设施都是人工制品。西方文化学者奥斯瓦德-施宾格勒(O. Spengler,1880—1936)在谈到乡土社会时认为,乡土社会更像是植物,在大自然中吸吮着自然的精华自由成长,与之相比,城市社会则是动物性的。所谓“动物性”指的是都市社会为了满足自身的需要,并不消极等待大自然的恩惠,而是积极主动地向大自然索取,从大自然中拿来原材料将之加工成合乎自身需要的人工制成品,只有这些多姿多彩、真正体现了都市人群需求的人工制成品才能在都市社会中立足,而原生态的自然在都市社会中则成了被征服的对象。历史继承性在都市社会语境中同样不受欢迎。都市的活力在于变化,在于时时以全新的姿态激发着人们的欲望和动力,因此,体现着历史追怀的历史继承性在都市社会中是没有市场的,而那些在都市消遣中现身的“历史”,比如仿古、怀古等,都是体现着人们现时需要的人工制成的“历史”。

因此,正因为“自然”和“历史”在都市社会中失去了有效性,所以都市社会中的公共设施暴露出赤裸裸的人工性,而在这种人工性中隐藏更深的是都市欲望和需求。

第二,非神圣性。

都市公共设施因为人工制成品的性质而祛除了“自然”与“历史”之魅,在人工制成的公共设施中没有形而上的超越价值,有的只是都市人群活生生的现实需求。1919年，德国人沃尔特·格罗皮厄斯(Walter Gropius，1883—1969)在德国魏玛创建了建筑设计学院——包豪斯(Bauhaus)，正是这所不大的学校掀起了20世纪都市社会在城市景观上的革命性变迁。包豪斯的建筑思想包含很强的政治倾向，在他们看来，那些繁文缛节、雕梁画栋的建筑是体现资产阶级享乐思想的，而真正体现"非资产阶级思想"的建筑就是完全实用性的建筑，因此，他们形成了完全以角窗、平屋顶、坦率用材和暴露为特色的建筑风格，这是一种完全以满足人的生存需求为目标的建筑。20世纪中期，随着二次世界大战争的开始，包豪斯的建筑风格随着包豪斯领袖人物的流亡传遍世界各地，并且渗透到都市社会的各个领域，其中就包括公共设施。在包豪斯的影响下出现了一大批追求更轻、更硬、更精简的都市公共设施，这些公共设施很快成了随后到来的更大的公共设施实用性浪潮的典范。都市公共设施的实用性满足的是都市社会人们的现实需要，因此，在乡土社会公共设施中所体现出的神圣性内涵在这里是绝不存在的。

著名学者刘易斯·芒福德(Lewis Mumford)在其名著《城市发展史》中，曾注意到在罗马——这个世界上第一个超大都市——建立前后广场内涵的变化。他说，在罗马之前的超大型城镇中，广场"其重要用途之一是用于宗教集会"，而在罗马建立以后，罗马广场"吸引了空前众多的人群到这个中心来购物、参拜、闲谈、作为观众或演员参与公共事务，或参与私人诉讼案"。而罗马建筑学家维特鲁维亚对于广场的规划标准则更是凸显了人的现实需求是占第一位的：

> 罗马广场的尺度应该适应听众需要。否则场地会不够用，听众少的时候场地又会显得太大。所以这样来定广场宽度就可以了：长度分成三份，两份之长作为宽度。这样就可以形成一个长方形，排列方式也就更适合于观览的目的。①

第三，形象性。

实用性是都市公共设施不变的主题，但都市公共设施同时又是都市人群价值的自我表达。前面已指出，都市社会中的价值认同是以"他人"价值认同为核心的，因此，都市公共设施作为一种价值的自我表达必然要吸引"他人"的价值参与，这便直接决定了都市公共设施不仅仅要具有实用的属性，而且还要具有吸引"他人"注意、形成自身标志的形象性特征。形象性是实现都市公共设施价值认

---

① 转引自[美]刘易斯·芒福德著，宋俊岭、倪文彦译：《城市发展史——起源、演变和前景》，中国建筑工业出版社2005年版，第238页。

同的首要属性。

1956年3月,澳大利亚政府决定在悉尼港兴建"国家歌剧院",丹麦年轻的设计师约翰·乌特松(John Utzon)被任命为歌剧院的总设计师。但歌剧院命运多舛,因为澳大利亚国内的政党纷争致其前期工程资金的投入过大,致使工程在一片谴责声中停工。两年之后,1968年,政府任命乌特松的好友继续按照乌特松的设计进行歌剧院的建造,最终歌剧院工程在历时14年,耗资1.02亿澳元后终于完工。但建成后的歌剧院几乎让所有的人大吃一惊,因为它太奇特了,许多人看过后根本说不出它具体像什么。那么,这样一座费尽周折建造起来的"四不像"的意义在哪里呢?乌特松自己有一个很好的说明:

> 悉尼是一个光线并不充足的港口,其水边色彩昏暗,建筑多为红砖。与地中海国家或者南美等阳光明媚的国度情况不同,这里没有那种在阳光下月色闪烁的建筑。因此,在设计悉尼歌剧院的时候,白色总是浮现在我的脑海之中。悉尼歌剧院的屋面应该像晴空下的白色船帆一样迎风招展,随着太阳从东方升起到正午时分,整个建筑越发精神。烈日当头,悉尼歌剧院与悉尼港蔚蓝色的海水形成鲜明反差,它洁白无瑕,银光闪烁,令人赏心悦目,叹为观止。①

在这段论述中,值得注意的是乌特松把悉尼歌剧院的形象性放在了首位。事实证明,悉尼歌剧院虽然"四不像",但它的确在"他者"面前为悉尼树立了鲜明的城市形象,使居住在这个城市中的都市人群以此为契机达成了一种价值认同。在都市公共设施的形象性上,悉尼歌剧院是一个具有代表性的例子,其他如巴黎埃菲尔铁塔、美国国会大厦、东京银座等莫不是以其形象性为第一位的。

(二)都市公众活动的文化属性

公众活动是都市生活方式的重要方面。

在乡土社会中,乡土社会的生活方式是一种整体性的生活方式,乡土社会中的文化群体之间具有相对一致的价值认同,因此,在乡土社会中的公众活动便具有共同的价值指向。乡土社会中的祭祀、交游、娱乐、生产等公共活动中无不渗透着对于凌驾其上的整体超验价值的认同和皈依。因为在乡土社会中的公众活动是以整体超验价值认同为指向的,所以乡土社会中的公众活动便是万众一心,

① 转引自[美]肯尼斯·弗兰姆普敦著,王群译:《尤恩·伍重:跨文化形式与建构的意喻(下)》,《建筑思想评论》2005年第2期,第21页。

不分你我，在他人身上体现出的价值认同和自身的价值认同是相同的，这便造成了在乡土社会公众活动中，文化个体与文化个体之间因为无所差别所以是无所交流的，是相对封闭的。如《老子·六十一章》所说：

小国寡民，使有什佰之器而不用，使人重死而不远徙。虽有舟舆，无所乘之；虽有甲兵，无所陈之。使民复结绳而用之。甘其食，美其服，安其居，乐其俗，邻国相望，鸡犬之声相闻，民至老死，不相往来。

这是对于乡土社会公众活动封闭性的形象说明。

与乡土社会中公众活动的封闭性相比，都市社会中的公众活动呈现出开放、交流的特性。

都市社会因为价值分化形成了一种与他人保持张力关系的炫耀性生活方式。在这样的生活方式中，文化群体或个体的价值认同是以“他人”的价值认同为校准的，因此，都市社会中的公众活动必然不可能再是一种封闭的、无所交流的活动方式，而是面向他人的、积极开放的交流与互动。在都市社会中，只有开放的、交流的公众活动才是积极的公众活动，才是可以维持都市社会健康发展的有益因素。

美国著名城市规划专家简·雅格布斯(Jane Jacobs，1916—2006)在名著《美国大城市的死与生》中批评了流行一时的“花园城市”的城市规划观念。在她看来。所谓的“花园城市”观念就是弃绝多样性，排除他人的做法，最终结果只能是导致都市社会日益僵化，毫无生气。她认为，都市中真正的活力来源于人和人之间交往的达成，以人行道为例，她认为，都市中“一条有活力的街道应既有行人也有观看者”①。“观看者”的存在即是“他人”参与到我们的活动中来。以“老城市”为例，雅格布斯描述了这样一个充满互动交流的都市公众活动之“舞蹈”：

表面上看，老城市看来缺乏秩序，其实在其背后有一种神奇的秩序在维持着街道的安全和城市的自由——这正是老城市的成功之处。这是一种复杂的秩序。其实质是城市互相关联的人行道用途，这为他带来了一个又一个驻足的目光，正是这种目光构成了人行道上安全监视系统。这种秩序充满着运动和变化，尽管这是生活，不是艺术，我们或许发挥想象力，将之称为城市的艺术形态，将之比拟为舞蹈……每个舞蹈演员在整体中表现出自己

① ［加拿大］简·雅各布斯著，金衡山译：《美国大城市的死与生》，译林出版社2005年版，第38页。

的独特风格,但又互相映衬,组成一个秩序井然,相互和谐的整体。①

而罗马帝国时代著名的多神教学者里巴尼乌斯(Libanius)对于都会社会活动的交流特征同样做了精彩的描述:

在我看来,城市生活最令人愉快、最有益的一面在于交际和人类交流;说实在话,有交际有交流的地方,那才是一个真正的城市哩!能与人谈话,这是好事;能听人谈话,这更好;但最好的事,是能够提供建议,能够体恤自己朋友的遭遇,与他们共忧喜,并且从朋友那里获得同样的友情——这些以及无数其他的幸福,都来自与同伴的交往之中。②

(三)都市公共设施对于都市公众活动的塑造

都市公众活动的开放性、交流性之产生与发展是都市社会多种因素作用的结果,在这些因素中,都市公共设施是其中相当重要的一项。具体而言,都市公共设施的多功能性和形象性是形成都市公众活动之开放性的重要原因。

前面已经指出,与乡土社会中的公共设施相比,都市公共设施没有了神圣的意味,有的只是满足人们的现实需要的功能性。但是,在功能性的意义上,都市公共设施在仅仅呈现一种单一的功能时,它在都市生活中所起的作用是消极的,它以其单调性限制了人与人之间的交流互动;反之,当都市公共设施呈现多功能性时,它便可以促进人与人之间的交流,塑造一个积极健康的都市公众活动领域。

简·雅格布斯在其著作中比较了位于美国费城的两个情形完全相反的广场,一个是"成功"的里斯豪顿广场(Rittenhouse Square),另一个是"堕落"的华盛顿广场(Washington Square)。雅格布斯指出,里斯豪顿广场之所以成功在于它"拥有一个多样性的边缘地带和一块同样多样性的街区腹地",在广场周围,"一个带有饭店和画廊的艺术俱乐部,一个音乐学校,一座军队办公室,一幢公寓楼,一个教堂,一个教会学校……",如此等等。在广场周围如此多样性的布局对于广场公园有什么影响呢?雅格布斯指出,这使里斯豪顿广场"热闹起来",人与人之间增加了交流和互动的机会,而这在根本上取决于"周围地区功能的多样化,以及由此促成的使用者及其日程的多样化"。与此相对照,华盛顿广场的"堕

① [加拿大]简·雅各布斯著,金衡山译:《美国大城市的死与生》,译林出版社 2005 年版,第 52 页。

② [美]刘易斯·芒福德著,宋俊岭、倪文彦译:《城市发展史——起源、演变和前景》,中国建筑工业出版社 2005 年版,第 227 页。

落”则是因为没有多少人驻足此处，更谈不上人和人之间的交流，而造成这种情形的深层原因在于“华盛顿广场仅仅拥有一些潜在的本地使用者：办公楼的职员”①。在这个鲜明的对比中，都市公共设施的多功能性对于开放的、交流性的都市公众活动的塑造可见一斑。

与都市公共设施的多功能性对于都市公众活动开放性的塑造相同，都市公共设施的形象性也在塑造着都市公众活动的开放与交流。

在都市社会中，公共设施呈现出形象性的属性。形象首先意味着对他人的召唤，形象吸引着他人的流连驻足，以此都市公共设施营造了一个与乡土社会的神圣空间完全相异的人与“他人”共舞的开放空间。前面我们所举的悉尼歌剧院的例子即是一个有力的说明。著名城市社会学家凯文·林奇（K. Lynch）在其名著《城市意象》（*The Image of the City*）中将城市社会中吸引着人们的注意并且把人们聚拢在一起的城市景观称之为“城市意象”（The City Image），在林奇那里，城市意象所涵盖的范围超出了都市公共设施的形象性，包括在城市中广泛分布的道路、界限、节点等，但都市公共设施的形象性无疑是城市意象群体中极其重要的方面。

都市公共设施作为一种以其形象性吸引“他人”参与城市公众活动的城市意象，关键之处在于都市公共设施为深入都市网络中的外来“拜访者”确定了方位，而基本的方位感是外来“拜访者”参与都市公众活动的基本要素。凯文·林奇这样论述意大利威尼斯圣马可广场的定位功能：

> 意大利的著名节点，威尼斯圣马可广场，是将许多的这类特征综合在一起的实例，广场具有高度的个性，丰富多彩而又错综复杂，与城市的总体特征以及附近狭窄曲折的道路空间都形成了鲜明的对比。但它又与城市的主要特征——大运河紧密联系，而且广场在形状上具有方向性，人们进入其中能够清晰辨向。②

还有波士顿州议会的穹顶：

> 波士顿州议会的穹顶是这种难以把握“根基”的标志物中的少有例子，它独特的形式和功能，位于山顶、面向中央公园的选址，耀眼的金色穹隆，都

① ［加拿大］简·雅各布斯著，金衡山译：《美国大城市的死与生》，译林出版社 2005 年版，第 103—104 页。

② ［美］凯文·林奇著，方益萍、何晓军译：《城市意象》，华夏出版社 2001 年版，第 60 页。

使它成为波士顿市中心的重要标志，在各个层面上均具有令人满意的可识别性，同时实现了象征性和视觉重要性的统一。①

随着都市的发展越来越成熟，都市公共设施在塑造当代都市公众活动的开放性以及交流性方面将起着越来越重要的作用。

四、都市生活方式的再生产：都市民俗、市民精神以及城市认同

都市生活方式与乡土生活方式构成了巨大的差别。有一种比较普遍的观念认为，乡土社会的生活方式是一种理想的生活方式，因为在其中体现了人对于整体超越价值的追求，是人之内在积极主动性的体现；而都市社会的生活方式因为时时刻刻是以“他人”为中心的生活方式，是一种消极被动的生活方式，所以是一种不合理想的生活方式。这一点体现在为数众多的以反城市主义为主题的艺术作品中，在这些作品中，都市被描绘成了人间地狱，而都市生活中的个体则被刻画为终日浑浑噩噩的活鬼。

这是对于都市生活方式本质内涵的误解，这种理解掩盖了都市生活方式中人的再生产积极内涵。

（一）都市生活方式的再生产

都市生活方式有不可否认的消极的一面，正如西方马克思主义的研究所指出的，都市社会因为极度发达的物质生产和对于传统社会整体超验价值的摧毁，最终造成了人在都市社会中的物化，人的物化意味着人丧失了自身的主体精神，与世浮沉，“他人”成为物化之人生活世界的主宰。然而，在都市生活世界中，人的物化只是都市生活方式的一方面，这一方面的消极内涵要求我们对之应持批判的态度。然而，都市生活方式日益发展与完善的真正动力不是批判，而是积极的建设。因此，我们在看到都市生活方式消极性的一面时，更应该着眼于发现都市生活方式中所展现的积极的另一面。

2004年，擅长以大场面电影出名的美国导演斯皮尔伯格拍摄了一部风格细腻的作品《幸福终点站》(*The Terminal*)。这部作品讲述的是一个斯洛文尼亚人为了逃避本国的战乱决定移居美国，但当他在美国肯尼迪国际机场下机后准备踏上美国国土的时候，他却被拦住了，因为他的国家已经发生政变，而新掌权者与美国是敌对关系，这个斯洛文尼亚人因此也成了美国的敌人，他被拒绝进入美

① ［美］凯文·林奇著，方益萍、何晓军译：《城市意象》，华夏出版社2001年版，第62页。

国,而且因为国内政权使他失去了在本国的身份,他变成了一个无国籍的人。于是他只好在肯尼迪国际机场住了下来,他睡在机场的椅子上,在卫生间洗澡,为过往的旅客提供服务赚取一些收入,而且在这个暂时的居住地他还与一位空姐发生了一段感情。故事最终的结局是他脱离了困境,重新找回了自己的身份。这部影片相当明显地折射了当代人在当代都市社会中流离失所的生存状态,影片中主人公身份的缺失以及极富象征意义的“肯尼迪国际机场”都充分说明了这一点,在此意义上,这部影片可以说是对于当代都市社会的批判。但是,这部影片更深沉的意蕴并不在于批判,而在于指出了在都市社会中来自人的积极的生活世界的建构。在影片中我们看到,主人公维克多在明了自己的处境之后并没有放弃,而是把这个强加于自身的并不理想的现实承担下来,然后在其中积极地展示自身,重建生活空间,最终在他的努力之下,原先那个与他无关的“肯尼迪国际机场”变成了他了如指掌的“家”,成了他的内在本质力量的投射。

《幸福终点站》中所揭示出的人在都市社会中对生活世界的积极重建可以说展开了都市生活世界中最有生机和活力的一面,而这一面在太多的对都市的批判中被掩盖了。在乡土社会中,因为物质生产的相对贫乏,人们在大自然中叩石击壤,自力更生,人的积极创造性是明显可见的。而到了都市社会中,因为科学和生产力的发展,在人类历史上人们创造出来的一切第一次超出自己的所需,人们被自己的产品所包围并逐渐产生了人的物化,因此与乡土社会相比,都市社会中人们的积极创造性是隐而不显的。然而,这并不说明在都市社会中人们是无所创造的,事实上,都市社会中人们的积极创造性正像《幸福终点站》中所揭示的一样是一股深刻的暗流,都市中的人们在城市这个“异乡”中积极承当着已经异化了的外部都市化现实,并在这个异化了的现实语境中沿着都市本身的脉络积极展开着人之内在的本质力量。

19 世纪 90 年代随着巨大的资本主义城市化浪潮产生的芝加哥学派在其城市研究思想中表达的即是上述观念。

芝加哥学派的代表人罗伯特・帕克(Robert Park)与他的同事们对于芝加哥及其新移民进行了研究。帕克没有先入之见地将芝加哥视为毫无希望的城市,而是将之看作一个新的“环境”(Context),在这个新的环境中,帕克向我们展示出芝加哥的新移民是如何进入并积极适应新环境的。在这里,芝加哥城市研究思想所体现的其实是人类生态学的观念,这种观念将人视为如动物植物一样能够积极适应环境并在对环境的适应中成长。芝加哥学派所开创的城市人类生态学视角成为以后城市社学发展的一个导向:无论是新马克思主义的城市空间研究,还是城市象征研究都不是将人与城市的关系看作一个消极被动的适应过程,而是在积极主动的意义上来考察城市社会中的人对于生活世界的重建。

马克思在其理论中提出了“一方面是物质的再生产过程,另一方面是人的再生产过程”的人的再生产理论。马克思所谓“人的再生产”不是指人在无所依傍的前提下进行的再生产,而是意味着“人们创造自己的历史,但是他们并不是随心所欲地创造,并不是在他们自己选定的条件下创造,而是在直接的、既定的、从过去承继下来的条件下创造”[①],即人的再生产指的是人处身于既定环境中的积极创造。因此在都市社会中,通常意义上我们所谓的都市世界的物化对于人的再生产来说并不是一个消极因素,恰恰相反,它正是人的再生产得以展开的特定环境。这一点正是芝加哥学派在其人类生态学的城市观念中所要表达的。在此意义上,我们将人在异化都市世界中积极创造自己的生活世界以及自身的活动称为人的都市生活方式的再生产。人的都市生活方式的再生产是都市社会建立积极健康的都市生活世界的希望所在。

（二）都市民俗

都市生活方式的再生产体现在都市社会生活的各个方面,在这里重点论述都市民俗、市民精神以及城市认同三个方面。

民俗即是民间风俗,是特定文化语境中文化个体在对于生活知识的习得与内化过程中所形成的较为稳定的文化形式。民俗的产生不是预先的构想,而是人们对于周围生活环境的习惯性适应,在适应中体现人们积极主动地建构生活世界。

在乡土社会中,民俗非常发达。这主要是因为在乡土社会中自上而下的专制型社会结构并不能独立维持整个社会结构的稳定,这就需要在整个社会结构中有一种自下而上的民间组织形式与专制统治相配合来维持整个社会的安定,民俗作为一种来自民间的自组织形式而得到了极大的发扬。以中国民俗为例,比如赛龙舟、端午节吃粽子、过春节等都是来自人们对于周围生活环境的适应和积极建构,同时这些民俗又在现实社会中移风易俗,敦化世教,为社会的稳定起着积极的作用。

从乡土社会到现代都市社会,人们所处身的生活环境已经发生了巨大的变化,同时现代都市社会已经完成了从专制社会向民主社会的转型,人人被赋予同等的社会参与权利,社会结构在民主的维系下呈现出超稳定的状态,在这样的文化变迁中,纯粹来自民间的民俗似乎因其失去维持社会秩序功能而日益没落。

---

① 转引自[美] 安东尼·奥罗姆、陈向明著,曾茂娟、任远译:《城市的世界——对地点的比较分析和历史分析》,上海人民出版社 2005 年版,第 34 页。

然而，民俗在都市社会中并没有消失，都市民俗在都市社会中体现了人们在新的生活环境中生活方式的再生产。在都市社会中，都市民俗以两种形态存在着，一种是从乡土社会继承而来的传统民俗，例如在中国民俗中的清明节祭祀上坟、八月十五吃月饼、春节等继续成为都市人们接受、喜爱的生活形式而在都市社会中存在着；另一种民俗则是都市人们在对新的生活环境适应和积极建构中对传统习俗的改造而产生的新民俗，我们将之称为再生民俗。比如中国传统文化中的节日民俗，像元宵节、端午、清明、中秋以及春节等节日在都市社会中虽依然存在，但它们的形式与内容已然发生了很大的变化。在形式上，都市节日民俗从传统的严谨虔诚变得松散随意；在内容上，从原先以敬神祭祖为主题一变而为以自娱自乐为主要目的，总之，都市节日民俗已经从传统的神的节日变成了现在的人的节日。

在都市生活世界中，与遗留性的传统民俗相比，再生性民俗更加能够体现出都市生活生活方式再生产的内涵。那么再生性民俗是在何种意义上体现了都市生活方式再生产的内涵呢？我们仍然以都市节日民俗为例来加以说明。都市节日民俗从神的节日变为人的节日，失去的是一个神的世界，得到的却是一个人的世界。在都市节日中，人们不再是向看不见的神灵致敬，而是人与人相互致意，相互沟通，在节日的狂欢中向他人敞开自身，在与他人的相互交流中构建着自身同时也构建着自身的生活世界。以下是(明)张岱记载晚明时扬州城中的清明节景象，由此可见都市民俗中的活力：

> 扬州清明日，城中男女毕出，家家展墓。虽家有数墓，日必展之。故轻车骏马，箫鼓画船，转折再三，不辞往复。监门小户亦携肴核纸钱，走至墓所，祭毕，则席地饮胙。自钞关南门、方渡桥、天宁寺、平山堂一带，靓妆藻野，袨服缛川。随有货郎，路旁摆设古董古玩并小儿器具。博徒持小杌坐空地，左右铺衵衫半臂，纱裙汗帨，铜炉锡注，瓷瓯漆奁，及肩负鲜鱼、秋梨福橘之属，呼朋引类，以钱掷地，谓之“跌成”；或六或八或十，谓之“六成”“八成”“十成”焉。百十其处，人环观之。是日，四方流寓及徽商西贾、曲中名妓，一切好事之徒，无不咸集。长塘丰草，走马放鹰；高阜平冈，斗鸡蹴踘；茂林清樾，劈阮弹筝。浪子相扑，童稚纸鸢，老僧因果，瞽者说书，立者林林，蹲者蛰蛰。日暮霞生，车马纷沓。宦门淑秀，车幕尽开，婢媵倦归，山花斜插，臻臻簇簇，夺门而入。①

① 张岱：《陶庵梦忆·西湖梦寻》卷五，作家出版社1995年版，第108—109页。

（三）市民精神

与都市民俗相比，市民精神体现出都会生活再生产的精神内涵。

乡土社会是以乡民(folk)为主体的乡民社会，都市社会是以市民(civil)为主体的市民社会。

所谓市民社会(The Civil Society)“是社会中的一个部分，这部分社会具有自身的生命，与国家有明显区别，且大都具有相对于国家的自主性”。具体而言市民社会包含三个要素：

> 其一是由一套经济的、宗教的、知识的、政治的自主性机制组成的，有别于家庭、家族、地域或国家的一部分社会。其二，这一部分社会在它自身与国家之间存在一系列特定关系以及一整套的机构或制度，得以保障国家与市民社会的分离并维持两者之间的有效联系。其三，有一整套广泛传播的文明的抑或市民的风范(refined or civil mannner)。[①]

市民精神是市民社会的规定性特征，因此从市民社会的三个要素可以抽象出市民精神的内涵包括以下三个方面：

第一，自主机制。

乡土社会或传统社会是集权性的中心型社会，在这样的社会中，神祇以及君主在为人们提供精神寄托的同时也束缚着人们自主意识的发挥，在神与君权神授的君王的羽翼覆盖之下，人们循规蹈矩，唯唯诺诺。而在都市社会中，诸神缺席，君王不再，中心的幻象消失了，没有了中心依托的都市市民不再唯命是从，而是自己做主，自我决断。刘易斯・芒福德(Lewis Mumfrod)这样总结古希腊城邦的市民理想：

> 市民认为，城市所拥有的一切，都是他自己与生俱来的权力：市民之间，正像朋友之间那样，绝不存在什么秘密的事情，不存在职业上的隔阂，也不存在不平等的可能性。这些生而自由的市民未得皇室的任何恩惠，也未从其经济或行政职能中获得任何好处，他们只是重新获得了他们在乡村文化中曾经享有的地位，在这种地位上他们首先是一个人，具有人类的一切特

① 爱德华・希尔兹著，李强译：《市民社会的美德》，载于邓正来、［英］亚历山大编：《国家与市民社会》，中央编译出版社2005年版，第33页。

> 征，而且可以向生活的每一个方面去自由发展。①

这里所体现出的市民理想即是市民自主精神的升华。

第二，风范礼仪。

所谓风范礼仪指的是人们面向社会、他人所表现出的得体的言行举止。在乡土社会或传统社会中，风范礼仪是人们社会生活的重要一面。《论语》中记载孔子入太庙每事必问，当有人以此质疑他的学识时，他说："是礼也"（《论语·八佾》），这体现出在传统社会人们对于风范礼仪的重视。就其实质而言，在传统社会中，风范礼仪是一种约束行为。《论语》中说："非礼勿视，非礼勿听，非礼勿言，非礼勿动"（《论语·颜渊》），风范礼仪克制着人们情感和行为的自由，使人们循规蹈矩，唯命是从，在这种克制中整个社会结构处于稳定状态。在都市社会中，市民身上体现出的风范礼仪同样自觉而普遍。雅各布·布克哈特在论述16世纪文艺复兴时期意大利城邦中的市民的时候写道：

> 随着出身显贵愈来愈不再给人以任何特权，个人就愈不得不尽量发挥自己的优点，而社会也就愈不得不表现其本身的优点和具有吸引力。个人风度和一切较高形式的社交成了人们有意识和抱有风雅目的来追求的目标。②

在这里，所谓"个人风度"即指的是城市市民的风范礼仪。上面布克哈特所说的"个人风度"的追求虽然单指的是文艺复兴时期的意大利城邦，但这种对于风范礼仪的自觉是自古希腊、罗马城邦就已经出现的悠久传统，这种传统一直延续到今天的都市文化中，并且越来越引起人们的关注。

然而，都市社会和乡土社会虽然都重视对于风范礼仪的遵循，但两者之间又是有差别的。这种差别表现在：在乡土社会中风范礼仪是人的内在精神的外化，人的内在精神是本，风范礼仪是末，风范礼仪需要依托在人的渊厚的精神世界之上才有意义。而在都市社会中，构成风范礼仪的因素同样是表面性的，但这种表面性就是都市风范礼仪的全部，并不指向一个更深沉的内在精神世界。这一点布克哈特在对于文艺复兴时期意大利城邦的观察中表现得很明白，布克哈特指出，在意大利城邦中人们"个人风度"的塑造是由服装样式、化妆、假发、香水

① ［美］刘易斯·芒福德著，宋俊岭、倪文彦译：《城市发展史——起源、演变和前景》，中国建筑工业出版社2005年版，第171页。

② ［瑞士］雅各布·布克哈特著，何新译：《意大利文艺复兴时期的文化》，商务印书馆1979年版，第362页。

以及矫揉造作的礼貌以及言语堆砌而成的，很少涉及人的内在精神。都市社会中风范礼仪所呈现出的这种表面化特点是与其在都市社会中所起的功能是密切相关的。在乡土社会中，风俗礼仪的功能在于对人们的克制中使人们趋向整体超越境界，而在都市社会中，风范礼仪的功能性仅在于它是一种与他人相区别或相认同的标识，指向的是他人，因此它的重点必然落实在直观可见的表面上。

第三，城市认同。

城市认同即城市市民对于所居城市所做出的精神体认与归属。

那么，城市认同是如何达成的呢？城市认同的关键在于城市形象。

在中外城市史上，从古希腊辉煌的卫城建筑、民主的公众生活、完美的悲剧到古罗马宏大的竞技场、高贵而又残忍的罗马公民，从“云里帝城双凤阙，雨中春树万人家”的盛唐长安到“有三秋桂子，十里荷花”的北宋杭州，城市形象一直是城市文化不可或缺的部分。然而，城市形象的核心因素不在于城市中可见的“硬件”部分，“城市形象的主要部分在于它的动态的、富于活力的‘软件’部分。这就是一个城市中的人文氛围。”①那么什么又是一个城市中的“软件”部分呢？城市世界中的“软件”部分指的是城市生活世界中最富有感染性的方面——娱乐：

> 一个城市形象的“软件”部分，即那些生气勃勃的、最能够感染人影响人的部分，主要就是表现在城市的娱乐文化方面。从古雅典的半圆形剧场、古罗马的大竞技场直到现代城市争相攀比的标志性公共设施——大型体育馆、歌剧院、游乐场等，都体现出娱乐活动在一个城市的形象中所具有的突出位置。从某种意义上讲，一个城市的活形象，就在于它的娱乐活动的方式。②

城市娱乐是城市中的节日时刻。在节日的狂欢中，人们冲破了城市世界本身的刻板以及人在现实世界中的无奈，自由自在，舒心畅意，在这种自由快乐的氛围中，原先那个冷漠的、与己无关的城市刹那间有了光彩和温暖，城市在人们热切的投入中显现出自身形象。

以娱乐为内涵的城市形象凝聚着人们的自由和热望，是人们在现实世界中被压抑的热情和冲动的尽情释放，在此意义上，城市形象吸引着人们精神上的认同和归属。古雅典黄金时代的执政伯里克利在追悼阵亡将士时所作的一篇演讲透露出由城市娱乐所引发的城市认同：

---

① 高小康：《时尚与形象文化》，百花文艺出版社 2003 年版，第 173 页。

② 高小康：《狂欢世纪》，河南人民出版社 1998 年版，第 252 页。

> 当我们的工作完毕的时候，我们可以享受各种娱乐，以提高我们的精神。整个一年之中，有各种定期赛会和祭祀；在我们的家庭中，我们有华丽而风雅的设备，每天怡娱心目，使我们忘记了我们的忧虑。我们的城邦这样伟大，它使全世界各地一切好的东西都充分地带给我们……
>
> ……这就是这些人为它慷慨而战、慷慨而死的一个城邦，因为他们只要想到丧失了这个城邦，就不寒而栗。很自然地，我们生于他们之后的人，每个人都应当忍受一切痛苦，为它服务。①

自主机制、风范礼仪以及城市认同构成了都市市民精神的三个内涵。所谓市民精神，即市民社会在与国家体制保持制度性疏离的前提下，自主自治，所体现出的风范礼仪以及城市认同精神。市民精神是在都市生活世界中人们自强自立精神的体现，是人们在失去了神祇和君王的都市世界中面向他人重新建构自己的家园，总而言之，都市市民精神在根本的意义上是人们在都市世界中精神的"再生产"。

① ［古希腊］修昔底德著，谢德风译：《伯罗奔尼撒战争史》，商务印书馆1978年版，第130页。

第十五章　都市形象与城市精神

城市化即是从分散的村落经济向高度组织化的城市经济进化的过程，城市的形成是人类文化逐步内聚的结果。著名城市学家芒福德将古代的城市社区比喻为由城墙封围形成的城市容器(urban container)，他认为“城市从其起源时代开始便是一种特殊的构造，它专门用来贮存并流传人类文明的成果；这种构造紧密而紧凑，足以用最小的空间容纳最多的设施；同时又能扩大自身的结构，以适应不断变化的需求和社会发展更加繁复的形式，从而保存不断积累起来的社会遗产”。①

现代文明的发展趋势反映了人类对都市化的渴望，人们的生存活动往往以城市，尤其是大都市为中心辐辏、汇聚起来，实现社会形态的转化。在这个人才与资源聚合的过程中，都市不仅获得自身空间与力量的壮大，同时将其中的居民凝聚于自己的文化容器内，形成一个有机整体，这便逐渐构成了每座都市特有的形象。都市形象既包括由各种城市景观构成的视觉感官印象，也包括由各种文化习俗与精神风貌所反映出来的城市的气韵内涵。在日常生活中，人们对城市评价的高低和情感认同的程度，通常是认知城市形象的一种具体表现，当代城市文化建设的中心就是城市形象建设。

那么，城市形象究竟是什么？城市形象建设包括哪些内容？城市精神又是怎么回事？这些对我们的现实生活到底有何文化意义？这些都是本章将要讲述的内容。

一、建筑、环境与都市景观

如果说“人类的历史就是城市的历史”②，那么城市的历史也就是建筑的历史。著名画家吴冠中先生说过，当我们想到北京、苏州、马德里、罗马时，脑子里

① [美]刘易斯·芒福德著，宋俊岭、倪文彦译：《城市发展史》，中国建筑工业出版社 2005 年版，第 33 页。

② [德]斯宾格勒著，齐世荣、田农等译：《西方的没落》，商务印书馆 1963 年版，第 206 页。

首先冒出来的形象就是建筑。的确,就像雅典的巴特农神庙、纽约的自由女神像、巴黎的埃菲尔铁塔、莫斯科的克里姆林宫和科隆的大教堂,这些世界级的著名建筑往往最能引发人们对城市的向往和联想。建筑是最先被人看到的城市肌体,它们充当着城市的皮肤,所以最容易被人捕捉并形成印象,成为人们感受城市形象最直观、最真切的部分。

当踏入意大利首都的罗马古城,你会惊讶于这座城市建筑的无穷魅力——古罗马市场、帝国大道、斗兽场、君士坦丁凯旋门、罗马市政厅、万神庙、西班牙广场、圣彼得教堂,它们历经千年沧桑风雨,至今岿然不动。置身于巴洛克风格的广场、漫步在笔直高耸的罗马柱间、凝视那些密布于建筑物上的雕塑与绘画,古罗马帝国的恢宏气魄和雄伟形象会立刻荡然于胸。这些精美绝伦的建筑堪称人类艺术史上的奇迹,它们构成了城市的基本面貌,作为城市景观的主体,建筑是城市文明最直接的外观显现。正如美国著名城市规划专家伊里尔·沙里宁所说:"让我看看你的城市,我就能说出这个城市的居民在文化上追求的是什么。"可见,建筑是城市文化的表征,不同文化形态下的建筑往往体现出不同风格,反映到城市形象上也是千差万别。北京的四合院和胡同,上海的石库门和里弄、广州的骑楼和西关大屋,无不浸染着鲜明的地域特色和文化性格,反映了中国由北向南不同方位的城市风貌。

从罗马古城可以看到城市是由诸多建筑共同构成的有机体,每个建筑之间相互作用,形成紧密联系的建筑群体。城市布局的主要任务就是要对建筑群体进行组织搭配,根据自身的文化结构进行设计规划,从而实现城市的各种社会功能,因此不同文化形态下的城市建筑也会相应表现出不同风格。以广场为例,从古至今,广场在城市中的作用都类似于心脏,处于核心地位。公元前 8 世纪古希腊出现的城市广场是希腊人汇聚一堂,进行议政、交往的公共活动场所,其开放的结构和开阔的空间体现出古希腊民主自由的城市文化精神。而中国清代的紫禁城太和殿前的场院虽然也非常宏伟宽阔,但是普通人被严格限制在广场以外,不准私自进入,仅用名目繁多的"门"作为对外连接的出口,这种建筑结构与等级森严的封建伦理和高度严密的皇权监控制度是相对应的。这种意识形态投射到中国传统城市建筑中,就特别重视"墙"的建造,"墙"构成了"院"、城市(城墙)乃至国家(长城)的形态,总体表现为空间分割观念的强化,与西方广场建筑的公共性与开放性相去甚远。

尽管建筑上的这种私密性造成城市生活带有封闭式的不足,但丝毫不影响北京成为一座被礼赞的城市,它恰恰是构成北京独特的建筑风格和城市魅力的重要原因,体现出建筑艺术的超凡生命力:

纵观北京城内规模巨大的建筑，无一比得上内城城墙那样雄伟壮观。初看起来，它们也许不像宫殿、寺庙和店铺牌楼那样赏心悦目，当你渐渐熟悉这座大城市以后，就会觉得这些城墙是最动人心魄的古迹——幅员广阔，沉稳雄劲，有一种高屋建瓴、睥睨四邻的气派。它那分外古朴和绵延不绝的外观，粗看可能使游人感到单调、乏味，但仔细观察后就会发现，这些城墙无论是在建筑用材还是营造工艺方面，都富于变化，具有历史文献般的价值。①

如果我们把它比作一个巨人的身躯，城门就好像巨人的嘴，其呼吸和说话皆经由此道。全城的生活脉搏都集中的城门处，凡出入城市的生灵万物，都必须经过这些狭窄通道。由此出入的，不仅有大批车辆、行人和牲畜，还有人们的思想和欲望、希望和失意，以及象征死亡或崭新生活的丧礼或婚礼行列。在城门处，你可以感受到全城的脉搏，似乎全城的生命和意志通过这条狭道流动着——这种搏动，赋予北京这一极其复杂的有机体以生命和运动的节奏。②

以上是从瑞典学者喜仁龙于 1924 年著的《北京的城墙和城门》中截取的文章片段，此书是目前世界上对于北京城墙与城门记载最完整的文献，字里行间溢满了作者对北京古城的热爱和赞美。不仅如此，著名建筑师梁思成也称北京"为世界现存中古时代都市之最伟大者"，美国建筑学家贝肯(E. N. Bacon)认为"在地球表面上，人类最伟大的个体工程，可能就是北京城了"，可见这座城市的奇美壮丽和卓越不凡。

北京现存的明清古城是从 1264 年开建的元大都的基础上发展演变而来的，其建造严格遵循中国古代城市营造经典《周礼·考工记》提出的原则："方九里，旁三门；国中九经九纬，经涂九轨，左祖右社，面朝后市"，历经元、明、清三代几百年的历史，几经修葺完善而成。北京城的历史说明建筑的变迁和城市的变迁几乎同步，不同时期留下来的建筑遗存也常被比喻为可以阅读的城市自传。可以说老建筑不仅是城市生长过程的见证，更重要的是它们承载了民族、地域，以及时代的多重文化基因，作为历史积淀的结果最能体现城市的风格与精神内涵。

北京城之所以美，除了它在单体建筑上所取得的杰出成就，还反映在它与周围环境之间的高度融合——

① [瑞典] 奥斯伍尔德·喜仁龙著，许永全译：《北京的城墙和城门》，北京燕山出版社 1985 年版，第 28 页。

② [瑞典] 奥斯伍尔德·喜仁龙著，许永全译：《北京的城墙和城门》，北京燕山出版社 1985 年版，第 114 页。

登景山俯瞰，人们可以清晰地看见北京古城之内的四合院民居充满韵律，这些已存在700多年的居住院落青砖灰瓦、绿枝出墙，连成层层叠叠的绿海；城市中央，一条南北7.8公里长的中轴线，纵贯正阳门、天安门、紫禁城、鼓楼、钟楼等大型建筑，以金、红二色为主调，与四合院灰与绿营造的安谧、构成强烈的视觉反差，给予人极具震撼的审美感受。①

从这段文字不难发现北京城市的生命力源自与自然近乎完美的和谐。建筑与建筑之间、建筑与道路、广场、公园，包括周围的草木山峦、自然风光等，都是构成城市环境的必要部分，而这些物象在北京城内都得到非常合理有序的空间组合。在融入中国传统艺术审美技巧的同时，建造者也是以自然为基底进行参照设计，从而实现与环境高度融合的建筑整体效果，充分体现出天人合一的文化内蕴。

可见，孤立的建筑实体毫无意义，只有当它和周围的环境互相映照，并融入环境之中形成有机整体，才有可能摆脱纯粹的实用功能，在美的关系中显现建筑自身的魅力。从这个意义上说，城市建筑也是一种环境艺术，强调环境的主要目的也就是强调建筑与周围物象的关系是否协调，是否充分考虑到城市中人的需要和感受。优美健康的环境会带给人愉悦的身心体验，从而对城市留下良好的印象，反之则不然。19世纪的西方世界开始工业化后，城市从古典社会向现代社会急剧转型，在这个过程中，密集林立的厂房、日益膨胀的人口、恶劣的卫生状况等问题层出不穷，从而产生了一大批历史上有名的焦炭城——

夜幕笼罩了整个煤城：它的主要颜色是黑色。黑色的烟从工厂的烟囱和铁路车厂中滚滚喷出，铁路干脆直接插入城镇里来，与这个有机体混合在一起，并把烟灰和煤渣扩散到各处。②

城里各处机器都在发出震耳的噪声：铁砧不断发出当啷声，发动机不断发出轰鸣声，火焰沙沙，废水嘶嘶，水蒸气在咆哮，实验室里不时地发出雷鸣般的声音(那里在试验火器)。人们生活在一片喧闹声中，真好像他们的乐趣也赶上了时代的总调子，变得像他们发明的东西那样喧闹了。③

---

① 王军：《城记》，生活·读书·新知三联书店2004年版，第41页。

② [美]刘易斯·芒福德著，宋俊岭、倪文彦译：《城市发展史》，中国建筑工业出版社2005年版，第483页。

③ [美]刘易斯·芒福德著，宋俊岭、倪文彦译：《城市发展史》，中国建筑工业出版社2005年版，第486页。

可以看到这些城市污染的程度已经不堪重负，整个环境被破坏无遗，城市杂乱无章、毫无头绪，完全失去了古典时期那般的平和静谧。城市被蜘蛛网似的管道和烟囱，以及滚滚浓烟和污水包围，工业时代的城市以怪胎式的形象出现了，诸如钢铁怪物、吃人的机器、黑色的荒原等曾是 19 世纪作家笔下反复出现的意象，也是对当时城市形象的典型概括。由此可见，建筑和环境是城市实体的主要构成部分，城市正是通过它们的相互作用，表现为某种具有一定意义效果的视觉形象才被人们感知的，这便是人们经常看到的都市景观。

什么是都市景观呢？简单地说，景观是指那些能够让人看到并感知的物象集合。但这并不能完全概括都市景观的内涵，要深入了解都市景观的意义，得先从具体的城市说起，不妨先来看看 18 世纪著名画家加纳莱托(Canaletto)笔下威尼斯水城的独特景观——

(The Bucintore Returning to the Molo on Ascension Day)

画面中大大小小的驳船挤满了水面，来往穿梭于威尼斯大运河。奢华艳丽的游船载着尊贵的法国大使向渡口靠近，岸上的迎宾队列里人头攒动，隆重迎接这位伯爵的到来。远处的大钟塔巍然屹立，总督宫、圣马克教堂和通向教堂的广场过道，以及若隐若现的各式巴洛克建筑层层错叠，交相辉映，无不说明文艺复兴时期威尼斯的繁盛，显现出城市的欢乐气氛和勃勃生机。有限的画面凝聚的只是城市一个极小部分和瞬间，但却从视觉上构成一种较强的冲击力，带给观赏者具有某种特定意义的城市印象，并使人从这种印象中感知到有关城市生活习俗和精神风尚的重要信息，这就是所谓的景观效应。

景观通常是指具有特定文化旨趣与影像概括力的、连续性的意象组合，所以就都市景观而言，只有那些能带给人感官冲击力并留下较深印象的系列物象才称得上都市景观。它们既可以是某种客观环境与面貌的展现(如城市建筑景观),也可以是人为塑造的某些装饰设计与视觉场景(如城市美化工程),还可以是以人为主体的各种风俗习惯与文娱活动构成的都市生活画面(如公众活动)。这里,可以从两个层面来深入理解和把握都市景观的内涵:

首先,从景观构成的特点来看,都市景观具有较强的视觉观看效果,是城市认知的感官来源,为城市整体印象的形成提供心理基础。

> 放眼望去城市街道中的雕像,大理石粗石面及砖块混合的墙面,冒着氤氳雾气的巨大浴室,远方的大拱门,剧场上的活动以及摩肩接踵的市场;这所有的一切混合成罗马式城市的印象。这里的一切都说明了一件事:这便是罗马式的精神——它的城市、建筑、艺术及生活。①

从上面的例子中可以看到,建筑物不是被简单地罗列在一块,而是经过罗马人精心计算、规划和设计出来的艺术整体,带给人强烈的视觉冲击和心灵震撼,从而形成了一种深刻的罗马印象,可见都市景观具有较强的感官效应,是强化城市形象的一种视觉手段。在中国当代城市建设中,就具有普遍的景观化倾向,自20 世纪 90 年代以来,很多城市纷纷修建城市雕塑、人民广场、商业步行街,还进行了各种夜景亮化工程,无不是在追求一种视觉美化效果,强化城市的观赏性,以此提升城市的形象。

其次,就都市景观的形态而言,尽管建筑与环境是构成都市景观的主体,但必须注意到都市中人的活动更是景观中至关重要的因素。例如大家都非常熟悉的北宋大画家张择端的名作《清明上河图》,画中不仅描绘了清明时节,北宋汴梁和汴河两岸异常繁华的商业景象和优美的自然风光,汇集了茶坊、酒肆、肉铺、庙宇、当铺、公廨和各种交易场所,以及算命、博彩、斗鸡、斗狗等富有京都风情的民间游艺和杂耍表演。这些景观之所以如此生动精彩,就在于画中 500 多个人物穿插于各种活动之中,他们表情各异、且外形多端,赋予整个画面无比鲜活的生命力,其中丰富多变的戏剧性色彩,反映出宋代城市生活的繁荣和复杂性都达到了相当高度。从这里也可以看出,建筑与环境的存在根本上是为了满足人的需要,由于人的活动才使得这些物象获得意义,因此都市景观包含了静与动的两种形态,是能够反映城市文化、习俗与精神风貌的综合图景。

都市景观不仅仅是城市画面的断片或转瞬即逝的场景浮现,当人们徜徉于都市之中,连绵不绝的多重景观会逐渐积累,随着人对城市感知的丰富与深入,

---

① 褚瑞基:《建筑历程》,百花文艺出版社 2005 年版,第 137—138 页。

这些景观慢慢附着在一起,并发生复杂的心理效应,从而自然演化成各种带有文化暗示意义的城市意象。当这些意象足以让人对城市的认知达到具有整体概括力的程度时,便产生了城市的形象。林语堂在《迷人的北平》中写道——

北平是清净的。这是一所适于住家的城市,在那里每一所房的房屋有一个院子,每一个院子里有一个金鱼缸和一棵石榴树,那里的蔬果是新鲜的,要生梨有生梨,要柿子也有柿子。这是一个理想的城市,那里有空旷的地方使每个人得到新鲜的空气,那里虽是城市却调和着乡村的清净,街道,狭胡同,运河,这样适当的配合着。使人们得能找着一果园,或是花园的余地,在晨光熹微中,种植着蔬菜,还同时可以望见西山——而离开巨大的百货商店,也不过一箭的远近。①

这便是50多年前的北京城。大宅院、矮民居、新鲜的果物和蔬菜、清新的空气和平静的自然。虽然只是寥寥几笔,但这个温润平和、自然亲切的北京已经跃然于脑海,读者即使不能亲眼所见,也能深深感受到这座城市的气息和生活的韵律,想象城市的样子,这就是一个城市的形象。

二、市政行为与城市理想(当代城市形象建设)

理解城市形象不能把它简单地等同于城市景观的叠加,尽管在当代城市形象建设中,以大量美化、亮化工程为主的城市装潢和美容占据了主要内容,但这些只属于城市文化形象的一个直观层面。与此同时,很多城市开展的各种礼仪教育和文明宣传活动,目的在于通过市民良好的行为面貌来展示城市精神,这恰恰是城市文化形象建设中属于精神内蕴层面的重要内容。归根到底,城市形象是城市文化的集中反映和具体表现,凡是创造过灿烂文化的伟大都城在历史上都留下过这样令人难忘的城市形象——

伯里克利的雅典以辉煌的卫城建筑、民主的公众生活、完美的悲剧艺术以及伟大的苏格拉底构筑起了这个城市彪炳千古的形象;奥古斯都的罗马则是以宏大的竞技场和水道、高贵而又残忍的罗马公民、所向无敌的帝国军人构成了不可一世的罗马形象;维多利亚的伦敦形象是雾气沉沉的天空、泥泞的街道、一本正经的商人和衣冠楚楚的绅士;"云里帝城双凤阙,雨中春树

① 姜德明:《北京乎——现代作家笔下的北京》,三联书店1992年版,第511页。

万人家”是盛唐时代的长安形象;“有三秋桂子,十里荷花”是北宋盛期的杭州;而“江南佳丽地,金陵帝王州”则是曾为十朝故都的南京……城市形象显示着城市的个性,也成为凝聚市民精神的力量。①

不错,城市形象绝不囿于外观层面的物质感官,它是包括城市建筑、环境、制度、生活、风尚、礼仪、精神等在内所有文化意象的复合体,具有深层的文化结构和精神内蕴,可以说是城市性格的集中显现,也是整个城市文化高度抽象后的精神指向,具有超越时间与空间的象征力量。所以当郁达夫身处南国,远离北平千里之遥,依然对故都念念不忘,北平的形象熟稔于心,对它的好处更是能毫不费力地一一道来,从而写出了有名的《故都的秋》,这也便是城市形象能够凝聚市民精神的原因所在。

在城市发展史上,伯里克利执政时的雅典可谓雅典的黄金时期,与此同时也产生了近乎完美的城市形象,这种形象深深地刻在雅典人的脑海里,并在他们内心产生出巨大的热情与能量。正是基于这样的心灵,伯里克利将城市形象与雅典人的灵魂融为一体,在追悼阵亡将士的演说中他是这样说的——

我们的制度是别人的模范,而不是我们模仿任何其他的人的……当我们的工作完毕的时候,我们可以享受各种娱乐,以提高我们的精神。整个一年之中,有各种定期赛会和祭祀;在我们的家庭中,我们有华丽而风雅的设备,每天怡娱心目,使我们忘记了我们的忧虑。我们的城邦这样伟大,它使全世界各地一切好的东西都充分地带给我们……

……这就是这些人为它慷慨而战、慷慨而死的一个城邦,因为他们只要想到丧失了这个城邦,就不寒而栗。很自然地,我们生于他们之后的人,每个人都应当忍受一切痛苦,为它服务。②

显然,伯里克利在这里正是利用城市形象的凝聚力来激发每个士兵的斗志,培养公民对城市的自豪感和责任感的。而受到城市形象激励的人们,反过来又必将为保卫城市、报效国家继续战斗,竭诚奉献。可见,伟大的城市形象不仅是这个城市伟大文化的一种个性显现,人们更是不自觉地被这种形象感染和吸引,牢牢团结在它周围,使得城市的政治、经济、文化和生活等方方面面有可能向前发展繁荣,这也正是当代各个政府将城市形象建设作为城市文化建设中心任务

① 高小康:《时尚与形象文化》,百花文艺出版社 2003 年版,第 171 页。
② ［古希腊］修昔底德著,谢德风译:《伯罗奔尼撒战争史》,商务印书馆 1978 年版,第 130—133 页。

的主要原因。

那么,城市形象为什么能有如此强的凝聚力呢?因为城市中密集的人口造成了集中的生产方式、大规模的交换和消费,以及多种多样的社会交往和文化活动,将田野中自然、分散、无序的乡村文化凝聚起来,形成高度有序的、组织化的文化结构,从而形成城市文化的"结晶化"特点,这种特点主要体现在城市对文化的内聚作用——

首先,城市大量地占有和积聚物质财富。13 世纪的杭州曾在历史上被称为"销金锅儿",意思是专门聚敛财富、奢侈享乐的浮华之地。19 世纪梅特涅时期的维也纳也被叫做"美酒、女人和歌",含义大致相同,都是城市大量积聚财富的典型。其次,在具有雄厚的物质资本和经济实力的基础上,城市进一步积聚各种文化财富,包括知识精英、高级文化产品和设施、多元丰富的文娱活动等。在 12 世纪意大利的北部城市中,差不多各地贵族都移往乡间,并非他们自愿,而是作为没落的阶级已经无法在城市中立足,只好让位于新兴的商人和市民,这被视为莫大的耻辱。这个例子无疑说明了城市生活相对于乡村生活的绝对优势,以及能够享有这种生活的群体必然在文化上具有一定的进步性。

可见,文化的结晶化是文化活动以城市为焦点的内聚过程,结晶化的程度越高,城市的文化就越发达,实力就越强,市民对城市的依附感就越明显,而非城市人口的外来者对城市的期待也越高。所以说,城市形象所蕴含的凝聚力是城市文化结晶化的重要结果,人们之所以被城市形象所吸引,也正得益于城市文化的各种优厚条件和良好的人文氛围。

城市在进步发展的过程中,一方面在自身及周边拼命地内聚和吸附各种文化能量,而另一方面又向周围不断释放着这种能量,对其他城市产生一种辐射力。事实上,凡是有活力的城市都具有较强的扩张倾向,这里既包括物质实力的扩张,也包括对周围地区的影响力和支配力的扩张。扩张的结果往往是那些具有特别优势的城市变成一定区域范围内的中心和统治力量。正如斯宾格勒所说的,"底比斯就是埃及,罗马就是世界,巴格达就是伊斯兰教国家,巴黎就是法国"。① 这表明城市形象已经不是单纯的文化审美意象了,而是对周围世界具有影响力和支配力的权力化身。据传金主完颜亮读了词人柳永写的《望海潮》,对"东南形胜,三吴都会,钱塘自古繁华"的杭州向往不已,竟然"遂起投鞭渡江之志"。这个说法虽然不一定可靠,但无疑反映出城市形象对外界折射出的强大辐射力,那些具有鲜明独特形象的城市最容易成为周围城市效仿的典范和楷模,而每个城市也都渴望自己成为理想形象的化身,以此证明城市的地位和影响。这

① [德]斯宾格勒著,齐世荣、田农等译:《西方的没落》,商务印书馆 1963 年版,第 207 页。

是每个城市施政者的理想，也是城市文化建设的目标。

在城市发展的具体过程中，市政行为无疑是城市经济生产和文化活动的主导力量，施政者总是竭力把城市引向预定设计的方向和轨道发展，造就一个心目中的理想城市，这种理想城市的雏形往往就体现在城市形象的建设中。城市形象的建设主要集中在以下两方面的内容：

第一个方面是直观层面的硬件建设，主要是围绕城市建筑、环境和景观展开的一系列规划、设计、建造、装饰、美化等行为。对于每个城市而言，标志性建筑最能代表城市形象，也是人们在提到城市形象时谈论最多的对象。1886 年，桥梁工程师古斯塔夫·埃菲尔提交的铁塔方案在应征的 700 多个方案中被选为巴黎的新纪念性建筑。这个方案一出来就遭到许多人的非议，古典文化的热爱者认为这座高耸入云的庞然大物会破坏整个巴黎和谐平整的城市景观，包括莫泊桑、小仲马、魏尔伦等艺术名人强烈抗议铁塔的建造。尽管受到多方反对和指责，巴黎市政府仍然力排众议，宣布方案照常生效，让这座铁塔顺利建造并最终完工。如今，这座铁塔已经成为巴黎的象征，占据了世界文化的中心地位，要是没有当初巴黎政府的坚决认定，这个结果是难以想象的。政府作为决策者和执行部门，在城市形象建设中起着至关重要的作用。

第二个方面是精神内蕴层面的软件建设，这里的软件主要是指城市中的一种人文氛围，以及由这种人文氛围渗透到市民阶层所反映出的城市的整体精神风貌。如果说城市形象的直观层面侧重于城市中静态的物质景观，那么这里则是城市形象建设中动态的、最富于活力的部分。

在现实生活中，尽管市政部门多数是出于良好积极的愿望去建设城市形象，但难免遇到适得其反的尴尬结果。20 世纪 90 年代中期，许多城市都开展过一种名为“大地走红”的环境艺术，就是在公园或广场放置上万把红伞，为市民提供可以观赏的大型城市景观。可是，红伞后来要么被偷被抢，要么被糟蹋和破坏，不仅没有展现出城市的良好形象，反倒让城市形象受损。可见，光有硬件部分的建设内容还远远不够，人文方面的精神文化建设在某种程度上更为重要，一个缺乏良好精神风貌和文明礼仪的城市即使外表建设得再漂亮，也不可能形成具有凝聚力的城市形象。城市形象归根是城市生活在长期发展中的一种文化积淀，是城市文化最集中的个性表达，起着维系人与城之间和谐共存的情感纽带作用，下面的例子就非常典型——

正宗的老成都，往往是天一麻麻亮，便打着呵欠出了门，冲开蒙蒙晨雾，直奔热气腾腾人声鼎沸的茶馆。只有到了那里，他们才会真正从梦中醒过来；也只有在那里，先呷一小口茶水漱漱嘴，再把滚烫清香的茶汤吞下肚去，

> 才会觉得回肠荡气,神清气爽,遍体通泰,真正活了过来。……三教九流,会聚一堂,不讲等级,勿须礼仪,大家便都很自在:或喝茶聊天,乱摆一气;或读书看报,闭目养神,互不干扰,各得其所。话可以随便说,水可以尽管添,瓜子皮不妨满地乱吐,想骂娘就大骂其“龟儿子”,岂不快哉!①

上面描绘的是日常生活中最司空见惯的行为——喝茶,但对成都人而言,喝茶已经远超出普通意义上的生理活动,而是他们整个生活方式与地方文化的一种行为显现。透过老成都逍遥陶醉的喝茶模样和茶馆里肆无忌惮的热闹场景,活脱脱现出成都这个城市特有的闲散、自由、泼辣的形象。喝茶风俗得自于成都悠久深厚的历史文化,而这种习俗也完全融入普通市民的日常生活和精神世界,与成都人的形象融为一体,成为城市形象的重要部分。在明代小说《儒林外史》里出现过这样的细节,文人杜慎卿听到两个挑粪的担夫相约卖完货后一起到雨花台看落照,不禁感叹道:“菜佣酒保,都有六朝烟水气!”说明连最底层的无名小贩都和南京这座城市优柔空灵的形象一体化了,足见这个城市文化形象的独特魅力。所以说,只有让市民所具有的精神风貌与城市的形象一体化,城市才能以活态的文化行为方式保持旺盛的生命力,流露自己特有的气质和内蕴,这也正是当代城市形象建设的理想。

那么,应该如何理解这种一体化的含义,又如何实现这种理想的文化形态呢?这里必须联系城市形象建设的实践来具体分析:

首先,富有个性特色的城市形象是城市文化长期发展的历史结果和自然流露,好比茶水之于老成都,六朝烟水气之于南京的担夫,这种形象本身植根于城市文化悠久丰厚的土壤之中,具有广泛的市民基础,因此城市形象建设必须依托城市已有的文化资源和地缘特色,循序渐进地进行,否则必将事与愿违。

新中国成立之初,中国的城市建设极力向苏联模式靠拢,政府将“斯大林的城市规划原则”引向北京,一是要变消费城市为生产城市,二是要将首都成为全国的大工业基地。正是在这样的错误思想指导下,北京作为文化古都遭到了毁灭性的破坏,宏伟古朴的城市形象变得面目全非。梁思成对此回忆道:“当我听说毛主席指示要‘将消费的城市改编成生产的城市’,还说‘从天安门上望出去,要看到到处都是烟囱’时,思想上抵触情绪极重。我想,那么大一个中国,为什么一定要在北京这一点点城框框里搞工业呢?”②在当代城市形象建设中,也出现过不少类似情况,许多城市在一段时间内都曾经盲目地拓宽马路、建广场、置草

---

① 易中天:《读城记》,上海文艺出版社 2005 年版,第 284—285 页。
② 王军:《城记》,生活·读书·新知三联书店 2004 年版,第 68 页。

坪，甚至直接照搬西方大城市的规划模型，但建成的城市形象并没有收到预期效果，相反变得千篇一律，毫无特色。可见，城市形象建设不能脱离城市文化的历史背景凭空架构，否则只能是对城市形象本身的破坏，正是基于这样的原因，现在各地政府越来越重视地方文化和历史遗迹的保护，希望建设各具特色的城市形象。

其次，无论是成都人还是南京人，从他们身上都可以感觉到对城市和城市生活由衷的热爱之情，这种热爱之情实际上就是一种城市认同感的表现。在老舍的京味小说《正红旗下》记叙过这么一件事，故事中的老王掌柜出生于胶东——

> 在他刚一入京的时候，对于旗人的服装打扮，规矩礼节，以及说话的腔调，他都看不惯，听不惯，甚至有些反感。他也看不上他们的逢节按令挑着样儿吃，赊着也得吃的讲究与作风，更看不上他们的提笼架鸟，飘飘欲仙的摇来晃去的神气与姿态。可是，到了30岁，他自己也玩上了百灵，而且和他们一起交换养鸟的经验，就能谈半天儿，越谈越深刻，也越亲热。①

老王掌柜对待北京生活方式的态度从反感到喜爱，甚至自己也身体力行。前后的行为可谓判若两人，富有戏剧性的转变，讽刺而幽默，但一切似乎又那么自然且顺理成章，这正是王掌柜被北京特有的文化深深吸引和感染的结果。他被这种文化完全吸纳进去，不自觉地浸润其中，并成为这座城市形象的一分子，这从侧面说明了具有强势力量的城市文化以及这种文化所塑造的城市形象所拥有的凝聚力是非常惊人的。它不仅受到本地市民的情感支持与维护，同时还可以对外来者产生一种归化作用，将他们吸纳进自己的文化体系，统摄于城市形象的结构之中，使其和城市达成一体化。

正是从这个意义上说，当代城市形象建设的关键问题就在于城市认同感的培养。这种认同感来源于市民对城市文化的深深吸引，可能是某种风俗习惯、可能是某种人文环境，也可能是某些其他城市无法企及的优越之处。总之，当人与城市的文化形态或生活秩序达成某种默契时，便会自然地形成认同感，城市文化从而通过人的因素显现出来并发挥作用，从而形成城市特有的形象和气韵。

三、公众活动的文化凝聚作用

市政部门在公共场合经常会张贴一些宣传人际关爱和文明礼貌的图片和标

① 老舍：《正红旗下》，人民文学出版社1980年版，第53页。

语，并定期开展类似于争做好市民的各种精神教育活动，主要目的就是为了营造一种和睦团结的社会氛围，增强市民之间的群体认同。政府希望通过这种宣传方式引导人们的行为规范，从精神上激发市民对城市的责任感，形成具有凝聚力的城市形象。

然而，现代都市生活日趋流动与多元，导致了城市形象本身走向松散和异化，而人们的行为活动也越来越个体化、零散化，很难形成统一的认识和理解，对城市的认同感更是无从谈起。前面提到的“大地走红”活动中，红伞被偷被毁的现象正是由于人们缺乏对城市的保护意识和责任感，才导致公共财物被破坏遗失。而现实生活里也常常能听到人们对自己所在城市的种种不满和抱怨，像伯里克利时期那样雅典市民与城市荣辱与共的动人情景在今天已经非常少有，这些都说明了当代都市人与城市之间的疏远冷漠关系。这是当代城市文化发展中一个根本性的危机，也是造成城市认同感的形成尤为困难的原因。

为了缓解这一矛盾，当代城市都争相举办各种公众活动，以此来增强市民之间的情感联系，营造一种欢愉和谐的氛围，促进城市认同感的形成，加上具有影响力的公众活动本身也是城市形象的一次极好展示，所以公众活动在当代城市形象建设中的作用非常明显。下面主要就公众活动的社会功能、它与城市形象之间的关系、当代公众活动的走向这三方面的内容，具体了解一下公众活动的文化凝聚作用在当代城市形象建设中的现实意义。

（一）公众活动的情感诉求

公众活动在这里主要指具有公众性质的娱乐活动，例如各种节日庆典、竞技比赛、传统民俗、文艺演出和文娱活动等。这些活动尽管形式不同，但都能提供一种共享性质的情感体验，尤其是充满欢乐气氛的各种节日活动，最容易让人们获得回归自然的原始生命体验，在个人行为充分释放的过程中实现精神世界的一体化，从而强化彼此的情感认同。最典型的例子莫过于世界各地每年举办的狂欢节。

狂欢节起源于古希腊和早期基督徒的节日活动，可追溯到古希腊的酒神狄奥尼索斯，在酒神的庆典仪式上，参加者百无禁忌，痛饮狂欢，构成狂欢节的雏形。时至今日，狂欢节的形式虽然五花八门，有彩车巡游、歌舞表演、众人游行、化装舞会、全民竞技等，但放情纵乐的核心内容没有变化。尼采对狂欢节上洋溢的酒神精神倍加欣赏，他在《悲剧的诞生》中赞美道——

> 在酒神的魔力下，不但人与人重新团结了，而且疏远、敌对、被奴役的大自然也重新庆祝她同她的浪子人类和解的节日……一个人若把贝多芬的

《欢乐颂》化作一幅图画，并且让想象力继续凝想数百人颤栗着倒在灰尘里的情景，他就差不多能体会到酒神状态了。此刻，奴隶也是自由人。此刻，贫困、专断或“无耻的时尚”在人与人之间树立的僵硬敌对的藩篱土崩瓦解了。此刻，在世界大同的福音中，每个人感到自己同邻人团结、和解、款洽，甚至融为一体了。①

尼采用相当诗意的笔触描写了狂欢节的美妙场景和带有宗教神秘情绪的节日氛围，隆重壮丽而令人向往。尼采旨在呼唤人们回归自然和群体，享受平等、自由、欢畅的生活，这种生活恰恰和城市里那种零散的、个体性的、受压抑的生活方式相反，尼采特别推崇的酒神精神以及最具有这种精神的狂欢节就是要把人带入自然初始的生命状态。从这里可以看出传统节日从本质上是反城市的，而狂欢节特有的这种原始内涵，也正是传统节日在当代都市文化生活中依然存在并扮演重要角色的主要原因。

中国的传统节日历史悠久、异彩纷呈，有许多传统节日至今长盛不衰。例如大家熟知的元宵节，它产生于汉代，到唐朝时已发展得相当成熟，唐玄宗时期的元宵节有三天之久，灯彩也达到鼎盛。古代城市都实行宵禁，规定市民在日落之后必须回到里坊，如唐诗云“六街鼓绝行人歇，九衢茫茫空有月”，要是夜间出门就叫“犯夜”，会受到严惩。但元宵节却是个例外，国都长安一般在正月十四到十六日要开坊市门，夜晚铺设灯饰烟火，据五代王仁裕编撰的《开元天宝遗事》记载，元宵节当晚在长安安福门外布设彩灯 5 万盏，最高的灯轮达 20 丈，“灯为龙、凤、螭、豹、腾踯之状”，少女千余人“皆衣罗绮，曳锦绣，耀珠翠，施朱彩”，处处是“火树银花合，星桥铁锁开”，场面异常壮观。皇帝到时还会率嫔妃宫女登城楼赏玩灯市，长安城内不分男女老幼、高低贵贱都可前来观看，全城上下汇聚一堂，万人同庆，可谓欢乐至极。元宵节既是百姓与君臣得以亲近的难得机会，也是市民纵情娱乐，增进感情的大聚会。看来早在古代社会，节日在会聚市民情感和促进社会和谐等方面的作用已相当明显，并在城市生活中占据了重要位置。尽管日常生活中的等级和秩序非常严格，但由于节日的作用，人们得以暂时摆脱各种限制，回复到自然原始的平等状态，享受片刻的欢愉。而在现代城市被高度组织化、制度化的格局中，节日的存在更是为人们缓解各种被压抑被分裂的紧张状态提供了机会，使人从孤立隔绝的个体环境中解脱出来，通过各种形式的对话交流，融入团结和谐的群体生活氛围。

事实上，各种体育竞赛、庆典游行、文艺表演等公众活动都与节日类似，共同

① ［德］尼采著，周国平编译：《悲剧的诞生：尼采美学文选》，北岳文艺出版社 2004 年版，第 6 页。

具有群体性、仪式性、平等性和娱乐性的基本特征，其根本目的无非都是为了营造一种节日的喜庆气氛，例如一场大型运动会就是“一场充满刺激的情绪场，把市民吸引或裹挟进来。这种情绪场对于大众来说，具有一种原始的图腾崇拜意味，通过近乎非理性的激情狂热使市民得到情绪上的沟通和认同。只有在这种全民性的大型娱乐活动中，城市才会暂时地消解掉它的多义性和多功能性，变成一个单一的活动群落”。[①] 可见，举办公众活动的主要目的就在于培养内部群体的凝聚力，促使城市形成完整统一的形象。

（二）公众活动与城市形象

公众活动不仅可以提高城市的凝聚力，且活动本身也是展示城市形象的一种方式。例如广州每年春节期间举办的花市，既是本地的传统节日，也是广州城市形象的生动写照，秦牧的著名散文《花城》中有过对花市非常精细的描写——

> 广州今年最大的花市设在太平路，就是历史上著名的“十三行”一带，花棚有点像马戏的看棚，一层一层衔接而上。那里各个公社、园艺场、植物园的旗帜飘扬，卖花的汉子们笑着高声报价。灯色花光，一片锦绣。我约略计算了一下花的种类，今年总在100种上下。望着那一片花海，端详着那发着香气、轻轻颤动和舒展着叶芽和花瓣的植物中的珍品，你会禁不住赞叹，人们选择和布置这么一个场面来作为迎春的高潮，真是匠心独运！那千千万万朵笑脸迎人的鲜花，仿佛正在用清脆细碎的声音在浅笑低语：“春来了！春来了！”买了花的人把花树举在头上，把盆花托在肩上，那人流仿佛又变成了一道奇特的花流。南国的人们也真懂得欣赏这些春天的使者。大伙不但欣赏花朵，还欣赏绿叶和鲜果。那像繁星似的金橘、四季橘、吉庆果之类的盆果，更是人们所欢迎的。但在这个特殊的、春节黎明即散的市集中，又仿佛一切事物都和花发生了联系。鱼摊上的金鱼，使人想起了水中的鲜花；海产摊上的贝壳和珊瑚，使人想起了海中的鲜花；至于古玩架上那些宝兰、均红、天青、粉采之类的瓷器和历代书画，又使人想起古代人们的巧手塑造出来的另一种永不凋谢的花朵了。[②]

根据上面的描写，人们立刻会联想到一个挤满鲜花和笑脸的美丽城市。余秋雨在散文《五城记》中写自己头一次见到广州花市上的神奇繁花时，不禁感叹

---

① 高小康：《时尚与形象文化》，百花文艺出版社2003年版，第179页。

② 秦牧：《秦牧全集》第一卷，人民文学出版社1994年版，第477页。

道“比之于全国其他地方，广州人更有权力说一句：春节来了！”由于印象深刻，他念念不忘，所以“在飞机上，满脑子还盘旋着广州的花”。可见，花市对于广州城市的作用已经远超出一般意义上的传统节日，它一方面吸引汇聚了上百万人前来观赏，是一次很好的凝聚市民情感的活动。另一方面，在广州优越的气候条件和商业氛围造就下的花市文化，带有浓郁的南国地域文化特色，和其他城市的地理景观与人文风貌形成巨大反差，最容易树立文化形象的独特性。因此，花市在某种程度上也就成为广州城市形象的化身，广州之所以被称为花城的道理也正在于此。

花市之所以会与广州的城市形象产生如此紧密的联系，是因为公众活动本身就是城市文化的必要组成部分。公众活动的繁荣程度可以直接反映城市的综合实力与文化特色，经济和文化越发达的城市，公众活动往往越丰富，水平也越高。公众活动的主体是市民，市民在活动中的行为风貌也可以透露出城市整体具有的文化品格和精神气质，是城市精神的集中体现。

古希腊人崇尚体育，热爱运动，视比赛中获得的荣誉为生命。古代奥林匹克运动会既是希腊每年举行的体育盛会，同时也是古希腊人的精神象征。每到赛事前夕，所有城邦都必须停止战争，共同派出朝圣者和参与者，为了同一个目标向奥林匹亚城进发。之后，“各个城市在奥林匹亚的舞台上会面了；这些比赛注重使身体作为人类精神的一种表现形式。这些运动会不仅聚集了运动员，还聚集了诗人；他们都以饱满的情绪为竞赛贡献自己的最大努力，因为他们的观众不仅有本城的‘乡亲’，更有来自辽阔的希腊各地的全体代表”。① 可以说，这场全国性的赛事是希腊城市间最重要的一次实力较量，体育与城市合为一体，比赛结果直接关系到城市的形象，而那些夺冠的运动员不仅被载入史册，事迹被编入诗歌，他们的形象还被铸成雕像，成为城市精神的象征。

可见，奥林匹克自诞生起就不是单纯的体育竞赛，而是一种具有巨大影响力的形象文化。这种特性延续至今，使得奥林匹克与希腊国家的形象一体化，奥林匹克几乎成为荣誉的代名词，这也是全世界各大城市争相举办它的原因，从这个角度可以说公众活动在当代的城市形象建设中具有特别重要的地位。

（三）公众活动与当代文化发展

无论是传统节日还是竞技比赛，公众活动明显具有激活城市精神、凝聚市民情感，塑造城市形象的作用，因此当代城市都有意识地去发明举办一些新节日来

---

① ［美］刘易斯·芒福德著，宋俊岭、倪文彦译：《城市发展史》，中国建筑工业出版社 2005 年版，第 147 页。

塑造富有个性的城市形象,以此扩大自己的影响。曾经有一段时间内,国内许多城市都纷纷上演时装节、啤酒节、风筝节、火腿节以及各种各样的旅游节和艺术节的热闹场面,这些节日的名目繁多,标新立异的举办方式也层出不穷,有的还配合相关的庆典活动来宣传造势,在当时都颇为时髦。但总体而言,很多节日均不了了之,只有少数像“上海国际艺术节”、“大连服装节”、“潍坊风筝节”、“青岛啤酒节”这样的活动还比较成功。

这些新节日与传统节日相比,已经不具备反城市的原始意味,因为举办新节日的目的不是鼓励人们回归自然,而是要把人们的注意力和情感全部聚焦于城市本身。为了吸引人们的眼球,于是就通过各种手段突出、强调城市的存在,用精心包装过的各种特色文化来强化城市的形象,也使得城市公众活动越来越符合当代文化发展的特征:

第一,公众活动的景观化。

传统意义上的公众活动往往是带有仪式性的群体行为,而许多新节日主要是人为制造的产物,绝大部分出于商业的需要而举办,这就意味着决定公众活动成功与否的关键在于商业的经营运作方式和水平。当节日演变为一种商业性的活动时,节日本身也就成为一种广告式的表演活动,举办者常常用尽各种手段来丰富美化城市的外观,用夸张的手法制造物质景观给人带来的诱惑和冲击力,尤其在今天特别注重视觉感官的文化环境下,公众活动越来越注重形象和包装,越来越带有当代文化的景观化倾向。

然而,这些新节日所实施的商业操作如果没能和市民的激情融合起来,就无法产生狂欢节式的一体化体验,这种新节日充其量也不过是种变相的广告,难以保持长久的新鲜和魅力,城市形象归根结底是市民精神的一种表现,绝不是某个简单的视觉画面。正因为此,过分注重形式和外观的公众活动由于往往脱离了城市自身发展的文化根基和特点,难以在情感上获得市民长期认同,所以只能是昙花一现,这也是那些新节日大多难以为继的主要原因。

第二,公众活动的娱乐化。

从上面可以看到公众活动由于受到当代文化随机化发展的影响,也日益成为一种无根性的文化。这种无根性的特点直接导致了公众活动意义的瓦解,因为无论是体育比赛,还是节庆表演,活动过程充满了多变和随意性,不能提供统一的意义和目的,所以人们参加活动主要就是为了休闲和娱乐。虽然参与的形式是全体性的,但多是出于满足个人趣味爱好的需要,有的干脆是为了凑热闹。

作为活动的举办方,为了满足人们的观赏欲望和扩大吸引力,往往不断翻新活动形式、玩弄花样,在增加活动趣味性和精彩程度的同时,很容易忽视活动内容本身是否与城市文化的气质相符。这样一来,使得公众活动逐渐走向一种暂时性的、感官式的体验活动，与纯粹的娱乐活动越来越接近，而节日中最能提供一体化经验的仪式成分越来越少，同时与仪式相关的文化传统意义随之衰减，在某种程度上对城市形象的完整和稳定性造成一定影响，无疑也消解着公众活动的凝聚力。

第三，公众活动的群落化。

公众活动的景观化与娱乐化都会对城市形象的和谐整体性产生影响，特别是那些举办并不成功的新型活动还会破坏原有的城市形象，应该说这样的结果都违背了城市形象建设的初衷，但也是当代文化发展中不可避免的矛盾。

需要注意的是，当代城市文化发展的多元化导致了试图用某种高度统一、完整的城市形象来凝聚市民情感几乎是不可实现的理想。实际上，随着市民文化的日益繁荣，公众活动越来越倾向于群落化的发展方式，这就是由某些社区、族群的市民自发组织的各种文娱活动。在一些广场、公园、天桥等公共场所，经常有普通市民聚集在一起唱歌、跳舞、表演或进行其他活动，虽然这些活动的范围和人数有限，但却是当代城市文化中最富有生命力的一种公众活动，也成为凝聚市民情感的重要方式。

四、公众媒介的城市想象及其导向

前面几节已经提到在当代城市建设中，无论是城市的实体规划，还是各类公众文化活动都有景观化的趋向，这实际上反映出当代文化一个非常重要的特点，即形象化。美国学者杰姆逊在谈到当代文化时认为，"'形象'(image)一词在今天的西方广泛地使用着，而且具有特定含义；它不仅有哲学上的背景，而且现在已经发展出一整套对形象进行分析的方法，最终和社会学还有关系。在美国只要你和任何人交谈，最后就会碰到这样一个词，例如说某某的'形象'，里根总统的形象等，但这并不是说他长得什么样，不是物质性的，而是具有某种象征意味。说里根的形象，并不是说他的照片，也不光是电视上出现的他的形象，而是那些和他有关的东西，例如，他给人的感觉是否舒适，是否有政治家的魄力，是否给别人安全感等。在美国，很少有人相信里根，也并不认为他有什么突出的才能，但人们都投他的选票，因为人们都觉得他看上去给人一种稳健感。在电影明星身上也是同样的情况。不仅仅是一个视觉上的形象，而且和电影明星塑造的全部人物，他的气质都有关系。形象具有象征性，并不完全等同于物质意义上的形象"①。

① [美]杰姆逊著，唐小兵译：《后现代主义与文化理论》(精校本)，北京大学出版社 2005 年版，第 188 页。

显然,杰姆逊所谈的形象是在报纸、电视、电台等大众传播媒介上出现的意象集合。这些意象相互重合、影响与补充,融合而成当代特有的形象文化形态,因此他认为如果要研究当代文化中的形象问题,“应该将形象的这些性质与感知这一现象联系起来,特别是与广告,和以电视为核心的信息社会联系起来”。①的确,今天人们谈论的城市形象实际上多半是从报纸、电视、广告上得来的城市形象,并非亲眼所见的城市实体。现实中的很多城市,我们都无缘亲历,但人们通过公众媒介传播的各种信息,依然可以清楚地了解它们,在想象中勾勒这些城市的形象。从这个意义上说,当代城市形象在很大程度上是公众媒介塑造出来的城市形象,当代城市形象建设离不开公众媒介的文化传播作用。

在日常生活中,人们感知城市形象的方式无非有两种。第一种是直接经验式的亲身感受,主要凭借自己的身体感官以及实在的生活经验来形成对城市的印象和判别。但就个人而言,光靠现有的直接经验来认知城市显得非常有限。很多时候,人们需要第二种间接经验的方式对已有信息进行补充,于是就通过报纸、电视、互联网等公众媒介的文化传播来获得关于城市的知识和经验。应该说,多数人都是通过公众媒介的信息传播来建立自己的城市认知,对于暂时无法亲历的地方而言,只有通过这种间接经验的获得方式来预设和想象城市的形象。

城市形象的传播在历史上由来已久,前面提过的金主完颜亮与宋词《望海潮》的故事即是一例,还有著名的《马可·波罗游记》在欧洲的传播史实也非常典型。该书记录了公元13世纪时,意大利人马可·波罗在中国的游历和见闻。书中描绘了当时元大都宏伟壮丽的大汗宫殿、江南杭州绮丽多姿的城市景观、繁荣鼎盛的商业生活、中国特有的制度礼仪、风土人情以及各种奇闻逸事,呈现出一个异常强大、富有的亚洲帝国,激发了欧洲人对东方世界的无限遐想,也启动了西方世界征服中国的先机。尽管当时的通信工具极不发达,但一本游记足以让欧洲人萌生出强烈的好奇心,不少贵族雇佣画家,要他们根据游记内容描绘中国的城市生活,在想象中营造关于东方的形象,可见信息的传播对城市形象的影响力是非常大的。

相对于古代落后单一的通讯方式,现代社会发达的大众传播媒介和信息流通体系为城市间、国家间的相互了解提供了更便捷、更通畅的资讯平台,城市形象在公众媒介中的传播也更为广泛,大致可分为以下三种主要形式:

(一) 新闻报道(现实形象)

有关城市的各种新闻是最常见的城市报道方式,主要是就城市的现实情况

① [美]杰姆逊著,唐小兵译:《后现代主义与文化理论》(精校本),北京大学出版社2005年版,第189页。

或有关事件进行信息发布，因此反映的主要是属于城市现实层面的形象。同时，新闻本身作为媒介文化中最主要的文本体裁，与日常生活的联系也最为普遍而紧密，所以人们对城市的总体印象大都来自关于城市的新闻报道，一旦城市成为新闻事件的主角最容易影响到城市形象的实际声誉。例如在 2003 年全国爆发的“非典”事件中，由于疫情原发于广州，一时间舆论都是有关广州的负面消息和评价。之后随着时间推移，新闻每天不断播报各个城市的疫情和抗击“非典”的战况，而广州在此过程中表现出来的稳健作风和有效控制疫情的工作实效，给人们留下深刻印象，透过媒体的及时报道使得广州逐步树立起务实诚信的城市形象。

可见，城市形象并不是一成不变的固化形态，而是在信息传播过程中流动变化的意象体。新闻报道对于人们如何认知评价城市具有很强的导向作用，直接关系到实际生活中城市所处的地位和影响，因此在当代城市文化建设中，政府都非常关注城市在新闻报道中的现实形象，并有意识地通过向公众媒介发布有利于城市的正面信息来树立良好健康的城市形象。

（二）纪录片与专题片（文化形象）

美国学者拉斯韦尔和赖特认为大众传播媒介一般具有下面四种社会功能：监视社会环境、协调社会关系、传衍文化遗产和娱乐。前面两种功能主要是针对新闻在整个社会组织运转以及人际关系重组过程中所承载的舆论职责而言，而第三种功能说明公众媒介具有合理整合并有效传承城市文化的责任。因此在以电视、广播、网络等电子传媒为主导的传播环境下，制作各种集中反映城市文化的音像产品通常是公众媒介进行对外宣传，树立城市形象的重要方式，最常见的莫过于电视台播出的各类城市纪录片与专题片。

这些短片主要通过影像的方式来叙述城市中富有特色的建筑景观、历史遗迹、民情风俗、地方文化等，希望用城市的美丽景色和文化风貌来树立独特的城市形象。以中央电视台于 2004 年开办的大型系列纪录片《走遍中国》为例，该节目集中放映中国某一城市或地域最具特色的人文历史、风土民情、杰出人物、山水风光与现实变革，以每周连续播出的形式，向海内外全景式地展现新世纪的中国城市形象。可以说，此类纪录片所反映的城市形象都是对城市原有文化资源进行精心策划、选择、加工、提炼而成的一种文化形象。文化形象往往是最能展现城市文化魅力与发展活力的形象类型，因此这类节目一般会在各地政府的高度重视与大力支持下制作而成，节目内容带有明显的美化倾向，可谓一张“城市名片”，具有广告宣传的功能。从这个角度来说，城市形象在某种程度上也是公众媒介制作的一种文化幻象，与现实生活的真实状态存在一定距离。

（三）影视作品（文学形象）

公众媒介的第四个重要功能就是娱乐，电影、电视即是人们最为熟悉的娱乐媒介，经过这些媒介呈现出来的城市形象，应该说也是最富有活力和弹性的城市形象。

20世纪八九十年代，《公关小姐》、《外来妹》、《商界》、《情满珠江》等反映改革开放与社会变迁的系列电视剧在全国轰动一时，在当时还处于比较闭塞落后的内地，人们最早就是通过这样一批电视剧来了解南方城市和迥然不同于内地的生活方式的。电视中出现的大款、港商、公司、高级时装、粤语流行歌曲等新鲜事物引起人们的浓厚兴趣，人们对以广州为代表的珠三角城市群形成的普遍印象就是富裕、开放、充满活力，对沿海城市充满了羡慕之情和无比向往。那个时候，时兴唱粤语歌曲、以说粤式普通话为荣、吃粤菜最高档、就连广东人对于数字的特殊爱好（例如8就是"发"）也在全国流行开来，广州形象在全国来说可谓深入人心。究其原因，这和当时大量描写南方城市生活的影视剧以及粤港流行文化的传播截然不可分。

应该说，能够在现实层面与普通市民产生强烈情感共鸣的，主要是通过影视剧中的人物、故事、情节、对话、场景等细节塑造出来的城市形象，这种形象往往最富有想象力和感染力。我们可以从电影《城南旧事》里体味老北京的四方宅院和清平生活，从《重庆森林》里感受香港城市紧张的节奏和局促的空间，从电视剧《汉正街》和《生活秀》看武汉鲜活喧嚣的市井文化，或是透过《马路天使》、《十字街头》、《子夜》、《一江春水向东流》等20世纪30年代的老电影来想象旧上海的复杂形象。影视作品中出现的城市形象其实是文学意义上的形象，这种形象从产生的方式而言，也是媒介制作出来的一种文化幻象，但它和纪录片式的纪实手法不太一样，它主要以虚构的方式进行叙述，又加入了故事和人的因素，给人以文化联想的空间特别大，因此一部非常成功或卖座的影视剧对于提升城市的知名度往往也会产生意想不到的特殊效果，就像电影《大红灯笼高高挂》之于平遥，《站台》、《小武》之于汾阳，《边城》之于凤凰，这些地方由于电影的原因而被人熟知，可见文学中的城市形象对现实产生的影响力也相当深远。

城市形象出现在公众媒介的方式除了以上三种类型以外，通过其他非主流媒体或方式进入人们视野的城市形象也不在少数，这里不再一一列举。值得注意的是，作为传播主体的公众媒介时刻受到来自政治、经济等外部因素的影响和自身内部结构的制约，因此塑造出来的城市形象也必然带有各种意识形态的色彩。尤其是像报纸、电视这类主流媒体，还没有进入完全独立的市场运作体系，并受到有关行政部门的监督和调控，具有为政府服务的职能，当政府要开展各种有关城市精神文明建设之类的活动时，公众媒介都会不遗余力地协助去做新闻宣传，带有明显的官方色彩。正因为此，公众媒介在信息传播过程中，往往都会发挥正面的舆论导向作用，通过各种新闻发布或文化产品的制作将本地城市塑造成一种理想化的形象，特别是各种报道城市文化的专题节目最有利于城市树立强有力的个性形象与扩大对外影响。

从 20 世纪 90 年代至今，随着城市生活的日益繁荣，公众媒介塑造城市形象的手段不断完善、渐趋成熟。21 世纪初以来，由于城市化进程的快速推进和城市文化竞争的加剧，树立独具特色的城市形象成为各个城市和本地媒体的当务之急。关于城市的专题节目制作越来越注重城市文化内涵与地域特色的挖掘，呈现在公众面前的城市形象也越来越丰满鲜活，公众媒介逐渐脱离了早期简单笼统、陈旧乏味的风景名胜介绍或历史古迹解说为主的传统模式，而是充分调动城市在人文历史、风土人情等方面的地方性文化资源，向着更具民俗色彩和文化个性的城市风格片迈进。例如中央电视台于 2002 年开播的《江南》即是此类较为成功的范例，这是一组反映江南城镇与吴越文化的大型专题片，展现了江南地区特有的园林、山水、风俗、饮食、民居、市井、工艺、戏曲等文化景观，其中历史悠久的农耕文明、繁荣发达的商业市镇、优雅绵长的建筑文化等社会发展画卷，勾勒出一个具有非凡文化创造力的江南城市群落形象。

节目中的吴歌越调、桨声灯影、画檐雕栏、笔墨纸砚等反复出现的意象是组合城市形象的重要文化元素，通过它们可以表现出物质层面的城市景观、精神内蕴层面的人文氛围，以及最能反映城市个性的地方民俗文化等，这些实物在影像的作用下相互融合渗透，从而形成具有整体文化效果的城市形象。可以说，这些形式也是公众媒介在制作此类文化产品时普遍遵循的规律和模式。由于制作者借助各种技术手段对接受者进行视觉意识的强化并引导心理认同感的产生，使形象在被接受过程中得以产生十分有效的说服力，所以尽管这些形象只是媒介精心制作出来的文化幻象，但接受者依然会对此产生极大的好感和认同，并对形象自然地产生各种联想和文化期待。

公众媒介在城市形象建设中的主要目的在于凝聚市民情感、培养群体认同、形成想象的共同体，具体来说就是通过形象的塑造和传播，为人们提供一种城市想象的可能。这种想象将人们聚合在以城市形象为核心的同一时空体内，人们出于情感与精神的需要，自觉形成文化认同，并结成集体，凝聚在城市周围。要知道媒介在进行文化生产和传播的过程中，往往是按照事先预设和想象中的目标来塑造形象的，接受者对信息的反馈态度与媒介的意图越接近，则说明形象塑造得越成功。所以说，公众媒介对城市形象塑造得越成功，市民在接受信息的过程中对这种形象的心理依附性就越强、越有可能对城市文化产生自豪感和优越感，文化认同度也越高，最后才越有可能形成一种城市精神的向心力。因此，形成具有凝聚力的城市精神既是公众媒介在城市形象建设中的最终目标，也是关系到这种在城市共同体概念上推行的意识形态与文化想象能否成功的关键所在。

在当代文化中，公众媒介的重要性来源于它对形象文化的特殊贡献，因为“历史上所有媒体的一个重要功能就是描绘让人心悦诚服的形象；这些形象传播得越广泛，其重要性就越大，为建立认同和想象的现实的表达也就越加升级，对媒体控制权的争夺越激烈。形象在当代的重要性应该不足为怪，因为媒体为我们提供了可视度最高的表象”。[①] 从这个意义上说，随着社会信息化程度的不断提高，公众媒介作为塑造社会性格的文化工具，必然会对人们的精神世界和行为方式产生更为深远的影响。因此，公众媒介不仅在当代城市形象建设中具有举足轻重的地位，而且在未来的城市文化竞争中也将凸显出决定性的重要作用。

五、从市民精神到公民精神

无论是大型公众活动的举办，还是公众媒介对形象文化的引导，无非都是要通过增强城市形象的凝聚力来培养市民对城市的文化认同感。可以说，培养城市的认同感是当代城市形象建设的核心问题和中心任务。

城市认同感源于城市生活给市民带来的种种好处所导引出的一种心理优势，周密在《武林旧事·卷六》“骄民”中写道——

> 都民素骄，非唯风俗所致，盖生长辇下，势之所然。若住屋则动蠲公私房赁，或终岁不偿一环。诸务税息，亦多蠲收，有连年不收一孔者，皆朝廷自行抱认。诸项窠名，恩赏则有黄榜钱，雪降则有雪寒钱，久雨久晴则又有赈恤钱米，大家富室则又随时有所资给，大官拜命则有所谓抢节钱，病者则有施药局，童幼不能自育者则有慈幼局，贫而无依者则有养济院，死而无殓者则有漏泽园。民生何其幸与！

上面说的是南宋时期杭州居民所享受的诸多优待。相对于其他城市而言，当时杭州的繁华富足生活的确叫人艳羡不已，因此周密在历数这些实惠的时候，对城市无不充满了幸运和自豪感。这种作为一个城市市民的幸运与自豪感，其

① ［美］萨拉迪基：《人类学及其对大众传媒研究的贡献》，载于中国社会科学杂志社编：《人类学的趋势》，社会科学文献出版社 2000 年版，第 241 页。

实就是城市认同感在普通日常生活中的具体表现,而在某些特殊时期或情况下,它还会激发出一种更可贵的精神。1944年,巴黎市民响应戴高乐将军发出的号召,为了在打击德国占领军的同时使城中的历史建筑免受破坏,纷纷组织起来,在桥梁附近筑起临时工事,坚决保卫塞纳河上的桥,誓与巴黎共存亡。从巴黎市民勇敢无畏的战斗行为,我们看到的是一种远比幸运和自豪感更为强烈的城市情感,他们对城市强烈的责任感和崇高的献身意识,正是巴黎市民最为宝贵的城市精神。

当代的城市形象建设,最理想的样态莫过于能够树立这样一种崇高的城市精神,因为只有具备这种精神的市民才可能将他自身与城市在情感和价值上结成一体,以城市繁荣作为实现个人利益的前提,从而牢牢团结在城市周围,推动城市的文明不断向前发展,因此在当代城市文化建设中每个城市都会提出自己的城市精神口号,以此团结激励市民,形成智力与情感支持。

塑造强有力的城市精神不仅是城市形象建设的目标,也是城市文化发展的内在需要,城市形象的凝聚力是通过城市文化作用于人而产生的,而城市文化能否和人的精神气质连为一体,形成城市独有的精神,也是反映城市形象是否具有文化活力与个性魅力的最终依据。市民阶层作为城市的主体,是城市文化的承载者,他们具有的精神风貌往往最能体现城市形象所包含的精神特质,一种理想的城市精神都是通过最初的市民精神逐步发展演化而来的,城市精神在某种程度上也可以说是依附、凝聚于城市形象上的一种市民精神。因此要全面理解城市精神的内涵,需要首先理清市民精神的基本特征以及它与城市精神的内在关系:

首先,市民精神是市民生活与城市文化一体化的产物,当市民从精神气质上与所在城市的形象一体化的时候,便形成了特有的城市精神。

一个城市要想凝聚成一种形象、一种精神,首先必须形成使大众有所归附的主流文化圈。例如以民主闻名的雅典,真正体现这个城邦民主自由形象的公民不过几万人,相对其他数目惊人的奴隶和平民而言只是城市人口中非常微小的一部分,但就是他们作为社会的主流文化圈,构成了雅典社会的文化形象与精神。“在这些历史上著名的城市中,主流文化圈形成了城市的主体,成为城市里各个阶层所依附、效法的中心,从而使得城市获得了统一的形象和性格”。[①] 因此,城市能否树立起自己独特的形象和精神,取决于主流文化圈引导的城市文化能否影响渗透到市民阶层,直接作用于他们的生活。判别城市是否具有真正的内在活力,关键也在于看它的市民是不是为这种城市文化感到骄傲和自豪。

---

① 高小康:《狂欢世纪——娱乐文化与现代生活方式》,河南人民出版社1998年版,第261页。

明清时期的苏州富庶程度远胜过杭州,《红楼梦》曰“这东南一隅有处曰姑苏,有城曰阊门者,最是红尘中一二等富贵风流之地”,这“富贵风流”四字非常精确地概括了苏州当时的城市形象,即商业与人文荟萃的江南都会。苏州地灵人杰,被誉为才子之乡、状元之乡,曾朴小说《孽海花》中写道——

> 潘胜芝开口道:“我们苏州人,真正难得!本朝开科以来,总共九十七个状元,苏州倒是五十五个。那五十五个里头,我苏州城内就占了去十五个。如今那圆峤巷的金雯青,也中了状元了,好不显焕!”

这段充满自鸣得意的夸耀之词一方面反映出苏州的科举之盛,另一方面也流露出当地浓厚的读书取仕的传统被市民引以为豪。重人文尚科举的精神自上而下贯穿于社会各个阶层,以至于本地居民对此种文化无不认可称赞。同时由吴中名流为主导的各种人文雅趣也渗透到普通市民的日常生活,从而使当地形成一系列的特殊文化风尚,例如奏丝竹修曲艺的习曲传统、曝书画的民间习俗,精细别致的家居文化等等,就连士兵、小吏、农妇都表现出异常脱俗的文化趣味。据清初文人龚炜《巢林笔谈》记载“传闻吴县有农妇,素不识字,见蛛网飞花,忽得句云:‘蜘蛛也惜春归去,网着残红不放飞’”。虽说这只是传闻,未必能全信,但足见苏州悠久深厚的文化传统与柔美雅致的文化气象已经彻底融入普通市民的内心深处,让市民从精神气质上与这座城市、与它的形象完全一体化了,故而得以形成自己特有的城市精神。可见,城市的传统和文化需要市民精神的维系和巩固,市民社会的精神风貌直接反映了城市性格和气质内涵,因此城市精神的形成有赖于市民社会的文化传承与精神支持。

其次,市民具有的自主意识既是市民精神的重要特征,也是形成公民精神的内在源泉。

市民群体的产生来自商品经济的发展,以交换关系为基础的社会结构使个人得以摆脱农奴对地主的人身依附关系和政治权利的束缚,成为非政治的生活主体,从而形成了具有充分人身自由和独立性的社会阶层——市民群体。例如欧洲市民社会是在中世纪诞生的新兴城市上逐渐发展演变来的,其市民群体的形成在城市发展史中很有代表性。这些中世纪城市的市民为了在当时建立的专门保卫市民地位的城市制度,全部组成具有法人效应的社团联盟——全城工会或城市公社,成员之间相互依赖,构成不可分离的统一整体,共同对抗教会压迫和外来入侵,在商人、工匠、织工、小贩等市民所热心投入的种种公共事业中都反映出市民精神的重要特征——

> 从12世纪起，商人将其利润的很大一部分用来为同乡造福——建造医院，赎买通行税。利欲与地区观念在他们身上结合起来。每个人以他的城市为骄傲，并且自觉地献身于城市的繁荣。这是因为事实上每个人的生活紧密地依赖于城市公社的集体生活。中世纪的公社实际上具有今天的国家所具有的属性。公社保证每个成员的生命和财产的安全。在城市之外，他们则处于一个敌对的世界之中，危机四伏，听天由命。只有在城市之中他们才受到保护，因而他们对于城市有一种近乎热爱的感激之情。他们准备献身于城市的防务，同样他们总是准备将城市装点得比邻近城市更加美丽。如果没有市民们的欣然捐献，13世纪时修建起来的那些令人赞叹的大教堂则是不可想象的。它们不仅是上帝的神殿；它们还为城市争光，它们是城市的最美丽的装饰品，它们的巍峨的塔楼使城市名扬远方。①

从上文可知，中世纪城市的性质就是城市公社，即市民自治的法人共同体。在共同体的基础上，市民与城市结成不可分割的联盟关系，并拥有管理城市事务的政治权力。正是在利益充分共享的基础上，市民对自身价值产生坚决的自信和自觉，为巩固其既有地位，表现出积极的参政热情、世俗精神以及宗教热忱，反映出市民精神所具有的一种高度的自主意识。可以说，中世纪市民的自主意识是推动城市文化不断前进的根本动力，而由这种自主意识在面对公共事务时表现出来的献身精神同样又孕育了一种公民精神的可能，为形成理想的城市精神奠定了非常重要的社会心理基础。

中世纪的城市公社和亚里士多德在《政治学》里提到的城市共同体十分相似。政治共同体的观念是市民社会的重要特征，而亚里士多德是用共同体的概念来特指希腊城邦作为一种根据宪法建立起来的独立自主的社会团体的性质，可见市民社会一词本身隐含了城邦的概念。所以说市民精神中的自主意识与公民在城邦中担任公职并参与公共事务讨论决策时，其具有的自觉行为和精神特质是一脉相承的，这种自主意识曾经在古希腊城邦那里发展成一种理想的公民精神，雅典人的形象就是这种精神的典范——

> 一个雅典人总是一个革新者，他敢于下定决心，也敢于把这个决心实现……其次，雅典人的勇敢常常超过了他们人力和物力的范围，常常违反他们的善良判断而去冒险；在危难之中，他们还能坚持自己的信念。……如果他们胜利的话，他们马上穷追到底；如果他们战败的话，他们决不退缩。至

---

① ［比利时］亨利·皮雷纳著，陈国樑译：《中世纪的城市》，商务印书馆1985年版，第128—129页。

于他们的身体，他们认为是给他们的城邦使用的，好像不是他们自己的一样；但是每个人培养他自己的智慧，其目的也是为着要给他的城邦做一点显著的事业……他们一生的时间都是继续不断地在艰苦危险的工作中度过的，很少享受他们的财产。他们把一个假期只看作是履行一种义务而已；他们宁愿艰苦而活动，不愿和平而安宁。一言以蔽之，他们是生成不能自己享受安宁的生活，也不愿别人享受安宁生活的……这就是反对你们的那个城邦的性格。①

上文是柯林斯人对雅典人的评价，也是对雅典人公民精神的生动写照。古希腊之所以能诞生如此高贵的公民精神，是与他们的城邦生活紧紧联系在一起的：发达的民主制度、丰富的公众活动、健美的体育运动、繁荣的文化艺术、开明的教育方式等促成了一种和谐全面发展的公民人格。而在这一系列生活当中，最特殊最吸引人的莫过于城邦的政治生活，正如伯里克利所说——

在我们这里，每一个所关心的，不仅是他自己的事务，而且也关心国家的事务：就是那些最忙于他们自己的事务的人，对于一般政治也是很熟悉的——这是我们的特点：一个不关心政治的人，我们不说他是一个注意自己事务的人，而说他根本没有事务。②

可见，雅典的公民对于政治生活的热情和参与程度是非常高的，繁荣民主的政治制度也恰恰是雅典强盛伟大的根本原因，每个雅典人无不为之敬仰自豪，视城邦荣誉为自己生命，从而铸就出高贵勇敢、慷慨无私的公民精神——

我们的制度是别人的模范，而不是我们模仿任何其他人的。我们的制度之所以被称为民主政治，因为政权是在全体公民手中，而不是在少数人手中，解决私人争执的时候，每个人在法律上都是平等的；让一个人负担公职优先于他人的时候，所考虑的不是某一个特殊阶级的成员，而是他们有的真正才能。任何人，只要他能够对国家有所贡献，绝对不会因为贫穷而在政治上湮没无闻。正因为我们的政治生活是自由而公开的，我们彼此间的日常生活也是这样的。当我们隔壁邻人为所欲为的时候，我们不至于因此而生气；我们也不会因此而给他以难看的颜色，以伤他的情感，尽管这种颜色对

① ［古希腊］修昔底德著，谢德风译：《伯罗奔尼撒战争史》，商务印书馆 1978 年版，第 50—51 页。

② ［古希腊］修昔底德著，谢德风译：《伯罗奔尼撒战争史》，商务印书馆 1978 年版，第 132 页。

他没有实际的损害。在我们私人生活中，我们是自由的和宽恕的；但是在公家的事务中，我们遵守法律。这是因为这种法律深使我们心悦诚服。[①]

被伯里克利称为模范的制度就是以平等、自由和法治为基本原则的城邦民主政治，生活在此制度下的公民必须通过与整个城市的一体化存在来实现个人价值。这种个人价值不是物质上的一己私利，而是对人身自由的确证。因为自由是被城邦所赋予和充分承认的价值，它是超出个人局限、处于更高一级的公共价值，所以公民追求的最大幸福，也就是努力使城邦所有公民自由的幸福。为了报答并创造这种自由，公民必须拥有对城邦绝对的忠诚，必须通过个人的勇敢行为来证明和捍卫这种忠诚的美德，简单地说就是“要自由才能有幸福，要勇敢才能有自由”。可见，个人的存在与城邦的存在互为一体，当个人为城邦效力的时候就等于实现自己，这就是公民与城邦的意义共享关系。在这种城邦制度下培养出来的公民意识成为后来城市意识的源泉，而雅典人崇高的公民精神正是我们今天梦寐以求的城市精神的楷模。

需要说明的是，前面提到的市民精神也具有很多优秀品质，尤其是市民精神内涵的自主意识更是产生公民精神的重要来源，但“市民社会是以商人和商业活动为中心的社会，在这样一个社会形态中，实利主义意识的强烈应当说是理所当然的。这也正是许许多多市民艺术作品带有浓厚的反道德倾向，甚或市侩意识的原因。在这种文化背景下，市民社会即使要标举一种自己的道德理想，似乎也难以摆脱实利主义的影响”。[②] 从这个意义上说，市民社会的缺陷导致了与他相对应的市民精神也是建立在以经济利益为核心的价值观念体系之上，难以超出个人利益的狭小空间，无法满足城市更高形态的整体发展需要。公民精神倡导的核心内容是公民在权力平等共享的基础上勇于担负公共责任，公民在公共领域展开的行为实践侧重于政治生活的参与和整体道德的提升，从而比市民具有更广泛、更宽容的精神力量，因此公民精神的弘扬更有助于推动社会的和谐发展与全面进步。

一个城市是否具备一种普遍的公民精神，关键要看市民是否将个人与城市的价值、精神结为一体，说得具体点就是人们能否与城市命运休戚与共、能否以主人翁的姿态投身城市建设、能否勇于担负个人以外的公共事务等等。在我们的现实生活中，经常会有官方开办的各种精神文明教育活动，其实质就是以塑造公民精神为目标而实施的一种城市文明建设，希望通过培养人们的礼仪风范和

---

① ［古希腊］修昔底德著，谢德风译：《伯罗奔尼撒战争史》，商务印书馆 1978 年版，第 130 页。

② 高小康：《时尚与形象文化》，百花文艺出版社 2003 年版，第 210—211 页。

公共意识来建立具有社会普遍性的公民精神，这对于市民素质的提升和城市文明的进步是有积极意义的。同时也必须认识到，中国目前仍处在市民社会的初级发展阶段，距离公民社会的城市建设理想还距离甚远。由于欧洲市民社会的形成经过了漫长的自然生长期，而中国从农业大国向城市化进军的过程中，市民作为一个新兴阶层，其价值观念和道德体系还有待逐步发展和完善，因此从市民精神到公民精神的转变仍需要相当长的时间，公民精神的培育在当代城市文化建设中可谓任重而道远。

结语　关注逆城市化潮流，直面当代生存世界

在以“国际化大都市”与“世界级城市群”为中心的都市化进程中，由于人口、资源、财富、文化在有限的都市化空间更为快速地流动与高密度地集聚，它在极大地刺激、推动、提升当今世界城市以及受其辐射与影响的农业地区发展水平的同时，也使在传统城市化进程中已经存在的许多严重问题，如城市社会学家早已指出的“政治上的低效率、财政、交通、能源、住房、种族歧视、就业、犯罪和老年化”等，变得更加严重与棘手。在这样的现实情景中，都市化进程比以往任何时代都更容易引发人们对文明、城市、技术进步、社会发展的怀疑、悲观与失望情绪，甚至是道德上的谴责与批判直至产生各种激烈对抗的实践行为。所有这些都可以统称为“逆城市化潮流”。在当下，由于都市化进程对内带来资源分配的高度差异化，对外则使城市与乡村、中小城市与大都市在发展上更加严重的失衡，因而首当其冲，成为逆城市化运动“流必湍之”或“风必摧之”的首要对象。尽管在某种意义上，适当与适度的“逆城市化潮流”的存在是必要的，如对城市发展规模的质疑与反省有助于人类的可持续发展，对乡村经济与生活方式的回忆可以部分消解大城市生存的异化性，对大自然与低城市化水平的农业地区的寻根与想象可以增加都市文化的丰富内涵。但是，另一方面必须看到的是，由于在“逆城市化潮流”中很容易走火入魔，直接导致人们丧失他们所生活的真实现实世界，因而，必须对此予以高度关注以及进行更为深入的研究。

一、对“逆城市化”的再认识

从逻辑渊源上讲，城市社会学研究中的“逆城市化”理论是“逆城市化潮流”的母体与总结。“逆城市化”理论的产生，与都市化进程中大城市的发展直接相关。在西方 1970 年代，由于大城市或中心城区在发展中带来许多问题，导致城市人口向郊区或中小城市“回流”现象，一些社会学家称之为“逆城市化”并据此得出大城市走向衰落的结论。另一方面，由于快速的都市化进程必然要产生比城市化进程更加突出的社会与文化问题，严重影响了当代人在都市空间中的生

存、发展与享受生活，因而，“逆城市化潮流”很容易获得广泛的同情与普遍的接受。对于普通人与不发达地区而言，尽管他们可能并不知道“逆城市化”的概念，但由于自身素质、资本及能力等方面的问题而很难分享到都市化进程带来的益处，因而特别容易成为“逆城市化潮流”的知音与实践者。

但另一方面，由于都市化进程本身已成为当代人类发展的主要现实背景，这就决定了“逆城市化潮流”必然要归于失败的最终现实命运。从理论上看，“(逆城市化)在西方国家只是过渡性的临时现象，而非城市发展的主导和必然的趋势。……大量数据说明，在美国城市化过程中，大都市一直呈优先发展局面，尤其是在 20 世纪，大都市在完成竖向发展后，进入横向发展阶段，形成了大都市区和大都市连绵区或大都市带。这种大都市区化，是人口在一个更广范围内或是更高层次上的集中”①。以中国为例，2002 年上海证大研究所提供的一份研究报告指出：由于三种矛盾——“环境、人口与经济增长之间的矛盾”、“城乡之间的矛盾”、“经济增长与社会发展之间的矛盾”——在中国已到了“非得城市化才能解决的程度”，其首要发展路径即“以大城市为主的城市化发展道路”。② 与过去一直提倡的城镇化或中小城市发展战略不同，集中型城市化理论、城市密集地区(或都市连绵地区)理论、城市群研究等在最近几年不断升温，它们代表着与“逆城市化”理论完全相反的另一种声音。从实践上看，借助于经济全球化、当代交通、金融与信息技术的迅速发展，都市化进程正在以不可阻挡的发展态势迅速扩张为世界性的潮流。以全球为例，据联合国 2001 年对 190 个国家和地区的一项调查发现，其中大多数对城市化进程的加快感到忧虑与不安，有 110 个国家和地区甚至想减缓或改变现在这种不断加速的趋势，并采取了相应的政策和行动，但对实际上越来越快速的城市化进程的影响甚微。以较早出现“逆城市化”的美国为例，其大都市与城市群的发展并未走向衰落。从 1940 年到 1990 年，美国大都市区的发展主要表现为大型大都市区的优先增长。据 2005 年 7 月发布的《超越大都市带：美国新“大都市带”地理扫描》，美国已出现 10 个成对状分布的大都市带区域(Megapolitan area)。它们的区域面积不到 48 个本土州(阿拉斯加和夏威夷除外)的 20%，但人口总数在 2003 年就超过了全国总人口的 2/3。有关预测还表明，这 10 个大都市带区域将占美国从 2005 年到 2040 年间人口和工作增长的主要部分。这表明大城市群自身在内在机制上更加完善，同时也意味着其发展与增长正在进入良性循环，而衰落的可能性愈加渺茫。

---

① 王旭：《美国城市化的历史解读》，岳麓书社 2003 年版序言，第 3—4 页。

② 上海证大研究所：《长江边上的中国——大上海国际都市圈建设与国家发展战略》，学林出版社 2003 年版，第 11 页。

对中国而言，一方面，由于城市化水平低与发展快的矛盾，几乎每个稍微大一些的城市都普遍存在着超负荷运转的问题，并直接表现在城市规划、经济发展、交通运输、社会治安、居住、医疗、教育、社区服务等方面，使人们痛感都市生活带来的沉重压力与巨大异化；另一方面，由于源自乡土中国的主体生命机能未能及时地更新换代，许多人不仅没有切实地分享到都市化进程的效益，相反还由于种种不适应和缺乏经验而付出了更大的代价，这是“逆城市化”在中国有众多知音与广阔空间的根本原因，并已经对中国都市化进程产生了一些相当严重的负面影响。所以，在此特别要加以强调的是，尽管都市化进程必然要产生许多新的痛苦、矛盾与问题，但由于“国际化大都市”与“世界级城市群”，以及与之有家族类似的“国家首位城市”与“国家级城市群”、“区域中心城市”与“区域性城市群”分别集中了全球、国家或地区最重要的经济社会资源与精神文化资本，直接决定着“城市环境”的变化与“社会经验”的生产，无论人们情愿与否，已经成为中国社会改革、发展及和谐社会与文化建设最直接、最真实的现实背景。因而，在当下最关键、最首要的是树立一种正确的城市观或都市态度，任何因情而生的“辱骂”、“抵触”或“无动于衷”，只能使自身的现实利益遭受到更大的损害。一切都因为，都市化进程不仅不可避免，而且已经兵临城下，最好的办法就是勇敢地面对它，认真地研究它，以更高水平的发展去解决其所带来的各种问题与矛盾。

二、反对任何形式的文化悲观主义

与社会的都市化一样，以“国际化大都市”与“世界级城市群”为母体的都市文化同样存在着严重的问题。如果说前者只是恶性损耗了人类发展的外部环境与资源，那么后者则从主体内部直接威胁着城市生活的意义与可能。在芒福德看来，城市的本质在于“形成了一种更丰富的生活联系……它表达了人们对一种更有意义、更美好生活的共同向往”①。但在都市化进程中，一方面是城市环境更加拥挤、资源更加紧张以及生存压力越来越大，另一方面，随着都市社会环境与文化生态的不断恶化，都市人的精神、心理与情感等问题也越来越突出，它们从更深的层面上直接威胁与解构着城市的本质与意义。这是文化悲观主义在当下迅速泛滥以及以肉欲与刺激为主要内涵的都市消费文化普遍流行的根源。

大都市给人造成的精神异化与心灵扭曲是有目共睹的。但我们仍应该以清醒的理性与现实的态度直面都市化进程，都市文化中存在的负面影响不能成为

① ［美］刘易斯·芒福德著，宋俊岭、倪文彦译：《城市发展史——起源、演变和前景》，中国建筑工业出版社2005年版，第7页。

我们逃避现实与职责的口实与动力。首先,正如大都市在当今世界中的地位一样,作为人类文化发展高级形态与当代精神生产与消费中心的都市文化,在审美意识形态、精神生产与文化消费、审美趣味与生活时尚等方面具有决定性的“文化领导权”。因而,都市文化模式的影响不仅在范围上扩展为全球性,在深度上深刻地介入到政治、经济等领域,同时也直接决定着人类文化在当代背景下的发展与前景。这是不能以任何借口丢失都市文化阵地的根本原因。其次,以大都市为母体的都市文化模式已成为当代人精神生产的主要环境与资源,一个当代人可能不直接生活在大都市中,也可以对城市生活方式持激烈的批判与否定态度,但无论其在现实中的衣食住行,还是更高层的文化消费与精神享受,都是不可能与大都市绝缘的。因而,那些激烈反对都市文明的学术、思想与言行,基本上都不是当代理性的产物。它们在学理上可追溯到古典城市社会学提出的“城市病”假说,即,“城市环境会产生一种精神上的病态:孤独、压抑、忧郁”。这是许多人痛恨都市文明、愿意加入“逆城市化潮流”的一个重要原因。但实际情况并非如此,正如现代城市社会学家指出:“城市虽然不是天堂,但也不像有些人认为的那样是地狱。它比其他类型的聚居地具有更大的容忍性,并不像人们挂在口头上的那样不近人情,更不会产生大量的城市病。”①再次,依托于雄厚的经济基础、发达的文化生产、消费与传播能力,都市文化既是中国新文化建设的主体与赖以立足的软环境,也是社会主义核心价值体系最重要的载体与直接的感性表现空间,其内涵建设与发展水平对实现中华民族的伟大复兴具有举足轻重的地位。尽管大都市的精神生态与文化问题很多,但正如芒福德所说:“那种巨大浩瀚,那种对历史和珍品的保持力,也是大城市的最大价值之一。……城市有包含各种各样文化的能力,这种能力,通过必要的浓缩凝聚和储存保管,也能促进消化和选择。假如我们文化的一切材料太分散,假如有关的资料和加工品不能收集在一个地方,分类排列,供再分发,那它们只能起很小一部分影响和作用。”②在这个意义上,只有先解决了都市文化存在的问题,并以建设先进的当代都市文化为龙头与中心,才能真正推动与实现中国当代文化的大发展与大繁荣。

在某种意义上,文化悲观主义的产生是很自然的。在以都市化进程为中心的当代生活世界中,当个体被迫使用陌生的“都市生产工具”进行“觅食”、使用“半生不熟”的“都市语言”与他人“交流”、按照他十分不习惯的社会分配与交换方式去“生存”时,由于巨大的生存压力与文化震荡,必然会产生浓郁的怀疑、悲

① 康少邦等编译:《城市社会学》,浙江人民出版社 1986 年版,第 30—31 页。

② [美] 刘易斯·芒福德著,宋俊岭、倪文彦译:《城市发展史——起源、演变和前景》,中国建筑工业出版社 2005 年版,第 574 页。

观、失望与焦虑。但更要看到的是，与历史上“人使自己和动物区别开来”不同，这是人从自己的一种较低历史层次到另一种高级层次的进化与发展，它必然要对主体的理性、意志与感受机能提出更高的要求与目标，并通过人在都市环境中的适应与发展而极大地促进与提升人的生命本质力量。因而，比一切悲观主义更重要的是对都市化进程的理性认识，以及对充满痛苦也充满希望的都市生活的热情与投入。

三、在大都市的生活激流中锻炼成长

对于中国而言，不仅不可能远离或回避如狂风暴雨般的都市化进程，唯其农业人口基数巨大，城市化水平起点低，区域发展不平衡，也包括国际发展环境的异常复杂，使我们这一新的历史征程变得更加泥泞、艰难与苦痛。但另一方面，“历史不是涅瓦大街上的人行道”，由于都市化进程不仅是中国和谐社会与文化建设面临的主要矛盾，也是引发当代一切理论问题与社会矛盾的总根源，我们只有置身于这一异常沉重与艰难的时代背景中，才能正确理解与确定中国社会发展的现实处境与历史坐标，并为中国在21世纪的延续与可持续发展找到最具价值的参照系。

尽管都市化进程已给人们造成很多的痛苦与悲剧，并将带来更多的问题与矛盾，但同样也要看到，正是由于大都市迅速集聚了各种先进的发展要素，因而才极大地提升了中国的国家核心能力与国际竞争力，并为中国的可持续发展打下了坚实的基础、创造了良好的条件。以经济社会发展为例，“第一，国际高级生产要素在中国得到使用，增加了中国的财富创造，扩大了中国政府公共产品的提供能力、国际事务的参与能力以及国际谈判的实力”；“第二，要素集聚激活了国内闲置资源，从而使中国形成了新的生产能力和财富创造能力”；“第三，中国整体经济规模得到迅速提升，从而大大增强了中国在世界经济体系中的重要性”；“第四，整体经济规模的迅速扩大日益为中国在国际格局中地位的提升建立了坚实的基础”。① 以医疗卫生为例，大都市尽管人满为患，但由于医疗条件、技术与服务水平的优势，其对生命的救治与保护也是农村或中小城市无法相比的。正如社会学家所说：“城市曾经是疾病的最无助和凄惨的受害者，但是它们后来成了疾病的最大的战胜者。所有的如手术、卫生、微生物、化学、电讯、公共卫生措施、教学型和研究型医院、救护车等……这些东西基本上都是大都市的产物；假

① 张幼文、梁军：《要素集聚与中国在世界经济中的地位》，《学术月刊》2007年第3期。

如没有大都市,这样的事情是不可想象的。"①以当下为例,如已出台的《关于发展城市社区卫生服务的实施意见》,广州宣布将投入7.62亿元对全市64个社区服务中心进行改造,其中1.7亿元用于改善社区卫生服务人员的待遇,目的是为社区卫生服务机构留住人才,更好地为居民服务。② 还有医学技术的发展,2007年11月,日本和美国科学家分别用人的皮肤细胞成功诱导生成类似胚胎干细胞性质的全能干细胞,给胚胎克隆技术带来医学上的突破,使再生医疗成为可以期待的目标。③ 这些都是当代人的福音,所以说"不应有恨",而要为生活在这个伟大的都市化时代感到庆幸与光荣,并努力在都市化进程中长知识——以发育自身更深刻的理性机能;炼意志——以激活生命的更崇高的意志品质;更深情——以重建主体更优美的情感机能,直至在大都市的生活激流中成长为一个真正的当代人。

与泥沙俱下、汹涌澎湃的都市化进程相比,我们的理论研究远没有跟上中国社会快速发展的时代步伐。"逆城市化潮流"在当下广泛流行,就是一个值得关注的对象。在某种意义上,对各种"逆城市化潮流"的理性态度与现实批判,最重要的是如何超越"都市化进程"与"乡土中国"的二元对立框架,在充分认识两者巨大矛盾与冲突的同时,以更为宽阔的视野与前瞻性思考探索两者根本的利益与共同的未来。总之,都市化进程是一个更为复杂,涉及亿万人现实利益与历史命运的社会运动,不管它存在着怎样的问题,以及会引发出多少矛盾,我们首要的态度是必须正视、关注、研究它。这是因为:关注这一进程,就是关注人类的现实生存;而介入这一进程,则是进入我们真实的生活世界。

---

① [加拿大]简·雅各布斯著,金衡山译:《美国大城市的死与生》,译林出版社2005年版,第502页。

② 张景华、吴春燕:《广州7.62亿元改造社区医院》,《光明日报》,2007年12月7日。

③ 江世亮、钟扬:《干细胞研究突破"瓶颈"》,《文汇报》,2007年12月2日。

主要参考文献

一、著作

（一）外国部分

[比利时] 亨利·皮雷纳著，陈国樑译：《中世纪的城市》，商务印书馆 1985 年版。

[德] 本雅明著，王才勇译：《发达资本主义时代的抒情诗人》，三联书店 1989 年版。

[德] 彼得·科斯洛夫斯基著，毛怡红译：《后现代文化》，中央编译出版社 1999 年版。

[德] 恩斯特·卡西尔著，甘阳译：《人论》，上海译文出版社 1985 年版。

[德] 海德格尔著，陈嘉映、王庆节译：《存在与时间》，三联书店 1999 年版。

[德] 海德格尔著，孙周兴译：《林中路》，上海译文出版社 1997 年版。

[德] 赫伯特·马尔库塞著，刘继译：《单向度的人》，上海译文出版社 1989 年版。

[德] 尼采著，周国平编译：《悲剧的诞生：尼采美学文选》，北岳文艺出版社 2004 年版。

[德] 齐奥尔格·西美尔：《时尚的哲学》，费勇等译，文化艺术出版社 2001 年版。

[德] 斯宾格勒著，陈晓林译：《西方的没落》，黑龙江教育出版社 1988 年版。

[德] 韦伯著，王威海编译：《摆脱现代社会两难困境》，辽海出版社 1999 年版。

[德] 温克尔曼著，邵大箴译：《希腊人的艺术》，广西师范大学出版社 2001 年版。

[德] 西美尔著，陈戎女译：《货币哲学》，华夏出版社 2002 年版。

[德] 于尔根·哈贝马斯著，曹卫东译：《公共领域的结构转型》，学林出版社 1999 年版。

[法] 波德莱尔著，郭宏安译：《波德莱尔论文集》，人民文学出版社 1987 年版。

[法] 鲍德里亚著，刘成富、全志钢译：《消费社会》，南京大学出版社 2000 年版。

[法] 波德里亚著，车槿山译：《象征交换与死亡》，译林出版社 2006 年版。

[法] 丹纳著，傅雷译：《艺术哲学》，人民文学出版社 1963 年版。

[法] 弗郎索瓦·佩鲁著，张宁、丰子义译：《新发展观》，华夏出版社 1987 年版。

[法] 戈德曼著，段毅，牛宏宝译：《文学社会学方法论》，工人出版社 1989 年版。

[法] 加布里埃尔·塔尔德著，何道宽译：《传播与社会影响》，中国人民大学出版社 2005 年版。

[法] 居伊·德波著，王昭凤译：《景观社会》，南京大学出版社 2006 年版。

[法] 罗丹、葛赛尔著，傅雷译：《罗丹艺术论》，人民日报出版社 2000 年版。

[法] 谢和耐著，刘东译：《蒙元入侵前夜的中国日常生活》，江苏人民出版社 1995 年版。

[法] 雅克・勒戈夫著，张弘译：《中世纪的知识分子》，商务印书馆 1999 年版。

[古希腊] 柏拉图著，王晓朝译：《柏拉图全集》第一卷，人民出版社 2002 年版。

[古希腊] 修昔底德著，徐松岩、黄贤全译：《伯罗奔尼撒战争史》，广西师范大学出版社 2004 年版。

[古希腊] 亚里士多德：《政治学》，苗力田主编：《亚里士多德全集》第九卷，中国人民大学出版社 1994 年版。

[荷] 根特城市研究小组著，敬东译：《城市状态：当代大都市的空间、社区和本质》，中国水利水电出版社、知识产权出版社 2005 年版。

[加拿大] 简・雅各布斯著，金衡山译：《美国大城市的死与生》，译林出版社 2005 年版。

[美] C. 沃伦・霍莱斯特著，陶松寿译：《欧洲中世纪简史》，商务印书馆 1988 年版。

[美] C. 亚历山大著，赵冰译：《建筑的永恒之道》，知识产权出版社 2002 年版。

[美] R. E. 帕克等：《城市社会学——芝加哥学派城市研究文集》，华夏出版社 1987 年版。

[美] 阿诺德・伯林特著，张敏、周雨译：《环境美学》，湖南科学技术出版社 2006 年版。

[美] 艾尔文・古德纳著，顾晓辉、蔡嵘译：《知识分子的未来和新阶级的兴起》，江苏人民出版社 2002 年版。

[美] 爱德华・W. 苏贾著，王文斌译：《后现代地理学——重申批判社会理论中的空间》，商务印书馆 2004 年版。

[美] 爱德华・麦克诺尔・伯恩斯等著，罗经国等译：《世界文明史》，商务印书馆 1987 年版。

[美] 安东尼・奥罗姆、陈向明著，曾茂娟、任远译：《城市的世界——对地点的比较分析和历史分析》，上海人民出版社 2005 年版。

[美] 道格拉斯・凯尔纳著，丁宁译：《媒体文化》，商务印书馆 2004 年版。

[美] 凡勃伦著，蔡受百译：《有闲阶级论》，商务印书馆 2004 年版。

[美] 菲利普・李・拉尔夫著，赵丰等译：《世界文明史》，商务印书馆 1998 年版。

[美] 杰姆逊著，唐小兵译：《后现代主义与文化理论》，北京大学出版社 2005 年版。

[美] 凯文・林奇著，方益萍、何晓军译：《城市意象》，华夏出版社 2001 年版。

[美] 柯克・约翰逊著，展明辉、张金玺译：《电视与乡村社会变迁：对印度两村庄的民族志调查》，中国人民大学出版社 2005 年版。

[美] 克兰著，赵国新译：《文化生产：媒体与都市艺术》，译林出版社 2001 年版。

[美] 理查德・瑞吉斯特著，胡聃、王如松译：《生态城市》，社会科学文献出版社 2002 年版。

[美] 理查德・宾厄姆等著，九洲译：《美国地方政府的管理——实践中公共行政》，北京大学出版社 1997 年版。

[美] 林达・约翰逊主编，成一农译：《帝国晚期的江南城市》，上海人民出版社 2005 年版。

[美] 刘易斯・芒福德著，宋俊岭、倪文彦译：《城市发展史——起源、演变和前景》，中国

建筑工业出版社 2005 年版。

[美] 曼纽尔・卡斯特著,夏铸九、王志弘等译:《网络社会的崛起》,社会科学文献出版社 2003 年版。

[美] 尼葛洛・庞帝著,胡咏、范海燕译:《数字化生存》,海南出版社 1997 年版。

[美] 帕克等著,宋俊岭等译:《城市社会学》,华夏出版社 1987 年版。

[美] 威廉・J. 米切尔著,吴启迪、乔非、俞晓译:《伊托邦——数字时代的城市生活》,上海科技教育出版社 2005 年版。

[美] 约翰・菲斯克著,杨全强译:《解读大众文化》,南京大学出版社 2001 年版。

[美] 约翰・费斯克著,王晓珏、宋伟杰译:《理解大众文化》,中央编译出版社 2001 年版。

[美] 约翰・奈斯比特著,梅艳译:《大趋势》,中国社会科学出版社 1984 年版。

[美] 詹明信著,张旭东等编译:《晚期资本主义的文化逻辑》,三联书店 1997 年版。

[美] 佐京著:《城市文化》,上海教育出版社 2006 年版。

[瑞典] 奥斯伍尔德・喜仁龙著,许永全译:《北京的城墙和城门》,北京燕山出版社 1985 年版。

[瑞士] 雅各布・布克哈特著,何新译:《意大利文艺复兴时期的文化》,商务印书馆 1979 年版。

[意] 艾柯等著,柯里尼编,王宇根译:《诠释与过度诠释》,三联书店 1997 年版。

[意] 卡洛・M. 奇波拉主编:《欧洲经济史》第一卷,商务印书馆 1988 年版。

[英] 安东尼・吉登斯著,李康等译:《社会的构成》,北京三联书店 1998 年版。

[英] 安吉拉・默克罗比著,田晓菲译:《后现代主义与大众文化》,中央编译出版社 2001 年版。

[英] 波普尔著,舒炜光等译:《客观知识》,上海译文出版社 1987 年版。

[英] 戴维・弗里斯比著,卢晖临、周怡、李林艳译:《现代性的碎片》,商务印书馆 2003 年版。

[英] 雷蒙・威廉斯著,刘建基译:《关键词:文化与社会的词汇》,三联书店 2005 年版。

[英] 利萨・泰勒、安德鲁・威利斯著,吴靖、黄佩译:《媒介研究:文本、机构与受众》,北京大学出版社 2005 年版。

[英] 路易斯・尼克逊等:《伦敦》,辽宁教育出版社 2002 年版。

[英] 马林诺夫斯基著,黄建波等译:《科学的文化理论》,中央民族大学出版社 1999 年版。

[英] 迈克・克朗著,杨淑华等译:《文化地理学》,南京大学出版社 2003 年版。

[英] 迈克・费瑟斯通著,刘精明译:《消费文化与后现代主义》,译林出版社 2000 年版。

[英] 西奥多・泽尔丁著,严撷芸、吕佩英等译:《法国人》,上海译文出版社 1989 年版。

[英] 约翰・斯道雷:《文化理论和通俗文化导论》,南京大学出版社 2001 年版。

[英] 约翰・汤林森著,郭英剑译:《全球化与文化》,南京大学出版社 2002 年版。

[德] 马克思:《1844 年经济学哲学手稿》,人民出版社 1985 年版。

《资本论》第 1 卷,中国社会科学出版社 1983 年版。

《马克思恩格斯选集》,人民出版社 1972 年版。

《马克思恩格斯全集》第 2 卷,人民出版社 1957 年版。

《马克思恩格斯全集》第 5 卷,人民出版社 1961 年版。

《马克思恩格斯全集》第 42 卷,人民出版社 1996 年版。

《马克思恩格斯全集》第 46 卷上册,人民出版社 1979 年版。

《简明不列颠百科全书》,中国大百科全书出版社 1985 年版。

Bounds, Michael, Urban social theory : city, self, and society. (《城市社会理论：城市、自我与社会》) Oxford University Press, 2004.

Fishman, Robert, Megalopolis Unbound(1990), in Kasinitz, Philip, ed. Metropolis: Center and Symbol of Our Times. New York: New York University Press, 1995.

Gottdiener, M. and A. D. Lagopoulos (ed.), The City and the Sign: AnIntroduction to Urban Semiotics. (《城市与符号：城市符号学导论》)New York, NY: Columbia University Press, 1986.

Kasinitz, Philip, ed. Metropolis: Center and Symbol of Our Times. (《大都市：我们这个时代的中心与象征》) New York: New York University Press, 1995.

LeGates, Richard T. and Frederic Stout, eds. The City Reader. (《城市读本(城市文化文选)》)New York: Routledge, 1996.

Mumford, Lewis. The Culture of Cities. (《城市文化》) New York: Harcourt Brace Jovanovich, 1970.

Rban, J., 1974: Soft City, New York: E. P. Dutton, 1974.

Relph, E. C.: The Modern Urban Landscape, Baltimore: Johns Hopkins University Press, 1987.

Richard T. LeGates and Frederic Stout, eds. The City Reader. New York: Routledge, 1996.

Sennett, Richard, Classic Essays on the Culture of Cities. (《城市文化经典文选》) Prentice-Hall, 1969.

（二）国内部分

包亚明:《后大都市与文化研究》,上海教育出版社 2005 年版。

北京市社会科学研究所编译:《国外城市科学文选》,贵州人民出版社 1984 年版。

蔡勇美、郭文雄:《都市社会学》,巨流图书公司 1989 年版。

曹卫东:《霍克海默集》,远东出版社 1997 年版。

柴威荣:《中国城市的时空间结构》,北京大学出版社 2002 年版。

陈立旭:《都市文化与都市精神》,东南大学出版社 2002 年版。

陈明远:《文化人的经济生活》,文汇出版社 2005 年版。

陈晓兰:《文学中的巴黎和上海》,广西师范大学出版社 2006 年版。

陈炎:《中国审美文化简史》,高等教育出版社 2007 年版。

陈志华:《外国建筑史》,中国建筑工业出版社 1979 年版。

程相占:《中国环境美学思想研究》,河南人民出版社 2009 年版。
褚瑞基:《建筑历程》,百花文艺出版社 2005 年版。
飞白编译:《英国维多利亚时代诗选》,湖南人民出版社 1985 年版。
高小康:《狂欢世纪》,河南人民出版社 1998 年版。
高小康:《时尚与形象文化》,百花文艺出版社 2003 年版。
高小康:《游戏与崇高》,山东文艺出版社 1999 年版。
高宣扬:《流行文化社会学》,中国人民大学出版社 2006 年版。
顾准:《希腊城邦制度》,中国社会科学出版社 1982 年版。
郭培章:《中国城市可持续发展研究》,经济科学出版社 2004 年版。
郭玉锦、王欢:《网络社会学》,中国人民大学出版社 2005 年版。
胡焕庸、张善余:《中国人口地理》上册,华东师范大学出版社 1984 年版。
黄仁宇:《资本主义与 21 世纪》,北京三联书店 1997 年版。
黄颂杰:《弗洛姆著作精选》,上海人民出版社 1989 年版。
纪晓岚:《论城市本质》,中国社会科学出版社 2002 年版。
姜德明:《北京乎——现代作家笔下的北京》,三联书店 1992 年版。
康少邦:《城市社会学》,浙江人民出版社 1986 年版。
刘国光:《中国城市知识辞典》,中国城市出版社 1991 年版。
刘士林:《阐释与批判——当代文化消费中的异化与危机》,山东文艺出版社 1999 年版。
刘士林:《苦难美学》,湖北人民出版社 2004 年版。
刘士林:《一个人的文化百年》,湖北人民出版社 2006 年版。
刘士林:《中国诗性文化》,江苏人民出版社 1999 年版。
刘再生:《中国古代音乐史简述》,人民音乐出版社 1989 年版。
罗钢、刘象愚:《消费文化读本》,中国社会科学出版社 2003 年版。
马杰伟:《酒吧工厂:南中国城市文化研究》,江苏人民出版社 2006 年版。
马克尧:《西欧封建经济形态研究》,人民出版社 1985 年版。
马正林:《中国城市历史地理》,山东教育出版社 1998 年版。
聂兰生:《21 世纪中国大城市居住形态解析》,天津大学出版社 2004 年版。
任平:《时尚与冲突——城市文化与结构新论》,东南大学出版社 2000 年版。
汝信:《全彩西方建筑艺术史》,宁夏人民出版社 2002 年版。
邵大箴:《西方现代美术思潮》,四川美术出版社 1990 年版。
孙安民:《文化产业:理论与实践》,北京出版社 2005 年版。
汤亚汀:《城市音乐景观》,上海音乐学院出版社 2005 年版。
汪子嵩:《希腊哲学史》,人民出版社 1993 年版。
王军:《城记》,生活·读书·新知三联书店 2004 年版。
王祥荣:《生态建设论——中外城市生态建设比较研究》,东南大学出版社 2004 年版。
王旭:《美国城市化的历史解读》,岳麓书社 2003 年版。
王旭:《美国城市史》,中国社会科学出版社 2000 年版。

王雅林:《构建生活美——中外城市生活方式比较》,东南大学出版社 2003 年版。

吴承明:《中国资本主义与国内市场》,中国社会科学出版社 1985 年版。

吴良镛:《建筑·城市·人居环境》,河北教育出版社 2003 年版。

伍蠡甫:《现代西方文论选》,上海译文出版社 1983 年版。

向德平:《城市社会学》,武汉大学出版社 2002 年版。

徐康宁:《文明与繁荣》,东南大学出版社 2003 年版。

姚文放:《当代审美文化批判》,山东文艺出版社 1999 年版。

于海:《城市社会学文选》,复旦大学出版社 2005 年版。

曾繁仁:《美学之思》,山东大学出版社 2003 年版。

曾繁仁:《生态存在论美学论稿》,吉林人民出版社 2009 年版。

曾军:《文化批评教程》,上海大学出版社 2008 年版。

张凤阳:《现代性的谱系》,南京大学出版社 2004 年版。

张国良:《20 世纪传播学经典文本》,复旦大学出版社 2005 年版。

张钦楠:《阅读城市》,三联书店 2004 年版。

周宪:《中国当代审美文化研究》,北京大学出版社 1997 年版。

周一星:《城市地理学》,商务印书馆 1995 年版。

周振华、陈向明、黄建富:《世界城市:国际经验与上海发展》,上海社会科学院出版社 2004 年版。

二、论文

[美] 肯尼斯·弗兰姆普敦著,王群译:《尤恩·伍重:跨文化形式与建构的意喻》,《建筑思想评论》2005 年第 2 期。

陈定家:《赛伯空间中当代文学艺术的命运》,《社会科学辑刊》2000 年第 3 期。

高丙中:《西方生活方式研究的理论发展叙略》,《社会学研究》1998 年第 3 期。

高小康:《文学想象与文化群落的身份冲突》,《人文杂志》2005 年第 4 期。

李华:《从“盛世滋生图”看清代前期苏州工商业的繁荣》,《文物》1960 年第 1 期。

刘士林:《都市文化研究的马克思主义理论基础》,《文学评论》2007 年第 3 期。

刘士林:《都市与都市文化的界定及其人文研究路向》,《江海学刊》2007 年第 1 期。

刘士林:《对当代歌曲中审美趣味变迁的一种描述》,《音乐艺术》2001 年第 2 期。

刘士林:《江南都市文化的历史源流及现代阐释论纲》,《学术月刊》2005 年第 8 期。

刘士林:《都市化进程论》,《学术月刊》2006 年第 12 期。

欧建平:《现代舞:全球大扫描》,《中外文化交流》2003 年第 3 期。

王红川:《法国当代舞蹈》,《舞蹈》1998 年第 3 期。

中国科学院考古研究所沣西发掘队:《陕西长安户县调查与试掘报告》,《考古》1962 年第 6 期。

邹广文、常晋芳:《当代大众文化的本质特征》,《学海》2001 年第 5 期。

朱士光:《中国古都与中华文化关系研究》,《陕西师范大学学报》2004 年第 1 期。

后　记

我的都市文化研究，始于2004年8月从南京来到上海。我们的这个学术团队，差不多也是从这个时候开始搭建的。2009年我离开上师大，团队也发生了些变化，但仍有一半成员留下，成为我们在城市科学领域开拓的中坚。这本问世迟迟的《都市文化原理》，是我们在都市文化领域"白手起家"的重要收获，如今也因为时光流逝而成为一种弥足珍贵的美好回忆。

在最初转行研究都市文化时，几位和我关系深切的长者，都是很反对或不大赞成的。2009年12月，在为曾繁仁先生从教四十五周年写的一篇纪念文字中，我这样写道："印象中，对我搞都市文化最不赞同的是劳承万先生和刘梦溪先生，劳先生觉得我应该回到中国美学中，一说到都市文化，他就不愿意发表任何意见。刘先生则认为我应该好好地研究中国诗学，至于都市文化，在他眼中基本上与真正的学问了无干系。也正是这个原因，在研究都市文化之后，我跟他们的联系越来越少。尽管曾老师也不怎么赞同我放弃美学去研究什么都市文化，但与劳先生、刘先生不同，他的表达方式要温和得多。他觉得我可以研究都市文化，但又希望我不要离自己的老本行——文艺学太远，比如还要经常参加文艺学的会议，以及适当发表一些文艺学的文章等。"但所谓"开弓没有回头箭"，出生燕赵之地的我，无论怎么修炼和养成，在骨子里、在一些关键时刻，那种北方人的基因和血脉必定要苏醒与贲张，并超出了我本人的实际控制能力，裹挟着我走上一条陌生而艰难的新路，不计成败。这次也是一样，我最终没有听人劝，舍弃了相守多年的美学和诗性文化。

随后几年，我们这个团队，在孙逊先生的鼎力支持下，在国内都市文化领域创造了多项第一，如举办首届都市文化学科建设研讨会、最早设置都市文化学博士点、首创并主办首届双三角（长三角和珠三角）论坛、第一次举办交通和城市文明论坛、第一次开展儒学与都市文明的对话等，忙得不亦乐乎。与此同时，都市文化学开始受到国内外学界和社会的关注和重视。那真是一段很美好的时光，很少上课，有很多时间做研究，也有很多机会与各种群体和个人交流。工作环境也很好。当时，我在桂林路实际拥有一间差不多40平米的办公室，装饰和用具古色古香，连我自己都觉得太奢侈。尽管孙逊先生每过一段就要说：要安排其他人进来。但差不多直到我离开师大，仍主要是我一个人在用。2009年初，由于一些我一直不愿意公开真相的琐细，我来到了交通大学。年龄还不算太大，所以还要做些事。最初仍想延续旧业，在时任文科校长郑成良先生的大力支持下，又为了与师大有所区别，组建了都市文化与传播研究院。不久，由于与相关部委的联系不断增加，同时与校内理工科在智慧城市等领域交叉加深，研究院更名为城市科学研究院，也由此找到了更明确的方向。对于我的离开，孙逊先生有一段时间很是想不通，但后来也想通了，他对我，同时也对一些朋友说："如果不到师大，就不会研究都市文化；如果不去交大，就不会做这么大"。这也说明，在师大的都市文化研究经历，对我们今天的工作十分重要和必要。交大一直希望能建立一些学派，经过几年的探索和融合，我们这个团队的目标日益明晰，如果我们真能够建成一个交大学派，那一定是不同于城市规划学、城市社会学、城市经济学的城市科学研究的文化学派。不论这个目标是否能如愿以偿，我个人都要对上师大表示真诚的感谢。

这里呈现给读者朋友的，代表了我们团队在上师大时期研究和思考的集大成。文章千古事，得失寸心知，其成败利钝，知我罪我，自应由后人评说。这里谨将本书撰写者一一列叙如下，同时也希望藉此把那段美好的时光和友情传递到永远。

导　言　都市文化学的理论框架与现实意义（刘士林）
第一编　都市
第一章　什么是都市（程相占）
第二章　中国城市的历史与现状（严明）
第三章　西方城市的历史与现状（程相占）
第二编　都市文化
第四章　都市文化（贾明）
第五章　都市文化的类型及其演进（李平）
第六章　都市文化研究的多重视野（张兴龙）
第七章　都市文化研究的马克思哲学基础（刘士林）
第三编　都市文化的生产与消费
第八章　消费文明的来临及其影响（李正爱）
第九章　主体论：从生产者到消费者（曾军）
第十章　对象论：从实体到虚拟（杨矗）
第十一章　工具论：当代传媒研究（第一、二节：巢乃鹏；第三节，刘士林）
第四编　都市文学与艺术
第十二章　都市文学（钱文亮，上海师范大学人文学院）

第十三章　都市艺术(上,音乐：洛秦;美术：曹海峰;舞蹈：张黔)
第十四章　都市艺术(下,张黔、陈正勇)
第十五章　都市批评(王洪岳)
第五编　社会的都市化
第十六章　社会的都市化及其问题(高小康)
第十七章　都市生活方式与市民理想(耿波)
第十八章　都市形象与城市精神(高小康、耿波)
结语　关注逆城市化潮流,直面当代生存世界(刘士林)

最后,作为主其事者,我个人要对联系依然密切和联系已不太密切的各位师友表示深深的感谢,从我们携手踏入都市文化这一研究领域开始,至今差不多已十个年头。回想十年来的颠沛和曲折,令人感念和温馨。此外,博士研究生孔铎在项目结项、文字校对,博士研究生张书成在出版联系和管理等方面做了大量工作,东方出版中心祝新刚副总编辑、鲁培康主任慨允出版本书,在编校过程中付出了心血和劳动,在此一并致谢。

刘士林
2014年3月8日
于沪上春江景庐

图书在版编目(CIP)数据

都市文化原理/刘士林主编. —上海：东方出版中心，2014.5

ISBN 978-7-5473-0663-5

Ⅰ.①都… Ⅱ.①刘… Ⅲ.①城市文化-研究 Ⅳ.①C912.81

中国版本图书馆CIP数据核字(2014)第081998号

都市文化原理

出版发行：东方出版中心
地　　址：上海市仙霞路345号
电　　话：62417400
邮政编码：200336
经　　销：全国新华书店
印　　刷：昆山市亭林印刷有限责任公司
开　　本：710×1020毫米　1/16
字　　数：435千字
印　　张：24　插页2
版　　次：2014年5月第1版　第1次印刷
ISBN 978-7-5473-0663-5
定　　价：48.00元